医学生职业发展与就业创业指导

主　编　张净雯　　陈　旭

主　审　徐　冶

副主编　周　琳　　王家健　　张佳赫

参　编　鲍　岚　　车艳蕊　　陈默然　　郭子毓

　　　　霍俊爽　　李　闯　　李　妍　　马　赫

　　　　万　朋　　魏诗筱　　谢　维　　闫　妍

　　　　张可心　　张昕妍

北京理工大学出版社

BEIJING INSTITUTE OF TECHNOLOGY PRESS

内 容 简 介

本书是为医学生量身定制的职业生涯规划与就业指导的参考书，围绕医学生职业生涯发展的全流程，系统介绍了医学生在职业发展中应必备的知识与技巧。本书内容主要分为三篇：上篇为第一章至第五章，聚焦职业发展，阐述生涯辅导的理论基础，帮助医学生深入探索职业机会、自我认知，为其提供多样的职业生涯决策工具和生涯规划管理方法；中篇为第六章至第八章，以就业指导为核心，全面提升医学生在求职中的核心能力，包括通用能力、沟通能力与团队合作能力、求职技能和职业适应技巧，确保医学生在职场中能够平稳过渡与高效适应；下篇为第九章，关注创新人才的培养，激发医学生的创新精神与创业意识，培养他们在医疗行业中的创新能力。同时，本书在附录中为医学生提供了生涯人物访谈报告模板、职业锚测试量表等。此外，书中结合医学生的实际案例和在校生的优秀作品，使读者能更直观地理解职业生涯规划的重要性，并从中获取经验。本书理论与实践紧密结合，旨在帮助医学生通过科学的职业生涯规划提升职业适应能力，以实现个人价值和职业理想的全面发展。

本书脉络清晰、结构严谨、内容充实、行文流畅、语言通俗、栏目多样，可作为各类医学专业大学生的职业生涯与就业创业指导课的教材，也可作为普通大学生的职业规划与就业指导的参考书。

图书在版编目（CIP）数据

医学生职业发展与就业创业指导 / 张净雯，陈旭主

编. -- 北京：北京理工大学出版社，2025.7.

ISBN 978-7-5763-5645-8

Ⅰ. G647.38

中国国家版本馆 CIP 数据核字第 2025B4741Y 号

责任编辑：李海燕　　文案编辑：李海燕
责任校对：周瑞红　　责任印制：李志强

出版发行 / 北京理工大学出版社有限责任公司

社　　址 / 北京市丰台区四合庄路 6 号

邮　　编 / 100070

电　　话 / (010) 68914026（教材售后服务热线）
　　　　　　 (010) 63726648（课件资源服务热线）

网　　址 / http://www.bitpress.com.cn

版 印 次 / 2025 年 7 月第 1 版第 1 次印刷

印　　刷 / 三河市天利华印刷装订有限公司

开　　本 / 787 mm×1092 mm　1/16

印　　张 / 18.75

字　　数 / 437 千字

定　　价 / 95.00 元

本书编者单位明细

鲍　岚（吉林医药学院）

车艳蕊（吉林医药学院）

陈默然（吉林医药学院）

陈　旭（中山职业技术学院）

郭子毓（吉林医药学院）

霍俊爽（吉林医药学院）

李　闯（吉林医药学院）

李　妍（吉林医药学院）

马　赫（吉林医药学院）

万　朋（吉林医药学院）

王家健（三明学院）

魏诗筱（吉林医药学院）

谢　维（吉林医药学院）

徐　冶（吉林医药学院）

闫　妍（吉林医药学院）

张佳赫（吉林医药学院）

张净雯（吉林医药学院）

张可心（吉林医药学院）

张昕妍（吉林医药学院）

周　琳（中山职业技术学院）

前 言

PREFACE

在社会飞速发展的今天，医疗行业正经历着前所未有的变革与挑战。作为未来的医护工作者，当代医学生不仅需要具备扎实的专业知识与技能，还需要具备清晰的职业规划能力和灵活应对职场变化的综合素质。《医学生职业发展与就业创业指导》正是在这样的背景下应运而生的。

本书以医学生的成长需求为核心，围绕职业发展与就业创业指导两大主题，致力于为医学生提供系统化、实用性的职业发展指导。本书内容涵盖从职业探索、自我认知到生涯决策与规划管理等的全过程，通过科学的理论框架与丰富的实践案例，引导医学生全面理解职业生涯的意义与规划方法，帮助其在医学职业道路上实现从理论到实践的跨越。

全书分为三篇：

上篇：职业发展。上篇包括第一章至第五章，着重讲解职业生涯规划，阐释相关理论与工具，帮助医学生深入探索职业机会、认识自我特质，并科学运用生涯决策和管理方法，为未来发展奠定坚实基础。

中篇：就业指导。中篇包括第六章至第八章，聚焦医学生在求职阶段的核心需求，从提升求职能力到掌握求职技巧，帮助医学生实现从学校到职场的顺利过渡，并增强其适应职场环境的能力。

下篇：创新与创业。下篇为第九章，顺应新时代的创新创业趋势，注重培养医学生的创新精神与创业意识，鼓励其主动挖掘自身潜力，在医疗行业中探索多元化发展道路。

本书秉承理论与实践并重的原则，将经典理论与实际案例有机结合，针对医学生群体的职业特点和发展需求量身定制，力求实用性与针对性并存。在编写过程中，本书注重紧贴学生实际，充分考虑医学专业特点，帮助医学生在职业生涯发展中做到科学规划、主动适应、持续发展。

本书主要内容由20位编者共同完成，包括主编2人、主审1人、副主编3人、编委14人，各位编者分工如下：

主编：统筹全书的编写规划，确定整体框架，指导内容组织和逻辑衔接，确保教材体系的完整性。张净雯撰写第二章第一至四节、第五章，陈旭撰写第一章第一、二节。

主审：徐冶负责全书的学术质量审核，确保内容的科学性、规范性与权威性。

副主编：协助主编完成各章节的内容策划与审核，统筹不同部分的写作进度。王家健负责撰写第三章第四、五节和第八章第一节，张佳赫撰写第七章第一至三节，周琳撰写第二章第五至七节。

参编：根据自身专业领域承担具体章节的撰写和案例分析，确保内容的实践性、前沿性和适用性。鲍岚撰写第一章第三节，车艳蕊撰写第三章第一、二节，郭子毓撰写第三章第三节和第八章第三节，李闯撰写第九章，马赫撰写第四章第一节，魏诗筱撰写第四章第二节和第八章第二节，谢维撰写第七章第四节，闫妍撰写第六章第二、四节，张昕妍撰写第六章第一、三节。陈默然、霍俊爽、李妍、万朋、张可心负责全书校对。

　　本书在编写过程中，深刻贯彻党的二十大精神，强调职业生涯发展要与国家医疗改革、健康中国战略等紧密结合，鼓励医学生在未来的职业生涯中，践行人民至上的理念，不断提升自身专业素养和职业素质，在不同医疗岗位上实现个人价值与社会价值的统一。希望本书能为医学生提供一盏职业导航的明灯，助力他们在职业道路上行稳致远，实现个人价值与社会价值的统一。

本书编写组

2024 年 12 月

目录

CONTENTS

上篇　职业发展

第一章 生涯辅导与职业生涯概述

小李，一个怀揣医学梦想的年轻人，自踏入医学院校的大门起，便对未来充满了无限的憧憬，但随之而来的也有一丝迷茫。大学初期，他和许多同学一样，沉浸在繁重的医学理论知识学习中，偶尔也会被浩瀚的医学文献和漫长的学医之路压得喘不过气来。一次偶然的机会，小李参加了一场"医学生职业生涯规划工作坊"，彻底改变了他对医学道路的认知。

在这次工作坊中，几位已在不同医学领域取得成就的学长学姐分享了自己的成长路径：有的通过国内外交流项目拓宽了国际视野，有的在实习期间深入偏远山区，还有的则结合个人兴趣，选择了医学研究的方向……

小李被这些丰富的经历深深触动，他开始意识到，医学不仅仅是书本上的知识积累，更是个人价值与社会责任感的深度融合。于是，他开始主动规划自己的职业生涯：利用课余时间参加临床技能培训，提升自己的实操能力；加入学校的医学创新团队，参与科研项目，探索医学前沿；同时，他还利用假期时间参与志愿服务，走进社区，近距离接触患者，感受医学的人文关怀。

几年后，当小李以优异的成绩毕业，并顺利进入一家知名的神经科学研究所工作时，他深刻体会到医学生职业生涯规划的重要性。这段旅程让他明白，明确的职业规划不仅能帮助他高效利用时间、精准定位发展方向，更重要的是，它如同一盏明灯，照亮了他前行的道路，让他在追求医学梦想的征途中，每一步都走得更加坚定而有力。

生涯，这一词汇深邃而广阔，它涵盖了生活中的每一个细微转折与重大抉择，是每个人独一无二的生命轨迹的展现。生涯不仅记录了个体在职业道路上的起伏跌宕，还融合了个体在生活中扮演的各种角色，共同编织出一幅丰富多彩的人生画卷。生涯辅导，正是在这广阔无垠的生涯画卷中，为迷茫者点亮明灯，为探索者铺设道路的一门艺术。它以个体的生涯全面发展为核心，旨在协助每个人建立并培育一个既全面又恰当的自我认知体系，特别是关于职业自我的深刻理解。这一过程，不仅仅是知识的灌输，更是心灵的启迪，帮助个体将内在的自我概念转化为外在的、实际可行的生涯决策与生活模式，从而精准地迈向个人生涯的巅峰，以满足社会的多元化需求。生涯辅导的本质，是一种深刻体现人文关怀的服务，它建立在社会与文化对个体尊严与价值的高度尊重之上，遵循促进个体全面发展、健康成长的发展性心理健康教育原则。在生涯辅导的过程中，每一位辅导者与被辅导者之间的互动，都充满了温暖、理解与尊重，共同营造了一个具有支持性、鼓励性的环境。

追溯生涯辅导的发展历史，不难发现，其理论与实践的每一次革新，都是建立在对人类自我认知、职业发展规律以及社会需求的深刻理解上。从最初的职业指导，到如今涵盖生命全周期的生涯规划，生涯辅导的演变历程，不仅仅是对个体成长路径的科学探索，更是对人类潜能无限可能性的持续挖掘。因此，深入了解生涯辅导的发展史，不仅能够为我们揭示其背后的深刻理念与科学依据，更能够引导我们以更加开放、包容的心态，去拥抱每一段生命的独特旅程，助力我们在生涯的海洋中，勇敢地扬帆远航，追寻属于自己的星辰大海。

第一节　职业生涯辅导运动的发展

一、工业主义的诞生

生涯辅导的实践滥觞于职业指导这一形式，最先在西方国家得到普遍认可和广泛开展。它是在技术进步、职业分化以及职业发展所带来的诸多社会矛盾面前，为解决日益凸显的就业问题而做出的积极回应，也是这个过程的必然产物。

20世纪初，欧洲工业革命的浪潮席卷全球，美国也未能幸免，其产业结构在这一时期发生了翻天覆地的变化。农业与手工业逐渐退出历史舞台，取而代之的是以工业为主导的经济体系。这一转变不仅标志着新时代的到来，还催生了众多大型工业城市的崛起。这些城市如同磁石一般，吸引了无数农村劳动力、青年才俊以及海外移民纷纷涌入，共同见证了工业发展的辉煌篇章。

工业的迅猛发展，使原本被土地束缚的农民得以解脱，他们开始拥有选择职业的自由权。这一变革，无疑是人类历史上的一次重大突破，它彻底改变了劳动者的面貌，开启了全新的职业时代。然而，随着工业化的深入，劳动者进入职业领域的主要动机也悄然发生了变化。他们不再仅仅是为了满足温饱而劳作，而更多的是追求经济回报，以个人的体力和技能换取更好的生活条件。与此同时，城市中的工厂如雨后春笋般涌现，对各类工人的需求急剧增加，大量工作岗位空缺，亟待填补。

在这一背景下，如何实现工作岗位与劳动者的有效对接，成为亟待解决的问题。职业指导应运而生，它作为连接劳动者与职业的桥梁，为劳动者提供了宝贵的职业信息和指导服务，帮助他们更好地适应职业市场，实现个人价值与社会需求的完美融合。而生涯辅导则是在职业指导的基础上进一步发展而来的，它更加注重个体的全面发展与长远规划，为每个人的职业生涯注入了更多的可能性和活力。

二、工业心理学的诞生

19世纪70年代至20世纪初，第二次工业革命如火如荼地展开，它推动了工业企业的生产规模不断扩张，生产效率也实现了质的飞跃。在这场革命的浪潮中，人们逐渐意识到，要进一步提升生产效率，就必须更加深入地探索如何有效地利用人的生理和心理资源。当时的工业环境对工人提出了极高的要求。长时间的工作、艰苦的室内条件以及拥挤的生活状况，使许多工人感到身心俱疲。在这种背景下，工业心理学应运而生，它像一束光，照亮了人们探索人类工作能力差异的道路。

工业心理学的诞生，标志着心理学家们开始将研究的重心转向人类行为以及个体差异。他们深入剖析每个人的能力特点，如逻辑推理、空间加工、视力、听力等，并发现这些差异在不同的职业中具有独特的价值。例如，逻辑推理能力强的人可能更擅长分析和解决问题，适合从事科研或数学相关的工作；而空间加工能力强的人，则可能在建筑设计、机械工程等领域大放异彩。

为了更好地帮助劳动者找到与其能力相匹配的工作，以及协助工厂主招募到所需的劳动者，心理学家们投入了大量的精力对此进行研究。他们不仅关注人的职业行为、职业能力，还深入探讨影响他们职业表现的各种因素。这些研究在为劳动力市场的优化匹配提供科学依据的同时，也为职业教育和职业规划的发展指明了方向。

工业心理学的诞生，不仅是对当时工业环境的一种回应，更是对人类工作能力差异的深入探索。它为人们提供了更加科学、合理的职业规划方法，使每个人都能够充分发挥自己的优势，在实现个人价值的同时，也为社会的进步和发展贡献了自己的力量。

三、职业辅导的萌芽

在技术发展迅速、大规模的移民以及城市化进程加快的背景下，劳动力市场上的职业结构与职业要求产生了新的变化。无论是劳动者还是工厂主，都有迫切实现工作岗位与劳动者顺利对接的需求，心理学的发展又为人们如何了解人、分析人提供了专业的依据，因此，生涯辅导运动诞生了。

美国波士顿大学教授帕森斯（Frank Parsons）被认为是生涯辅导运动的奠基人，他在康奈尔大学接受过工程师的教育，还曾在公立学校教授历史、数学和法语，担任过铁路工程师，并于1881年通过了州律师考试。帕森斯热衷于社会改革，以帮助个人进行职业选择而闻名。1908年1月13日帕森斯作为市民服务中心项目的主管，在波士顿建立了类似于现在职业介绍所的"波士顿职业局"，关注于"如何找到一份工作"，以指导移民、青年劳动力等不同类型的民众合理就业，这是世界上第一个专业化的职业指导机构，标志着职业指导走向规范化。帕森斯在当年5月1日发表了重要学术演讲，详细讲述了就业局为80名男女提供咨询的系统指导程序，首次提出了"职业指导"这一概念，第一次系统地阐述了科学的职业选择理论。帕森斯的主要作品《选择一个职业》于1909年5月出版。帕森斯制定了一个帮助个体决定职业生涯的操作框架，提出在整合个体自身认知和社会职业认知的基础上，指导个体找到与自身性格、能力等特征相符合的"人职匹配"职业指导理念，为系统的职业生涯辅导理论奠定了良好的基础，并使职业指导成为具有组织形态的专业性工作。以上三个重要事件，标志着生涯辅导运动的诞生。由此可见，在诞生初期，生涯辅导运动就是一个理论和实践高度结合的运动。它从来都不是脱离实践的纯学术的研究，而是非常典型的理论指导实践、实践推动理论的专业学科。

帕森斯对职业生涯辅导运动发展作出了重要贡献，他为人们选择职业提供了概念性的架构，提出"自我认知—工作分析—匹配选择"的择业"三步范式"理论。职业选择过程涉及三个因素：一是自我认知，即做职业选择首先要清楚地了解自己的特质（包括能力、能力倾向、兴趣、资源限制及其他特质），以及这些特质的成因；二是工作分析，即分析胜任各种工作需要的条件（包括职业成功的必备条件、优缺点、酬劳、机会及发展等）；三是匹配选择，即真实地推论以上这两组事实之间的相关关系，在了解自己和工作的同时，选择一项既适合自身特质，又有可能获得的职业。这一理论对今天的职业心理咨询者依然有现实的指导意义。

20 世纪前半期，随着心理测量技术的发展，在帕森斯"三步范式"理论的基础上，人们将研究重点从最初的职业环境评估，逐渐转向对求职者兴趣、智力和个性的测验方面，并在此基础上演变为较为系统的"特质-因素理论"（Trait-Factor Theory）。特质即个人的能力、技能、兴趣等心理特质，因素即工作的条件、要求、优缺点、待遇等客观工作标准。特质-因素理论以个性心理学和差异心理学为基础，承认人的个性结构存在客观差异，强调心理因素在职业选择中的匹配作用，重视心理测量技术的运用和问题的诊断，认为职业选择就是使职业兴趣、职业能力与职业所需要的素质相匹配，找到最适合自己的工作的过程。可以说，这就是生涯辅导的基本原理。

四、心理测量运动

20 世纪 20 年代是美国心理咨询、辅导的兴起时期，特别是 1900—1940 年心理测量运动的蓬勃发展，为生涯辅导提供了必要的、有效的支持。这期间心理测量运动经历了几个重要的里程碑式发展阶段。

1905 年法国心理学家比奈（Alfred Binet）和其助手西蒙（Theodore Simon）编制了世界上第一个智力测验量表——比奈-西蒙智力量表。该量表虽然编制得比较粗糙，施测和记分手续都也没有标准化，但它为科学的智力测验找到了正确的前进方向，具有划时代的意义，对后期的智力测验影响巨大。

1917 年美国心理学家奥蒂斯（A. S. Otis）为国防部编制了军队甲种团体智力测验、军队乙种团体智力测验和第二次世界大战时使用的军队普通分类测验，此后这些测验经过改造用于民间，为教育与工商各界普遍采用。

1927 年斯坦福大学的斯特朗（E. K. Strong）出版了第一版的兴趣量表（Vocational Interest Blank），斯特朗先编制涉及各种职业、学校科目、娱乐活动及个体类型的问卷，然后结合评定能力和特征的量表，对从事某种职业的人群施测，比较他们与一般人的反应，最后挑选那些显示特定职业者与一般人之间有显著差异的题目编制成量表。

1928 年霍尔（Clark L. Hull）出版了《性向测验》，专注于在职业辅导上的性向综合测验的应用，并强调个人特质倾向于与职业需求配合的理念，并以标准化测验测量来测验工作满意度和成功性，将测量与职业运动关联在一起。

通过这些心理测量运动，职业指导人员可以运用一些新的工具，帮助人们系统地了解自己的兴趣、能力、人格特质等，从而更好地选择合适的职业。虽然当时的测量还不完善，也存在滥用的现象，但不可否认，这一阶段心理测量突飞猛进的发展，都为生涯辅导运动更好地了解人的特质提供了非常有力的支撑。

五、指导式咨询

伴随着 19 世纪中后期工业革命给人们生活带来的深刻影响，20 世纪初，一批美国社会改革家和学校行政官员掀起了一场塑造青少年人格、教育青少年如何了解自己、他人和周围世界的指导运动，这就是现代心理咨询的萌芽。明尼苏达就业稳定性研究机构的会员威廉姆斯（Williamson）创立了第一个心理咨询理论，即"以咨询师为中心"的咨询模式。这一模式在随后 20 年里的心理咨询实践中一直占据统治地位。1939 年威廉姆斯出版了《如何咨询学生》（*How to Counsel Students*），对于生涯辅导运动有着重大推动作用，提出了可操作化、标准化的职业指导的步骤，他提出直接式咨询的方法，其包含六个渐进的步骤：分析、综合、诊断、预测、咨询以及追踪辅导。

（1）分析：通过各种途径及主观与客观的工具，收集有关个人的兴趣、能力倾向、态度、家庭背景、知识、教育程度等的数据。

（2）综合：以个案研究的方法及测验的剖面图方式，综合整理所收集的数据，以显示个人的独特性。

（3）诊断：描述个人特质或不足，比较各项剖面图与测验常模等资料，必要时再进一步探索问题的成因。

（4）预测：依据各项资料，预测个人职业成功的可能性，或针对问题分析其可能的后果及调适的可能性，选择合适的调适方法。

（5）咨询：帮助咨询者了解、接受并运用各项有关个人与职业方面的资料，进而与来访者商讨有关职业选择或调适的计划。

（6）追踪辅导：协助咨询者执行计划，如果产生新的问题，再重复上述各项步骤。

威廉姆斯明确地向咨询者直接提出建议，带有浓重的教导意味，故被认为属于指导学派，其对职业心理学的发展影响深远。

六、早期职业指导的特点

早期的职业指导在工业革命的时代背景下，有着鲜明的特点。首先，它高度重视职业指导工作的重要性，明确指出科学的职业选择不仅仅需要个人的自我认知，更需要教育工作者和社会的悉心指导与帮助。这一观念的提出，无疑为职业指导这一新兴的研究和工作领域开辟了广阔的道路。其次，早期职业指导提出了"人职匹配"的理论，这一理论建立在理性、科学的方法基础之上，为职业指导的科学化进程作出了显著贡献。它强调每个人的独特性，以及不同职业对个体特质和能力的不同要求，从而帮助个体找到最适合自己的职业方向。

然而，早期职业指导也存在一些不足之处。首先，它倾向于静态地看待职业，认为人的职业选择是一次性完成的，这显然与客观实际不符。实际上，人的职业选择是一个动态的过程，可能会随着个人兴趣、能力和社会环境的变化而发生变化。其次，早期职业指导过于强调指导者的作用，而将被指导者置于被动的角色上。这种做法不仅不利于被指导者的成长，也不利于提高职业指导的效果。因为职业指导应该是一个双向互动的过程，需要被指导者的积极参与和反馈。最后，早期职业指导的具体活动对心理学的因素考虑较多，而对经济、社会等因素考虑较少，这导致职业指导往往过于片面，无法全面、准确地反映职业选择的复杂性和多样性。

随着时代的进步和社会的发展，职业指导理论也在不断完善和丰富。20 世纪 70 年代起，职业发展理论不再仅仅局限于职业生涯本身，而是进一步扩大到家庭生活等更广泛的领域。职业辅导也从以民间、社会为主，逐渐过渡到学校、政府、企业等领域。专家们开始采用一种生命全程和生活整体的观点进行研究，将职业生涯纳入个人整个生涯之中，探讨工作和家庭的有机统一和平衡。这种全新的视角不仅丰富了职业生涯理论，也为个体提供了更加全面、系统的职业指导服务。在当今这个快速变化的时代，职业指导的重要性越发凸显，它不仅是个人实现职业发展的重要途径，也是社会进步和发展的重要推动力。

第二节　生涯发展的理论基础

在 20 世纪至 21 世纪这波澜壮阔的历史长河中，人类对生涯的理解与规划经历了前所未有的深刻变革。这一漫长而复杂的进程，大致可以清晰地划分为三个具有鲜明时代特征的阶段，每个阶段都深深植根于特定的时代背景，承载着独特的理论与实践创新。

首先，20 世纪 30—70 年代，适配论的生涯观逐渐兴起并占据主导地位。在这一时期，生涯发展主要集中在个体如何与职业环境相互适应。适配论应运而生，成为指导个体生涯规划的重要理论框架。该理论强调，个体应主动调整自身的态度、技能和行为，以更好地融入工作环境，实现个人价值与社会需求的和谐统一。这一阶段的生涯规划，更多地关注个体如何适应外部环境，通过不断提升自身能力来应对职业挑战。

其次，20 世纪 70—90 年代，生涯晋升概念逐渐崛起，并取代了适配论的主导地位。进入 70 年代后，随着社会的快速发展和个体意识的觉醒，生涯发展的理念开始发生深刻的转变。人们不再仅仅满足于适应职业环境，而是开始追求进步、提升与自我强化。生涯晋升概念强调，个体应通过不断学习、成长和拓展，实现职业生涯的持续发展和突破。这一阶段的生涯规划，更加注重个体的主动性和创造性，鼓励个体勇于挑战自我，追求更高的职业成就。

最后，进入 21 世纪，靶心概念的提出标志着生涯发展观念再次发生深刻变革。随着全球化的加速和信息技术的飞速发展，个体面临的职业环境变得更加复杂多变。靶心概念强调，在生涯规划中，个体应明确自己的核心目标和价值追求，以这些目标和价值为"靶心"，不断调整和优化自己的职业生涯路径。这一阶段的生涯规划，更加注重个体的独特性、主体性与不可取代性，鼓励个体根据自己的兴趣、能力和价值观来制订个性化的生涯规划方案。

综上所述，20 世纪至 21 世纪的生涯发展观念经历了从适配论到生涯晋升概念，再到靶心概念的深刻变革。这一进程不仅反映了时代变迁对个体生涯规划的影响，也彰显了人类对自我实现与幸福生活的不断追求。在未来的生涯规划实践中，职业指导者应继续借鉴和融合不同阶段的生涯发展理念，为个体提供更加全面、系统和个性化的指导与支持。下面讲述五个重要的生涯发展理论。

一、霍兰德职业兴趣理论

霍兰德职业兴趣理论，一个深具影响力的心理学概念，也被称作人格-职业匹配理论（Personality-Job Fit Theory）。这一理论的奠基者是美国杰出的心理学家约翰·霍兰德（John Holland），他在 1959 年首次提出了这一革命性的观点。霍兰德职业兴趣理论不仅仅在学术界占据了重要地位，更在职业咨询、职业规划以及教育培训等实践领域展现出重要的应用价值。

该理论的核心是为个体提供了一种深入理解个人职业兴趣与职业选择之间复杂关系的框架。霍兰德认为，每个人的职业兴趣都是独特的，这些兴趣与个体的性格特征紧密相连，共同构成了个体在职业选择上的倾向性。通过深入剖析个人的职业兴趣，个体可以更准确地预测其在职场中的表现，以及哪些职业环境最能激发其潜能和满足感。

霍兰德职业兴趣理论还进一步指出，当个人的职业兴趣与所从事的职业高度匹配时，个体更有可能在工作中获得成就感、满足感和职业发展的动力。这种匹配不仅有助于提升个体的工作效率，还能促进其心理健康和整体生活质量的提升。

因此，霍兰德职业兴趣理论在职业规划中有重要价值。它帮助职业规划师和个体自身能更好地理解职业兴趣的重要性，以及使其明确如何通过科学的方法来评估和匹配个人的职业兴趣与职业选择。这一理论的应用，不仅有助于个体找到最适合自己的职业道路，还能为组织和企业提供有价值的人才选拔和职业发展指导。

总的来说，霍兰德职业兴趣理论是一个具有深远影响的心理学理论，它为个体的职业规划和职业发展提供了宝贵的指导和启示。通过深入理解和应用这一理论，个体可以更好地发掘自己的职业潜力，实现个人与职业的完美匹配。

（一）理论核心

霍兰德职业兴趣理论认为，个人的职业兴趣可以归纳为六大类，这六大类与职业环境密切相关。当个人的职业兴趣与其所从事的职业类型相匹配时，他们更可能感到满足和成功。这一理论的核心在于个人职业兴趣与职业选择之间的匹配。

（二）六大职业兴趣类型

1. 实际型（Realistic，R）

特点：喜欢动手操作、修理物品、制作东西等实际性工作，稳健务实，身体技巧与协调能力较强。这类人通常喜欢具体、实际的工作。

典型职业：机械师、电工、厨师、修理工等。

2. 研究型（Investigative，I）

特点：喜欢分析事物、探究原理、进行科学实验等研究性工作。这类人通常偏好独立思考，喜欢具有创造性、挑战性的工作。

典型职业：科学家、研究员、工程师、电脑编程人员等。

3. 艺术型（Artistic，A）

特点：喜欢创造、设计、绘画、音乐等艺术性工作。这类人通常富有创意和想象力，喜欢创造、想象及具有自我表现空间的工作。

典型职业：艺术家、设计师、演员、导演、音乐家等。

4. 社会型（Social，S）

特点：善于言谈、乐于助人，具有人道主义倾向，责任心强。这类人通常善于沟通和协调，喜欢与人打交道、帮助他人、解决社会问题等社交性工作。

典型职业：教师、心理咨询师、社会工作者、公关人员等。

5. 企业型（Enterprising，E）

特点：喜欢领导他人、制订计划、并为有效发挥组织作用而积极活动，希望成就一番事业。这类人通常富有冒险精神和竞争意识，喜欢行政管理、销售产品等领导性和创业性工作。

典型职业：企业家、销售经理、政府官员、企业领导、法官、律师等。

6. 常规型（Conventional，C）

特点：喜欢处理数据、整理文件、维护秩序等要求明晰、高度有序的规范性任务。这类人通常注重细节和规则，不喜欢主动决策，一般较为可靠，偏保守，喜欢固定的、有秩序的工作。

典型职业：秘书、会计、行政助理、图书馆管理员、出纳员、打字员等。

（三）职业兴趣与职业选择的关系

职业兴趣与职业选择之间存在着密切且深刻的关系，这一关系在霍兰德职业兴趣理论中得到了淋漓尽致的体现。霍兰德强调，职业兴趣不仅仅是推动个体参与各种活动的内在动力源泉，更是引导个体走向职业成功的重要指针。当个体的职业选择与其内在的职业兴趣紧密相连时，他们往往会表现出更高的工作积极性、满意度和忠诚度。这种匹配状态能够激发个体的内在潜能，使他们在工作中更加投入、专注和富有创造力。相反，如果个体的职业选择与他们的职业兴趣相悖，那么他们可能会感到工作乏味、缺乏动力，甚至可能会出现职业倦怠和不满情绪，从而影响工作效率和职业发展。

因此，了解自己的职业兴趣类型对于个体在职业选择、职业规划和职业发展中具有举足轻重的意义。通过深入探索自己的职业兴趣，个体可以更加清晰地认识到自己在哪些领域具有天赋和优势，从而更有针对性地选择适合自己的职业方向。同时，对职业兴趣的了解也有助于个体在职业规划中设定更为明确和可行的目标，为未来的职业发展奠定坚实的基础。霍兰德职业兴趣理论还进一步指出，职业兴趣并非一成不变，它会随着个体的成长、经历和环境的变化而有所调整。因此，个体在职业生涯中需要不断地审视和更新自己的职业兴趣，以确保自己的职业选择与内在需求保持高度一致。

综上所述，职业兴趣与职业选择之间的关系是复杂且深刻的。了解自己的职业兴趣类型，不仅有助于个体找到适合自己的职业方向，还能为他们的职业发展注入持久的动力和活力。

（四）职业兴趣类型的组合

职业兴趣类型的组合是霍兰德职业兴趣理论中的一个重要方面，它揭示了人类职业兴趣的多样性和复杂性。大多数人的职业兴趣并非单一且固定不变，而是可能由多种不同类型的兴趣组合而成。这种组合性使每个人的职业倾向和选择都独具特色，为个体的职业生涯规划提供了更为广阔的空间和可能性。

相邻关系指的是在霍兰德职业兴趣六边形中相邻的两种职业兴趣类型之间的关系，它们之间往往具有一定的相似性和互补性。例如，现实型和研究型都强调对事实和数据的关注，而艺术型和社会型则更注重情感和人际关系的处理。相隔关系则是指在六边形中相隔一个类型的两种职业兴趣类型之间的关系，它们之间虽然存在差异，但也可能存在某种潜在的联系或互补性。相对关系则是指六边形中直接对立的两种职业类型之间的关系，它们之间往往具有较大的差异性和对立性。

在职业选择时，个体可以根据自己的兴趣类型组合，选择与自己兴趣最为匹配的职业环境。这意味着，个体不必局限于某一种职业兴趣类型，而是可以根据自己的兴趣组合，灵活地选择适合自己的职业方向。例如，一个同时具有现实型和研究型兴趣的人，可能会选择从事科学研究或技术开发等需要实证分析和创新思维的工作；而一个同时具有艺术型和社会型兴趣的人，则可能更适合从事文化创意、社会工作或教育等领域的工作。

因此，了解并认识自己的职业兴趣类型组合，对于个体来说至关重要。它不仅有助于个体更加清晰地认识自己的职业倾向和优势，还能为其职业生涯规划提供更为精准和个性化的指导。通过不断的探索和实践，个体可以逐渐找到与自己兴趣最为匹配的职业环境，实现职业发展的最大化和个人价值的最大化。

（五）理论的应用与发展

霍兰德职业兴趣理论在职业咨询、职业规划和教育培训等领域有着广泛的应用。通过评估个人的职业兴趣类型，该理论可以帮助他们找到适合自己的职业方向，提高职业满意度和成功率。同时，这一理论也可以用于指导学校教育，帮助学生发现自己的兴趣和优势，从而更好地规划未来的学习和职业道路。

（六）理论的局限性

局限性是任何理论在发展过程中都不可避免的一部分，霍兰德职业兴趣理论也不例外。尽管这一理论为个体提供了一种富有洞察力的框架来理解和指导职业选择，但它在实践应用中仍存在一定的局限性。

首先，霍兰德职业兴趣理论虽然强调了职业兴趣的重要性，但人的兴趣和才能极具多样性和复杂性。个体的兴趣可能受到多种因素的影响，包括个人经历、文化背景、社会环境等。这些因素使每个人的兴趣形成和发展都具有独特性，难以简单地用几种类型来概括。

其次，霍兰德职业兴趣理论提出的六大类型虽然具有一定的代表性，但并不能涵盖所有可能的职业兴趣。在现实生活中，许多人的职业兴趣可能跨越多个类型，或者根本不属于这六大类型中的任何一个。因此，在应用这一理论时，个体需要保持开放的心态，认识到类型的局限性，并结合自身的实际情况进行具体分析。

再次，霍兰德职业兴趣理论还忽略了职业选择中的其他重要因素，如个人的价值观、经济状况、社会需求等。这些因素同样会对个体的职业选择产生重要影响，但在该理论中并未得到充分的考虑。

最后，霍兰德职业兴趣理论也未能充分考虑到时间和经历对个体兴趣的影响。人的兴趣和才能可能会随着时间和经历的变化而发生变化，这意味着个体在职业生涯中可能需要不断地重新评估和调整自己的职业兴趣。

总的来说，霍兰德职业兴趣理论是一种重要的职业指导理论，它为我们理解个人的职业兴趣类型和职业选择之间的关系提供了有力的支持。然而，在应用这一理论时，我们需要保持开放和灵活的态度，结合个人的实际情况进行具体分析，并充分考虑其他影响职业选择的因素。只有这样，我们才能更好地利用这一理论来指导个人的职业发展和生涯规划。

二、社会认知生涯理论

社会认知生涯理论（Social Cognitive Career Theory，SCCT）是一种综合性的生涯理论。它旨在解释职业生涯发展的动态过程，以下是对社会认知生涯理论的详细介绍。

（一）理论背景与起源

SCCT 由罗伯特·兰特（Robert Lent）、史蒂文·布朗（Steven Brown）和盖尔·哈克特（Gell Hackett）于 1994 年提出，它基于阿尔伯特·班杜拉（Albert Bandura）的一般社会认知理论。班杜拉的一般社会认知理论是一种关于认知和动机过程的有影响力的理论，已被扩展到社会心理功能的许多领域，如学习成绩、健康行为和组织发展等。SCCT 融合了早期职业生涯理论中出现的各种概念，如兴趣、能力、价值观、环境因素等，这些概念已被发现会影响职业生涯的发展。

（二）核心组成部分

SCCT 的三个基本组成部分是自我效能感信念、结果预期和目标。

1. 自我效能感信念

定义：自我效能感信念是指一个人对自己从事特定行为或行动的能力的个人信念。与整体自信或自尊不同，自我效能感信念是相对动态的，并且是特定活动领域的特定信念。

来源：个人表现成就、替代经验（如观察类似的其他人）、社会劝说以及生理和情绪状态。

2. 结果预期

定义：结果预期是指对特定行为的后果或结果的信念。例如，如果我这样做会怎样？

作用：直接影响个体是否愿意采取某种职业行为，与自我效能感共同作用，影响个体设定长期或短期目标。

3. 目标

定义：目标是指一个人从事某项活动或达到某种成绩水平的意向。在 SCCT 中的两类目标分别被称为选择目标和绩效目标。

作用：通过设定目标，人们可以组织和指导自己的行为，并在缺乏更直接的积极反馈和不可避免的挫折的情况下保持这种行为。

（三）理论模型与应用

SCCT 通过三个主要模型来解释职业生涯发展。

1. 兴趣发展模型

核心观点：对职业相关活动的兴趣被视为自我效能感信念和结果预期的产物。在童年和青少年时期，人们通过持续的活动接触、练习和反馈，不断完善自己的技能，形成在特定任务中的效能感，并对参与活动的结果抱有一定的期望。

2. 职业选择过程模型

核心观点：与职业相关的兴趣主要是通过自我效能感和结果预期产生的，它促进了特定的教育和职业选择目标。当选择目标清晰、具体、强烈、公开并得到重要他人的支持时，人们就更有可能采取行动来实现自己的目标。

3. 绩效模型

核心观点：预测和解释绩效的两个方面，即人们在教育和职业追求中取得的成功程度，以及他们在面对障碍时的坚持程度。SCCT 注重能力、自我效能感、结果预期和绩效目标对成功和坚持的影响。

（四）环境因素的影响

SCCT 强调个人与外部环境的相互作用。内部的认知、情感状态和身体因素等个体因素与外部环境因素、外显行为都双向作用。环境因素包括个性特征、倾向、民族、社会经济地位等自身的背景因素，以及社会支持、所处工作或教育环境等与选择行为相关的环境因素。这些环境因素会影响个体的自我效能感形成、结果预期和目标设定，从而影响职业生涯发展。

（五）理论意义与应用价值

SCCT 为理解和指导职业生涯发展提供了一种新的视角和工具。它强调了自我效能感信念、结果预期和目标在职业生涯发展中的关键作用，并揭示了环境因素对个体职业生涯发展的影响。这一理论在职业咨询、教育和培训等领域具有广泛的应用价值，可以帮助人们更好地认识自己，制定合理的职业目标，并采取有效的行动来实现这些目标。

（六）理论的发展与完善

随着研究的深入，SCCT 也在不断发展和完善。例如，一些研究开始区分"决策效能"与"学科效能"的概念，并与人格理论结合进一步探索学生的选择过程。这些发展使SCCT 更加精细和全面，为理解和指导职业生涯发展提供了更加有力的支持。

社会认知生涯理论是一种具有广泛影响力和应用价值的生涯理论。它通过解释自我效能感信念、结果预期和目标在职业生涯发展中的关键作用，以及环境因素对个体职业生涯发展的影响，为我们提供了一种新的视角和工具来理解和指导职业生涯发展。

三、生涯混沌理论

生涯混沌理论（Chaos Theory of Careers）是一种 20 世纪末出现的生涯心理学的理论。它将混沌理论作为基础，为理解个体生涯心理及其发展提供了一个全新的视角。以下是对生涯混沌理论的详细介绍。

（一）理论背景与基础

生涯混沌理论起源于混沌理论（Chaos Theory）。混沌理论是一种探讨动态系统中复杂行为的方法，它揭示了复杂系统是如何发展变化的，以及这种变化的非线性特征。生涯混沌理论将这一科学思维应用到生涯心理学中，认为生涯心理是一种动态、开放的复杂系统。

（二）核心观点与主张

生涯混沌理论认为生涯发展是一个动态开放的复杂系统。生涯混沌理论强调生涯心理是一个复杂且不断变化的系统，其内外部影响因素多样且复杂。因此，必须从整体角度来理解个体生涯心理的发展。

1. 生涯发展是动态且开放的复杂系统

生涯混沌理论认为，个体的生涯发展是一个复杂且不断变化的系统。这个系统受到多种内外部因素的影响，包括个人兴趣、能力、价值观、家庭背景、社会环境等。这些因素相互作用，共同影响着个体的生涯选择和发展路径。

2. 生涯发展是非线性的动态过程

在线性系统中，综合所有因素就能得到整体；而在一个非线性系统中，所有因素的总和却可能大于或小于整体，非线性意味着一个微小的改变就可能造成巨大的变化。与传统的生涯发展理论不同，生涯混沌理论强调生涯发展的非线性特征，每个人的生涯发展都是在一定的环境和内部推动下，经过一系列的选择而发生的。这意味着生涯发展不是按照预定的轨迹或固定的模式进行的，而是充满了不确定性和变化。小的变化或事件可能引发大的结果，即所谓的"蝴蝶效应"。因此，个体在生涯发展过程中需要保持灵活性和适应性，以应对各种不可预测的变化。

3. 初值敏感性

生涯混沌理论指出，生涯发展的初值敏感性非常高。这意味着初始条件的微小变化可能对未来状态产生巨大影响。例如，一个偶然的机会或选择可能会改变个体的整个生涯轨迹。因此，个体在进行生涯决策时，需要充分考虑各种可能性和风险，并做好准备，以应对未来的不确定性。

4. 没有终极稳态

生涯混沌理论认为，生涯发展是一个不断变化的过程，充满了各种可能性和挑战。个体在生涯发展过程中需要不断适应和调整自己的目标和计划，以应对外部环境和内部需求的变化。

5. 吸引因子的作用无处不在

在生涯混沌理论中，吸引因子是指那些对个体生涯发展产生重大影响的核心因素。这些因素可能包括重要的人物、关键的事件、特定的环境等。它们能够吸引个体的注意力和精力，并引导个体朝着某个方向或目标发展。因此，个体在生涯发展过程中需要敏锐地察觉和利用这些吸引因子，以促进自己的成长和发展。

（三）理论意义与应用价值

提供新的理论框架：生涯混沌理论为理解个体生涯心理及其发展提供了全新的理论框架，有助于突破传统生涯理论的局限性。

指导生涯决策：生涯混沌理论强调生涯发展的不确定性和复杂性，鼓励个体在进行生涯决策时保持灵活性和开放性，以适应不断变化的环境。

促进生涯教育：基于生涯混沌理论，生涯教育可以更加注重培养学生的适应能力和创新能力，以应对未来职业生涯中的不确定性。

（四）理论的发展与完善

自 21 世纪初普莱尔（Pryor）与布莱特（Bright）正式提出生涯混沌理论以来，该理论不断发展和完善。一些学者将生涯混沌理论与其他理论（如生涯建构理论、社会认知生涯理论等）相结合，以更全面地理解生涯发展。同时，生涯混沌理论也在实际应用中不断得到验证和修正。

生涯混沌理论是一种具有创新性和实用性的生涯心理学理论。它为我们理解个体生涯心理及其发展提供了一个全新的视角和方法，对于指导生涯决策、促进生涯教育等具有重要意义。

四、生涯建构理论

生涯建构理论（Career Construction Theory，CCT）是由美国心理学家萨维科斯（M.

L. Savickas）在 2002 年提出的一种综合性的职业发展理论。他认为建构是一种行动，不同的生涯阶段有不同的生涯任务，这些任务促使个体主动地完成它们，从而构建个人生涯。这一理论强调个体在生涯发展中的主动性和建构性，为理解个体如何规划、实施和调整自己的职业生涯提供了一个全新的视角。以下是对生涯建构理论的详细阐述。

（一）理论核心与假设

生涯建构理论的核心在于，生涯发展是一个个体不断与环境互动、建构自我意义的过程。该理论提出，个体职业生涯发展是一个动态建构的过程，个体的主观因素在这个过程中与外在环境相互影响、相互适应。生涯建构理论认为，生涯不仅仅是一系列职业或工作的简单堆砌，而是一个个体在不断与环境互动中，根据自己的兴趣、能力、价值观和目标，主动建构和塑造个人生涯的过程。生涯建构理论还强调了生涯发展的社会性和情境性，认为个体的生涯发展不仅受到个人因素的影响，还受到社会环境、家庭背景、教育背景等多方面因素的影响。

（二）理论框架与组成部分

生涯建构理论的核心框架包括自我认知、生涯决策、生涯行动和生涯适应四个部分，它们相互关联、相互作用，共同构成了生涯建构理论的基本框架。

自我认知：个体对自己的兴趣、能力、价值观等方面的认识和理解。这种认知是基于个体的经验、学习和反思而形成的，并随着个体的成长和发展不断改变。

生涯决策：个体在面临生涯选择时决策的过程。这包括确定职业目标、选择职业路径等。

生涯行动：个体为实现生涯目标所采取的行动。这包括学习新技能、寻找工作机会、发展人际关系等。

生涯适应：个体在面对生涯变化和挑战时的应对策略。这包括调整职业目标、适应新环境、克服职业障碍等。

此外，萨维科斯的生涯建构理论还包含三个组成部分：人格特质、生涯主题和生涯适应力。其中，生涯适应力被视为个体在快速变化的现代社会中获得生涯成功的关键能力。萨维科斯认为，生涯适应力是个体对于可预测的生涯任务、所参与的生涯角色、与面对生涯改变或生涯情景中不可预测的生涯问题的准备程度。它包括关注、控制、好奇和自信四个维度，生涯适应力的发展贯穿于这四个维度，最终形成与生涯规划、决策和调整有关的独特态度和能力。

（三）理论应用与实践

生涯建构理论在实践中有着广泛的应用价值。它可以帮助个体更好地认识自己，明确自己的生涯目标和方向；帮助个体形成明智的生涯决策，避免盲目跟风和随波逐流；帮助个体制订有效的生涯规划，实现自我价值和人生意义。同时，生涯建构理论也可以为组织和企业提供人力资源管理和职业生涯规划方面的指导，帮助员工实现个人和组织的共同发展。

（四）理论发展与创新

生涯建构理论在发展过程中不断吸收和整合其他相关理论，如舒伯的职业生涯发展理论、霍兰德的职业兴趣理论等。它批判性地继承了这些理论的核心思想，并在此基础上提出了自己的创新观点。例如，萨维科斯强调个体在生涯发展中的主动性和建构性，认为生涯发展是一个不断演变、充满可能性的建构过程。他还提出了生涯适应力的概念，并构建了生涯适应力模型，为理解个体如何适应生涯变化和挑战提供了新的视角。

（五）理论意义与启示

生涯建构理论为我们提供了一个全面而深入地理解个体生涯发展的视角。它不仅帮助我们认识到生涯发展的复杂性和多样性，还为我们提供了指导和支持个体生涯发展的理论框架和实践方法。在未来的职业教育和生涯规划中，生涯建构理论将发挥越来越重要的作用，帮助个体更好地规划和管理自己的职业生涯，实现个人的成长和发展。

总之，生涯建构理论是一种重要的职业发展理论，它强调个体的主动性和建构性，关注个体的内在需求和动机，为个体的生涯发展和组织的人力资源管理提供了重要的理论支持和实践指导。

五、工作心理理论

工作心理理论是心理学领域中的一个重要且充满活力的分支，它深入探索并解析个体在工作环境中的多维度心理状态、行为模式以及主观体验。这一理论不仅关注个体如何适应和应对工作中的各种挑战与压力，还深入研究工作环境因素如何影响员工的心理健康、工作满意度、动机、职业发展以及团队互动等。

（一）定义与范畴

工作心理理论可以定义为一个有组织的概念集合，这些概念用来描述、解释或预测人将会做什么、想什么或感觉到什么。它主要关注人们在工作中面临的压力、工作满意度、情绪管理以及工作能力等方面的问题。

（二）核心内容与理论

1. 工作压力与应对

工作心理理论研究了工作对个体心理健康的影响，特别是长时间的工作压力和紧张的工作环境可能对个人的心理健康产生负面影响。通过研究工作压力的来源和应对方法，该理论可以帮助个体更好地应对工作中的压力，减少负面影响。

2. 工作满意度与幸福感

工作满意度是个体对工作的评价和情感体验，与个体的工作动力和工作表现密切相关。工作心理理论通过研究工作满意度的影响因素和提高方法，帮助个体提高对工作的满意度，增强工作动力和积极性。同时，工作心理理论也研究了个体在工作中获得成就感和幸福感的机制，探讨如何在工作中获得更多的积极情感。

3. 情绪管理

情绪管理是人们在工作中调节和控制情绪的能力。工作环境中的压力和挑战容易引发负面情绪，如焦虑、抑郁和愤怒等。工作心理理论研究了情绪管理的策略和方法，帮助个体更好地管理和调节情绪，增强情绪稳定性，获得积极情感。

4. 工作能力

工作能力是个体在特定工作任务上发挥出的水平和质量，它受到个体的技能、知识、经验和动机等多方面因素的共同影响。工作心理理论通过研究个体的工作能力发展过程和影响因素，帮助个体提高自己的工作能力，适应和应对不同的工作要求和挑战。

5. 组织层面的问题

工作心理理论也关注组织层面的问题，如团队合作、领导力和组织文化等。它研究了团队合作和领导力的有效性，以及组织文化对个体和组织绩效的影响，帮助组织提高绩效和创造良好的工作环境。

（三）应用与实践

工作心理理论的研究成果在多个领域得到了广泛应用，包括人力资源管理、组织行为学、职业咨询等。例如，企业可以利用工作心理理论来优化员工的工作环境，提高员工的工作满意度和绩效；职业咨询师可以运用这些理论来帮助客户更好地认识自己，并为其制订合适的职业规划。

（四）发展趋势与挑战

随着社会的不断发展和变化，工作心理理论也在不断发展和完善。当前，它面临着许多新的挑战和机遇，如全球化、数字化、人工智能等对工作方式的影响。因此，未来的工作心理理论需要更加注重跨文化研究、技术对工作心理的影响等方面的探索。

工作心理理论是一个涵盖范围广泛且不断发展的领域，它对于理解个体在工作环境中的心理状态、行为和体验具有重要意义。

生涯人物案例

医学毕业生的新航向：及时规划，引领人生

小 Z，一名医学毕业生，自幼对科学充满好奇。随着时间的推移，她更向往医疗器械的研发创新。

经过全面的自我认知与环境分析，小 Z 意识到自己扎实的医学基础、出色的实验技能以及对科学研究的热情，都是转型医疗器械研发领域的优势。同时，国内对高端、智能、本土化医疗器械的需求增长，也为她提供了广阔的发展空间。

于是，小 Z 定位自己的职业规划为前沿医疗器械本土化研发，她积极参与相关实习和研发，将医学知识与工程技术结合。在实习期间，她有幸进入国内知名医疗器械研发企业，参与多个研发项目，掌握研发流程。从此，她坚定了从事本土化研发的决心。

在医疗器械本土化研发领域，小 Z 展现了出色的观察力与敏捷的思维，能够迅速融入新环境，拥抱新挑战。其霍兰德职业兴趣 ESA 型的特点，使她不仅能从事市场营销，在医疗器械的研发创新中也能大放异彩，尤其是作为研发团队的协调者、市场推广者、教育训练师。

面对从专业学习转向医疗器械本土化研发的跨界思考，小 Z 内心虽有疑虑，但经职业指导老师的引导后，她明确了以下策略。

（1）融合专业与新兴领域。小 Z 认识到，其专业知识虽与直接研发不直接相关，但可成为理解市场需求、优化产品设计的重要视角。通过参与跨学科团队，她将医学、工程学知识与本土文化、市场需求紧密结合，推动了医疗器械的创新与本土化进程。

（2）家庭沟通，共筑梦想。小Z积极与父母沟通，分享自己对医疗器械本土化研发的热情与愿景，以及这一领域对社会健康的贡献。通过展示自己的规划与决心，她争取到了家庭的理解与支持，使之成为她职业道路上的坚实后盾。

（3）持续学习，拓宽知识边界。小Z意识到，在医疗器械研发领域，跨学科知识尤为重要。她通过自学、参加在线课程、参与行业研讨会等多种方式，深入学习医疗器械技术、市场趋势、政策法规等相关知识，不断提升自己的专业素养和综合能力。

（4）实践出真知，积累经验。利用实习机会，小Z选择加入医疗器械企业或研发机构，体验从产品设计、研发到市场反馈的全过程。通过实践，她不仅将理论知识转化为实践能力，还积累了宝贵的行业经验和人脉资源。

（5）规划未来，稳步前行。小Z制订了详细的职业生涯规划，明确了短期与长期目标。她计划从基础研发岗位做起，逐步向项目负责人、研发团队领导等职位晋升。同时，她也设定了调整方案，以应对职业生涯中可能出现的变化与挑战。

毕业后，小Z继续深造，专注某一前沿医疗器械的研发，并取得了显著的学术成果。随着经验的积累和成果的涌现，她在医疗器械研发领域崭露头角，顺利进入了国内顶尖研发公司，带领团队进行一系列创新工作。

小Z的案例展示了医学毕业生如何结合时代需求和自身兴趣进行职业生涯规划。她通过自我认知、学习专业知识和积极参与研发实践，实现了自己的职业梦想。同时，她也从行业成功案例中汲取力量，为本土医疗器械研发领域作出自己的贡献。小Z正以实际行动诠释着梦想和信念。她的经历告诉我们，只要敢于突破、勇于创新，就能在全新的职业生涯中创造辉煌。

第三节　大学生职业生涯规划

一、大学生职业生涯规划的意义

职业生涯是人生中最重要的历程，是追求自我实现的重要人生阶段，对人生价值起着决定性作用。人生如同一场航海旅行，在这场航行中，人们可能呈现出两种状态：一种是漫无目的地漂泊；另一种是手握航海图，明确目的地勇往直前，而职业生涯规划就是那张宝贵的航海图，帮助人们明确方向，避开暗礁，顺利抵达梦想的彼岸。大学生正处于职业生涯的准备阶段，也是人生职业生涯起步的关键时期。在当今快速发展的社会背景下，大学生职业生涯规划显得尤为重要。通过融入数字化与信息化元素、关注创新创业能力培养、强调全球视野与跨文化交流以及注重社会责任与可持续发展，这一规划过程被赋予了鲜明的时代特征。对于医学生而言，职业生涯规划不仅关系到个人的未来发展，还作为一个重要桥梁连接着医学教育与社会需求。

（一）大学生职业生涯规划的现实意义

在大学生个人层面上，职业生涯规划是自我认知的重要过程。刚步入大学的学生，往往对自己的兴趣、优势、价值观等缺乏清晰的认识。通过职业生涯规划，他们可以深入剖析自己，了解自己的性格特点、能力倾向和职业偏好。这有助于他们在众多的职业选择中找到最适合自己的方向，避免盲目跟风或随波逐流。例如，一个具有创新思维和动手能力的大学生，可能更适合从事工程技术类的职业；而一个善于沟通、富有同理心的学生，则可能在服务行业或人力资源管理领域会有更好的发展。

在高校培养层面上，大学生职业生涯规划不仅对其个人有重要意义，也对高校教育改革有积极的促进作用。高校可以通过开展职业生涯规划教育，引导大学生树立正确的职业观念，提高他们的职业规划意识和能力。这有助于高校更好地了解大学生的需求和期望，优化课程设置和教学内容，提高教育教学质量。此外，职业生涯规划教育也有助于高校培养出更多符合社会需求的高素质人才，提高就业质量。通过引导大学生根据社会需求和自身特点进行职业规划，高校可以培养出具有创新精神、实践能力和社会责任感的优秀人才，为社会的发展作出更大的贡献。

在社会层面上，大学生作为社会的未来栋梁，他们的职业生涯规划对社会经济发展具有重要意义。一方面，合理的职业生涯规划可以使大学生更好地适应社会需求，提高人力资源的配置效率。随着经济的快速发展和科技的不断进步，社会对各类专业人才的需求日益多样化。大学生通过职业生涯规划，能够更好地了解社会的需求和行业的发展趋势，从而有针对性地培养自己的能力，使自己成为符合社会需求的高素质人才，以此减少因职业不匹配而导致的人才和社会资源的浪费。例如，在当前数字化时代，社会对信息技术、数据分析等领域的人才需求旺盛。大学生如果能够认识到这一趋势，提前规划自己的学习和职业发展，选择相关的专业和课程进行学习，将有助于缓解社会的人才短缺问题。另一方面，大学生的创新创业活动也能为社会经济发展注入新的活力。通过职业生涯规划，一些有创新精神和创业意愿的大学生可以明确自己的创业方向，制订创业计划，并在大学期间积极积累创业所需的知识、技能和资源。他们的创业活动不仅能创造新的就业机会，还能推动产业升级和创新发展。

（二）大学生职业生涯规划的实践意义

职业生涯规划是大学生明确职业目标的关键步骤。有了明确的职业目标，大学生可以更加有针对性地进行学习和实践。他们可以根据自己的目标选择相关的课程、参加社团活动、争取实习机会等，不断提升自己的专业技能和综合素质。以立志成为律师的一名大学生为例，他可以选修法律相关的课程，参加模拟法庭、法律辩论等社团活动，利用假期到律师事务所实习，积累实践经验。这种有目的的学习和实践，将使大学生在毕业时更具竞争力，更容易实现自己的职业理想。

职业生涯规划有助于大学生合理安排大学时光。大学四年看似漫长，但实际上转瞬即逝。如果没有明确的规划，大学生很容易在迷茫中浪费时间，从而错过提升自己的机会。而有了职业生涯规划，大学生可以根据自己的职业目标制订合理的学习计划，确定每个学期的重点任务。例如，大一可以侧重于适应大学生活，了解专业方向；大二可以加强专业基础课程的学习，参加学科竞赛；大三可以开始准备考研或实习；大四则集中精力完成毕业论文和求职。这样的规划可以使大学生的大学生活更加充实、有意义，为未来的职业发展打下坚实的基础。

职业生涯规划促使大学生更加有效地提升自己的就业竞争力。随着高等教育的普及，大学毕业生数量逐年增加，就业市场的竞争也日益激烈。通过职业生涯规划，大学生可以发掘自己的优势，提升专业技能，培养综合素质，提高自身竞争力。同时，良好的职业生涯规划还能让大学生提前了解职场需求，有针对性地进行准备，从而在求职和职业发展中更具优势。例如，一名立志成为软件工程师的大学生，会在大学期间努力学习编程语言、数据结构、算法等课程，考取相关的职业资格证书。同时，职业规划还能帮助大学生积累丰富的实践经验。通过参加实习、社会实践、项目竞赛等活动，大学生可以提高自己的实践能力和解决问题的能力。这些实践经验不仅能丰富大学生的简历，还能让他们在求职过程中更具优势。此外，职业规划还能培养大学生的综合素质，如沟通能力、团队协作能力、领导能力等。这些素质在职场中同样至关重要，能够使大学生在众多求职者中脱颖而出。

职业生涯规划有利于大学生实现个人价值，获得职业满足感。当大学生根据自己的兴趣、能力和价值观选择了适合自己的职业，并为之努力奋斗时，他们更容易在工作中发挥自己的优势，取得优异的成绩。这种成就感不仅仅是物质上的回报，更是对自我价值的认可。例如，一位热爱教育事业的大学生成为一名教师，通过自己的教学工作，影响和改变学生的命运，他会从中获得巨大的满足感和成就感。同时，职业规划也有助于大学生在职业发展中不断提升自己，实现个人的成长和进步。他们可以根据自己的职业目标，制订合理的发展计划，通过学习、培训和晋升等方式，不断提高自己的职业水平和社会地位，实现更高层次的个人价值。

二、医学生职业生涯规划的建议

（一）目标导向

在职业生涯规划中，大学生最重要的是要明确目标。目标就像航海中的灯塔，指引大学生穿越迷雾。大学生需要深入分析自己，了解自己的兴趣、优势和价值观，然后结合社会需求，设定一个既实际又充满挑战的目标。在数字化与信息化的浪潮中，对于医学生来说，他们首先需要认清自我，明确自己的职业兴趣和特长。通过职业生涯规划，他们可以更深入地了解自己的价值观、性格特点和技能优势，从而确定合理的职业发展目标。以科学家屠呦呦为例，她通过深入的自我探索和学习，在中医药学领域找到了自己的兴趣所在，最终为全球疟疾治疗作出了卓越贡献。这一案例充分证明了明确的职业发展目标对于个人成就实现的重要性。

（二）灵活应变

在这个快速变革的时代，社会发展和医学进步日新月异，个体的职业生涯规划必须与时俱进，保持动态调整的能力。正如现代战舰需要实时更新导航系统和武器装备以适应复杂多变的海洋环境，医学人才的职业发展同样需要建立敏捷的适应机制。

在全球化和跨文化交流日益深入的今天，医学专业人才的培养正面临前所未有的机遇与挑战。一方面，精准医疗、数字健康等新兴领域不断涌现；另一方面，全球公共卫生事件频发凸显了复合型医学人才的重要性。在这样的背景下，医学生的职业规划需要兼具战略定力和战术弹性——既要保持清晰的发展方向，又要具备快速响应变化的能力。

面对医学领域日益细分的专业分支和日趋复杂的临床问题，医学生需要构建系统化的职业发展思维：既要深入掌握核心医学知识，又要培养跨界整合能力；既要做好长期规划，又要建立短期调整机制。这种"刚柔并济"的职业发展策略，将成为未来医学人才的核心竞争力。

（三）人际网络

在职业生涯规划中，建立优质的人际网络是职业发展的战略性投资，其价值将随着职业生涯的发展而持续增值。要想系统性地构建这一网络，采取多层次、多维度的建设策略尤为重要。

首先，在校内学术层面，医学生应当选择性地加入与专业高度相关的学术性社团和组织，如医学协会、生物科技俱乐部等。定期参与这些组织举办的学术沙龙、专题讲座和科研竞赛，不仅能深化专业知识，还能与志同道合的同龄人及经验丰富的导师建立深度连接。尤其要把握与教授、学科带头人交流的机会，他们的学术视野和行业资源往往能为个体打开新的发展窗口。

其次，实践平台是拓展高端人脉的重要渠道。医学生要充分利用学校提供的各类实习机会，在附属医院、合作实验室等专业场景中主动表现。在实习过程中，既要虚心向带教老师请教临床经验，也要与同期的实习生保持良好互动。这些在真实工作环境中建立的关系，往往具有较强的职业延续性。要建立实习档案，详细记录重要联系人的专业特长和联系方式。

再次，在跨学科建设方面，医学生要有意识地选修其他院系的优质课程，或参与跨学科创新项目。例如，与工程学院同学合作医疗设备研发，与管理学院同学探讨医疗项目管理。这种跨界合作不仅仅能培养医学生的复合型思维能力，更能建立起多元化的人际资源库，为未来的多领域协作奠定基础。

最后，人际网络的维护需要投入持续精力。医学生可以建立联系人管理系统，定期与重要人脉保持适度互动。有效的方式包括分享有价值的学术资讯、祝贺职业成就、邀请参与专业活动等。医学生需切记，关系的维护应注重互惠原则，在自己获得帮助的同时，也要思考如何为联系人创造价值。

一个优质的人际网络应当具备三个特征：专业相关性、领域多元性和层级丰富性。这样的网络不仅能为个体提供及时的就业信息、实习机会和职业指导，更能形成一个伴随职业生涯发展的智慧共同体。许多重大的职业机遇和创新灵感，往往就来自这些高质量的人际互动。因此，在大学期间投入时间建设人际网络，是一项回报率极高的长远投资。

（四）实战演练

医学生的职业生涯规划必须通过实战演练才能真正落地见效。在校期间，医学生应主动寻求多元化的实践机会，将理论转化为实际能力：积极参与医院轮转实习，在真实诊疗环境中检验职业适配性；申请国际医疗援助项目，在跨文化场景中培养全球视野；加入医学科研团队，体验学术研究全过程。同时，医学生应重视情景模拟训练，通过多学科诊疗演练、医患沟通角色扮演等方式提升综合素养。更重要的是，医学生还应建立动态评估机制，定期分析实践成果，根据临床反馈、科研表现等客观指标及时调整发展方向。例如，参与过无国界医生项目的医学生往往能更快明确专科方向，经历过完整科研流程的医学生则能更准确评估自身研究潜力。这种"做中学、学中改"的实践模式，不仅能帮助医学生积累宝贵的临床经验，更能培养其符合未来医疗需求的数字化技能、跨文化协作能力等核心竞争力，使职业规划真正从纸上蓝图变为现实路径。

综上所述，对于医学生而言，职业生涯规划具有深远的意义。它不仅仅关系个人的未来发展，更是推动医学事业和社会进步的重要力量。因此，广大医学生应充分认识职业生涯规划的重要性，并积极投入到这一过程中去，对自己的未来负责，也为医学事业的繁荣和社会的进步贡献力量。

经典人物案例

名人大学生涯启示录

有人说，大学时代的经历会影响一生。

今天那些事业上的成功者，当年也曾是青涩的知识青年。那么，他们的大学生涯是怎样的？对今天的我们有什么启发？

在这里，让我们走近他们。

（一）杨澜：数字化时代的沟通与表达

杨澜，1990年毕业于北京外国语大学英语系，现为阳光媒体投资集团创始人、阳光文化基金董事局主席。她的大学生涯和职业生涯，彰显了沟通与表达能力在数字化时代的重要性。

1. 大学经历

多元发展：在北京外国语大学期间，杨澜不仅专注于英语专业的学习，还积极参与校园话剧和晚会主持，积累了丰富的舞台经验。

博览群书：她坚持广泛阅读，培养了深厚的人文底蕴，为日后的媒体工作打下了坚实的基础。

重视综合能力：杨澜认为，大学不仅仅是学习专业知识的地方，更是一个提升综合思考能力、人际交往和沟通能力的关键平台。

2. 职业生涯的转折点

自我推荐：毕业后，杨澜凭借流畅的语言、严密的思维和出色的沟通能力，成功争取到了《正大综艺》主持人的位置。

数字化沟通：在数字化与信息化的时代背景下，杨澜不仅掌握了面对面的沟通技巧，还能熟练运用数字社交媒体等多种沟通方式。

3. 启示

强化沟通与表达：在当今社会，无论是在学业还是在职场中，清晰、准确地表达自己的想法和观点都至关重要。大学生应通过参与校园活动、主持、演讲等方式，不断提升自己的沟通与表达能力。

适应数字化时代：随着数字化媒体的普及，大学生需要掌握现代化的沟通与表达技巧。学校也应设立相关课程，如社交媒体运营、网络直播等，帮助大学生更好地适应数字化时代的沟通需求。

杨澜的成功经历提醒我们，沟通与表达能力是数字化时代不可或缺的素质。大学生应珍惜在校时光，努力提升这一关键能力，为未来的职业生涯打下坚实的基础。

（二）令狐磊：沉默中的实力派

令狐磊，2001年暨南大学毕业生，随即踏入《新周刊》杂志工作，从主笔到创意总监，再到现今《生活》杂志的创意掌舵人。他虽以寡言著称，但凭借自身深厚的实力，在时尚杂志界建立了自己的品牌。

1. 校园里的创新先锋

在暨南大学求学期间，令狐磊就显露出不凡的创新精神。他基于对杂志和网络的热爱，创办了个人网络杂志《磊周刊》，这一创新尝试不仅锻炼了他的实践能力，也让他在实践中培养了独特的视角和敏锐的观察力。

2. 职场中的突围者

毕业后，令狐磊并未随波逐流，而是选择通过网络杂志这一平台继续深化自己的传媒理念。他在《磊周刊》上连载的《传媒日记》引起了业界的广泛关注，其中《中国主流杂志新格局》一文更是让他受到了《新周刊》总编辑的青睐，直接获得了工作机会，直接跳过常规的见习期。

3. 实力铸就的职场传奇

在《新周刊》的舞台上，令狐磊凭借其出色的思考能力和执行能力，迅速脱颖而出，成为中国最年轻的杂志主笔和创意总监。他的成功，不仅仅源于他敢于尝试和不断创新的精神，更在于他能够将这种精神转化为职场能力。

4. 启示

令狐磊的故事告诉我们，成功并不只取决于言辞的表达，还在于实力的积累与展现。对于那些沉默寡言但富有实力的人来说，他们同样能够在职场中取得成功。高校在培养大学生的过程中，应注重实践能力的培养，鼓励大学生勇于创新、敢于尝试，将理论知识转化为实际的操作能力。同时，大学生也应珍惜在校期间的实践机会，不断提升自己的综合素质，为未来的职业生涯奠定坚实基础。

(三) 徐小平：从旁听生到全球视野教育家的蜕变

1. 音乐学子的旁听之路

徐小平，中央音乐学院音乐理论专业毕业生，但他的求知之路并未止步于音乐殿堂。在大学期间，他意识到自我探索的重要性，于是跨越学科界限，到北京大学旁听文史哲课程，开启了一段不平凡的学术旅程。

2. 北大旁听的宝贵经历

在北大旁听的日子里，徐小平不仅吸收了丰富的人文知识，更在钱理群教授的课堂上深受启发，奠定了坚实的思维基础。这段经历不仅拓宽了他的视野，还让他结识了众多志同道合的朋友，为日后的事业发展埋下了伏笔。

3. 从音乐到教育的华丽转身

虽然徐小平的音乐造诣深厚，但他最终选择投身于教育事业。在新东方集团，他凭借卓越的跨文化交流能力和全球视野，成功引领了文化教育的新潮流。他的成功转型，充分证明了专业并非未来职业的唯一选择。

4. 全球视野与跨文化交流的重要性

徐小平的经历深刻诠释了全球视野和跨文化交流在现代社会中的重要性。随着全球化的不断推进，具备这些能力的人才日益受到青睐。高校在教育过程中应注重培养大学生的国际视野，通过国际交流等方式，增强大学生的跨文化沟通能力。

5. 启示

徐小平的故事告诉我们，勇于突破专业限制，积极探索未知领域，是培养全球视野和跨文化交流能力的关键。高校应为大学生提供更多元化的学习机会，鼓励他们走出校园，接触不同文化，为未来职业生涯做好充分准备。同时，大学生也应珍惜在校期间的每一次学习机会，不断挑战自我，实现个人价值的最大化。

通过这三位成功人士的大学生涯，我们可以看到，在数字化与信息化的时代背景下，有效的沟通与表达、创新创业能力、全球视野与跨文化交流能力都是大学生应该具备的重要素质。

第二章 专业探索和职业瞭望

　　小李是某医学院健康服务与管理专业大二的学生，自从进入大学后，他就对未来的职业方向感到迷茫。他从小听父母说医学生将来从事的都是"救死扶伤"的职业，但具体的工作内容、职业发展路径是什么，他并不了解。每次亲戚朋友问他将来想做什么，或者是否考虑其他医疗相关的职业时，他总是含糊其词，不知道如何回答。

　　为了更好地了解自己的未来，小李决定展开一场职业探索之旅。他先从身边的资源入手，采访了自己身为内科医生的叔叔，了解医院的分工和医疗工作者的日常工作。他还通过学校的职业发展中心查阅了医疗行业的职业发展报告，了解医疗行业的现状和趋势。

　　在探索的过程中，小李逐渐意识到，健康服务与管理专业将来可以往健康管理师、医药代表、社区健康服务专员、健康培训讲师等多种职业方向发展。同时，他也明白了，每个职业都有其特点和要求，需要结合个人兴趣、能力和行业发展进行选择。

　　在本章中，职业生涯探索的视角将聚焦外部的职业世界。职业世界是一个人实现其生涯理想的外部环境。如何更客观、更全面地认识职业，如何能够更好地利用这个外部平台，帮助个人实现其生涯理想，是生涯探索中很关键的一部分。本章从拓展职业视野、丰富职业认知等方面，帮助大学生完成对职业世界的探索。

　　进行职业世界探索主要是为了了解外部环境因素对职业生涯发展的影响。环境因素虽是客观的，是不以人的意志为转移的，但它却可以被选择和利用。大学生只有通过职业环境分析、洞悉职业世界对职业发展的要求、影响及作用，并对各种影响因素加以衡量、评估，才能在复杂的环境中趋利避害，使职业生涯规划更有实际意义。

第一节　职　业

一、职业概述

职业，是性质相近的工作的总称，通常指个人参与社会分工，利用专门的知识与技能，创造物质财富、精神财富，获得合理报酬，以满足物质生活、精神生活的工作。

【活动】请判断下列哪些不是职业？

农民、政治家、企业家、学生、小偷、公务员、志愿者、家庭主妇、空姐、运动员、企业经理人、家教、义工、保险代理、举报人、婚庆主持人

_____

_____

对于大学生而言，只有充分了解职业的属性，了解它对自身的价值，才能真正重视、驾驭它。

任何一种职业都具备一些共同的特点。

（1）任何一种职业，首先应该是参与社会分工的。社会分工越细，职业种类越多；行业种类越多，职业类别也就越多。不参与社会分工而从事的工作不能被称为职业行为。例如，钓鱼如果是个人休闲活动，就不能算是职业活动；如果钓的鱼是用于售卖或交换的，被视为参与了社会分工，它就成为一种职业。

（2）每种职业都需要从业者具备相应的知识和技能。例如，一名清洁工上岗前应该了解：清洁对象是什么？有什么属性？什么时间清洁？用什么工具？如何清洁？因为如果清洁剂用错了，不仅起不到清洁作用，还可能会损坏物品。

（3）通过为社会创造财富从而获得合理的报酬。不创造财富的行为不是职业行为。例如，一名小偷虽然获得了财富，但他既没参加社会分工，也没创造财富，只是非法转移了财富。

职业活动的现实意义有三点：一是可以维持人类生计；二是可以维系社会的存在；三是可以发挥和发展人的个性与能力。职业是人类谋生的手段和安身立命的根本，是人类在社会中实现自我价值的途径。

二、工作形式

（一）全职工作

工作的形式有很多种，最常见的就是全职工作，即相对长期、稳定的工作模式，通常用正常上下班时间来划分工作日和休息日，有受一定限制的特性。大学生在求职时都希望能够找到一份全职工作，因为其具有相对的保障和稳定性。

（二）兼职工作

兼职工作是近些年较为流行的工作形式之一。兼职属于非全日制用工的范畴。非全日制用工在《中华人民共和国劳动合同法》中有明确的法律定义，主要体现在第六十八条。

非全日制用工是指以小时计酬，在同一用人单位每日工作时间不超过四小时，每周工作时间累计不超过二十四小时的用工形式。从事兼职工作的人通常没有将工作报酬作为生活费的主要来源，而是为了赚取额外的收入。兼职工作收入虽然不一定高，也不够稳定，但对于大学生来说，是一个很好的增长社会经验的途径。

（三）多重工作

斜杠青年是指同时拥有两个或两个以上独立的工作角色的人群。多重工作者的类型包括为两个或两个以上雇主工作，为一个雇主工作同时自己也经营企业或经营两家独立的企业。多重工作者在自我介绍时会用斜杠来区分不同的职业，如记者/演员/摄影师，"斜杠"成了他们职业的代名词。他们喜欢在具有多样性、灵活性和变化性的环境中工作，愿意不断地更新技能，从而为自己提供"保障"。斜杠生活已成为年轻人热衷的生活方式。

（四）自由职业

自由职业，又称 SOHO（Small Office Home Office），是目前社会中比较受追捧的一种自雇的工作形式，这种工作形式具有自由、开放的性质，但自由职业的风险性相对较大，因此选择此种工作形式的人通常具有良好的心理安全感、自我管理能力和自信心。

（五）创业

创业也是一种工作形式，具有高风险、高回报的特征。创业者重视独立、刺激和成功。他们很能容忍不确定性，具有控制内在因素的特质。为了取得成功，他们的行为必须与他们的目标保持一致。与众不同的是，创业者一般会把毕生的资产作为创业成功的抵押。

以上提到的只是目前社会中比较常见的几种工作形式，社会中还存在许多其他形式的工作。其实如何进行分类并不重要，关键是随着社会的进步和发展，能提供给个人的机会越来越多，大学生在进行生涯规划时要注意到这些可能性，给自己更大的选择空间。例如，如果创业是某位大学生的长远目标，但在刚毕业时条件尚未成熟，那么可以先从其他工作形式入手，如全职工作、自由职业或项目合作等，在实践中积累经验、资源与人脉，为日后创业打下基础。又如，有些大学生暂时还没有找到心仪的全职工作，不妨从实习、兼职或灵活就业等方式起步，一步步锻炼自己欠缺的能力，逐渐向目标岗位靠近。

当大学生能够意识到工作的形式并非单一固定，而是可以阶段性调整、组合运用时，他们在生涯道路上的选择就会更加灵活，也更具创造力。重要的是，大学生还应把每一次经历都当作成长的机会，无论是顺境还是逆境，都是职业发展的一部分。"是否找到工作"并不是唯一的衡量标准，持续的努力与探索本身就是职业旅程中宝贵的财富。

三、职业的动态发展

（一）技术推动与时代需要共同催生新兴职业

进入 21 世纪以来，世界发生了令人应接不暇的巨变。新技术迅速更新，意味着大学生大一所学的知识到大四可能就有部分过时了；同时，信息量呈爆炸式增长，美国《纽约时报》一周所刊载的信息量，相当于生活在 18 世纪的人一生所能接触的资讯量。

随着全球和我国社会经济的发展，职业也发生了翻天覆地的变迁。根据 2022 年修订的《中华人民共和国职业分类大典》（以下简称《大典》），中国的职业分类体系包括以下层级：8 个大类，79 个中类，449 个小类，细类（职业）1 639 个。与 2015 年版相比，新版大典净增了 158 个新职业，此外，《大典》首次标注了 97 个数字职业，占职业总数的 6%。

未来职业发展的新趋势主要体现在以下几个方面：互联网技术改造相应的传统服务业，智能技术改造传统制造业，产生了如大数据架构师、云服务专家等职业；迅速发展的高新技术产业、创意产业成为催生新职业的主要领域，产生了如电子竞技员、无人机驾驶员等职业；时代需要催生新兴职业，如收纳师、宠物美容师、代驾员等。

人们对职业的认知和职业倾向也随着社会发展而不断改变。2008 年金融危机之前，外企是国内大学毕业生眼中的"香饽饽"；金融危机后，国有大中型企业及事业单位以较高的职业安全感和稳定的收入水平受到年轻人的青睐。

随着互联网浪潮席卷全球，互联网技术及其应用开始逐渐影响、改变人们的社会生活，尤其是在消费习惯方面。互联网思维加速改变了产业结构和企业经营模式，整个社会从 PC 互联网时代进入移动互联网时代，更多的人实现了从开始接触、使用互联网到对互联网服务形成依赖的转变。互联网大厂，如百度、阿里巴巴、腾讯等成为计算机等专业学生的毕业首选。

（二）职业形态的变化：从有边界到无边界

随着市场环境变得越来越难以预测，经济增长速度放缓，不少企业出现重组、倒闭等现象。在这种背景下，组织由传统的科层制结构向更为柔和、扁平、网络化的结构形式发展，呈现出虚拟化、小型化、信息化和分散化等特点，无边界组织逐渐形成。更多企业开始探索各种用工方式，除了全职员工以外，还有项目制员工、临时工、劳务派遣、实习生、自由职业等，他们在企业内部组成更加灵活的团队。这个趋势在近年来的中国企业中也越发普遍。随着共享经济、平台型企业的不断发展，越来越多的人加入支配碎片化时间的队伍中。无论是蓝领、白领还是金领，都有机会参与灵活的"零工经济"。

从员工角度讲，组织环境越来越不稳定，员工的工作安全感明显降低，传统的沿着组织内职业阶梯晋升的路径正逐渐消失。晋升变得更加困难，长期稳定的雇佣关系逐渐变得短期化，员工必须提高技能和适应力以提升自身的可雇佣性。社会的变化速度如此之快，以至于即使一些学生在高考之后，选择的专业是热门专业，但在大学毕业时，也有可能发现所读专业变为就业前景不太好的专业。因此，越来越多的人选择脱离传统职业，寻求更为灵活、流动的职业规划，或同时拥有多重职业身份，成为"斜杠青年"。

第二节　拓展职业视野

很多大学生不知道如何进行职业世界的探索，其中一个很重要的原因就是职业世界的信息纷繁复杂，大学生不知道如何明确探索的方向和步骤。但是大学生如果有一个探索范围，就会容易很多。研究表明，在进行决策时，太多的信息容易让人迷失，反而拿不定主意；而过少的信息又起不到让当事人了解客观事实的作用。所以，在形成预期职业库时，库的大小根据自身情况要有适当的平衡，通常 5~10 个职业是比较适中的。在信息探索过程中，抛开自己固有的想法，保持开放的心态，大学生就容易获得更客观的信息。

下面将介绍三种方法，帮助大学生拓展职业视野，建立自己理想的职业库。通过探索职业世界，大学生可以获得一个职业清单，就有可能启发他们想到更多值得探索的职业。同时，他们结合自我探索，再次从职业清单中进行筛选，最终就得到了预期的职业库。

一、从成长经历看职业源起

通过家族职业树，人们可以更好地了解家族成员的职业取向，甚至可以预测自己的职业取向。事实上，大学生的职业选择乃至生涯发展几乎都会受到家族成员的影响。大学生探索职业世界时，可以从自己最熟悉的人开始。通过绘制家族职业树，大学生一方面可以了解职业的种类、内容和用人要求；另一方面可以梳理现有的可用资源，进而利用这些资源为自己的职业发展助力。

【活动】绘制家族职业树（见图2-1）

将你家族中重要亲属的职业写在家族职业树上。在每位家庭成员的圆圈内，写下他们的职业名称。如果可能，还可以补充一些信息，如行业、工作内容、职业特点等。例如，"父亲——外科医生（医疗行业，擅长手术）""姑姑——教师（教育行业，教授数学）"。

图2-1 家族职业树

思考：

1. 出现次数最多的职业是什么？

2. 你想从事该职业吗？

3. 父亲、母亲如何形容他/她的职业？对自己的影响？

4. 家族里你最满意的职业是什么？为什么？

5. 家族其他成员最看好的职业是什么？为什么？

6. 在兴趣、能力等方面，你与家族中谁最相似？你喜欢他的职业吗？

7. 你绝不考虑的职业是什么？

二、从专业发展看职业可能

(一)专业课视角

人们对职业的探索有多个层面。对于大学生而言,首先会重点关注自己所学专业与未来从事职业的关系。专业与职业的关系分三种:一个专业对应一个职业类别,培养目标单一而明确;一个专业的就业方向包含了一系列相关或相近的职业群;不同专业的人均可以进入同一个职业。

通过头脑风暴,大学生可以从所学专业的视角,梳理与自己专业相关的就业方向,激发更多职业规划的灵感。他们可以回顾所学的专业课程,思考课程内容与职业的直接关联性,所学的的某些技术知识在某些新兴行业或跨领域的岗位中的应用等。

【活动】头脑风暴:专业课视角,你的专业相关的就业方向有哪些?

说明:请在图2-2中间的圆圈里写下你的专业,两侧的圆圈里写从专业课视角出发,你的就业方向有哪些?

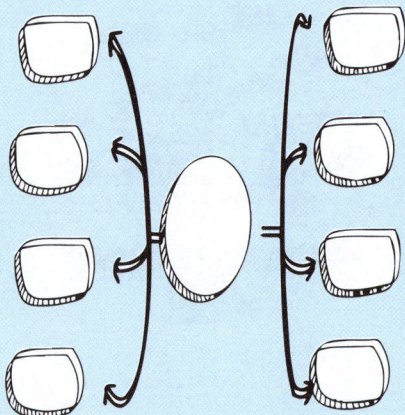

图2-2 专业与就业路径思维导图

(二)产业链视角

大学生可以将产业链分为几个环节:上游(原材料或基础资源)、中游(加工、研发、生产)、下游(销售、服务、市场)。每个环节可能对应不同的岗位和角色,每个环节都有不同的职位和岗位需求。大学生的专业知识不仅仅适用于某一环节,还可能贯穿多个阶段。大学生可以思考:专业所涉及的产业链可能包括哪些环节?如原材料供应、生产制造、技术研发、质量控制、市场营销、售后服务等;每个环节可能有哪些具体的职业岗位?有哪些是与专业直接相关的?有哪些是通过技能延伸可以胜任的?

例如,对于护理专业,整个医疗健康产业链可以从上游的药物研发、医疗器械制造,到中游的健康管理、医院服务,再到下游的患者教育、康复护理服务等,每一个环节都可能提供不同的就业机会。

【活动】头脑风暴：产业链视角，你的相关的就业方向有哪些？

说明：请在图2-3中间的圆圈里写下你的专业，两侧的圆圈里写从产业链视角出发，你的就业方向有哪些？

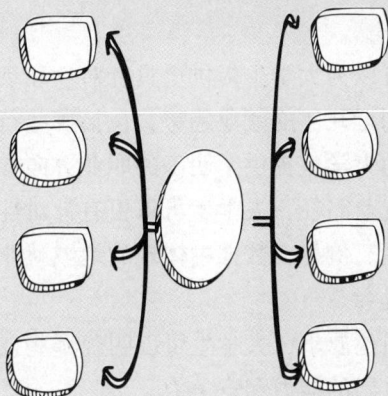

图2-3　产业链与就业路径思维导图

（三）应用场景视角

所学专业知识和技能会在什么样的场景下被应用？这些场景可以是实际生活中的问题，或是行业内具体的工作情境。大学生可以尽量从多个领域和环境去思考，如科技、医疗、教育、金融等。基于这些应用场景，再思考：哪些岗位或者职业是在这些场景下发挥作用的？是否有不同领域的工作都需要自身所掌握的技能？除了传统的应用场景外，能否联想到新兴行业中的应用场景？例如，随着科技的进步，智能化、自动化、数字化等趋势是否给所学专业带来了新的就业可能性？所学的医学知识不仅可以应用于医院中，还可以应用在哪些场景？如远程医疗、健康管理公司、保险行业、制药公司等，在这些场景下自身可以从事什么样的工作？

【活动】头脑风暴：从应用场景视角，你的专业相关的就业方向有哪些？

说明：请在图2-4中间的圆圈里写下你的专业，两侧的圆圈里写从应用场景视角出发，你的就业方向有哪些？

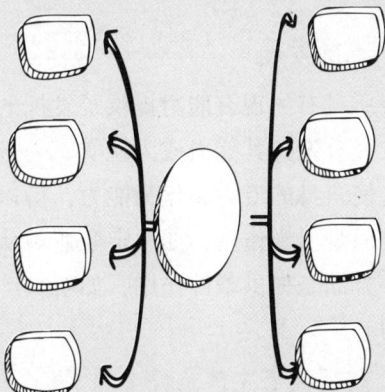

图2-4　应用场景与就业路径思维导图

（四）本校就业数据

数据能够反映出本专业毕业生的实际就业情况，包括行业分布、职位类型、薪资水平等信息，帮助大学生识别与自己专业相关的具体职业机会，并了解各类岗位的竞争力和发展前景。

分析本校的就业数据，可以为大学生提供更具针对性和现实性的就业指导。通过就业数据，大学生可以清晰地看到近几年的就业趋势，包括哪些行业和岗位是热门选择，哪些领域的需求正在增长等。这为大学生提供了明确的职业方向参考。

通过了解往届毕业生的就业路径，大学生可以更有针对性地进行职业规划，避免盲目选择，提高职业决策的准确性。例如，数据中体现的地域就业差异可以帮助大学生判断是否需要考虑特定地区的工作机会。

通过就业数据中反馈的岗位要求，大学生可以明确哪些技能和资质是就业市场最看重的，进而更有针对性地提升自己的能力和竞争力。

【活动】通过分析本校就业数据，针对职业方向的选择，你有何想法？

_____

_____

三、从国家战略看职业需求

社会发展是个人发展的前提，个人发展是社会发展的目的。社会发展和个人发展的互动关系表现在以下三个方面。

（一）社会发展对个人发展提出了客观的要求

社会发展必然会对从业者提出更高的能力要求，如新兴产业中的职业从其产生开始就要求从业者具有较高的能力和素质。新兴产业在向传统产业渗透的过程中，使传统产业的生产工艺、经营水平得以提高和升级，它们对从业者也有了更高的能力要求。在社会的发展过程中，从业者个人就必须适应形势的需要，努力发展自身能力，才能在日新月异的社会中求得生存和发展。

（二）社会的发展促进个人的发展

社会的发展首先为从业者所具有的现有能力提供了发挥的舞台。市场经济体制下就业形势的改变，使具有能力的人充分发挥其能力成为现实。一方面，个人在实践中实现了现有能力的发挥；另一方面，这使自身的潜力转化为能力，得以实现能力的发展。社会发展对个人发展的促进作用，一方面是引导作用，如一定职业对从业者的能力要求，促使从业者努力发展自身的能力；另一方面是提供条件作用，如新兴产业职业发展使更多的从业者和爱好者能够发展相关的能力。

（三）个人发展为社会发展提供了主体条件

个人发展既要适应社会发展的需要，又是促进社会发展的动力。社会发展对个人发展提出了要求，也提供了相应的条件，这体现了二者互动关系的一个方面。个人在社会中是作为主体出现的，个人发展对社会发展具有决定性作用，因为个人能力是科学技术对生产力发挥作用的媒介和基础。个人能力的发展和发挥，使传统产业得以改造和升级，社会也得以发展。所有的职业都是具有一定能力的个人从事的，新的职业也是具有创造能力的人，根据新的社会需求创新运作并发展起来的。从根本上说，职业发展是一个不断前进的过程，具有较高能力的人通过个人或联合的方式来推动其向前发展。

总而言之，我国社会主义市场经济体制为社会的动态发展和个人能力的动态发展提供了宏观环境，新的就业形势为二者相结合并产生互动关系提供了条件。

认识社会发展和个人发展辩证统一的关系，我们才能更加深刻地意识到个人始终要与国家和社会发展保持同向同行，以及树立为国家振兴和民族复兴作贡献这一目标的重要意义。国家和社会的不断发展需要个体贡献知识和才能，而国家的各种发展战略、政策和趋势也给个体的职业发展提供了无穷的机遇。

关于国家和社会发展趋势的信息，我们可以通过学习党中央的历次全会精神、国家每年的两会工作报告、每五年出台一次的"五年规划"、国家重大发展战略和区域经济发展战略、国家重大发展工程等重要会议精神和相关规划文件来获得。这些会议和文件明确了我国未来发展要实现的目标、各行业发展的关键指标、各领域和地区发展的重要举措等信息。深入了解这些文件中的国家战略，我们能更加科学且理性地进行个人的发展决策。

【拓展阅读】　　　　　　　　　　　　　　　　　 ▭ ⧉ ✕

经济发展趋势与就业市场变化

经济的快速发展和结构调整对就业市场产生了深远影响。随着我国加快发展新质生产力，逐步构建与其相适应的产业新体系，以新能源、新材料、先进制造、电子信息等为代表的战略性新兴产业快速发展，我国释放出大量的就业需求。而传统行业如制造业、服务业等也可能会面临转型和升级，对大学生的就业产生影响。

新兴行业的出现和传统行业的衰退要求高校课程内容能够及时更新，反映就业市场的最新动态。高校要将产业发展趋势融入职业生涯规划和就业指导课程中，积极引导大学生适应经济变化，把握职业发展机会，鼓励大学生到新兴产业等领域就业。

技术进步与新职业的出现

技术的快速进步，尤其是信息技术的发展，催生了许多新职业。2019—2024年，中华人民共和国人力资源和社会保障部（简称人社部）已陆续发布了6批共93个新职业，如表2-1所示。从健康照护师到社区助老员，从VR工程技术人员到工业互联网运维员……新职业发布如此"频繁"，背后是社会分工的不断细化和产业新动能的持续增长。高校课程需要包含这些新职业的介绍和所需技能的培训，帮助大学生了解和进入这些新兴领域。

表 2-1 2019—2024 年人社部发布的新职业

批次	年份/年	数量/个	新职业
第一批	2019	13	人工智能工程技术人员、物联网工程技术人员、大数据工程技术人员、云计算工程技术人员、数字化管理师、建筑信息模型技术员、电子竞技运营师、电子竞技员、无人机驾驶员、农业经理人、物联网安装调试员、工业机器人系统操作员、工业机器人系统运维员
第二批	2020	16	智能制造工程技术人员、工业互联网工程技术人员、虚拟现实工程技术人员、连锁经营管理师、供应链管理师、网约配送员、人工智能训练师、电气电子产品环保检测员、全媒体运营师、健康照护师、呼吸治疗师、出生缺陷防控咨询师、康复辅助技术咨询师、无人机装调检修工、铁路综合维修工、装配式建筑施工员
第三批	2020	9	区块链工程技术人员、城市管理网格员、互联网营销师、信息安全测试员、区块链应用操作员、在线学习服务师、社群健康助理员、老年人能力评估师、增材制造设备操作员
第四批	2021	18	集成电路工程技术人员、企业合规师、公司金融顾问、易货师、二手车经纪人、汽车救援员、调饮师、食品安全管理师、服务机器人应用技术员、电子数据取证分析师、职业培训师、密码技术应用员、建筑幕墙设计师、碳排放管理员、管廊运维员、酒体设计师、智能硬件装调员、工业视觉系统运维员
第五批	2022	18	机器人工程技术人员、增材制造工程技术人员、数据安全工程技术人员、退役军人事务员、数字化解决方案设计师、数据库运行管理员、信息系统适配验证师、数字孪生应用技术员、商务数据分析师、碳汇计量评估师、建筑节能减排咨询师、综合能源服务员、家庭教育指导师、研学旅行指导师、民宿管家、农业数字化技术员、煤提质工、城市轨道交通检修工
第六批	2024	19	生物工程技术人员、口腔卫生技师、网络安全等级保护测评师、云网智能运维员、生成式人工智能系统应用员、工业互联网运维员、智能网联汽车测试员、有色金属现货交易员、用户增长运营师、会展搭建师、文创产品策划运营师、储能电站运维管理员、电能质量管理员、版权经纪人、网络主播、滑雪巡救员、氢基直接还原炼铁工、智能制造系统运维员、智能网联汽车装调运维员

资料来源：仁能达生涯公众号，经删减

【活动】继续探索职业清单

综合以上四方面的视角，请选择你想继续探索的职业（可以是上面曾经出现过的，也可以是未曾出现但符合上面共同特点的职业）。

第三节　丰富职业认知

　　人们生活在一个信息高度发达的社会，各种职业信息源源不断。通过各种渠道获取职业信息将花费一定的时间和精力，但这些信息对于大学生的职业选择是相当重要的，选择合适的渠道了解职业信息对于丰富他们的职业认知尤为重要。在对职业进行了一定的探索后，大学生还需要搜索和分析有关各类职业前景的信息。

　　职业世界探索的方法有很多，依据一定的规律，大学生可以提高职业决策的效率，如从静态资料到动态资料的探索。所谓从静态资料到动态资料的探索，是一个范围逐渐缩小、了解逐渐加深的过程。

　　大学生可以采取以下方法探索职业实际的相关信息。

一、静态资料接触法

　　静态资料的信息比较丰富，且较易获得，包括出版物、视听资料、网络资源，以及来源于机构如学校、政府、公司等的资料。

　　静态资料接触法是通过浏览和查看出版物、视听资料、网络资源、机构资料等途径探索目前的职业环境，如探索政治法律政策、经济发展水平、各地区的文化特点、技术更新速度、人才整体需求状况等因素对自己职业发展的宏观影响。

　　静态资料的范围比较广泛，报纸、杂志、电视、书籍都有可能提供职业信息，比如报纸《中国教育报》，期刊《中国大学生就业》，电视栏目《非你莫属》《职来职往》等以及一些传记文学等。网络如今已经成为越来越重要的获得信息的途径，与职业相关的网站有很多，比如学职平台、24365、前程无忧、智联招聘、各高校职业指导网站等。

　　静态资料接触法的优点是方便、快捷、信息量大、成本低，而静态资料接触法的不足则体现在得到的信息是间接的、隔离的，可能与现实感受有差距。

二、动态资料获取法

　　动态资料的信息更为深入，且需要更多的投入和环境的互动才能获取。动态资料可来源于专业俱乐部、专业协会/学会、生涯人物访谈等。生涯人物访谈在获取效率和信息的真实性上是比较好的方法之一。

　　生涯人物访谈，即通过访谈职场人士（自己感兴趣的领域），获得关于行业、职业和公司"内部"信息的职业探索活动。通过生涯人物访谈，大学生可以获得从大众传媒可能无法获取的深入信息和个性化信息。访谈时间在30~60分钟为宜。接受访谈者应在这个职位上已经工作了3~5年甚至更长时间。为防止访谈中的主观影响，大学生应至少访谈2人，如既访谈成绩卓然者，也访谈默默无闻者，这样的效果会更佳。

　　生涯人物访谈相比其他途径有明显的优点。第一，通过访谈，大学生可以印证通过静态资料接触所搜集的职业资讯的可靠性和有效性；第二，有利于大学生深入了解接受访谈者从事该职业的生涯抉择或经验，以作为审视自身是否投入该项职业的重要参考；第三，可以全面观察工作情形、工作内容，以评估自己对该类职业的喜好或适合程度。

大学生在进行生涯人物访谈时，首先要确定访谈目标，寻找合适的访谈人物。可能很多大学生会有这样的困惑：如何找到生涯人物？即使身边有这样的人，他们愿意接受访谈吗？现实中，大多数有多年工作经验的人都愿意帮助大学生认识各种工作的特点，所以大学生应合理运用这种方法，以助力未来职业的发展。

大学生在访谈前收集有关访谈人物的相关信息，有利于设计更有针对性的访谈提纲。同时，在预约前，大学生可以先设计访谈提纲，访谈提纲可参考表2-2。

在预约生涯人物访谈时，首先要说明来意：为完成我的职业生涯规划，想采访一个该领域的工作者。其次强调重要性：这次访谈对我未来的职业生涯发展非常重要，非常希望得到您的帮助。最后强调时间节点：具体采访的时间安排。大学生应明确访谈的目的是收集供职业生涯决策的信息，而不是利用生涯人物来找工作，以免引起双方的尴尬。预约后，大学生应开始正式访谈，访谈后及时整理访谈报告。

表2-2　访谈提纲

维度	问题示例
过去	您是怎样进入这个行业并获得这份工作的/工作需要何种背景、资质？
现在	可以介绍一下您一天的基本工作是什么样的吗？
	工作中您喜欢的/有成就感的事情是什么？
	工作中您不喜欢的/挑战和压力是什么？
	公司会如何衡量您的工作成果？做到什么程度算好？
	要想在这个领域取得成就，需要哪些能力素质？
	您对公司文化氛围感受如何？
	公司的薪酬结构/职场新人的工资是什么样的？
未来	这个职位的晋升空间和路径是什么样的？
	您怎样看待公司和行业的发展前景？
建议	如果我想要进入这个领域，我需要做哪些准备？
	我还可以从哪里获得相关的职业信息？（专业论坛、公众号……）

生涯人物访谈的注意事项如下。

（1）访谈提纲要结合自身特点。

（2）访谈前可以提前向生涯人物展示访谈提纲。

（3）关注访谈中的细节问题，突出重点。

（4）过程中学会倾听、提问，并做好记录。

（5）辩证地分析访谈到的内容。

（6）做好资料的整理和讨论交流。

建议大学生在正式进行访谈前，至少完成两件事：一是为自己准备一个"30秒广告"，因为在访谈过程中，对方可能会问到自身的职业兴趣和目标；二是对需要提出的问题做好准备，这样有助于访谈的深入进行，并取得较高的效率。

生涯人物访谈总结
——临床监查员

吉林医药学院 2023级健康与服务管理专业 王一童

2024年9月，为拓展职业视野，丰富职业认识，我小组进行了一次生涯人物访谈，深入了解工作者从事该职业的生涯抉择或经验，并观察工作情形、工作内容，以评估自己对该类工作的喜好或适合程度。经过老师介绍，我们有幸与在某医药科技公司任职的邱丹丹学姐进行了一次交流，邱丹丹是我校2016年的毕业生，现在担任临床研究经理一职。以下是我们对访谈内容的整理。

问题1：学姐您好，我们了解到您现在任职临床研究经理，那您现在的工作内容是什么？以及工作时间和环境如何呢？

答：我是2016年毕业的，了解到临床试验这个行业，很想去做临床监查员（CRA）的，但是没有经验加上其他原因，机会就比较少，因此我先从事了临床协调员（CRC）的工作，做了不到一年，正好有合适的机会，就转到了CRA这个岗位上。2017年4月，我加入IQVIA（当时的名字还是昆泰），2018年12月底，加入诺和诺德担任CRA，再之后是2021年8月加入现在的公司，职位是临床研究经理。

工作内容：

作为CRC，我的主要职责是协助研究者进行临床试验。

作为CRA，我主要在中心负责临床监查，会经常出差。

作为临床研究经理，主要就是CRA的直线经理，负责解决CRA日常遇到的问题，CRA团队管理，包括但不限于绩效管理、团队文化建设、招聘和培养人才、搭建公司SOP等。

至于工作环境，随着临床试验行业的发展，工作环境也在变好。

至于工作时间，法定假日一般可休，除非特殊情况需要加班，但这种情况并不常见。工作时间基本上是9:00 am到8:00 pm。对于CRA来讲还要接受出差。

问题2：从事这个职业需要具备哪些技能和需要什么资历？

答：了解一些GCP和临床试验的知识，对于应届生来讲基本够用了。也有一定的学历要求，本科及以上、生命科学相关专业的毕业生竞争力更强。

此外，对能力的要求包括沟通能力、学习能力、责任心、协调能力、团队合作精神等。

问题3：学姐您感觉自己目前算获得成功吗？

答：对于是否获得成功，我觉得每个人对自己的定位是不一样的，每个人的追求也是不一样的。对我来说，从事喜欢的职业就很有成就感了。

问题4：您在本岗位任职时有什么成就或者挑战吗？

答：在做CRA的时候，遇到的挑战挺多的，比如工作强度较大，出差较多等。但是成就，也是因为克服了这些困难而获得的。每一个行业都有一定程度的困难，通过相应的准备，我们可以克服这些挑战。

问题5：请问临床监查员这个岗位的薪酬大致是多少呢？并且平常有什么福利政策？

答：薪资待遇和所在的公司、经验以及目前行业情况等息息相关，一般现在市场行情的话，应届毕业生的薪资大概在一个月1万元。

福利待遇则是五险一金+补充医疗+节假日+生日/婚礼等。

问题6：您对这个行业的未来发展有什么看法？以及如果学姐您再次晋升将会就任什么职位呢？

答：我觉得对于医学生而言，这个行业仍然是一个比较不错的就业方向，行业的未来发展和国家政策等息息相关，因为一个国家的创新药能力仍然是很值得重视的，个人比较看好这个行业。

CRA的晋升就目前情况基本就是：CRA1—CRA2—SCRA—人员管理、项目管理、质量管理三个方向。当然，中途转行的也不少。从CRA到管理岗，如果表现好的话，可能5年左右吧。

问题7：临床监查员这一职位对学历以及能力有什么要求吗？您获得此职位的途径和方法是什么？

答：针对CRA的学历要求，目前，学历越高，竞争力越强。比如今年，在我的组，我招了2个应届毕业生，都是研究生学历。去年我招了4个应届毕业生，其中3个研究生学历，1个本科学历。当然，这些学历等也是和公司规模有关的，因为越大的公司投递简历的人越多，那么企业肯定会优中选优。

问题8：您对新人有什么建议吗？

答：在校期间，学习很重要，奖学金对简历有很大的加持。参与一些校内任职，可以体现一个人的组织领导能力、主观能动性、沟通能力等。积累实习经验，尽可能地去实习，了解自己想从事的行业。面试时自己"肚子里有多少墨水"，面试官很快就能识别到。同时，还要做到有礼貌、感恩、可靠、有责任心等。

访谈感受：

通过本次访谈，我们了解了该职业的实际工作内容、面临的挑战；明确了该职业所需的技能和能力，确定从事该职业需具备的专业技能和知识背景；知晓本职业发展路径，了解该职业的晋升渠道、发展方向以及可能的职业转型机会。此外，本次访谈使我们更加了解行业动态，及时了解行业的最新动态、趋势和变化，帮助我们在面临职业选择时做出更明智的决策和辅助职业规划。通过与学姐的交流，我们了解了该职业的优缺点，并提升自我认知，在反思个人优势和不足的同时增强了职业信心。在访谈过程中，我们通过对比自己与访谈对象的差距，更好地认识自己。成功人士分享的职业经历和成就，激发了我们的职业热情和信心，更加坚定地追求自身职业目标，为自己的职业发展做好准备。

学生作品

生涯人物访谈总结
——康复治疗师

吉林医药学院 2023级康复治疗学本科班 李瑞英

康复治疗师的生涯访谈：理解、尊重与成长。

在生命的河流中，康复治疗师如同明亮的灯塔，为受伤的身体照亮前行的道路。我有幸与浙江宁波某医院的焦可通学长进行了一次线上生涯访谈，深入了解了这一充满挑战与温情的职业。

焦可通，2021年毕业于我校康复治疗学专业，毕业后先在某康复器械企业任产品推广一职，后跳槽到上海某连锁康复机构，现在在浙江某医院康复科工作。这家医院环境幽雅，设备齐全，为患者提供了良好的康复环境。他所在的PT组主要负责肌骨康复，面对的大多是骨折术后的病人或颈肩腰腿疼痛的患者。每天从早上七点半到下午五点，他都在这里与病魔抗争，为患者带去希望。

问题1：学长，您认为康复治疗师这个岗位需要具备哪些能力？

答：作为一名康复治疗师，我认为沟通能力、观察能力、动手能力和团队协作精神是必不可少的。与患者及其家属的有效沟通是工作的基础，只有真正了解他们的需求和期望，才能制订出最合适的治疗方案。

问题2：在工作中遇到过哪些挑战与成就呢？

答：在这个看似平凡却充满挑战的职业中，我也确实遇到了不少困难。有时患者的不配合、病情的复杂性以及巨大的工作压力让我倍感疲惫。然而，正是这些挑战让我更加坚定了自己的信念，在工作中不断提升自己的专业水平，以便更好地服务于患者。

看到病人康复，或者比入院时有所好转，就是我最大的成就。这种成就感不仅仅来自对我专业的肯定，更来自对生命的敬畏和尊重。

问题3：这个岗位的福利、薪酬如何？

答：关于康复治疗师的薪酬和福利，这因地区和岗位而异。在我任职的这家医院，我的月薪超过了1万元。

问题4：您觉得这个岗位未来发展前景如何呢？

答：随着人口老龄化加剧、慢性病患者需求和术后康复需求的增加，还有政策支持等多方面因素的影响，康复治疗师的未来发展前景算是比较广阔的。

问题5：能谈谈近年来您的工作心得吗？

答：看到患者在我们的努力下逐渐恢复身体功能，那种喜悦和成就感是无法言表的。康复治疗工作也让我更加意识到健康的重要性。看到患者在疾病和伤痛中的挣扎，我深刻地体会到健康是多么来之不易。

问题6：对于想要从事康复治疗工作的人，您能给出一些建议吗？

答：首先，要对这个职业有热情和爱心，因为康复治疗需要耐心和细心。其次，要扎实掌握专业知识和技能，多参加实践活动。

通过这次访谈，我们深刻感受到了康复治疗师对患者的耐心和关爱。他们不仅仅是医生，更是心灵的导师，帮助患者在身体和心灵上重获新生。同时，我也意识到应该加强康复治疗的宣传，让更多人了解并尊重这一职业。

我们身处一个资讯发达的时代，搜寻工作信息的方法有很多，如行业展览会、招聘会等都是不错的途径。但是对于工作世界的探索，光讲方法是不够的，关键还要做到有心，随时留意周围的信息。一次谈话、一份身边的广告，都可能帮助我们逐渐建立起对工作世界的了解。此外，对于工作世界的探索只有太晚没有太早。

三、体验法

体验法是指通过亲身参与实际职业环境中的活动，直接感受职业工作内容、工作方式与工作氛围的一种探索方法。它强调"做中学"，通过真实互动获得更深入的职业认知。体验法包括参观、实习和影子实习。

参观是到相关职业现场进行短时间的观察和了解。通过观察，大学生可以了解职业相应的工作性质、内容、职业环境及氛围，获得实实在在的职业感受。参观法的优点是能得到切身的感受，缺点是无法对职业的实质深入了解，易被营造的氛围所迷惑。

实习是到职业场所进行一定时间的全职工作、兼职或者教学实习、实践。实习是一种比较全面地了解职业的方法。实习可以更深入、更真实地对职业的工作任务、工作要求、工作环境及个人的适应情况进行了解、判断，可以了解工作的程序、报酬、奖罚、管理及升迁发展的信息，还可以通过与工作人员的实际接触，感受职业对人的影响。

影子实习是指在不直接承担实际工作任务的前提下，学生跟随某个特定的职业人士进行短时间的"观察式学习"，了解其日常工作内容、工作流程、工作环境及职业所需的能力与素养的方式。通过沉浸式的观察，大学生可以更直观地认识某一职业的真实面貌，感受节奏、压力与成就，有助于其形成更具体的职业印象和职业期待。影子实习一般时间较短，适合在职业探索的早期阶段开展，是连接"认知"与"体验"的重要桥梁。

体验法是实践性很强的方式，获得的信息更为真实，但是所耗的时间、精力比较多，机会也比较有限。

职业分析清单

1. 工作性质

（1）工作为什么存在、该职业所满足的需要、此工作的目的。

（2）所属行业的工作职能、工作中主要的职责和责任。

（3）该职业所生产的产品或提供的服务。

（4）该职业中的专业细分。

（5）该职业中所使用设备、工具、机器和其他辅助物品。

（6）该职业的定义。

2. 所需的教育、培训和经验

（1）准备进入该职业所要求的大学或高中课程。

（2）进入该职业所需的工作经验。

（3）教育、培训或工作地点。

（4）获得必要教育背景所需的时间和经费。

（5）由雇主所提供的在职培训。

3. 需要的个人资历、技能和能力

（1）要进入该职业所需的能力、技能或能力倾向。

（2）该职业所要求的体力。

（3）其他身体要求（视力、身高等）。

（4）特殊的品质或气质（抗压、精确、冒险、有逻辑等）需要达到的标准。

（5）执照、证书或其他法律上的要求。

（6）必需或有益的特殊要求（懂一门外语）。

4. 收入、薪酬范围和福利

（1）所获得的收入（起薪、平均工资和最高工资，所在地区不同而有所不同）。

（2）所提供的福利（退休金、保险、假期）。

5. 工作条件

（1）物质条件和安全（办公室、户外、噪声、温度）。

（2）工作时间安排（工时、白天或夜晚、加班、季节性工作）。

（3）发挥主动性、创造性，自我管理和得到学习的机会。

（4）需要工作者自备的设备、物品和工具。

（5）作为参加工作的条件之一，要求具备工会和职业协会的会员资格。

（6）该职业的监督和管理类型。

（7）雇主对着装的要求和偏好。

（8）出差方面的要求。

（9）在该职业中工作者可能受到的歧视。

6. 工作地点

（1）工作组织的类型（公司、社会公共机构、代理机构、企业，雇佣此类工作者的行业，自我雇佣的机会）。

（2）职业存在的地理位置（全国性的，或只存在某个特定的区域或城市）。

7. 该职业中典型人群的人格特征

（1）支配该职业环境的人或该行业中大多数人的人格特征。

（2）年龄范围、男性和女性比例、工作者的数量。

8. 就业和发展前景

（1）进入该行业的通常途径。

（2）在地方和全国的就业趋势。

（3）提升机会，职业阶梯（从哪开始，能达到什么位置）。

（4）在完成培训和教育之后得到雇佣所需的平均时间。

（5）被提升到较高职位所需的平均时间。

（6）该行业中的工作稳定性。

9. 个人满意度

（1）该职业所体现的价值（高收入、成就、安全感、独立性、休闲和家庭生活的时间、变化性、社会声望、认可），这些工作价值中哪些自己的价值观。

（2）他人和社会对于该职业的地位的看法，关于该职业他们喜欢和厌恶的点。

第四节　探索职业全貌

随着我国社会主义市场经济体制的建立，职业体系的变化明显加快，就业形势的变化使就业者具有了主动性和自主性。在这个不断发展的社会中，就业者必须在观念上认识职业体系的动态性以及自身能力发展的动态性，并且在现实中关注这两种动态性的结合点。本节将介绍探索职业全貌的方法，可以从地域、行业、组织、岗位四个维度进行探索，如图 2-3 所示。

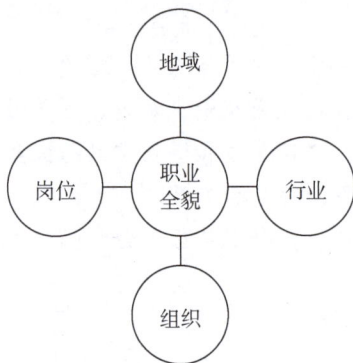

图 2-3　职业全貌探索方法

一、地域维度

地域维度指的是职业选择和发展与地理位置的关系，包括不同国家、地区、城市甚至乡镇的职业机会和特点。地域对职业的影响体现在经济发展水平、政策法规、生活成本等多个方面。地区的经济发展程度直接影响职业机会的数量和质量；政府的政策和法规也会影响职业选择。经济发达的地区通常能提供较为丰富的工作岗位，且薪资水平普遍偏高，但生活成本、职业竞争程度也随之提升，学生应权衡生活成本与职业发展机会之间的关系。

【活动】选择一个你感兴趣的地区，分析该地区的主要行业、就业机会、生活成本等因素，并预测其未来职业发展的趋势。

二、行业维度

行业维度指的是职业选择与所属行业的关系。不同的行业有不同的市场需求、技术发展、政策环境和职业发展路径。行业分析可以帮助大学生了解某一领域的整体发展趋势、就业机会以及该行业对人才的需求。

（一）市场需求

行业的市场需求决定了其对人才的吸纳能力。新兴行业如人工智能、大数据通常对人才有较高的需求，而传统行业如制造业可能会因自动化和全球化影响而对人才的需求减少。例如，随着老龄化社会的到来，医疗健康行业对各类人才的需求迅速增长，而零售行业因电商的冲击，线下零售业岗位减少。

（二）技术发展

技术的创新和发展往往推动行业变革，并创造新的职业机会。例如，互联网的发展催生了大数据分析师、网络安全专家等新兴职业。

（三）政策环境

政府政策对行业的发展具有重大影响。政策鼓励的行业如清洁能源、环保产业往往会得到更多的投资和发展机会。

（四）行业生命周期

行业的发展阶段决定了其对人才的需求。例如，处于成长期的行业对创新性人才需求旺盛，而处于成熟期的行业则可能更关注管理和优化。行业生命周期如图 2-4 所示。

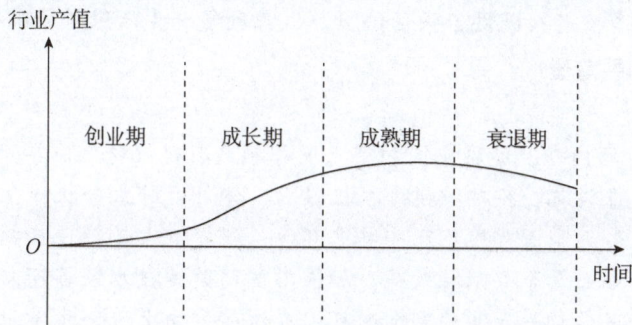

图 2-4 行业生命周期

每一种职业都需要考虑到行业这一维度。例如，小王的职业是会计师，小王可以在某跨国企业做会计师，也可以在一家民营企业做会计师；可以在制造业从业，也可以在快速消费品行业工作，甚至可以在专业的会计师事务所工作。这样，当小王具备了会计师的职业资格后，他的选择面就会很大。

那么，这"一类相近的职位"到底有多大范围呢？在现实生活中，可以发现，有很多人虽然从事相同的"职业"，但这些职业实质上有很大的差异。各个行业的发展现状与趋势差异比较大，而不同岗位的工作性质差异也很大，所以不同行业下的同一职位所代表的工作性质可能会完全不同。例如，同样是工程师，机电业的是机电工程师，IT 业的有软件工程师、网络安全工程师等，它们的性质完全不同。再如，同样是销售员，机电设备业与培训业的销售员的工作性质、工作内容、生活方式等都大不相同。

因此，要想完整地表达某种职业的综合状态，我们需要在区分职业时把职位和行业这两个要素共同考虑进来。

【拓展阅读】

健康中国战略

在健康领域，一方面，一些不可预期的疾病的传播凸显了公共卫生、医疗资源和医药产业发展的重要性；另一方面，快节奏的现代社会生活让人们更加关注自身的健康问题。

此外，随着生育率下降和人均寿命的延长，人口老龄化问题日益严重，未来"一老一小"将成为民生方面重点关注的人群。《中华人民共和国国民经济和社会发展第十四个五年规划和2035年远景目标纲要》（以下简称《纲要》）将健康中国提到了战略层面，未来国家将继续完善公共卫生体系，发展高端医疗设备，提升医护人员质量与规模，促进新药研发保护和产业安全，推动全民健身，发展养老产业、完善养老服务，发展多样化的托育服务，全面建设健康中国。

除了传统的医学、卫生、体育等传统行业的就业渠道，智慧医疗与智慧养老等新概念也值得被关注。以"互联网+养老服务"的智慧养老为例，它主要通过提供一个信息服务平台，将线上与线下相融合，让客户根据"按需选人"的模式选择合适的生活照料服务人员，节约客户与家政公司的沟通成本，最大化节省双方的资源与时间。当前我国正在构建以居家为基础、社区为依托、机构补充的养老服务体系，例如，天津市河西区开发的智慧养老平台，依托于天津市河西区宾西楼居家养老服务中心，自开业以来，向社区周边的1 500多位老人提供了膳食供应、医疗康复、生活照料等服务。

健康中国的发展前景

1. 科技攻关

根据《纲要》的内容，健康中国的重点攻关领域有建设转化医学研究设施、多模态跨尺度生物医学成像设施、突破腔镜手术机器人、体外膜肺氧合机等核心技术；研制高端影像、放射治疗等大型医疗设备及关键零部件；研发重大传染性疾病所需疫苗，开发治疗恶性肿瘤、心脑血管等疾病特效药，加强中医药关键技术装备研发等。因此，对于有意向继续深造的医学相关专业的大学生可以在这些方向上进一步学习和研究，希望走职业化道路的大学生要积极参与相关方向的项目和实习。

2. 行业领域

健康中国战略所涵盖的领域较为广泛，比如医药、医疗、医保、体育、养老等。传统健康产业与新技术的结合也是未来的一大趋势，如智慧医疗、智慧社区等新兴概念与领域也值得有复合专业背景的学生关注。

3. 地域分布

我国医疗资源分布不平衡，从地域上看，经济发达省份和省会城市集中了大量的优质临床资源。从全民健康角度看，上海作为"运动健康师"的试点城市，对于运动防护师、运动营养师等人才培育以及老年人运动健康服务中心的发展，有着更好的发展前景及岗位需求。对于养老产业而言，目前中国的养老院的发展主要集中在华东地区。

4. 就业前景

2024年智联招聘发布的《中国医药行业人才发展报告》显示，医药行业对销售、市场拓展、科研和技术岗位的人才需求持续增长。2023年，医药代表的招聘职位数占比从2022年的10.4%上升至11.3%，位居首位（出自腾讯网，有删减）。《纲要》提出，未来将加大养老护理型人才培养力度，扩大养老机构护理型床位供给，养老机构护理型床位占比提高到55%，以更好地满足高龄失能失智老年人护理服务需求；要实施大学生社工计划，每万城镇常住人口应有社区工作者18人。这些都将给大学生带来广阔的就业前景。

围绕健康中国战略的职业生涯准备

对于医学技术类、中医学类、中西医结合类、药学类、中药学类、护理学类等医学相关专业的大学生，应该在大学阶段从理论、方法、技术和应用等多方面储备知识和经验。如果选择走研究型道路，要将研究方向尽量和国家战略性科学计划与科学工程提出的前沿领域攻关方向保持一致；如果选择走专业型道路，就要在专业学习精专的基础上，重视与人工智能、计算机科学、心理学等学科专业教育交叉融合。

对于心理学、经济学、社会学等相关专业的大学生，如果有进入医疗健康行业的规划，应该尽早掌握前沿发展脉络，将自己向行业需求人才方面培养。选择走研究型道路的大学生可以将智慧医疗、养老等方向与本专业深度融合；选择走专业型道路或者社会型道路，可以多关注行业发展，抓住行业需求。目前对于养老、全民健康、营养师等行业学历门槛要求不高，但是需要大量从业经验和行业人脉，这就要求大学生应尽早参与到相关领域的实践中，不断积累经验。

随着老龄化的发展，未来"养老"会是时代的主题之一，除了与之直接相关的医学、护理等专业，其他领域的大学生也可以关注养老行业，比如人工智能与养老的结合、智慧养老与数字医疗等。

资料来源：乔志宏. 大学生职业生涯与发展规划教程. 北京：清华大学出版社，2023.

【活动】请你选择一个行业，分析该行业的发展趋势、技术变化、市场需求，并预测未来的职业发展机会。

_____

_____

三、组织维度

组织维度指的是职业选择与组织类型、规模、文化的关系。不同类型的组织（如跨国公司、中小企业、政府机构）在员工发展、薪酬福利、工作环境等方面有显著差异。组织分析有助于大学生理解不同类型的组织结构、文化和管理风格，并根据个人职业目标选择适合的组织。

【活动】请你选择一家目标公司，分析其组织类型、规模、文化和管理风格，并讨论这些因素对职业发展的影响。

_____

_____

四、岗位维度

岗位维度指的是职业选择与具体职能部门和岗位职责的关系。不同职能部门（如市场、财务、人力资源、技术研发）对员工的技能、工作方式、职业发展路径有不同要求。岗位分析有助于大学生理解不同岗位的工作内容、技能要求和职业发展前景。

【活动】请你选择一个目标岗位，分析其工作内容、技能要求和发展前景等，并讨论这些因素对职业发展的影响。

_____

_____

学生作品

心理咨询师职业全貌分析报告

吉林医药学院　2023级应用心理学本科班　王梓彤

1. 行业现状

（1）随着社会压力的增大和心理健康意识的提升，心理咨询需求持续增长。越来越多的人开始关注自己的心理健康，并寻求专业的心理咨询服务。

（2）心理咨询行业市场规模持续增长。2016—2022年，全球心理咨询行业市场规模经历了稳步增长，2022年全球心理咨询行业市场规模为654.2亿美元。在中国，截至2022年，心理咨询行业市场规模已达到约638.1亿元，且预计未来几年将持续保持增长态势。

（3）心理咨询师的工作领域非常广泛，涵盖了医疗、教育、企业、政府等。他们可以在医院、学校、企业、心理咨询机构等场所工作，为不同的人群提供心理咨询服务。

（4）心理咨询行业面临着市场竞争激烈、服务质量参差不齐、公众认知度不足等挑战。此外，心理咨询师还需要不断学习和更新知识，以适应不断变化的市场需求。

2. 地域分布

六成心理咨询师身处一线城市，视频咨询的广泛度逐年提升。

在中国大陆，咨询师的城市分布比较集中，其中60.2%的咨询师身处一线城市（北上广深），成都、杭州、武汉也是多年来心理咨询师的执业重点区域。

自2019年以来，视频咨询的广泛度得到了进一步的提高，来访者与咨询师双方破除了地域限制。目前有99.2%的咨询师支持视频咨询。

3. 代表企业

我国数字心理健康服务市场企业数量较多，但大多数规模较小，专业性不高。

第一梯队主要为头部互联网科技企业布局互联网医院，结合线上线下资源，提供在线心理咨询、在线处方等全流程心理诊疗服务，代表性企业如平安好医生、阿里健康等。

第二梯队为数字心理健康领域独角兽企业，如好心情、壹点灵等专业心理咨询平台，拥有较多专业心理咨询师、心理医师等资源，平台具有较高知名度。

第三竞争梯队为其他中小型数字心理健康服务企业，主要产品为小型心理健康应用，平台研发能力较弱，用户基数小，竞争力相对较差。

4. 职能体现

心理评估：通过面谈、问卷、心理测验等方式，评估个体的心理健康状况、心理困扰的性质和程度，以及可能的心理问题或障碍。

心理咨询与治疗：针对个体的心理困扰和问题，提供个性化的心理咨询和治疗服务，包括情绪管理、压力应对、人际关系改善、自我认知提升等方面的指导。

危机干预：在个体遇到重大生活事件或心理危机时，及时提供心理支持和干预，帮助个体渡过难关，避免心理创伤或心理障碍的进一步恶化。

心理健康教育：开展心理健康教育活动，提高公众对心理健康的认识和重视，普及心理健康知识和技能，预防心理问题的发生。

研究与教学：参与心理学研究，探索心理健康和心理问题的成因、发展规律及干预方法；同时，也承担心理学教学工作，培养未来的心理咨询师和心理健康专业人才。

资料来源：选自前瞻产业研究院《2023年中国数字心理健康服务行业
竞争格局及市场份额分析》，经删减

【拓展阅读】

新质生产力发展对人才培养提出新需求

新质生产力的发展及其伴随的技术进步给劳动力市场带来了深刻变革，对人才素质和结构提出了前所未有的挑战，而人才储备的质与量已成为新质生产能否蓬勃发展的核心变量。

新质生产力发展是当前时代发展的迫切需要，也精准对接中国经济转型升级的战略导向，凸显了创新驱动发展战略的重要地位。它不仅仅是产业迭代升级的催化剂，更是构建现代产业体系的根基所在，驱动产业链、供应链的深度融合和优化重构，实现经济结构升级和经济质量全面提升。这一进程将会深刻改变人力资源的内涵和配置逻辑，要求教育领域进行根本性变革，对未来进行前瞻性布局和重塑，构建新质生产力发展所需的产业人才互动共生机制。

世界经济论坛最新报告认为，2023—2027年，全球将有约23%的就业岗位受到技术冲击，伴随约6 900万个新岗位的诞生和约8 300万个原有岗位的消逝，结构性就业矛盾也由此产生。

从对生产任务和就业岗位的冲击可以看到，新质生产力强调了对以下三类关键人才的需求。

第一类是尖端科学技术人才，他们是新质生产力发展的智力引擎，是科学家精神的奋力践行者。STEM（科学、技术、工程、数学）领域的人才传承弘扬科学家精神，对于推动新质生产力迅速发展、加速技术创新、巩固国家在科技领域的国际竞争力、拓宽产业发展空间具有战略性作用。从全球格局来看，拥有自主创新能力和持续创新机制，依靠战略人才和科技力量，是维护国家利益、参与全球治理、强化军事实力和综合国力的基础，对于推动产业向价值链高端攀升、提高综合国力、实现国家长远发展意义重大。

第二类是具备创新思维、企业家精神和国际视野的领军人才，掌握高新技术、具有跨界整合能力的复合型人才，他们是推动新质生产力跃升的关键力量。从技术的突破性进展到新质生产力的迅速发展，都需要企业家精神提供有效支撑。产业创新是形成生产要素的新组合，将从来没有的关于生产要素和生产条件的新组合引入生产体系。企业家是实现创新的主体和引领者，他们通过引进新组合以获得利润增长，经济发展正是不断实现这种新组合的过程。领军人才和复合型人才通过适应快速变化的市场需求和产业环境，不断推进和引领行业前沿，开拓国际市场。

第三类是熟练掌握专业技能并具备数字素养的普通劳动者群体，他们是通过新质生产力提升整个经济效益的实践基础。新质生产力发展，要求劳动者不仅要精通本职工作，还要具备与数字时代相匹配的能力，如理解并运用人工智能、大数据分析等技术，以提升个人工作效率，灵活应对技术变迁，顺利完成从传统岗位向技术密集型岗位的过渡。劳动者利用数字平台和工具进行数据分析、问题解决和流程优化，有效提升作业效率和服务质量，改进产品、服务和管理模式，维持个人和行业的竞争优势。

资料来源：夯实新质生产力发展的人才支撑，中国教育报，经删减

第五节　医疗行业环境分析

社会对医学专业毕业生的需求呈现多元化趋势，不同专业领域的就业前景各具特点。随着人口老龄化加剧，社会对老年医学、私人医生、营养保健师、家庭护士等专业人才的需求日益增加，这些职业将逐渐成为热门领域。同时，药学、药物制剂专业的毕业生在医药公司、制药厂等领域的就业前景普遍被看好。

同时，地区之间的差别也比较大。一般来说，经济越发达的地区城市对毕业生的需求反而越小，而医疗事业正处于不断进步发展阶段的中小城市对毕业生的需求较大。

医学专业毕业生可以到政府的卫生部门，从事卫生事业管理、卫生经济政策制定等工作；也可以到各级卫生保健机构从事医疗服务工作；还可以到科研机构进行预防疾病方案的设计、实施等工作。毕业生主要在各级医疗卫生单位、医学院校、医学科研院所从事医疗、预防、教学及科研工作。

主要就业的部门如下。

(1) 各级各类综合性医院，包括综合医院、专科医院、社区医院等。

(2) 医学科研机构。

(3) 医学院校。

(4) 预防保健机构（疾病控制中心、卫生监督所、卫生防疫站等）。

(5) 在具备执业医师资格及相应条件后独立创业。

以下是医学相关专业的环境分析。

一、临床医学

近年来，临床医学专业毕业生的就业形势发生了显著变化。随着高等医学院校的招生规模扩大，临床医学专业毕业生的供给从"供不应求"转变为"供过于求"，就业难度不断增加。当前，绝大多数医院的发展重点不在于扩大规模，而在于聚集具备一定资历的专业人才。因此，医院大量接收应届毕业生的现象已不复存在，导致临床医学专业毕业生的就业难度越来越大。

此外，临床医学专业毕业生的择业观念相对陈旧，就业期望值普遍偏高。许多毕业生更倾向于选择大城市和沿海经济发达地区，将择业目标定位于城市、大型医院和经济效益好的单位。然而，这些地区的医疗卫生机构趋于饱和，医学人才市场竞争激烈。过高的择业期望值加剧了毕业生就业困难的现象。

（一）内科学

1. 传统就业受挫

随着人们对健康和保健的关注度不断提升，医学行业的发展势头越发迅猛，内科学也是考研热门专业之一。然而，内科学就业的一个关键因素是大学生在临床工作时不仅需要具备扎实的专业能力，还需要具备实际操作经验，尤其是在知名医院，对经验的要求更高。这一要求对刚毕业的大学生来说无疑增加了就业的难度。

2. 新型就业兴盛

随着医疗事业的改革，部分城市全面推行了家庭医生责任制，且"家庭医生"服务的费用可以通过医保报销，个人只需负担一部分。这一政策将为家庭医生提供更广阔的发展前景，对医学专业大学生，尤其是内科学专业的大学生而言，无疑更有益于他们的就业。

3. 镀金寻求发展

只有自身实力提升了，才有提高外界条件的基础。2024年，全国高校毕业生人数预计达到1 179万人，就业市场竞争加剧。在薪资方面，学历层次与薪酬水平呈正相关关系。例如，四川大学公布的《2020届毕业生就业质量报告》显示，博士毕业生月均收入为12 876.49元，硕士毕业生为8 259.76元，本科毕业生为7 661.23元。此外，南京大学发布的《2020届毕业生就业质量报告》显示，本科毕业生薪酬均值为14.92万元/年，硕士毕业生为18.28万元/年，博士毕业生为18.7万元/年。总体而言，研究生的薪资水平明显高于本科生。

（二）老年医学

人口老龄化是我国乃至全球都在面临的严峻挑战，带来了老年群体在医疗、社会保障和心理健康等一系列问题，如何满足这一庞大群体的需求已成为亟待解决的重要议题。

其中，老年医疗和保健是最为突出的问题，从事老年医学相关职业的社会需求将大幅增加。社会急需医学、老年医学、健康保健和护理等方面的专业人才，致力于老年医疗和保健事业。这一巨大的社会需求不仅将为从业者带来丰厚的经济回报，还将有助于提升老年人的身心健康。因此，老年医学专业的就业前景十分广阔。

（三）神经病学

神经系统疾病具有高患病率、高发病率、高死亡率和高致残率的特点，已成为当前国内外研究的热点之一。目前，神经系统、内分泌系统和免疫系统组成的神经-内分泌-免疫网络系统已成为生命科学中的前沿科学，具有广阔的发展前景。

神经病学专业的毕业生可以到综合性医院神经精神科、临床心理科和精神卫生专门机构工作，也可以到医学科研机构和医学院校，从事医疗、科研、教学工作。

（四）精神病与精神卫生学

客观来说，与其他临床医学专业相比，精神病与精神卫生学专业的就业相对较为容易，且主要集中在大中城市。随着生活节奏的加快和人际关系的紧张，精神心理问题日益突出，精神卫生领域有很大的发展空间。

但需要注意的是，从事精神卫生工作的人员整体收入相对较低（相比其他临床医学专业），并可能需要应对一定的社会偏见。总体而言，精神病与精神卫生学专业"前途光明，但道路曲折"。

（五）皮肤病与性病学

皮肤病与性病学专业与临床医学各科既有密切联系，又有一定的自身特点。皮肤病与性病学目前已发展为一门内容相当广泛的独立学科。其专业内容包括临床皮肤病学、性病学、麻风病学、职业性皮肤病学、皮肤外科学、皮肤美容学、皮肤理疗学，以及与其相关的一些皮肤科基础学科。因此，培养皮肤病与性病学专业人才，不但要求大学生掌握较扎实的本专业基础理论知识和操作技能，还要求其了解和熟悉本专业外其他相关学科的基本知识，使其在未来工作中，具备推动本学科不断发展的潜力。

（六）外科学

外科学作为一门基础性临床医学专业，也是考研热门专业之一。这说明随着物质生活水平的提高，人们对健康和保健意识的增强，外科学专业越来越受欢迎。而且针对外科医生的工作性质来说，更偏重技术型人才，需要身体素质较好的人来从事，更新换代相对较快，对年轻人才的需求也相对较大，因此需求市场不易饱和或饱和期相对较短。同时，如神经外科、整形外科、足踝外科等新兴外科专业需要大量的人才来填补空白，因此在相当长的一段时间内，这类人才处于紧缺状态。

（七）眼科学

1. 社会的发展出现新的就业点

近年来，随着科技的不断进步，眼科学获得了极大的发展，出现了眼视光医学类的新兴学科，眼视光学科是一门现代光学技术和现代眼科学相结合，运用现代光学的原理和技术解决视觉障碍的新兴交叉学科。它是一门既具有经典传统色彩，又具有现代高科技特征的医学专业，也是一种饶有趣味、充满挑战、富有回报的医疗职业。

2. 当前形势对人才的需求量大

目前，中国青少年近视发病率高达50%~60%，约占世界近视患者总数的33%，远高于我国占世界人口总数的22%；弱视发病率为2%~4%，低视力发病率为1%~2%，配戴眼镜的人数约8亿，眼科学在我国具有非常广阔的发展前景。

（八）肿瘤学

目前，以恶性肿瘤（癌症）、心血管疾病以及糖尿病等为代表的慢性病（或者非传染性疾病），正在成为全世界公共卫生领域的主要的长期威胁。世界卫生组织在其最新公布的报告中明确指出，非传染性疾病正在成为人类最为致命的"杀手"，其中，恶性肿瘤位于首位。这样的情况下，国家对肿瘤学专业的人才需求之大可想而知。

1. 健康观念发生改变

如今，人口老龄化、不良生活方式、环境污染等多重因素，正是导致中国癌症死亡率不断攀升的主要原因。其中，食道癌、胃癌、肝癌和结直肠癌等消化系统肿瘤已成为各高发地区的主要恶性肿瘤类型。

随着经济水平的提高，越来越多的人开始重视健康检查和预防。然而，长期以来，中国将有限的卫生资源过度集中于晚期癌症治疗，而忽视了癌症的预防，这一现象令人担忧。健康观念的转变无疑需要更多肿瘤预防领域的专业人才。

2. 癌症防控是最终趋势，毕业生需要深化自己

尽管中国各地的肿瘤医院收入可观，但在癌症防治领域的人才却面临流失问题。肿瘤的发病机理和作用机制仍需深入研究，制定科学有效的预防策略已成为肿瘤学领域的核心任务。不可否认，面对恶性肿瘤这一巨大挑战，人类依然面临重重困难，但人类的智慧无穷无尽。社会亟需更多优秀的专业人才，在创新和突破中为未来的肿瘤学领域提供解决方案。因此，在医学领域，尤其是肿瘤学方向的毕业生，应当不断提升自己的专业能力，以更好地为大众、整个社会贡献力量。

二、影像医学与核医学

影像医学与核医学专业分为放射学（包括 X 线、CT、磁共振和介入放射学）、超声医学及核医学，该专业的未来发展前景较为广阔。

（一）时代发展的需要

随着计算机技术的飞速发展，近年来，医学影像仪器的性能有很大改进。目前医学影像技术成像清晰，分辨率高，不仅能显示正常与异常结构的轮廓和形态，还可以观察器官的血液、代谢及其机能，已经广泛用于多个系统和部位的各种疾患的检查和诊断，使诊断水平有很大的提高，在临床上发挥重要作用。在介入诊断和治疗方面，医学影像也有长足的进步，使许多疾病能得到微创治疗，特别是对某些肿瘤的治疗效果可与内科治疗或外科治疗相媲美，已成临床首选的治疗方法之一。

核医学是涉及多个学科对疾病进行诊断和治疗的一门新兴科学。它以诊断部分为整体，包括人体各个系统疾病的诊治。近代电子计算机技术、核电子学、核药学、细胞杂交瘤技术、分子生物学和加速器微型化等现代技术的迅速发展和渗透，不断推动着核医学的发展，如分子生化的 PET 显像技术出现，第一次实现了人类活体内分子水平的研究。

（二）与先进国家相比有待发展

经过影像医学和核医学工作者的多年努力，中国影像医学技术在临床应用领域的许多方面都具有国际先进水平，有些研究项目已步入世界先进行列，但在基础理论研究、医学生物工程技术如计算机和仪器设备的研制以及新的影像技术开发等方面，与先进国家相比还有一定差距。影像医学与核医学在一些实力较强的地区和医院发展很快，是临床医生诊断的主要依据和手段，有些疾病的治疗也需要核医学医生的参与才能更好地完成。

三、护理学

护理职业一直是国际上地位较高、薪资丰厚的职业之一，同时，护理人才又是国际紧缺的人才之一。例如，护士在美国平均年薪达 5 万美元，而美国缺乏护士 30 万人。在澳大利亚，护士最容易找到工作或获得升迁，同时，只要拥有了澳大利亚注册护士的资格，等于拿到了通向英联邦国家工作的"绿卡"。英、法、德等西方发达国家对护士均有许多优惠的政策。因此，具备深厚的专业知识、较高的综合素质和流畅的国际交流语言的护士在国际上就业、发展的前景十分广阔。

目前，国内很多大中城市的医院都设有涉外门诊，而一些合资医院更是如雨后春笋般

扎根北京、上海等地。所以，如果护理学人才在具备除护理学、护理人际沟通、护理礼仪等专业知识外，还具备一定的外语能力，那么就业选择将更为宽广，可以从事涉外医护服务、国际技术合作交流和资料传递等工作。

四、康复医学与理疗学

康复医学与理疗学专业学生毕业后可到综合医院康复医学科、康复中心（康复医院）从事康复治疗师技术工作，也可到疗养院、保健中心、体育医院或运动队医务室、社区卫生服务机构等单位从事康复治疗工作。

随着现代生活质量的提高和科技的发展，康复医学在现代医学中的地位日益提高，现代康复治疗技术也在飞速发展。人们对生活和生命质量的追求越来越高，对康复的期望越来越强。为此，国家规定在各级医院必须设立康复医学科，满足人们对康复治疗的需要，该专业人才需求旺盛、就业前景广阔。

五、急诊医学

（一）专业人员匮乏，需求量大

急诊医学属于医学科学的一个新的组成部分，随着医学科学的发展，急诊医学也得以迅速发展。它是一门解决急性病和危重病的学科，还要研究如何更迅速、更有效、更有组织地抢救急危病例和处理"灾难医学"所遇到的问题。所以，从这个角度来看，急诊医学专业的毕业生需求量很大。

（二）有待进一步发展，工作辛苦需综合考虑

急诊医学是一门年轻的学科，现在绝大部分大、中城市的综合医院和某些专科医院都设置了急诊科或急诊室，并配备医师、护士等医务人员。不过目前不少医院成立的急诊科还不太完善，其发展存在一些缺陷。发展急诊医学关键是要加强对专业人员的培训，建立完善的急诊医疗体系和提高急诊医学水平。目前并无现成的模式，而是要靠相关工作人员去探索、设计和建设。可以借鉴和参考国际上的先进经验，但主要需结合我国的实际情况，创建适合我国社会和医疗的急诊专业。所以，急诊医学专业仍需要进一步向前发展，才有利于毕业生未来的就业。

第六节　医务人员的职业特点与素质要求

医疗卫生工作关系到人民群众的身体健康，与人民群众的利益密切相关，是社会高度关注的热点之一。人民群众往往通过医疗卫生服务的状况看经济发展成果、看政府管理能力、看党风政风建设、看社会和谐公平。保障群众健康权益是政府的重要职责，发展卫生事业是构建社会主义和谐社会的重要内容。当前医药卫生事业改革与发展的任务十分繁重，广大医务人员是卫生战线上的中坚力量，各项工作要靠医务人员去实践、去落实，各项成果也要靠医务人员的服务去传递、去体现。

一、医务人员的界定和分类

（一）医务人员的界定

医务人员是指经过考核和卫生行政部门批准和承认，取得相应资格及执业证书的各级各类卫生技术人员。该界定包含两个方面：①医务人员是卫生技术人员，非卫生技术人员不得从事卫生技术工作，卫生技术人员是按照国家有关法律、法规和规章的规定取得卫生技术人员资格或职称的人员；②卫生技术人员只有按规定取得相应执业证书才能成为医务人员，未取得执业证书的不得从事诊疗、护理医疗活动。

（二）医务人员的分类

1. 按业务性质分类

（1）医疗防疫人员（包括中医、西医、卫生防疫、地方病及特种病防治、工业卫生、妇幼保健等技术人员）。

（2）药剂人员（包括中药、西药技术人员）。

（3）护理人员（包括护师、护士、护理员）。

（4）其他技术人员（包括检验、理疗、病理、口腔、同位素、放射、营养等技术人员）。

2. 按医疗卫生机构分类

依据医疗卫生机构的分类标准，医务人员可分为医疗机构和预防机构的医务人员。医疗机构的医务人员主要包括医院、门诊部、诊所等单位从事临床诊疗工作的医生、护士、医技人员等；预防机构的医务人员则主要在疾病预防控制中心、职业病防治机构、健康教育机构等单位，从事传染病防控、健康管理与教育、流行病学调查等工作。此外，随着"健康中国"战略的深入推进，部分社区卫生服务机构、康复中心、托育机构等也纳入了医疗卫生体系，其医务人员也应依据相关法规取得执业资格，并接受相应监管。

二、医务人员的职业特点

（一）成熟周期长

培养一个成熟的技术骨干周期至少为10年，在这10年中医务人员进修学习，工资相对较低（因财政无补贴机制，医院自行解决其基本工资、生活费及进修费等），日后在临床上磨炼相应的时间才能成熟。

（二）医学是一个终身学习和创新的过程

医学技术日新月异，从医者只能活到老学到老，不学习就跟不上技术的进步，不创新就有被淘汰的可能。参加继续教育、职称考试等，所产生费用大多数需要自理。

（三）承受巨大风险

众所周知，医疗行业属高风险行业，每个医务人员都承受着巨大的精神压力，遇到危重病人时，用"日不能安夜不能寐"来形容一点也不过分。自身还有被感染疾病的风险。

（四）工作时间无规律

无固定休息时间，当了医生就没有节假日，没有白天和黑夜，因为病人患病时间不确定，据统计一个医生一年中有三分之一的时间在深夜被叫醒。

（五）工作强度大

无论是内科医生还是外科医生，脑力劳动与体力劳动强度远远大于其他行业，比如外科：要完成一台小型手术在手术台旁站立时间为 2 小时左右，一台中型手术为 5 小时左右，一台大型手术为 8 小时左右，这些还仅仅是手术时间，不包括术前的准备及术后的观察、跟踪治疗及护理等。

综上，我们可以看出，医务工作有着"难""险""苦"等特点。古人曾言"医乃仁术、无德不医"，又言"夫医者，非仁爱之士不可托，非廉洁淳厚不可信，非聪明理达不可任"。这说明医务人员需要具有高尚的医德、高超的医术、高度的自律精神。作为一名准医务人员，我们要始终牢记医学誓词，坚持"防病治病，救死扶伤，实行人道主义，全心全意为人民的健康服务"的原则，做好自己的本职工作。

三、医务人员的职业精神概述

社会生产的分工决定了人们要从事具有专门业务和特定职责，并以此作为主要生活来源的社会活动，这就构成了每个人的职业生活、职业活动。人们在一定的职业生活中能够表现自己，这就形成一定的职业精神。职业精神与人生观、世界观、价值观紧密联系。

（一）医务人员职业精神的基本原则

1. 将患者利益放在首位原则

这一原则建立在为患者利益服务的基础上。信任是医患关系的核心，而利他主义是这种信任建立的基础。市场力量、社会压力以及管理的迫切需要都不能影响这一原则。

2. 患者自主原则

医务人员必须尊重患者的自主权。医务人员必须诚实地对待患者并使患者在了解病情的基础上有权对将要接受的治疗作出决定，只要这些决定与伦理规范相符合，并且不会导致要求医务人员给予不恰当的治疗的发生，那么患者的这种决定就极为重要。

3. 社会公平原则

医务人员应该努力消除医疗卫生中的歧视问题，在医疗卫生体系中促进公平，包括医疗卫生资源的公平分配。

（二）医务人员的职业精神

1. 医学人道主义精神

人道主义重视人类的价值，特别关心最基本的人的生命、基本生存状况的思想，它要求关注人的幸福，强调人类之间的互助、关爱。而医学人道主义精神作为指导医疗实践的核心理念，它的伦理内蕴要求医务人员在医学活动中应以同情患者疾苦、尊重患者的人格和就医权利、同等珍视患者的生命价值和质量价值为旨要，从而表现出"医乃仁术"的宏旨。

医学人道主义精神是吸取西方人道论的观点而明确提出来的。实际上，从医学职业的出现开始，朴素的医学人道主义思想就已经产生了。这种从尊重人的人格出发，平等救治一切患者的理念也已成为医务人员一直坚守的职业情操。在医疗实践中，医务人员应该从不计任何名利为出发点，尽职尽责地为患者生命健康护航，而不应该以患者的经济、文化政治背景的不同而实施不同的治疗，从而彰显医学人道主义追求的崇高道德目标。

2. 科学精神

科学精神是人类认识自然的活动及其成果的精神积淀，包括尊重科学、重视技术的理性精神，实事求是、尊重规律的严谨态度，奋发向上、开拓创新的进取意识等。医学是一门探讨人体健康和疾病规律的自然科学，离开了科学精神，医学探索便无法取得成果。所谓科学精神说到底是科研领域的一种理想化的认知态度，以这种态度去从事科研，研究者就能更好、更快地获知未知领域的客观规律；医学还是一门应用性很强的学科，绝大多数的医学研究都不是为科学而进行的，而是为了更好地提高人类防病治病、维护健康的能力。

3. 人文精神

人文精神是对人的生命存在和人的尊严、价值、意义等的理解和把握，包括对道德人格、理想信念等的追寻，对自由、平等、正义等的渴望，对生死、信仰、幸福、生存意义等问题的反思和对人类的终极关怀等。由历史史实、政治制度、人文知识以及文学修养等多方充分的理解所累积起来的人文底蕴，能够激起医务人员内心深处最本质的人文关怀精神。这种人文关怀精神体现在医务人员身上就是对每一位病人的关爱。

4. 敬业精神

敬业，就是敬重和喜爱自己的职业。做好本职工作，培养良好的敬业精神，倡导高尚的职业道德，是公民道德建设的一项极为重要的任务。而治病救人不同于商业活动，医务人员是为社会服务的，在"以病人为中心"的今天，医务人员的敬业精神比一般从业人员的敬业精神更具有特殊性和社会意义。针对敬业精神，吴孟超院士说："所谓敬业精神，就是一种忠于职守、热爱本职工作、兢兢业业为人民服务的精神。作为医务人员，以病人为中心，全心全意为病人服务，对工作精益求精，就是医务人员必须发扬的一种敬业精神。"

四、医务人员的素质要求

医务人员的服务对象是人，职责是捍卫人的生命。因此，要做到知荣辱、讲操守、重医德、修品行，始终做医疗技术上的"明白人"，经济利益上的"清白人"，生活作风上的"正派人"。以下古今医学大师身上的优秀品质值得称赞和学习。

扁鹊作为我国历史上第一个有正式传记的医学家，是一位内、外、妇、儿各科兼长的医家，他治病严肃认真，医德高尚，医术超群，医技精湛，且能尊重民俗，根据各地群众的需要而行医，是一位朴素的唯物主义者，足以垂范于后人。

东汉末年杰出的医学家华佗，巧妙地运用"同病异治""异病同治"的原则，治愈了许多疑难杂症。他一生不求高官厚禄，以民为重，以民为先，以医效民。古人早已对医生这一职业下了这样一个定义：非仁爱之士不可托，非廉洁淳厚不可信，非聪明理达不可任。

药王孙思邈认为"人命至重，有贵千金，一方济之，德逾于此"。他因病治医，勤奋成家，坚持源流各异的方剂用药，医技精湛。他的高尚医德，融合了大医精诚与高超医术。他在学术界也树立了崇高的榜样，一直熏陶着代代医家。

大医精诚、博爱仁心的医学大师吴阶平以"做好医生"和"实践、思考、知识三结合"为核心，以辩证唯物主义哲学思想为指导，在医学教育目标、教学内容、医生的人文精神素养、医疗服务艺术等方面做了大量科学精辟的论述，提出了许多创新性观点，揭示了医学人才的成长规律，构成了吴阶平医学教育思想的精髓及其丰富的内涵。他用一生的努力，深刻地诠释了"好医生"的内涵。

"术""仁"兼具的名医吴孟超，是我国肝胆外科的开拓者和主要创始人之一。年届九旬仍坚持抒写"肝胆"春秋，40 年来共施行肝癌手术 8 000 余例，切除总数和成功率均居国际领先地位。他教书育人，提携后俊，创立了肝脏外科的关键理论和技术体系，开辟了肝癌基础与临床研究的新领域，创建了世界上规模最大的肝脏疾病研究和诊疗中心，培养了大批高层次专业人才。1991 年他当选为中国科学院院士，1994 年获得何梁何利基金科学与技术进步奖，1996 年被中央军委授予"模范医学专家"荣誉称号。著名学者周国平说："从吴孟超身上看到了中国医疗界的良心和光明。"感动中国人物颁奖词这样形容他："60 年前，他搭建了第一张手术台，到今天也没有离开。手中一把刀，游刃肝胆，依然精准；心中一团火，守着誓言，从未熄灭。他是不知疲倦的老马，要把病人一个一个驮过河。"

从他们身上，我们总结出一个合格的医务人员要有以下素质。

（一）以救死扶伤为职

救死扶伤是医务人员的社会职责。医务活动是随着人类的实践而产生的，从事医务工作既是一种必不可少的社会分工，也是一种崇高的社会职责。医务人员的天职或社会职责就是救死扶伤，防病治病，一切为了人民的健康。每个医务人员只有正确认识和看待与本职岗位所联系的社会职责，才能自觉产生勤恳尽职的敬业意识，牢固树立正确的医德观念。

（二）以精湛医术为业

医务工作是知识技能密集型的职业。医务人员在医术上必须具有医学基础知识、基本技能和临床经验。一名医务人员要成为良医和名医，除医德高尚外，在医术上必须高超，要有广博的医学知识、熟练的医疗技术和丰富的医疗实践经验。医学是一门科学，科学发展是无止境的，对医学新知识的追求也应当是无止境的。同时，医学的实践性很强，医术的提高，除了靠钻研医学理论知识外，更重要的是在临床实践中积累经验，磨炼医技。在临床实践中，病人的病情也是千差万别、错综复杂的，因此，医务人员要善于针对具体病情，综合运用所学的知识和医技控制或根治疾病。医务人员精湛医术的直接效果就是能最大限度地挽救患者的生命，减轻患者的痛苦。所以，医务人员要做到终身勤奋学习，提高医术。

（三）以高尚医德为本

医德是医务人员自身素质的重要组成部分之一，也是其职业修炼的重要组成部分之一。医德和医术是两个不可分割的方面。医学被称作"仁术"，其中，"仁"就是医德，"术"就是医术。古今中外为人称道的良医，无一不表现了医德与医术比较完美的统一。在一定程度上，医德高尚者更为人们所尊敬和颂扬。因此，医务人员既要有精湛的医术，又要具有高尚的医德，才能更好地履行自己救死扶伤、防病治病、提高人民健康水平的崇高职责。

第七节 医务人员的职责与义务

2008 年 5 月 12 日，汶川地震发生时，都江堰市第五人民医院的 5 位医务人员正在为一位病人做阑尾切除手术。即使手术室不断震动，甚至断电，这 5 位医务人员也没有放弃病人，他们不约而同地选择了留下，花了半个小时出色地完成了手术。手术结束后，他们抬着病人走出了大楼，成为这栋建筑里最后逃生的人，他们用白衣战士的无畏争取了生命的权利。

全国乡村医生的模范代表宋必友，在乡村医生的工作岗位上已默默耕耘了 37 年。她是全国百万乡村医生的杰出代表，有着矢志不移的追求和一颗淳朴善良的心灵，医德高尚，人品尤佳，始终牢记全心全意为人民服务的宗旨，对人民有着深厚的情感。几十年来，她以维护人民的健康为己任，不计个人得失，勤勤恳恳地工作，成为人民的贴心人。她勤奋好学，在实践中不断积累经验，增长学识，成为誉满乡土的"名医"。她把村寨作为施展才华的广阔天地，把一生的心血洒在农家院落和乡间小道，把改变农村卫生状况和提高农民的健康水平作为毕生无悔的追求。

贾瑛，青海省玉树藏族自治州治多县人民医院的一名医生。玉树地震发生后，她第一时间报名参加县里组织的医疗救援队，和同事一起发放止血、镇痛、消炎药品，运送、救治重伤员。在这场突如其来的灾难中，她的叔叔等 6 位亲属不幸遇难，为不影响工作，直到完成任务撤回后，才去看望和安慰幸存的亲人。参加救援工作的日日夜夜里，她共接诊伤员 5 800 多名，抢救危重病人 60 多名。她把救死扶伤视为自己的职责与义务，在美丽的玉树大地上，她坚守岗位，无私奉献，努力提高业务水平，永远做救死扶伤的白衣天使。

他们是崇德敬业的医生楷模，用自己的实际行动践行着高尚医德。那么，医务人员的职责与义务都包括什么？

一、医务人员的工作职责

工作职责是指在工作中所负责的范围和所承担的相应责任，包括完成效果等。以下是医务人员的工作职责。

（一）医疗防疫人员

医疗防疫人员包括中医、西医、卫生防疫、地方病及特种病防治、工业卫生、妇幼保健等技术人员，其工作职责如下。

1. 医疗人员

（1）认真执行各项规章制度和技术操作常规，亲自操作或指导护士进行各种重要的检查和治疗，严防差错事故，协助护士搞好病房管理。

（2）及时掌握病员的病情变化，病员发生病危、死亡、医疗事故或其他重要问题时，应及时上报、处理。

（3）参加值班、门诊、会诊、出诊工作。

（4）不断学习和深造，学习与运用国内外先进医学科学技术，开展新技术、新疗法，进行科研工作，做好资料积累，及时总结经验，提高医疗质量。

（5）对病员进行检查、诊断、治疗，开写医嘱并检查其执行情况，同时还要做一些必要的检验和放射线检查工作。

（6）书写病历。新入院病员的病历，一般应在病员入院后 24 小时内完成，负责病员住院期间的病程记录，及时完成出院病员病案小结。

（7）对所管病员应全面负责，在下班以前，做好交班工作，对需要特殊观察的重症病员，向值班医师交班。

（8）随时了解病员的思想、生活情况，征求病员对医疗护理工作的意见，做好病员的思想工作。

（9）担任临床教学，指导进修、实习医师工作。

2. 防疫保健人员

防疫保健人员在维护公共卫生和预防疾病传播方面发挥着关键作用，其主要职责包括：

（1）健康教育：向公众宣传卫生健康和防疫知识，提高群众的自我防护意识和能力。

（2）疾病预防控制：制订并实施疾病预防控制规划，组织开展疾病监测、疫情报告和防控措施，及时处理突发公共卫生事件。

（3）卫生监督与管理：对公共场所、饮用水、食品等进行卫生监督，确保环境卫生安全，预防疾病传播。

（4）免疫规划实施：组织和实施预防接种工作，管理疫苗的使用，降低传染病的发病率。

（5）突发公共卫生事件应急处理：在突发公共卫生事件中，迅速开展流行病学调查，采取控制措施，防止疫情扩散。

（6）健康检查与管理：定期对特定人群进行健康检查，分析健康状况，提出干预措施，促进群体健康。

（二）药剂人员

药剂人员包括中药、西药技术人员，其工作职责如下。

（1）认真执行各项规章制度和技术操作规程，严防差错事故，制订相关工作计划，组织实施，经常督促检查。

（2）组织药品调配与制剂工作，指导和参加药品调配、制剂工作。

（3）督促和检查毒、麻、限剧、贵重药品的使用、管理以及药品检验鉴定工作。

（4）经常深入科室，了解需要，征求意见，主动供应。得知有危重病员抢救时，药剂人员应积极参加，主动配合。

（5）负责处方调配和一般制剂工作，组织中草药的加工炮制和改革剂型，开展科学研究和技术革新。

（6）组织及指导药学院校学生生产实习和医疗单位药剂人员进修的技术指导工作。

（7）组织实施药品的出纳、分发、保管、消耗、回收、下送、登记、统计工作。

（8）负责药品检验鉴定和药检仪器的使用保养，保证药品质量符合药典规定。

（9）不断学习并参加科学研究和技术革新，改进剂型，提高业务水平、自身素质。

（10）经常检查和校正天平、冰箱、干热灭菌器及注射液过滤装置等设备，保持性能良好。

（三）护理人员

护理人员包括护师、护士、护理员，其工作职责如下。

（1）认真执行各项规章制度和技术操作常规，严格查对制度，做好交接班，严防差错事故。

（2）准备各种急救药品、器材，定量定点定位放置，并经常检查补充、消毒、更换，按照分工，负责领取、保管药品器材和其他物品。

（3）负责诊疗室的整洁、安静，维持就诊秩序，做好卫生防病等宣传工作。

（4）协助医师进行检诊，按医嘱给病员进行处置。

（5）深入科室，经常观察候诊病员的病情变化，对情况较重的病员应提前诊治或送急诊室处理。

（6）担任护士教学、实习任务的医院应负责贯彻护士学校的教学及临床实习计划。

（7）了解国内外本科护理发展动态，并根据自身具体条件努力引进先进技术，不断提高护理业务水平。

（8）带教护理学生的临床学习，担任部分课程的讲授，并指导完成此项工作。

（9）参加病房的护理临床实践，正确执行医嘱及各项护理技术操作规程，若发现问题，应及时解决。

（10）参与病房危重、疑难病人的护理工作，以及难度较大的护理技术操作，完成新业务、新技术的临床实践。

（11）负责器械的消毒和开诊前的准备工作，做好隔离消毒工作，防止交叉感染。

（四）其他技术人员

其他技术人员包括检验、理疗、病理、口腔、同位素、放射、营养等技术人员，其工作职责如下。

（1）严格按照各项规章制度和技术操作常规进行检验、放射、理疗、病理等常规操作，做好防护工作，严防差错事故。

（2）收集和采集检验标本，发送检验报告单；负责 X 线诊断和放射线治疗工作，按时完成诊断报告；参加诊疗工作，解决诊疗上的疑难问题等。

（3）配合临床医生抢救危重病员，参加门诊、会诊和出诊。

（4）对病员进行仔细检查、诊治，以及经常了解病员的思想、生活情况，做好思想工作。

（5）负责药品、器材的请领、保管，做好登记、统计工作，做好本科室仪器的安装、检修、保养、整理和清拭工作。

（6）学习、使用国内外的先进医学技术，开展科学研究和技术革新，改进检验方法，不断开展新项目，提高医疗水平。

（7）负责临床教学，搞好进修、实习人员的培训工作。

（8）经常与临床科室取得联系，征求意见，改进工作。

二、医务人员的义务

医务人员的义务是指医务人员在职业过程中自身担负的使命、职责和所承担的责任。

从广义的角度讲，只要法律和社会道德对医疗服务提出要求，医务人员就应承担相应的义务；从狭义角度讲，只要病人有什么样的权利，医务人员就应该履行相应的义务。

（一）严格遵守法律、法规、规章制度、诊疗护理、操作规范的义务

《医疗机构管理条例》第二十四条规定："医疗机构执业，必须遵守有关法律、法规和医疗技术规范。"《护士条例》第十六条规定："护士执业，应当遵守法律、法规、规章和诊疗技术规范的规定。"《中华人民共和国医师法》第二十二条也对医师活动进行了规定。

（二）遵守职业道德，尽职尽责为患者服务的义务

《医疗机构管理条例》第二十八条规定："医疗机构应当加强对医务人员的医德教育。"《中华人民共和国医师法》和《护士条例》也对此有所规定。遵守职业道德不仅是法律要求，也是社会大众对医疗卫生行业的高度要求。

（三）努力钻研业务，提高业务技术水平的义务

医疗是高技术集中的特殊服务事业，医务人员面对的是复杂、繁多的疾病，在医学领域中，人们对疾病和人体的研究和认识，还有许多的未知数和变数。与此同时，医务工作是关系人民生命健康的特殊行业，这就需要医务人员必须加强自身业务学习、努力钻研业务，提高业务素质和服务质量，从而不断提高诊疗护理水平。

（四）提供安全医疗的义务

《医疗机构管理条例实施细则》第五十五条规定："医疗机构应当按照卫生计生行政部门的有关规定、标准加强医疗质量管理，实施医疗质量保证方案，确保医疗安全和服务质量，不断提高服务水平。"

（五）承担预防保健任务，宣传卫生保健知识的义务

《医疗机构管理条例》《中华人民共和国医师法》中规定，医务人员应当承担保健任务，宣传卫生保健知识，对病人进行健康教育。

（六）诊疗的义务

诊疗义务是指医师根据患者的要约，即患者的要求，用医学技术和技能正确地诊断患者所患疾病，并施以适当的治疗。在特殊情况下，这种诊疗义务可能会具有一种强制性，也叫强制的缔约义务。例如，对于急危病人，即使患者身无分文，医生也必须尽到诊疗义务，对其进行抢救。

（七）制作、保存病历的义务

《病历书写基本规范（试行）》由国家卫生健康委员会发布，它详细规定了病历书写的内容、格式、要求等，强调医务人员应当按照规定的内容书写病历，并由相应的医务人员签名。

（八）告知的义务

告知的义务是指医务人员应当客观、真实、准确、全面地告知患者相应的信息。医务人员在诊治过程中，应当尊重患者的意愿，并且在不影响治疗的情况下，将病情、诊疗措施以及有可能存在的医疗风险如实地告诉患者，使患者及时了解有关诊断、治疗、预后等方面的信息，以行使其对疾病诊治的相应权利。医务人员向患者介绍病情还应根据其具体

情况，选择适当的时机或方式，以避免对患者的疾病治疗和康复产生不良的影响。

（九）转诊的义务

《医疗机构管理条例》第三十条规定：医疗机构对危重病人应当立即抢救。对限于设备或者技术条件不能诊治的病人，应当及时转诊。

转诊的注意事项如下。

（1）转诊只限在设备或技术条件方面不能诊治的情况下，实施转诊。

（2）必须做到及时转诊，不能拖延。有的医院不具备医治患者疾病的能力，但是倘若在一些不正当的因素的驱动下，有意地拖延患者，延误患者的病情，导致了不良后果，则应当按照违反转诊义务追究医院及医务人员的责任。

（3）医疗机构只有建议转诊权利，患者有自主决定权。

（4）对危重患者必须进行急救处理。

（十）附随义务

附随义务在法律上也称为从义务，从义务是相对于主义务而言的。主义务是合同本身所规定的，双方约定的一种义务，或者法律明确规定的义务。而从义务是和合同的性质相关，合同不需要约定，双方必须恪守的义务。在医疗服务合同中，医务人员和患者之间既有主义务，也有从义务。主义务是医务人员要提供给患者一种令其满意的医疗服务。医务人员要确保医疗服务的质量是符合要求的，是符合国家的诊疗常规和法律法规的。医疗合同本身的属性规定了如下附随义务。

1. 保护病人安全义务

保护病人安全义务是指医务人员在医疗服务过程中对患者的生命与健康利益的高度责任心，对患者的人格尊重，对医疗服务工作的敬业忠诚以及技术上追求精益求精的一种精神。保护患者安全，主要是保护患者免于危险，如地板、楼梯的安全措施，使患者免除跌倒的危险，又如避免患者遭受其他疾病的感染；此外，还包括患者过世后对其遗体的保护义务，如未经患者生前遗嘱或亲属同意，不得解剖、摘除器官等。

2. 疗养说明义务

在日本，此项义务被称为"为回避不良结果的说明"。医务人员为使其医疗服务获得预期效果，应将关于服用药品的方法、饮食禁忌、病情及预后等信息详细告知患者，使患者有所了解并遵循。

3. 保密义务

医务人员了解到病人的隐私，必须遵守保密原则，不能随便地向他人泄露患者的隐私。如出现违反情况，患者可依据相关法律索要赔偿。

4. 特殊注意义务

特殊注意义务是指在具体的医疗服务过程中，医务人员对每一环节的医疗行为所具有的危险性加以注意的具体要求。医务人员对于患者具有提供医疗服务的义务，并对患者所发生的疾病以及疾病治疗所引起生命健康的危险性具有预见和防止的义务，即高度危险注意的义务。

（十一）不作为义务

不作为义务是指医务人员在从事医疗服务的执业活动过程中依法不采取某种医疗服务

行为的义务。这是法律规范、道德规范对医务人员实施医疗服务行为在职权上或内容上的限制或抑制。

不作为义务包括如下内容。

（1）不得开展非法诊疗执业活动，诊疗活动不得超过登记范围，不得使用非卫生技术人员从事医疗卫生技术工作。

（2）不出卖、转让、出借《医疗机构执业许可证》。

（3）不得拒绝诊断、治疗、急救处置。

（4）不得出具各种虚假证明。

（5）不得涂改、伪造、隐匿、销毁医疗文书资料。

（6）不得利用职务之便，谋取私利。

（7）不隐瞒事故。

（8）不得滥用限制性药品。

（9）不得侵犯患者的身体和人身自由。

（10）不得以格式文书、声明、通知等方式做出对患者不公平、不合理的规定，或者减轻、免除其损害患者合法权益应当承担的民事责任。

第三章 自我认知

导入案例

三个同窗，不同的医学道路

开学第一天，三个性格各异的医学生走进大学校园。

小杨：从小立志成为医生，但真正适合吗？

小杨从小就立志成为一名医生，他热衷于生物学，喜欢钻研医学知识。但在第一次解剖课上，他发现自己对解剖标本的恐惧远远超过了自己的预期。而在医学社团里，他更喜欢组织健康宣传活动，与患者交流时也特别自信。对于他来说，是坚持最初的梦想，还是考虑更适合自己的医学职业方向？

小赵：随大流报考医学，却在迷茫中寻找方向

小赵是家里第一个上大学的人，选择医学专业是因为家人说"医生稳定，收入高"。但上大学后，他发现自己更喜欢数据分析和逻辑推理，甚至在课余时间报名参加了编程社团，尝试用数据分析健康管理。面对课堂上的大量记忆性的医学学习，他感觉很吃力。他应该坚持走临床医学的道路，还是探索"医学+数据分析"的交叉领域？

小王：性格内向，适合做医生吗？

小王性格内向，不喜欢在人前表达，第一次上台做病例汇报时紧张得说不出话。他开始怀疑自己的性格是否适合学医。然而，在生理学实验课上，他发现自己对显微镜下的细胞世界充满兴趣，实验操作精准，导师也夸他有做科研的天赋。如果不擅长与患者交流，他还有哪些医学职业选择？

三个人的困惑，或许正是很多医学专业新生会遇到的问题：自己适合学医吗？适合哪种医学职业？如何利用大学四年规划未来？

自我认知是职业生涯规划的起点，个体要想获得人生与职业发展上的成功，必须要有清晰的自我认知，了解自己的优势和劣势，才能使自己选择合适的职业发展道路。

一是了解自己的兴趣。

无论是求学还是择业，若能与自己的兴趣相匹配，个体的效率就会显著提高，并且能保持身心愉快。做自己喜欢的事，个体会感受到生活的意义和自己的价值。因此在专业选择和生涯规划中，个体必须考虑自己的兴趣爱好。

二是了解自己的性格。

性格是在个体对现实的态度和相应的行为方式中比较稳定、具有核心意义的个体心理特征。了解自己的性格特征以及需求，将更有助于个体清楚且明智地选择职业。例如，善于人际交往的人适合从事行政、贸易与管理类的职业；文思细腻、感情丰富的人适合选择文学、艺术的职业。

三是了解自己的能力。

个体应明确自己目前能做什么，不能做什么；在哪些方面比较突出；过去和现在自己的哪些科目比较强，哪些比较弱。一般而言，社会上的多数职业都对能力训练提出了具体要求。

四是了解自己的职业价值观。

个体应明晰对于工作自己更看重什么。是待遇的高低、升迁的机会、能够继续进修，还是有充分的时间，可以兼顾家庭？不同的职业，可以满足不同的人生要求，个体希望在未来的职业中得到什么，需根据自身情况不断探索。

五是了解自己的需求。

需求是指个体在生活和工作中希望满足的愿望和动力源泉，它体现了个体对外界资源或环境的依赖程度。了解自己的需求，可以帮助个体清楚地认识到内心最深层的渴望，进而更好地选择适合自己的职业或发展路径。例如，有些人追求稳定的生活，可能会更倾向于选择福利完善、风险较低的职业；而有些人渴望挑战和成就感，则更适合高压力、高回报的职业。明确自己的需求，不仅有助于个体在职业选择中找到更契合的方向，还能帮助其在工作和生活中获得更高的满足感和幸福感。

第一节　兴　趣

兴趣是最好的老师，可以使人集中精力做事情。从事自己感兴趣的职业，人们更能够全身心地投入工作、探索工作，在自己的工作岗位取得更大的成绩，因此，了解自己的职业兴趣非常重要。

首先，让我们从职业兴趣探索活动开始。

【活动】选择我的兴趣岛

恭喜你！你获得了一次免费度假的机会，可以去下列六座岛屿中的任何一个。唯一的要求：你必须要在这个岛上住满至少半年的时间。

请不要考虑其他因素，仅凭自己的兴趣按1、2、3的顺序挑选出你最想前往的3个岛屿。

R岛：自然原始的岛屿。岛上自然生态保持得很好，有原始森林、各种野生动物。岛上的居民仍然处在原始的生活状态，他们以手工见长，自己种植花果蔬菜、修缮房屋、打造器物、制作工具，喜欢户外运动。

I岛：深思冥想的岛屿。岛上人迹很少，有多处天文馆、科技博览馆及科普图书馆等。岛上居民喜好观察、学习、探索、分析，崇尚和追求真知，常有机会和来自各地的哲学家、科学家、医学家、心理学家等交换心得。

A岛：美丽浪漫的岛屿。岛上充满了美术馆、音乐厅、街头雕塑和街边艺人，弥漫着浓厚的艺术文化气息。岛上居民有很好的艺术细胞、很强的创新能力，他们仍然保留了传统的舞蹈、音乐与绘画，许多文艺界的朋友都喜欢来这里找寻灵感。

S岛：友善亲切的岛屿。岛上居民个性温和、亲近友善、乐于助人，社区均各自组成密切互动的服务网络，人们重视互相合作，重视教育，关怀他人，充满人文气息。

E岛：显赫富庶的岛屿。岛上居民善于企业经营和贸易，能言善道，口才卓越。岛屿经济高度发展，处处是高级酒店、俱乐部、高尔夫球场。来往者多是企业家、经济人、政治家、律师等，曾多次在这里召开财富论坛和其他行业的高峰论坛。

C岛：现代井然的岛屿。岛上建筑十分现代化，是先进的都市形态，以完善的户政管理、地政管理、金融管理见长。岛民个性冷静保守，处事有条不紊，善于组织规划，细心高效。

请回答以下问题：

(1) 你首选做哪个岛上的居民？对什么工作产生了浓厚的兴趣？

(2) 归纳你首选岛屿的主题与关键词：_____。

(3) 你最想前往的三个岛屿按照顺序依次是：_____岛、_____岛、_____岛。

做完后，请将你选出的三个岛屿的字母按照选择的先后顺序写出来，这些字母代表了什么？你的兴趣是怎么样的？学习下面的内容，相信你一定会对自己有所了解。

一、兴趣的概念

兴趣是指个体力求认识某种事物和从事某项活动的心理倾向。 个人只有对某种客观事物产生需要，才有可能对这种事物产生兴趣。例如，一个人感受到了学习知识的必要性，才有了学习知识的需求，然后产生对学习知识的兴趣。皮亚杰（Piaget）指出："兴趣，实际上就是需要的延伸，它表现为对象与需要之间的关系。因为我们之所以对于一个对象发生兴趣，是由于它能满足我们的需要。"但需要不一定都表现为兴趣。例如，人有睡眠需要，但并不代表每个人都对睡眠有兴趣。

在日常生活中，常把兴趣和爱好作为同义词使用，实际上二者既有联系又有区别。爱好是在兴趣的基础上发展起来的，爱好的事物必定是感兴趣的事物；兴趣只是认识的倾向，进一步发展为从事某种活动的倾向时，才成为爱好。

人的需要是各种各样的，兴趣也是如此，特别是人对精神和文化的需要是产生兴趣的重要基础。兴趣是人们认识和从事活动的强大动力。凡是符合一个人的需要和兴趣的活动，就容易提高他对该活动的积极性，使其轻松愉快地从事该活动。

二、职业兴趣

（一）职业兴趣的概念

职业兴趣是指个体对某种职业或工作所抱有的积极态度。职业兴趣是职业的多样性、复杂性与就业人员自身个性的多样性相对应后反映出来的一种特殊的心理特点，是选择职业的重要依据。

　　不同的人有不同的职业兴趣，如果能够从事与自己的职业兴趣相符的职业，个体在工作中就能更加积极热情、全神贯注并富有创造力。它是个人成功的推动力。古今中外，凡在事业上有成就的人，他们无一不对自己的职业充满浓厚的兴趣。

　　职业兴趣不是天生的，它的形成与人们所处的历史条件、实践活动和对自身能力的认识有着密切的关系。例如，当计算机技术得到较大发展时，对这一职业有兴趣的人的数量也增加得很快，这是由现实需求和历史发展阶段决定的。又如，某人从事某种特定职业，在长期实践过程中通过对职业活动的认识，了解和培养了自己的能力和特长，也可引起其对该职业的浓厚兴趣。

生涯人物案例

兴趣是可以培养的

　　小辛是一名就读于湖北某学院药学院药物制剂专业的学生。她刚入校时，因为生活饮食不习惯、不了解药物制剂这一专业，认为药物制剂专业在国内发展前景很渺茫，制药行业发展不好，对学习提不起任何兴趣。小辛及其家人都认为她读财务管理专业比较好，毕业后考一个会计证，将来工作稳定。

　　小辛对这一问题很苦恼，向辅导员进行了咨询。辅导员就目前整个医药行业的发展情况进行了介绍，也针对会计这一职业进行了分析，建议小辛继续在药物制剂专业学习，与其每天愁眉不展，不如安心学习做好规划。经过一年的学习，小辛在实际学习中发现了药学实验的趣味性，并在做完一项实验项目后获得了巨大的成就感，也渐渐地从学习中了解到目前国内药物制剂专业是新型应用型的重点专业，小辛也因此越来越喜欢这一专业。经过不懈的努力，小辛在大三参加了国家的化学实验竞赛并获得了二等奖的好成绩，之后小辛又考上了研究生，继续从事药物制剂专业相关的学习研究。

　　分析：从这一案例中可以看出，兴趣是可以在逐步的摸索中培养起来的。

（二）职业兴趣对生涯规划及职业发展的影响

1. 兴趣是职业生涯规划的重要依据

　　兴趣是最好的老师，是一种强大的精神力量。在职业生涯规划中，人们通常都会考虑什么样的职业才是自己感兴趣的。特别是在客观环境限制较小的情况下，人们更倾向于选择与兴趣相关的职业。正确地对自己的兴趣和兴趣类型进行评估，可以帮助人们制定合理的职业生涯规划。兴趣可以使人们集中精力获得所喜欢的职业知识，启迪智慧并创造性地开展工作。当一个人对某种职业产生兴趣时，他就能充分发挥积极性；就能积极地感知和关注该职业知识、动态，并且勤于思考，大胆探索；就能情绪高涨，想象力丰富；就能增强记忆效果，增强克服困难的意志。

2. 兴趣是职业生涯适应的基本前提

　　对一个职业人而言，从事有兴趣的工作能发挥他90%以上的才能，并且能长期地保持较高的工作效率。反之，他会倦怠和疲劳，很难有效发挥出自己的能力。所以培养广泛的兴趣能使人们善于应对各类工作，并乐衷于此。

3. 兴趣可以提高工作效率

只有当一个人对某一方面的工作有兴趣时，枯燥的工作才会变得丰富多彩、趣味无穷。兴趣使工作不再是一种负担，而是一种享受。因为兴趣可以调动人的全部精力，让其以敏锐的观察力、高度的注意力、深刻的思维和丰富的想象力全身心地投入工作，促进能力的发挥。兴趣和能力的合理结合会大大提高工作效率。

4. 兴趣是保证职业稳定、职场成功的重要因素

对某一职业有浓厚的兴趣是智力开发的"孵化器"。兴趣是工作动力的主要源泉之一。对于一个人来说，从事自己不感兴趣的职业很难获得工作的满足感，常常会导致其消极怠工，产生反感、沮丧情绪，不利于职业的稳定发展。只要对工作感兴趣，人们就会愿意钻研，促进成就的产出，这正是兴趣的作用所在。多方面的兴趣可以使人善于应付多变的环境，因此，兴趣是职场成功的一个重要因素，它能将人的潜能最大限度地发掘出来，使人长期保持专注，并做出艰苦的努力，从而取得令人注目的成绩。

一个人在选择职业生涯发展路线时，不仅需要知道自己有能力从事什么样的工作，还需要知道自己对哪类工作感兴趣。一个人只有将能力和兴趣结合起来考虑，才更有可能规划好职业生涯并取得职业生涯的成功。

综上所述，在做职业生涯规划时，医学生必须要清楚地认识到自己对哪类工作更感兴趣。正如科学家丁肇中所说："兴趣比天才更重要。"

生涯人物案例

网络成了他的专业

小黄从初中开始就喜欢玩电子游戏，后来发展为沉迷于网络游戏。高考后小黄毅然选择了某高校计算机网络专业，以满足自己上网的愿望。

接触了网络专业后，小黄才知道该专业也并非整天上网，好在自己对网络感兴趣，所以小黄还是感到心满意足。在老师的引导下，小黄掌握了计算机网络知识，并逐渐成为网站建设和网页设计的高手。毕业后小黄进入一家网络公司，但不满足于现状的他在原有的基础上继续钻研网络知识，并渐渐成为该公司的业务骨干。

分析：实际上，我们身边有许多像小黄一样的同学，他们选择的专业往往与自己的某种兴趣相关，而且他们往往在兴趣的基础上做出了不错的业绩。

三、职业兴趣的探索

（一）霍兰德的职业兴趣类型

美国约翰·霍普金斯大学心理学教授、著名的职业指导专家约翰·L. 霍兰德（John L. Holland）自 20 世纪 50 年代以来，提出了一系列的研究假设和理论。他认为职业选择是人格在工作世界中的表露和延伸。某一类型的职业通常会吸引具有相同人格特质的人，这种人格特质反映在职业上就是职业兴趣。而具有相同职业兴趣的人对许多生活事件的反应模式也是基本相似的，他们创造了具有某一特色的生活环境（也包括工作环境）。

霍兰德强调人和工作环境的整体性，注重个人的兴趣类型同工作环境的一致性。他认为在同等条件下，人和环境的适配性或一致性将会增强个体的工作满意度、职业稳定性和职业成就感。职业代表一种生活方式、生活环境，而不仅仅是一些工作职能和技巧。霍兰德将职业兴趣划分为六种类型，具体如表 3-1 所示。

表 3-1　霍兰德职业兴趣类型

类型	喜欢的活动	重视	职业环境要求	典型职业
实际型 R Realistic	用双手、工具、机器电器制造或修理东西；愿意从事具体性的工作、体力活动，喜欢户外活动或操作机器，回避与人打交道的活动	具体实际的事物，诚信，有常识；拥有传统的价值观	使用手工或机械技能对物体、工具、机器、动物等进行操作；与"事物"工作的能力比与"人"打交道的能力更为重要	园艺师、木匠、汽车修理工、电工、技工、工程师、军官、兽医、足球教练员
研究型 I Investigative	喜欢探索和理解事物、学习研究需要分析和思考的抽象问题、阅读和讨论有关科学性的问题、独立工作并对未知问题的挑战充满兴趣；重视科学性的或学术性的活动成果	知识，学习，成就，自主，独立	分析研究问题，运用复杂和抽象的思考创造性地解决问题的能力，谨慎缜密，能运用智慧独立地工作，具有一定的写作能力	实验室工作人员、生物学家、医学家、化学家、心理学家、工程设计师、大学教授
艺术型 A Artistic	喜欢自我表达；喜欢文学、音乐、艺术和表演等具有创造性、变化性的工作；重视作品的原创性和创意；看重直觉	有创意的想法；自我表达；坦率，不拘泥；不循规蹈矩，自由；美的事物	创造力，想象力，勇敢，对情感的表现能力，以非传统的方式来表现自己，相当自由、开放	作家、编辑、音乐家、摄影师、厨师、漫画家、导演、室内装潢设计师
社会型 S Social	喜欢与人合作；热情关心他人的幸福；愿意帮助他人成长或解决难题、为他人服务、教育人	服务社会与他人，公平，理解，平等，理想，信仰	人际交往能力，教导、医治、帮助他人等方面的技能，对他人表现出精神上的关爱，愿意承担社会责任	教师、社会工作者、牧师、心理咨询师、护士
企业型 E Enterprising	喜欢领导他人；通过领导、劝说他人或推销自己的观念、产品而达到个人或组织的目标；希望成就一番事业	经济和社会地位的成就，忠诚，自信，冒险精神，责任，雄心勃勃，高自尊	说服他人或支配他人的能力，敢于承担风险，以目标为导向	律师、政治运动领袖、营销商、市场部经理、电视制片人、保险代理

续表

类型	喜欢的活动	重视	职业环境要求	典型职业
常规型 C Conventional	喜欢秩序固定的、程序化的工作；希望确切知道工作要求和标准；遵从规则；愿意在一个大的机构处于从属地位；细致有序地系统处理文字、数据和事物，以达到特定的标准效果	商业和经济成果，准确、有条例、节俭、盈利	文书技巧，数字能力，组织能力，听取并遵从指令的能力，能够按时达到要求和标准，有组织有计划，细致，高效	文字编辑、会计师、银行家、簿记员、记账员、办事员、税务员、计算机操作员

（二）霍兰德职业兴趣测试

通过霍兰德职业兴趣测试，大学生可以发现和确定自己的职业兴趣和能力特长，从而更加有效地指导自己进行求职择业的决策。

霍兰德职业兴趣测试共有五个部分，每部分测试不限制时间。

第一部分　你所感兴趣的活动

下面列举了若干种活动，请就这些活动判断你的好恶。如表 3-2 所示，喜欢的，计 1 分，不喜欢的不计分。

表 3-2　感兴趣的活动

R：实际型活动	I：研究型活动
1. 装配修理电器或玩具	1. 读科技图书或杂志
2. 修理自行车	2. 在实验室工作
3. 用木头做东西	3. 改良水果品种，培育新的水果
4. 开汽车或摩托车	4. 调查了解土和金属等物质的成分
5. 用机器做东西	5. 研究自己选择的特殊问题
6. 参加木工技术学习班	6. 解算术题或做数学游戏
7. 参加制图/描图学习班	7. 物理课
8. 驾驶卡车或拖拉机	8. 化学课
9. 参加机械和电气学习班	9. 几何课
10. 装配修理机器	10. 生物课
A：艺术型活动	**S：社会型活动**
1. 素描/制图或绘画	1. 参加单位组织的正式活动
2. 参加话剧/戏剧	2. 参加某个社会团体或俱乐部活动
3. 设计家具/布置室内	3. 帮助别人解决困难
4. 练习乐器/参加乐队	4. 照顾儿童
5. 欣赏音乐或戏剧	5. 出席晚会、联欢会、茶话会
6. 看小说/读剧本	6. 和大家一起出去郊游
7. 从事摄影创作	7. 想获得关于心理方面的知识
8. 写诗或吟诗	8. 参加讲座会或辩论会
9. 进艺术（美术/音乐）培训班	9. 观看或参加体育比赛和运动会
10. 练习书法	10. 结交新朋友

续表

E：企业型活动	C：常规型活动
1. 鼓动他人	1. 整理好桌面与房间
2. 销售东西	2. 抄写文件和信件
3. 谈论政治	3. 为领导写报告或公务信函
4. 制订计划、参加会议	4. 检查个人收支情况
5. 以自己的意志影响别人的行为	5. 打字培训班
6. 在社会团体中担任职务	6. 参加文秘等实务培训
7. 检查与评价别人的工作	7. 参加商业会计培训班
8. 结交名流	8. 参加情报处理培训班
9. 指导有某种目标的团体	9. 整理信件、报告、记录等
10. 参与政治活动	10. 写商业贸易信

第二部分　你所擅长的活动

下面列举了若干种活动，如表 3-3 所示，请选择你擅长的活动。选择一项记 1 分，做完后分别统计每种类型得分并记下得分最高的一项。

表 3-3　擅长的活动

R：实际型能力	I：研究型能力
1. 能使用电锯、电钻和锉刀等木工工具	1. 懂得真空管或晶体管的作用
2. 知道万用电表的使用方法	2. 能够列举三种蛋白质多的食品
3. 能够修理自行车或其他机械	3. 理解铀的裂变
4. 能够使用电钻、磨床或缝纫机	4. 能用计算尺、计算器、对数表
5. 能给家具和木制品刷漆	5. 会使用显微镜
6. 能看建筑设计图	6. 能找到三个星座
7. 能够修理简单的电气用品	7. 能独立进行调查研究
8. 能修理家具	8. 能解释简单的化学
9. 能修理收录机	9. 能理解人造卫星为什么不落地
10. 能简单修理水管	10. 经常参加学术的会议

A：艺术型能力	S：社会型能力
1. 能演奏乐器	1. 有向各种人说明解释的能力
2. 能参加二部或四部合唱	2. 常参加社会福利活动
3. 独唱或独奏	3. 能和大家一起友好相处地工作
4. 扮演剧中角色	4. 善于与年长者相处
5. 能创作简单的乐曲	5. 会邀请人、招待人
6. 会跳舞	6. 能简单易懂地教育儿童
7. 能绘画、素描或书法	7. 能安排会议等活动顺序
8. 能雕刻、剪纸或泥塑	8. 善于体察人心和帮助他人
9. 能设计板报、服装或家具	9. 帮助护理病人和伤员
10. 能写一手好文章	10. 安排社团组织的各种事务

E：企业型能力	C：常规型能力
1. 担任过学生干部并且干得不错	1. 会熟练地打印中文
2. 工作上能指导和监督他人	2. 会用外文打字机或复印机
3. 做事充满活力和热情	3. 能快速记笔记和抄写文章
4. 有效利用自身的做法调动他人	4. 善于整理保管文件和资料
5. 销售能力强	5. 善于从事事务性的工作
6. 曾作为俱乐部或社团的负责人	6. 会用算盘
7. 向领导提出建议或反映意见	7. 能在短时间内分类和处理大量文件
8. 有开创事业的能力	8. 能使用计算机
9. 知道怎样做能成为一个优秀的领导者	9. 能搜集数据
10. 健谈善辩	10. 善于为自己或集体做财务预算表

第三部分 你所喜欢的职业

下面列举了多种职业，如表 3-4 所示，请认真地观察，请选择你喜欢的职业，有一项计 1 分，不太喜欢或不关心的工作不选，不计分。做完后请统计并记下得分最高的一项。

表 3-4 喜欢的职业

R：实际型职业	I：研究型职业
1. 飞机机械师	1. 气象学或天文学者
2. 野生动物专家	2. 生物学者
3. 汽车维修工	3. 医学实验室的技术人员
4. 木匠	4. 人类学者
5. 测量工程师	5. 动物学者
6. 无线电报务员	6. 化学者
7. 园艺师	7. 教育专家
8. 长途公共汽车司机	8. 科学杂志的编辑或作家
9. 电工	9. 地质学者
10. 火车司机	10. 物理学者
A：艺术型职业	S：社会型职业
1. 乐队指挥	1. 街道、工会或妇联干部
2. 演奏家	2. 小学、中学教师
3. 作家	3. 精神病医生
4. 摄影家	4. 婚姻介绍所工作人员
5. 记者	5. 体育教练
6. 画家、书法家	6. 福利机构负责人
7. 歌唱家	7. 心理咨询员
8. 作曲家	8. 共青团干部
9. 演员	9. 导游
10. 主持人	10. 国家机关工作人员

E：企业型职业	C：常规型职业
1. 厂长	1. 会计师
2. 电视片编制人	2. 银行出纳员
3. 公司经理	3. 税收管理员
4. 销售员	4. 计算机操作员
5. 不动产推销员	5. 簿记员
6. 广告部长	6. 成本核算员
7. 体育活动主办者	7. 文书档案管理员
8. 销售部长	8. 打字员
9. 个体工商业者	9. 法庭书记员
10. 企业管理咨询人员	10. 人员普查登记员

第四部分　你的能力类型简评

能力类型自我评定表如表3-5所示。你可先与同龄人比较出自己在每一方面的能力，然后斟酌后对自己的能力作评估。请在表中适当的数字上画圈，数值越大表明你在这方面的能力越强。

注意，请勿画同样的数字，因为每项能力不会完全一样。

表 3-5　能力类型自我评定表

第一部分					
R 型	I 型	A 型	S 型	E 型	C 型
机械操作能力	科学研究能力	艺术创作能力	解释表达能力	商业洽谈能力	事务执行能力
7	7	7	7	7	7
6	6	6	6	6	6
5	5	5	5	5	5
4	4	4	4	4	4
3	3	3	3	3	3
2	2	2	2	2	2
1	1	1	1	1	1
第二部分					
R 型	I 型	A 型	S 型	E 型	C 型
体育技能	数学技能	音乐技能	交际技能	领导技能	办公技能
7	7	7	7	7	7
6	6	6	6	6	6
5	5	5	5	5	5
4	4	4	4	4	4
3	3	3	3	3	3
2	2	2	2	2	2
1	1	1	1	1	1

第五部分 统计与解答

请将第一至四部分的全部测验分数按前面已统计好的 6 种职业倾向（R 型、I 型、A 型、S 型、E 型和 C 型）得分填入表 3-6，并作纵向累加。

表 3-6 统计表

测试内容		R 型 实际型	I 型 研究型	A 型 艺术型	S 型 社会型	E 型 企业型	C 型 常规型
第一部分	兴趣						
第二部分	擅长						
第三部分	喜欢						
第四部分 A	能力						
第四部分 B	技能						
总分							

现在，将你测验得分居第一位的职业类型找出来，对照表 3-7，判断一下自己适合的职业类型。

表 3-7 职业对照表

职业兴趣代码	对应的职业
R（实际型）	木匠、农民、操作 X 光的技师、工程师、飞机机械师、鱼类和野生动物专家、自动化技师、机械工（车工、钳工等）、电工、无线电报务员、火车司机、长途公共汽车司机、机械制图员、修理机器、电器师
I（研究型）	气象学者、生物学者、天文学家、药剂师、动物学者、化学家、科学报刊编辑、地质学者、植物学者、物理学者、数学家、实验员、科研人员、科技作者
A（艺术型）	室内装饰专家、图书管理专家、摄影师、音乐教师、作家、演员、记者、诗人、作曲家、编剧、雕刻家、漫画家
S（社会型）	社会学者、导游、福利机构工作者、咨询人员、社会工作者、社会科学教师、学校领导、精神病工作者、公共保健护士
E（企业型）	推销员、进货员、商品批发员、旅馆经理、饭店经理、广告宣传员、调度员、律师、政治家、零售商
C（常规型）	记账员、会计、银行出纳、法庭速记员、成本估算员、税务员、核算员、打字员、办公室职员、统计员、计算机操作员、秘书

（三）霍兰德六边形模型

霍兰德用六边形模型来解释六种类型之间的关系，如图 3-1 所示。在六边形模型上，任何两种类型之间的距离越近，其职业环境及人格特质的相似程度就越高，或者说它们的一致性就越高。例如，企业型（E）和社会型（S）在六边形模型上是相邻的类型，它们的相似性较高。因为这两种类型的人都比其他类型的人更喜欢与人打交道，只是他们打交道的方式不同而已。而处于六边形对角线位置上的两种类型，就缺少一致性，且具有相反的特质。例如，常规型（C）和艺术型（A）在六边形模型上是相反的类型，常规型（C）

的人喜欢循规蹈矩，而艺术型（A）的人则追求自由与个性化。

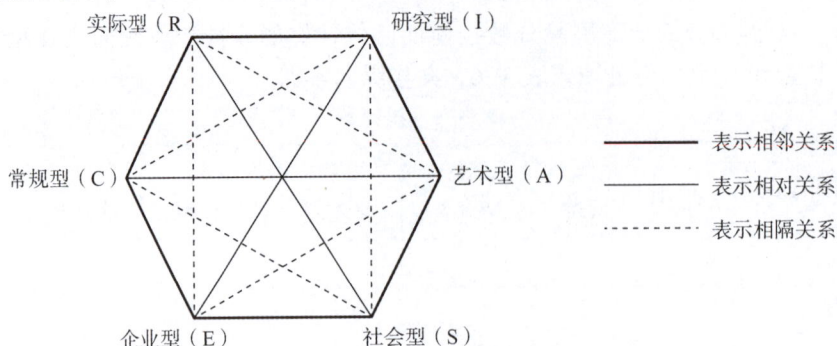

图 3-1　霍兰德六边形模型

　　根据六边形模型，霍兰德认为，同一类型的从业者与该类型的职业结合，便能达到最佳的适应状态；属于相邻关系的从业者与对应的职业结合，也较容易达到适应状态；属于相隔关系的从业者与对应的职业结合，经过艰苦努力，也能达到适应状态；而属于相对关系的从业者与对应的职业结合，则很难达到适应状态。

（四）培养自己的职业兴趣

　　著名刑侦专家李昌钰在中央电视台《开讲啦》节目中说过："我在学刑侦之前，完全不知道刑侦是做什么的，因为家里穷，没有钱读书，而读警官大学是不要学费的，于是选择了这个专业。但是在学了这个专业之后慢慢发现，这里面的学问非常大，引起了我强烈的兴趣。"这说明，职业兴趣是可以慢慢培养的，自己原本不了解或者不擅长的事情，可以通过不断深入了解与学习，将它慢慢发展为自己的兴趣。因为兴趣是一种倾向性心理，可以在兴趣的倾向方面把能力培养出来，把解决问题的素质磨炼出来。在培养职业兴趣时，大学生可以从以下几个方面努力。

1. 培养广泛的兴趣

　　具有广泛兴趣的人，不仅对职业领域的东西有浓厚的兴趣，还对其他方面也有一定的兴趣。其眼界会比一般人开阔，其内涵也会比一般人要丰富，解决问题时也可以从多方面得到启发，在职业选择上有较大的余地。在广泛的兴趣中，大学生应有意识地培养职业兴趣的倾向性，有助于自己职业生涯的发展。一个兴趣范围窄、涉足面小的人，对新事物的适应性会相对弱一些，在职业选择上所受的限制也相对较多。不同领域的交叉融合是当今社会的基本特点，也是未来发展的趋势，建立起多领域的广泛兴趣有助于当代大学生快速适应时代发展的潮流，实现个体的全面发展。

2. 培养中心兴趣

　　一个人应该培养广泛的兴趣，但需要注意的是，这些兴趣要有一定的爱好集中度，即大学生的兴趣既广又有重点，才能学有所长，获得丰富的知识。如果只具有广泛性而无中心兴趣，个体往往会知识肤浅，没有确定的职业方向，心猿意马，这样会难以有所成就。所以，大学生还应着重培养在某一方面的职业兴趣，促进自己的发展和成才。

3. 通过职业实践培养兴趣

　　对于大学生而言，未来职业选择更多地会与现在所学的专业紧密相连，对专业的兴趣会直接影响未来职业的发展。实践表明，大学生通过积极参加专业实践活动，通过实习、社会实践以及各种兴趣小组等活动，是有意识地培养职业兴趣的重要渠道。通过职业实践，大学生才能对职业本身产生深刻的认识，才能进一步激发自己在目标职业上的兴趣与行动。

4. 培养切实的职业兴趣

职业兴趣是影响职业成功的重要因素之一，但职业成功离不开从业者所具有的职业能力。因此，大学生在培养职业兴趣的过程中，要客观评价个人的能力与潜力，评判自己是否真正适合该职业，在此基础上形成的职业兴趣才是长久的、可规划利用的。否则，只能画地为牢、自缚手脚。

5. 保持稳定的职业兴趣

对某一领域有着持久稳定的兴趣，才有可能推动个体去深入探究和创造，从而获得一系列成果和成就。反之，缺乏持久恒心的大学生，在任何领域上，几乎都不可能取得令人满意的成果。

第二节 性 格

一、性格的概念

性格是一种人们对现实和周围世界较为稳固的态度和行为习惯。职业性格是一个人对职业的稳定态度和在职业活动中，习惯化的行为方式所表现出来的个性心理特征。不同的职业需要具有不同性格的从业者，某一类职业工作也能够体现出某一类共同的职业性格。性格对个人职业生涯规划有着重要的意义，了解自己的性格属于哪种类型可以促进自身在工作中扬长避短，更好地选择职业领域和适应职业岗位。

人的性格不是一朝一夕而形成的，但一经形成就比较稳定，并且贯穿在其全部行动中。"江山易改本性难移"就说明了这种稳定性。人的性格在类似的情境中，甚至在不同的情境中都会表现出来。个体一时性的偶然表现不能认为是他的性格，只有经常性、习惯性的表现才能体现其性格。但性格也不是一成不变的，可以逐步被改变。"近朱者赤，近墨者黑"就说明了性格是可以被塑造的。

二、性格与职业的关系

性格能够通过后天锻炼与培养而影响职业活动。从业者甚至可以通过后天的学习和实践，培养出职业所需的性格，从而补偿某种能力的缺陷。因此，了解自己的性格类型，有助于个体了解自我偏好、发挥优势，并找到与之相匹配的职业环境。当然，这虽然不能作为绝对的选择标准，但给个体的职业选择提供了一定的参考和依据。了解自己的性格，对大学生的职业生涯规划有着重要的影响，具体表现在以下几个方面。

1. 有助于找到适合的职业

不同的职业需要不同性格的从业者，某一类职业工作者能体现某一类共同的职业性格。例如，作为一名称职合格的医务人员，需要有精益求精的工作态度、救死扶伤的人道主义精神、全心全意为人民服务的高尚修养和丰富完备的业务能力等特征。因此，一名医学专业的大学生在学习过程中就要有意识地塑造医务人员所需要的职业性格。

2. 有助于完善自己的性格

无论是哪种类型的职业，都会对其从业者的个体性格提出相应的要求。因此，了解自己的性格类型与典型特点，有助于个体完善自己的性格，注意改善性格中的不足之处，特别是矫正极端的部分。个体也可以通过后天锻炼与培养，提高适应职业的能力。例如，一名医学院的毕业生，经过五年扎实的医学理论知识的学习和严格的专业技能的培训，结合毕业后临床实习工作期间的锻炼与实操，养成了严格认真、沉着冷静的性格。

3. 有助于发展特定的职业性格

从业者想要更好地适应某一职业，一般应根据职业要求，培养并完善所需要的性格。了解特定职业环境对个人性格的要求，有助于个体进一步培养和发展特定的职业性格。

4. 有助于工作中的人际沟通

了解性格类型还能更好地理解他人，有利于学习和工作中的人际沟通。认识性格的差异性，对于工作情境下的团队建设、矛盾解决、问题解决、时间管理、压力缓解等都是至关重要的。

当然，性格与职业之间并不是严格对应的，不同性格的人即使选择同一职业，也会有不同的表现；同样，同一性格的人在不同的职业领域内也会有不同的表现。我们可以通过自身的努力，充分发挥自己性格优势方面的作用，避免或减少自己性格中劣势方面对事业的影响。我们在选择职业和人生目标时，一定要扬长避短，选择适合自己的职业。只要能够了解和接受自己的性格，配以必要的知识和技能，并且寻找适合自己所具备的天赋和性格的岗位，坚持下去，就有望取得成功。

值得注意的是，首先，性格类型没有好坏之分，倾向性也无对错，但每种性格在具体的情境下都有优势与不足。清楚地认识自己的性格类型既可以更好地帮助我们发挥优势、避免劣势，也能更好地理解和接纳与他人之间的差异。其次，正如每个人都有其独特的性格特征，每种职业也都有其特殊的职业特质。性格与职业的最佳匹配能使我们的工作更有效率，大大提升我们的职业稳定性和满意度。

大学生的性格还在不断形成与发展中，在进行自我探索时，我们不能简单地为每种性格和职业贴标签，性格类型的划分只是一个参考，不能绝对化。

三、发掘性格优势

MBTI 全称 Myers-Briggs Type Indicator，是一种自我报告式的性格评估理论模型，从能量倾向、信息接收、信息处理、行动方式四个维度用偏好两分法衡量和描述人们在生活过程中的心理活动规律和性格类型。

MBTI 旨在帮助人们了解自我的本来面目，即个人与生俱来的性格。既然后天的种种环境压力和客观条件可能改变甚至彻底逆转个人的行为表现，那么对自己性格最有发言权的也只能是自己。

MBTI 的理论基础来自瑞士著名心理学家卡尔·荣格（Carl Jung）的心理学类型理论，后由美国一对母女伊莎贝尔·迈尔斯（Isabel Myers）和凯瑟琳·布里格思（Katherine

Briggs）进一步发展而成。经过近 70 多年的实践和发展，MBTI 已成为世界范围通用的性格测试。在众多分析性格的理论模型中，MBTI 因科学有效，应用面广，而深受大众欢迎。

MBTI 用四个维度构建了人们的整个心理活动过程，如表 3-8 所示。每个维度都有两个极端，在一个维度上是哪种取向这取决于个人的偏好，以此共形成 8 种性格偏好，每种用一个字母来表示。把这些字母组合起来，便代表了 16 种完全不同的性格类型。每个人都可以对号入座。

表 3-8　MBTI 维度

能量倾向：偏爱把注意力集中在哪些方面	外向（E）-内向（I）
信息接收：我们获取信息、认识世界的方式	实感（S）-直觉（N）
信息处理：我们作出决定的方式	思考（T）-情感（F）
行动方式：我们适应外部环境的方式	判断（J）-认知（P）

这里有个重要的概念——偏好。偏好是人的个性中能够表现出来的比较稳定的特征，是潜藏在人们内心的一种情感和倾向。荣格认为，偏好是天生的。当我们以自己的偏好行事时，我们会处于最佳状态，会感到最自然、充满干劲。就像有的人天生就是左撇子，他们用左手做事也很自然，而硬让他们用右手则会使其感到别扭，效率低下。偏好有明显的个体差异，也呈现出群体特征。

偏好及不同维度上偏好的组合形成了不同的性格类型，形成了人与人之间的性格差异。与此同时，偏好让人们进一步产生了兴趣、价值观及需要等心理现象。人们从事自己偏好的活动、偏好的工作、偏好的职业就会很自然，充满干劲，效率也会相应提高。反之则不自然、事倍功半。这可见性格对人的深远影响，以及性格因素在人们职业选择中的重要地位。

我们这里探讨学习性格类型，实际上也就是对自己性格进行分析与理解的过程。

MBTI 的四个维度如同四把标尺，每个人的性格都会落在标尺的某个点上，这个点靠近哪个端点，就意味着个体有哪方面的偏好。例如，在第一维度上，个体的性格靠近外向这一端，其性格就偏外向，而且越接近端点，偏好越强。同时，在各个维度细分的两个向度上，人们又各有不同的强度表现。这种表现让同一类型的人又具有细微的差异。这里我们只探讨人们在类型上的差异。

例如，小李仔细评估了自己在 E 和 I 上的各种表现后，感觉自己经常有 E 的表现，但相对于 E 来说，I 的表现要更明显，并且自己是相当明确地倾向于 I，于是在 I 一侧的相当明确位置作了△标记，如图 3-2 所示。

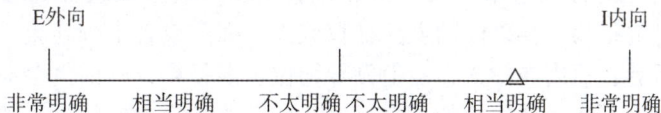

图 3-2　MBTI 维度标尺

接下来我们将弄清每个维度的含义和具体的表现，进而估计出自己在每个维度上的偏好，同时这也是对自己性格类型测评的一个过程。需要特别说明的是，我们分析的目的是反映最真实的自己，而不是别人所期待的自己。

现在，让我们放松心情，最大限度地摆脱工作、家庭等外部环境的压力，尽量展现真实的自我。

（一）能量倾向维度：对待外部世界的态度

外向者与内向者的典型表现就好比两种不同型号的充电电池。外向型的人在热闹的时候是充电状态，人越多就越兴奋，而独处的时候就好像被放了电一样，自身的能量越来越低，越来越没有精神；而内向型的人则恰好相反。

外向的人——倾向于将注意力和精力投注在外部世界，包括外在的人、外在的物、外在的环境等。

内向的人——则相反，较为关注自我的内部状况，如内心情感、感觉、思想等。

两种类型的个体在自己偏好的世界里会感觉自在、充满活力，而处于相反的世界则会感到不安、疲惫。因此，外向与内向的个体之间的区分是广泛而明显的，并不像平时讲的"外向者健谈、内向者害羞"那么简单，具体可以从下列几个方面进行分析，如表3-9所示。你可以在符合自己的相应条目上做上标记，并记1分，然后统计在外向型和内向型上分别的得分高低，进而评估自己是倾向于外向还是倾向于内向。在其他的各个维度上也按同样的方法操作。

表3-9　能量倾向维度

外向型（E）	内向型（I）
□与他人相处会精力充沛	□独自度过时光会精力充沛
□喜欢成为注意的中心	□避免成为注意的焦点
□喜欢外出；不怕被打扰	□喜静、多思、冥想；怕被打扰
□表情丰富，外露	□谨慎、不露表情
□行动，之后思考	□思考，之后行动
□喜欢边想边说；先讲，然后想	□在心中思考问题；先想，后讲
□易于被他人了解	□更封闭，不易为他人所了解
□随意地分享个人情况	□更愿意在精挑细选的小群体中分享个人情况
□说的多于听的	□听的多于说的
□反应快，喜欢快节奏	□仔细考虑后，才有所反应
□重于广度而不是深度	□重于深度而不是广度

需要注意的是，不是每条标准都完全符合自己，大部分符合即可。也不要要求自己每时每刻都以同样类型的方式行事。人生活在社会中，有时会顺应外在环境的、工作的需要，从而调整自己的行为，再外向的人，在权威人士面前或者十分隆重、严肃的场合，也会是个很好的倾听者；再内向的人，走上领导岗位，准备充分的话也会滔滔不绝。关键在于，我们需要反思：到底以什么样的方式行事，自己才是最自然的、心情最愉悦的、最习惯的。

总而言之，如果我是外倾型的人，那么就要展现出乐于表达的优势、开放的态度和立竿见影的做事效率；而如果我是内倾型的人，那么就要展现出细腻的心思、思考的深度和稳重细致的做事风格。拒绝东施效颦，只需要接纳自我，展现属于自己的性格优势。

（二）信息接收维度：认知外在世界的方式

我们每个人都在不断地接收来自内外部的信息，这是我们跟上外界节拍的必要前提。但不同类型的个体接收信息的方式不同，这便有了实感型与直觉型之别。

偏好实感的人——通过五种感官获得信息；专注于现在，重视从感官中得到具体的信息。

偏好直觉的人——注重内涵、联系与意义；专注于未来，对未来的构想有一个蓝图，而且是可付诸实践的。

首先，面对同样的情景，两者的关注重心不同，依赖的信息通道也不同。实感型的人关注的是事实本身，注重细节；而直觉型的人注重的是基于事实的含义、关系和结论。实感型的人信赖五官听到、看到、闻到、感觉到、尝到的实实在在、有形有据的事实和信息；而直觉型的人注重"第六感""弦外之音"。直觉型的人的许多结论在实感型的人眼里，也许是飘忽的、不实在的。注重细节的结果是，实感型的人擅长记忆大量事实与材料，他们几乎能清晰地讲出大量的数据、人名、概念乃至背景，常使其他人感到吃惊；而直觉型的人更擅长解释事实，捕捉零星的信息，分析事情的发展趋向。

其次，实感型的人对待任务，习惯于按照规则、手册办事，比如照着手册使用家电，看着地图辨认交通路线；而直觉型的人，喜欢尝试，跟着感觉走。同时，实感型的人习惯于固守现实、享受现实，并使用已有的技能；直觉型的人更习惯变化、突破现实。简而言之，实感型的人注意"是什么"，实际而仔细；直觉型的人更关心"可能是什么"。

实感型的人和直觉型的人在工作中会表现出明显的差异。实感型的人善于从事实施、执行类的工作，而直觉型的人则更适合从事策划等工作。但在工作过程中，实感型的人一般会表现出保守、缺乏全局发展观念的行为，而直觉型的人又时常会脱离实际，过度幻想。两者各有所长，但又很容易发生冲突，因此只有相互合作配合，才有可能创造出最大的价值。

信息接受维度如表 3-10 所示。

表 3-10　信息接受维度

实感型（S）	直觉型（N）
□通过五官感受世界，注重真实的存在、实际	□通过第六感洞察世界，注重应该如何，比较笼统
□相信确定和有形的事物	□相信灵感和推断
□不喜欢新想法，除非它们有实际意义	□喜欢新思想和概念
□重视现实性和常情	□重视想象力和独创力
□喜欢使用和琢磨已知的技能	□喜欢学习新技能，但掌握之后很容易厌倦
□留心具体的、特殊的事物	□留心普遍的、有象征性的事物，喜欢抽象和理论
□习惯于按照规则、手册办事	□习惯尝试，跟着感觉走
□善于进行细节描述	□善于使用隐喻和类比
□循序渐进地讲述有关情况	□跳跃性地展现事实
□着眼于现实	□以一种绕圈子的方式着眼于未来

在我们的周围，两种类型的人都会存在。极端典型的人比较少，大多数人兼有两种特质，但其中一种会更突出，成为其性格特色，也由此大致可以确定其性格类型。使用哪种方式接收信息都有利有弊，作为个体，往往只擅长其中一种。了解到这点，直觉型的人就不必在"百科全书"式的实感者面前自叹不如；实感型的人也无须在思维灵动、感知敏锐的直觉者面前感到难为情。研究表明，25 岁以后，伴随着对人生的反思，个体完善自我性格的倾向会更明显。因此，我们在享受自我性格类型所带来的优势的同时，也应该有意识地弥补弱项，例如，直觉型的人可多关注一些细节，而实感型的人可多留神蕴含的潜在信息。

（三）信息处理维度：决策的方式

这是从作出决策的方式来确定人的性格特征的。

偏好思考的人——注重逻辑性。作出决策时很重视逻辑思维，又能客观地分析前因后果。

偏好情感的人——以人为中心，以价值为依据。作出决策时很重视价值观和以人为中心的主观衡量。

仅看这一维度的名称，也许我们会认为，思考型的人是理性的，而情感型的人是非理性的，事实上并非如此。这两类人都有理性思考的成分，但作出决定或下结论的主要依据存在差异。思考型的人比较注重依据客观事实的分析，一视同仁地贯彻规章制度，不太习惯根据人情因素变通，哪怕作出的决定并不令人舒服；情感型的人则常从自我的价值观念出发，变通地贯彻规章制度，作出一些自己认定是对的决策，比较关注决策可能给他人带来的情绪体验，人情味较浓。

信息处理维度如表 3-11 所示。

表 3-11　信息处理维度

思考型（T）	情感型（F）
□分析，用逻辑客观的方式决策	□用个人化的、价值导向的方式决策
□重视符合逻辑、公正、公平的价值	□重视同情与和睦
□对问题进行非个人因素的分析	□考虑行为对他人的影响
□一视同仁	□重视准则的例外性
□被认为冷酷、麻木、漠不关心	□被认为感情重、缺少逻辑性、软弱
□清晰、正义、不喜欢调和主义	□和谐、宽容、喜欢调解
□只有情感符合逻辑时，才认为它可取	□无论是否有意义，认为任何感情都可取
□因渴望成就而受激励	□因获得欣赏而受激励
□很自然地看到缺点，倾向于批评	□很自然地看到优点，倾向于赞美
□工作中很少表现出情感，也不喜欢他人感情用事	□喜欢工作场景中的情感，从赞美中得到享受，也希望他人的赞美

两种性格类型无所谓好坏之分，重要的是理解和自己不同类型的人的做法，并且尽量避免走入极端。极端的思考倾向，会给人"冷酷"的感觉，而极端的情感倾向，则会给人"无原则"的感觉。

（四）行动方式维度：处理事情的态度

这种维度是从喜好的生活方式来区分我们是如何适应外部环境的。

偏好判断的人——有组织、秩序地作出决定。喜欢生活上有计划、有条理，一切事情都早作安排。

偏好认知的人——希望多了解世界，灵活。喜欢生活上有灵活性、即兴性，喜欢有更多的选择。

通过观察一个人的办公桌，可以发现，有些人的物品摆放井然有序，而有些则显得较为杂乱，一般而言，前者是判断型的人具有的特征，后者是认知型的人常有的状态。不仅如此，在处事方式上，判断型的人目的性更强，他们喜欢有计划、有条理的世界，更愿意以有序的方式生活。认知型的人好奇心、适应性更强，他们会不断关注新的信息，喜欢变化，也会考虑许多可能的变化因素，更愿意以灵活、随意、开放的方式生活。在作出决策时，判断型的人较为果断，而认知型的人总希望获得更多的信息后再决断。例如，逛了两天商场，还决定不了买什么的人，他们可能更倾向于认知型。

行动方式维度如表3-12所示。

表3-12 行动方式维度

判断型（J）	认知型（P）
□决定后感到高兴	□当各种选择都存在时，感到高兴
□有"工作原则"：工作第一，享受其次	□先享受，再完成工作
□建立目标，准时完成	□随着新信息的获取，不断改变目标
□愿意知道即将面对的情况	□喜欢适应新情况
□结构化和组织化	□弹性化和自发化
□注重结果	□注重过程
□满足感来源于完成计划	□满足感来源于计划的开始
□决断，事情都有正误之分	□好奇，喜欢收集新信息而不是下结论
□喜欢命令、控制、反应迅速，喜欢完成任务	□喜欢观望，开始许多新的项目，但不完成
□把时间看作有限的资源，认真地对待最后期限	□认为时间是可更新的资源，而最后期限也是可收缩的

大多数人兼具两种倾向，只是更偏向某一端。我们在日常生活、工作中，会受其他因素的影响，从而改变一贯的方式，如面临紧急的或期限明确的任务，认知型的人也会果断起来，兴致所至时，他们也会把物品进行规整，但这些可能并不是他们常有的行为方式，也可能不是他们内心感到真正自然、舒服的方式。作为个体，一方面要根据内心的感受识别自我的偏好，发挥优势；另一方面，要约束自身性格的劣势。例如，极端的判断型的人，比较容易走入刻板、教条的境地；极端的认知型的人，则容易使事情失控。

四个维度上的偏好可产生16种不同的性格类型组合，如表3-13所示。

表 3-13　MBTI 性格类型

ISTJ	ISFJ	INFJ	INTJ
ISTP	ISFP	INFP	INTP
ESTP	ESFP	ENFP	ENTP
ESTJ	ESFJ	ENFJ	ENTJ

在上述过程中，我们了解了不同维度上的类型描述，我们基于各个维度的解释来形成对自己性格的理解。而在一个系统中，整体功能远大于个体之和，在 MBTI 中同样如此。各个维度的综合作用结果，也就是四个字母的组合效果，可以更深入地描述各个类型所表达的含义。

（五）MBTI 性格描述

需要强调的是，通过以上分析得到的结果，大多数情况下可以反映出一个人的真实性格类型。但是，人的性格发展受多种因素影响，而且在分析的过程中，自己的判断也可能会存在偏差。通常这种偏差会发生在自己的清晰度较低的那个维度上，个体可以通过查看所在维度相反方向上的类型来判断该偏差是否真实存在。

研究表明，每种性格类型都有一系列对应的职业环境及职业种类，也存在较多共性。在众多显著适合的职业类别中，我们还可以提出最具代表性的职业。表 3-14 显示了 16 种性格类型组合的最佳职业类别。

表 3-14　16 种性格类型组合的最佳职业类别

ISTJ 稽查员、检查者	ISFJ 保护者	INFJ 咨询师	INTJ 智多星、科学家
ISTP 操作者、演奏者	ISFP 作曲家、艺术家	INFP 治疗师、导师	INTP 建筑师、设计师
ESTP 发起者、创设者	ESFP 表演者、演示者	ENFP 倡导者、激发者	ENTP 企业家、发明家
ESTJ 监督者	ESFJ 销售员、供给者	ENFJ 教导者	ENTJ 统帅、调度者

在列出适合各种类型的人的典型职业的同时，我们也要强调，每种职业中都有各种性格类型的成功人士。任何类型的人都可以做任何工作，都有可能成功；当性格类型与工作活动比较匹配时，我们可能会更容易上手，更容易出成就。

1. ISTJ：内向、实感、思考、判断型——稽查员/检查者

这类人一丝不苟、认真负责，而且明智豁达，是坚定不移的社会维护者。他们讲求实际、非常务实，总是追求精确性和条理性，而且有极大的专注力。不论从事什么工作，他们都能有条不紊地完成。

对这类人而言，他们满意的工作是技术性的工作，能生产一种实实在在的产品或有条理地提供一种周详服务。他们需要一种独立的工作环境，有充裕的时间让自己独立工作，并能运用自己卓越的专注力来完成工作。

适合的领域：商业、销售、服务、金融、教育、法律、应用科学、卫生保健。

适合的典型职业：首席信息官、气象学者、数据库管理、保健管理员、出纳/财务工

作者、后勤经理、信息总监、预算分析员、医学研究者、房地产经纪人、建筑/大厦检查员、农学家、保健医师、生物医学研究者、办公室管理人员、信用分析师、审计员、电脑编程员、证券经纪人、地质学者、会计、文字处理人员、侦探。

2. ISTP：内向、实感、思考、认知型——操作者/演奏者

这类人奉行实用主义，喜欢行动，不爱空谈；长于分析、敏于观察、好奇心强，只相信可靠确凿的事实；由于非常务实，能很好地利用一切可利用的资源，而且很会把握时机。

对于这类人而言，他们满意的工作是做尽可能有效利用资源的工作，愿意精通机械技能或使用工具来工作。工作必须有乐趣、活力，独立性强，且能常有机会走出工作室去户外。

适合的领域：服务、技术、刑侦、健康护理、商业、金融、手工、贸易。

适合的典型职业：电脑程序员、软件开发商、医疗急救技术员、商业精英、商务专员、警察、武器专家、消防员、海关验货员、体育器材/用品销售商、海洋生物学者、经济学者、证券分析员、银行职员、管理顾问、生理治疗专家、药剂师、园艺服务人员、驯兽员、电子专业人士、技术培训人员、软件开发商、后勤与供应经理。

3. ISFJ：内向、实感、情感、判断型——保护者

这类人忠心耿耿、一心一意，富有同情心，喜欢助人为乐。由于有很强的职业道德，若觉得自己的行动对团体确有帮助，便会担起重担。

最令这类人满意的工作是对细心观察和精确性要求极高的工作。这类人一般通过踏实勤勉的工作表达自己的感情投入，但个人贡献要能得到承认。

适合的领域：卫生保健、社会服务、教育、商业、服务、设计、技术。

适合的典型职业：人事管理人员、护理医师、营养学家、家庭保健员、初级学校工作者、图书管理员、档案管理员、室内装潢师、律师助手、数据库经理、信息总监、后勤与供应经理、业务运作顾问、工厂主管、记账员、福利院工作者、导师/顾问、特殊教育工作者、旅馆业主、项目经理、客户服务代表、电脑分析人员、保险代理、承包商、证券经纪人、信用顾问。

4. ISFP：内向、实感、情感、认知型——作曲家/艺术家

这种类型的人温柔、体贴、敏感，有非常个人化的理想及价值观。他们常通过行动而非语言来表达炽烈的情感。这类人有耐心、能屈能伸，且十分随和，无意控制他人，从不妄加判断或寻求动机和意义。

这类人适合的工作是符合自己内心价值观的工作。在做有益于他人的工作时，他们会注重细节，希望有独立工作的自由，但又不远离其他与自己合得来的人，不喜欢受繁文缛节或一些僵化程序的约束。

适合的领域：手工艺、技工、艺术领域、医护领域、科学技术、销售、商业、服务业领域。

适合的典型职业：护理医师、牙科保健医师、室内/园艺设计师、时装设计师、客户服务代表、测量/检查人员、护士、海洋生物学者、厨师、顾客销售代表、行政人员、商品规划师、旅游销售经理。

5. ESTP：外向、实感、思考、认知型——发起者/创设者

这类人无忧无虑，属于乐天派；活泼、随和、率性，喜欢安于现状，不愿从长计议；由于能够接受现实，一般心胸豁达、包容心强；喜欢实实在在的东西。

对这类人来说，事业满意度来自这种工作：能随意与许多人交流；工作中充满冒险和乐趣，能随时抓住新的机遇；工作中当觉得必要时希望自我组织，而不是听从他人的安排。

适合的领域：多样性的服务领域，要求在迅速改变的环境中快速思考、反应的服务领域可以满足这类人的好奇心和观察力，如金融、商贸、体育、娱乐、商业等。

适合的典型职业：企业家、保险代理、土木工程师、预算分析员、促销商、证券经纪人、运动商品销售员、体能训练师、警察、消防员、情报人员、旅游代理、职业运动员、教练、承包商、医疗急救技术员、新闻记者、电子游戏开发人员、房地产开发商、业务运作顾问、技术培训人员、旅游代理、手工艺人、土木/工业/机械工程师、管理顾问、网络经销、批发/零售商等。

6. ESTJ：外向、实感、思考、判断型——监督者

这类人能力强，喜欢出风头，办事风风火火；责任心强、诚心诚意、忠于职守；喜欢框架，能组织各种细节工作，能如期实现目标并力求高效。

这一类型的人适合从事事实和政策梳理以及人员组织工作，能够有效利用时间和资源，以找出合乎逻辑的解决方案，并在目标明确的工作中运用娴熟的技能；对工作测评标准公正性要求较高。

适合的领域：较广，在营销、服务、科学技术、自然物理、管理、专业人员等领域表现更佳。

适合的典型职业：业务主管、军官、首席信息官、运动商品销售员、房地产开发商、预算分析员、健康管理员、药剂师、信用顾问、保险代理、贸易/实业/技术教师、项目经理、数据库经理、信息总监、后勤与供应经理、业务运作顾问、证券经纪人、电脑分析人员、保险代理、普通承包商、工厂主管。

7. ESFP：外向、实感、情感、认知型——表演者/演示者

这类人生性喜欢玩乐、充满活力，能为别人增添乐趣；适应性强，平易随和，可以热情饱满地同时参加几项活动；不喜欢把自己的意志强加于他人。

对于这类人来说，适合的工作是：能在实践中学习，利用常识搜集各种事实来寻求问题的解决方案；能直接与顾客和客户打交道；能同时在几个项目或活动中周旋。这类人尤其偏好从事能发挥自己审美观的项目或活动。

适合的领域：教育、社会服务、健康护理、娱乐业、商业、服务业。

适合的典型职业：早教、公关专业人士、劳工关系调解人、零售经理、商品规划师、促销员、团队培训人员、表演人员、社会工作者、牙医、兽医、融资者、旅游项目经营者、特别事件的协调人、社会工作者、旅游销售经理、运动设备销售员、融资者、保险代理/经纪人。

8. ESFJ：外向、实感、情感、判断型——销售员/供应者

这类人喜欢通过直接合作以切实帮助他人；由于注重人际关系，通常很受他人欢迎；

态度认真、遇事果断，通常表达意见坚决。

这类人最满意的工作是：整天与人交往，密切参与整个决策流程；工作的目标明确，有明确的业绩标准。这类人希望能组织安排自己及周围人的工作，以确保一切进展尽可能顺利。

适合的领域：较广，在卫生保健、教育、社会服务、咨询、商业、营销、服务业、文书等领域表现更佳。

适合的典型职业：销售代表、零售业主、房地产代理商、兽医、特殊教育老师、零售业主、信用顾问、员工援助顾问（EAP）、体能训练师、护士、家庭保健员、个人健康训练师、推拿/理疗师、餐饮业者、营销经理、办公室经理、口笔译人员、旅游代理、食品服务业主、运动教练、商品计划员/采购员、公关客户经理、个人银行业务员、人力资源顾问、接待员、信贷顾问、口笔译人员、秘书。

9. INFJ：内向、直觉、情感、判断型——咨询师

这类人极富创意；感情强烈、原则性强且具有良好的个人品德，善于独立进行创造性思考；即使面对怀疑，也能对自己的观点坚信不疑；看问题常常更能入木三分；喜欢生产或提供一种自己能感到自豪的产品或服务。

对这类人来说，称心如意的工作是能从事创新型的、主要能帮助他人成长的工作。同时，工作必须符合个人的价值观。

适合的领域：咨询、教育、科研、文化、艺术、设计。

适合的典型职业：人力资源经理、特殊教育人员、健康顾问、建筑师、健康医师、培训师、职业规划师、组织发展顾问、编辑，艺术指导（杂志、网站）、心理咨询师/治疗师、作家、调解员、营销人员、职位分析人员、翻译、社会科学工作者。

10. INFP：内向、直觉、情感、认知型——治疗师/导师

这类人珍视内在和谐胜过一切，敏感、理想化、忠心耿耿，在个人价值观方面有强烈的荣誉感；如果能献身自己认为值得的事业，便情绪高涨；在处理日常事务中，通常很灵活、有包容心，且对内心忠诚的事业义无反顾；很少表露强烈的情感，常显得镇静自若、寡言少语，不过，一旦相熟，也会变得十分热情。

对这一类型的人而言，最满意的工作是：合乎个人价值观、能通过工作陈述自己远见；工作环境需要有灵活的架构，在自己激情高昂时可以从事各种项目；能发挥个人的独创性。

适合的领域：创作类、艺术类、教育、咨询辅导类、研究、宗教、保健、技术。

适合的典型职业：人力资源工作者、社会科学工作者、团队建设顾问、职业规划师、编辑、艺术指导、建筑师、时装设计师、记者、美术指导（网站）、翻译人员、娱乐业人士、法律调解人、推拿医师、心理咨询师、心理学专家、顾问。

11. INTJ：内向、直觉、思考、判断型——智多星/科学家

这类人是完美主义者。他们强烈要求自主，看重个人能力，对自己的创新思想坚定不移，并受其驱使去实现自己的目标。这类人逻辑性强，有判断力，才华横溢，对人对己要求严格。在所有类型的人中，这类人独立性最强，喜欢我行我素。面对反对意见，他们通常多疑、有原则，毫不退让。对权威本身，他们一般不在乎，但只要规章制度有利于他们的长远目标，他们就能遵守。

这类人最适合的工作是：能创造和开发新颖的解决方案来解决问题或改进现有系统；愿意与责任心强，在专业知识、智慧和能力方面胜过自己的人合作；喜欢独立工作，但需要定期与少量智囊人物切磋交流。

适合的领域：商业、金融、技术、教育、健康保健、医药及专业性、创造性职业领域。

适合的典型职业：知识产权律师、管理顾问、经济学者、国际银行业务职员、证券投资和金融分析专家、设计工程师、程序员、科学家、技术专家/顾问、医学专家、财务专家、各类发明家、建筑师信息系统开发商、综合网络专业人员。

12. INTP：内向、直觉、思考、认知型——建筑师/设计师

这类人善于解决抽象问题。他们经纶满腹，不时能闪现出创造性的睿智火花。他们外表恬静，内心专注，喜欢分析问题。他们目光挑剔，独立性极高。

对于这类人，事业满意源自这样的工作：能酝酿新观念；专心负责某一创造性流程，而不是最终产品；在解决复杂问题时，能让他们跳出常规的框框，冒一定风险去寻求最佳的解决方案。

适合的领域：计算机应用与开发、理论研究、学术领域、专业领域、创造性领域。

适合的典型职业：建筑师、计算机软件设计/开发人员、网络专家、网站设计人员、系统分析人员、信息服务开发商、金融规划师、风险投资商、法律调解员、调查员、财务分析人员、经济学者、大学教授（哲学/经济学）、知识产权律师、音乐家、神经科医师、医药研究人员、战略规划师、变革管理顾问、企业金融律师。

13. ENFP：外向、直觉、情感、认知型——倡导者/激发者

这类人热情奔放，充满新观念；乐观、率性，充满自信和创造力，能深刻认识到哪些事可为；对灵感推崇备至，是天生的发明家；不墨守成规，善于闯新路子。

这类人适合在创造性灵感的推动下，与不同的人群合作从事各种项目。他们不喜欢从事需要自己亲自处理日常琐碎杂务的工作，而喜欢按自己的工作节奏行事。

适合的领域：没有明显的限定领域，但在创造性职业、营销、策划、教育、咨询、社会服务、商业等领域更具活力。

适合的典型职业：人力资源经理、变革管理顾问、营销经理、培训师、广告客户经理、战略规划人员、发言人、公关人员、宣传人员、职业规划师、创业导师、研究助理、广告撰稿员、播音员、开发总裁、市场营销和宣传策划、节目策划和主持人、心理学工作者、社会工作者、演讲家、设计师、作家、制片人。

14. ENFJ：外向、直觉、情感、判断型——教导者

这类人有爱心，对生活充满热情；往往对自己很挑剔；由于自认为要为别人的感受负责，所以很少在公众场合发表批评意见；对行为的是非曲直明察秋毫，是社交高手。

这类人最适合的工作是：工作中能建立温馨的人际关系，能使自己置身于自己信赖且富有创意的人群中。他们希望工作多姿多彩，但又能有条不紊。

适合的领域：较广，在信息传播、教育、服务业、卫生保健、商业、咨询、技术等领域表更佳。

适合的典型职业：广告客户经理、杂志编辑、临床医师、职业规划师、培训专员、大学教授（人文科学）、募捐者、销售经理、程序设计员、协调人、作家/记者、教师、健康

从业人员、市场营销人员、作家/新闻记者、社会工作者、人力资源工作者、电视制片人、小企业经理、生态旅游业专家、公关人员、非营利机构负责人。

15. ENTP：外向、直觉、思考、认知型——企业家/发明家

这类人容易激动、健谈、聪明，是个多面手。他们总是孜孜以求地提高自己的能力。这类人天生有创业心、爱钻研、机敏善变、适应能力强。

令这类人满意的工作是：有机会从事创造性解决问题的工作；工作有一定的逻辑顺序和公正的标准；通过工作能提高个人权力并常与权力人物交流。

适合的领域：创业、创作、开发、投资、公共关系、政治、创造性领域。

适合的典型职业：企业家、发明家、投资银行家、风险投资商、职业规划师、管理营销顾问、广告文案、访谈节目主持、政客、房地产开发商、后勤顾问、投资经纪人、广告创意指导、演员、战略规划家、大学校长/学院院长、互联网营销人员、工业设计经理、后勤顾问、金融规划师、国际营销商、营销策划人员、广告创意指导。

16. ENTJ：外向、直觉、思考、判断型——统帅/调度者

这类人是极为有力的领导者和决策者，能明察一切事物中的各种可能性，喜欢发施令；是天生的思想家，做事深谋远虑、策划周全。这类人事事力求做好，一双锐眼能够一针见血地发现问题并迅速找到改进方法。

最令这类人满意的工作是：担任领导、发号施令，完善企业的运作系统，使系统高效运行并如期达到目标。他们喜欢从事长远战略规划，寻求创造性地解决问题的方式。

适合的领域：商业、金融、咨询、培训、专业性职业、技术领域。

适合的典型职业：首席执行官、网络专家、管理顾问、政客、管理专员、授权商、公司财务/融资律师、个人理财顾问、房地产开发商、后勤/电脑信息服务/组织重建顾问、销售主管、环保工程师、知识产权律师、投资顾问、经济分析师、化学工程师、教育顾问、法官、人事/销售/营销经理、技术培训人员、国际销售经理、特许经营业主、程序员。

三、探索性格的其他方法

（一）心理学中的气质

古希腊希波克拉底提出："没有两个完全一样的人，但许多人有着相似特征。"希波克拉底将人的气质分为以下四种。

（1）多血质：明显乐观、爱玩乐特征的人。

（2）胆汁质：喜欢成为领导者的人。

（3）抑郁质：循规蹈矩、感情细腻的人。

（4）黏液质：乐于旁观，轻易就会为人所领导的人。

（二）性格色彩

中国心理专家乐嘉进一步结合发展了个性修炼的有效策略、不同性格产生的行为互动关系及塑造个性的内容，同时将其他性格分析系统相互整合，赋予了"性格色彩"的概念，研发了整个"性格色彩密码"工具，并将其在商业组织和社会民众中广泛应用。

红色——快乐的带动者。快乐是最大的驱动力。这类人积极、乐观，具有天赋、超凡

魅力，随性而又善于交际。

蓝色——最佳的执行者。这类人愿意建立和维系持久深入的关系，具有可贵的品质，对待他人忠诚且诚挚，并能在思想上深层次地与他人交流。

黄色——有力的指挥者。深层次的驱动力来自对目标的实现。这类人一般都具有前瞻性和领导能力，以及很强的责任感、决策力和自信心。

绿色——和平的促进者。这类人的核心本质是对和谐与稳定的追求，缺乏锋芒与棱角。他们宽容透明、非常友善、适应性强，是很好的倾听者。

第三节　能　力

【活动】夸夸你自己

你的优点是什么？你突出的能力是什么？把它们写下来，看看你能写多少。和其他人比较一下，谁写得多，又有何异同？

思考：

1. 为什么有的人写得多，有的人写得少？——能力是被发掘出来的。

2. 如果去面试，你又会如何在自我介绍中凸显自己的才能呢？——能力的优势需要在关键时刻发挥出来。

_____

_____

通过这个小活动，我们应该对自己的能力状况有一个初步的了解。现在让我们一起探索如何建立和提升自己的能力。

一、能力的概念及其分类

(一) 能力的概念

能力是指一个人顺利完成或实现某种活动所必须具备的心理特征。职业能力是从事一定的职业活动的前提。在实践过程中不断出现的新问题、新要求也会促使个体相应能力水平的持续提高。个体在能力发展速度上是有差异的，主要表现在职业适应性的强弱和职业技能转换的快慢上。在进行职业生涯规划时，我们应该认清自己的能力特征，了解自己的职业能力倾向，注重发挥自己的主观能动性，弥补缺陷，培养能力。

(二) 能力的分类

辛迪·梵（Sidney Fine）和理查德·鲍尔斯（Richard Bolles）将技能分为三种类型：专业知识技能、自我管理技能、可迁移技能（或通用技能）。本书将职业能力分为以下七类。

1. 操作型职业能力

操作型职业能力以操作能力为主，是运用专业知识或经验，掌握特定技术或工艺，并形成相应的职业技能与技巧的能力。具备这种能力的人适宜的职业类型：文秘、驾驶种植、操作仪器、控制仪表等。

2. 艺术型职业能力

艺术型职业能力以想象能力为核心,是运用艺术手段再现生活和塑造某种艺术形象的能力。适宜的职业类型:写作、绘画、演艺、美工等。

3. 教育型职业能力

教育型职业能力是运用各种教育手段传授知识与思想,或组织受教育者进行知识与态度学习的能力。适宜的职业类型:教育、宣传、思想政治工作等。

4. 科研型职业能力

科研型职业能力以人的创造性思维为核心,是通过实验研究、社会调查和资料检索等手段进行新的综合、发明与发现的能力。具备这种能力的人适宜的职业类型:研究、技术革新与发明、理论等。

5. 服务型职业能力

服务型职业能力以敏锐的社会知觉能力和人际关系协调能力为主,是借助人际交往或直接沟通使顾客获得心理满足的能力。具备这种能力的人适宜的职业类型:商业、旅游业、服务业等。

6. 经营型或管理型职业能力

经营型或管理型职业能力以决策能力为核心,是能够广泛获得信息,并以此独立地作出应变、决策或形成谋略的能力。具备这种能力的人适宜的职业类型:经理、厂长、主任等管理领域及各种行业负责人。

7. 社交型能力

社交型能力以人际关系协调力为核心,是深谙人情世故,能够掌握人际吸引规律,善于周旋、协调,且能使对方通力合作的能力。具备这种能力的人适宜的职业类型:联络、洽谈、调解、采购等。

二、能力与职业

能力是一个人在社会、职业中生存并实现发展的基本条件和基础,它会对个人的职业生涯带来以下影响。

(一) 影响职业选择

一些职业对从业者的智力水平要求很高。智力在相当程度上决定了一个人所要从事的职业类型,比如从事科学、文化、教育等方面的职业,要求从业者的智力水平需达到一定的水平。如律师、工程师、科研人员、大学教师等职业要求具有较高的智商。在特殊能力要求方面,如教师、服务员要求具有较高的语言表达能力;会计、出纳要求具有较强的算术能力;市场总监、市场分析师要求具有高超的逻辑推理能力;工程师、无线电修理工要求具有强大的空间判断能力;外科医生、画家要求具有较好的手指灵巧度;建筑师往往具有较强的空间感;运动员和舞蹈家的肢体协调能力较强;公关人员的人际交往能力较强等。所以说,人们选择一种行业,需要具备相关的能力才可以胜任,只有具备了这个职业所要求达到的能力水平,才可将其列为职业选择的目标。个体能力倾向及不同职业的能力要求对其职业选择有重要影响。

（二）影响自我效能感

自我效能感是指个体对自身能力以及运用该能力将得到任何结果所持的信心和把握度。在实际生活中，对个人行为起决定性作用的往往不是个人的实际能力，而是自我效能感。具有较高的自我效能感的个体更有可能取得成功，而且在面对挑战和困难时更有动力和恒心。在职场中，职业能力与职业要求的匹配程度将直接影响自我效能感。自我效能感高，也更容易激发个体的潜能，更好地完成工作任务。

（三）影响职业生涯发展路线

如果说职业兴趣决定了个体的择业方向以及在该方面付出努力的程度，那么职业能力就是择业的基础条件和基本保障。它能决定个体在职业领域中是否能够胜任自己从事的工作，也能证明个体在该职业上能否取得成功。也就是说，职业能力影响着一个人能否做好一项工作，并在职业中继续提升和发展，即职业领域内的发展趋向和进度，也即职业生涯发展路线。能力强的人更容易适应各种新情况、新任务，更容易应对市场变化带来的挑战，也更有可能在职业生涯中快速成长。在这个过程中，个体的能力将逐渐提升，其在职业生涯发展道路上走的每一步也将更稳健，最后可能使之走向生涯发展的顶峰。

三、能力的自我探索

（一）专业知识技能

专业知识技能是指个体为了就业应当具备的基本能力。在一定程度上，它体现了个人是否能够胜任一项工作的专业知识和专业技能。专业知识和专业技能不足会成为个人职业发展的瓶颈，因此具备扎实的专业基础理论知识是大学生进入就业市场必备的基本技能。

专业知识技能不能被迁移，需要经过有意识的、专门的培训才能掌握。但专业知识技能并非只能通过正式专业教育才能获得。它的获取途径包括学校课程，如课外培训、辅导班、自学；专业会议、讲座或研讨会；资格认证考试、证书；上岗培训，如爱好、娱乐休闲、社团活动等。因此，如果大学生想从事本专业之外的工作但又无法在该专业进行修读，就可以通过其他途径帮助其获得相关的专业知识技能。

【活动】写出我的知识技能

我的专业知识技能：＿＿＿＿＿＿＿＿＿＿＿＿＿＿＿＿＿＿＿＿

我独特的知识技能：＿＿＿＿＿＿＿＿＿＿＿＿＿＿＿＿＿＿＿＿

（二）自我管理能力

自我管理能力是指个体在生活、学习和工作等方面，能够有效控制自己的情绪、行为和感知，作出理性的决策和采取积极的行动，从而实现个人目标并适应社会变化的能力。它经常被看作个性品质，被用来描述或说明一个人具有的特征。在高校教育中，有效促进大学生自我管理能力的提升，能使大学生形成较高的自我意识和认知水平，能够识别自己的情绪、需求和价值观并作出相应的决策和行动，从而促使其形成较好的心理素质和较强的社会交际能力。同时，自我管理能力可以帮助大学生更好地应对生活、学习和工作中的压力和挑战，提高自身的抗挫能力，促使大学生获得更好的发展。因此，高校教育应将大学生自我管理能力的培养作为重点，从积极心理学视角针对大学生自我管理能力的培养进行系统的创新，保障教育活动科学推进。

1. 常见的自我管理能力词汇表

常见的自我管理能力词汇表如表 3-15 所示。

表 3-15　常见的自我管理能力词汇表

勤奋的、机敏的、活跃的、逻辑的、灵活的、感恩的、勇敢的、冒险的、随和的、坚持的、强壮的、漂亮的、英俊的、公平的、公正的、无私的、同情的、理解的、关心的、宽容的、开明的、活泼的、沉着的、镇定的、进取的、努力的、正直的、直率的、坦率的、真诚的、仔细的、谨慎的、仁慈的、乐观的、欢快的、伶俐的、敏锐的、敏捷的、自信的、坚定的、稳定的、认真的、可靠的、负责的、体贴的、冷静的、节俭的、节省的、节约的、传统的、大方的、慷慨的、亲切的、和蔼的、温和的、温柔的、周到的、新颖的、坚强的、好问的、健康的、强壮的、健壮的、果断的、慎重的、诚实的、机智的、威严的、幽默的、独立的、谦逊的、简朴的、朴素的、专注的、留心的、警觉的、自然的、真实的、友善的、淳朴的、有抱负的、有条理的、有德行的、有预见的、有把握的、不动摇的、易调教的、有规律的、爱探究的、有创意的、可信赖的、合逻辑的、有魅力的、爱思考的、精神饱满的、多愁善感的、不屈不挠的、适应性强的、有同情心的、吃苦耐劳的、坚忍不拔的、精力充沛的、富于表情的、易动感情的、深思熟虑的、热情洋溢的、光彩夺目的、富有想象力的

2. 提升大学生自我管理的意义

（1）有利于提高办事能力与效率。

加强自我管理，有利于大学生塑造一个高效的自我管理系统，进而从系统高度的层面看问题，使生活、学习得以高效进行。在此基础上，大学生在学习与生活中的各个要素、各项任务能够得到全面的整合，其消耗的时间、精力相较于单独执行会有所减少，从而降低整个系统的成本，最终提高整体的效率。

（2）有利于提高专注力并强化执行。

当前，有不少大学生有心学习，但往往抱怨自己缺乏专注力，无法集中精力。如果做到严格的自我管理，大学生就具有了更强的应对外界干扰因素与诱惑的能力。对于面前的一系列事物与选择，大学生还可以通过个人原则、意愿、认知基础，对其进行科学的判断与安排，排除不良因素的干扰，将各方面事务妥善处理到位，最终提高专注力。

（3）有利于实现持续进步与全面发展。

大学生加强自我管理的目的之一在于强化自己的个人核心竞争力，通过明确自己的目标找到自己的薄弱点，通过有效的行为控制让自己渐进地学习有关领域的知识，并且通过内化知识来使自己的整体能力得到提升，强化自己对细节的把握能力及对变化的判断能力。

（4）有利于在坚持中寻找自我追寻幸福。

个人成长中需要"知"和"行"这两个车轮一起滚动才会更有效。认知其实是一件很容易的事情，但是真认知却很难，那些没有实践支撑的认知几乎都是伪认知。因此，大学生需要坚持不懈地进行行为实践。大学生加强自我管理，往往能坚持前期设定的目标，进而对其坚持不懈地追求，在奋斗中寻求幸福。

3. 大学生自我管理现状

（1）身体管理方面。

身体是革命的本钱。大学生要想享受美好生活、学好专业知识，都必须以拥有一个健康身体为基础。因此，大学生要做好自我管理，首先要进行身体管理。身体锻炼可以采取有氧运动、静力抗阻力（俯卧撑、平板撑）两种形式。目前，许多大学生未能养成正确的锻炼习惯，在生活中长期存在各种危害身体健康的行为。

（2）时间管理方面。

时间管理是自我管理的核心内容之一。要实现时间管理，大学生可以从许多方面去加以践行。例如，严格遵守时间，保证不迟到——不管是家人聚餐，还是朋友相聚，抑或是商务会面，最好能够提前10分钟到场。大学生需要利用有限的时间做有意义的事情，提高时间的利用率。但是，现在不少大学生对于时间管理的意识不强，导致自身其他能力的欠缺，例如，一些学生没有做到提前预习，因此在新知识的接受能力上略显不足；在课堂学习之外的闲暇时间未能得到合理利用，因此难以培养一些额外的特长与技能，生活中的应变能力也不足。

（3）目标管理方面。

随着大学生步入大学校园，部分学生因缺乏紧迫感而开始出现各种拖延症，痴迷手游、追剧等行为。之所以如此，绝大部分原因是他们没有最终的目标，对未来的职业和人生缺乏具体的规划。因此，大学生应该合理制定目标、规划时间，帮助自己找回自信心和责任感。目标可以分为长期目标和短期目标，以长期目标指明方向，短期目标指导实施。

（4）激励管理方面。

人之所以能被激励，是因为人有"趋利避害"的特点。激励的方法主要是依据马斯洛需求理论中的高层次需求——感情的需要、尊重的需要和自我实现的需要。首先，情感激励，要学会微笑。以微笑对人，不管是自己还是别人，双方都能感受到直接的善意。其次，尊重激励，要学会平等对待——做好对每个人的平等对待。最后，自我实现激励。人首先得有自信心，对于一件事情，不管艰难与否，都要相信自己。每天记录自己的小进步，积累小成就，不断提升自己，这就是自我实现激励。总体来看，当前许多大学生未能认识到激励管理方面的重要性，因此在该领域的表现得不尽如人意。

4. 大学生加强自我管理能力的综合措施

大学生要提升自我管理意识，掌握自我管理方法，无论采取什么样的措施，都应真正从思想上树立自我管理的意识，掌握自我管理的方法，这样才能从根本上提升自我管理能力。

（1）提升自我管理意识。

大学生要明白提升自我管理意识对自身发展有重大意义，它能为提升自我管理意识打下思想基础。每个人都要把命运掌握在自己的手中，要想实现这个目标，提升自我管理能力是正确的实现路径。大学生要从人云亦云、"随大流"的人生模式中走出来，摆脱盲从心理，要充分认识到社会大众的行为未必都是正确的行为，要有独立意识和独立思考的能力；能够分辨是非，坚定自己的目标和清楚社会、家庭给予自己的期许。从别人的生活、学习模式中抽离，是大学生开始独立思考的第一步。学生要明白：只有增强自我管理意识才能积极对待自己的生活和学习，做自己人生的主人；只有增强自我管理意识才能为成为独立的人并为拥有"独立之精神"打下基础；只有增强自我管理意识才能为自身发展奠定基础。

（2）掌握自我管理方法。

大学生要正确认识自己，了解自己的优势、劣势、心理特点、性格特点和自己所处的社会环境，才能知道如何进行自我提升。在进行自我评价过程中，大学生要避免自卑（不可妄自菲薄）、自负（不可骄傲自大），应给予自己客观、公正的评价。对于学习与生活，大学生要能做到科学规划、合理安排。学习有学习规划、工作有职业规划，除短期规划外也要有针对人生的长期规划。合理制订各个阶段的规划才能明确奋斗目标，减少走弯路的可能，直达人生目标。大学生要自我激励，在顺境和逆境中都能调整好心态，发挥主观能动性，克服困难，不骄不躁。大学生在遇到挫折时，应快速调整状态，不断自我激励，告诫自己不要沉浸于失败之中；在成功时应戒骄戒躁并保持谦逊，只有这样才能在学习和生活中保持向上的状态，拥有和谐的人际关系，最终提高自我管理能力。

【活动】他人眼中的我

分组，每小组（4~5人）轮流挑出一位同学，由其他同学分别说出3~5个形容词来描述对这位同学的印象。

得到他人的反馈以后，看一看他们对你的描述中，有哪些是你知道的，有哪些是你以前没有想到过的。他们所说的符合你对自己的评价吗？哪些方面是你的长处？哪些地方你需要改进？

通过这个练习，你对自己有什么新的认识？

_____

_____

（三）可迁移能力

可迁移能力就是个体能做的事，也被称为通用技能。它可以从生活中的方方面面，特别是工作之外得到发展，也可以迁移应用于不同的工作之中，是个人最能持续运用的技能。

常见可迁移能力词汇表如表3-16所示。

表3-16 常见可迁移能力词汇表

预见、影响力、概括力、社交力、指导力、洞察力、适应力、预测力、创造力、忍耐力、领会力、记忆力、监督力、示范力、引导力、想象力、创造力、管理能力、控制能力、分类能力、协调能力、分析能力、沟通能力、表达能力、倾听能力、评估能力、协助能力、计算能力、预算能力、探索能力、领导能力、学习能力、推理能力、教导能力、激发能力、交谈能力、识别能力、观察能力、研究能力、测验能力、操作能力、组织能力、培训能力、鼓舞能力、说服能力、计划能力、思辨能力、写作能力、创新能力、模仿能力、应变能力、搜集信息能力、发现问题能力、解决问题能力、自我展示能力、归纳总结能力、传授/指导能力、即兴表演能力

【活动】请梳理你的可迁移技能。

_____

_____

四、影响医学毕业生就业能力的因素分析

医学毕业生的就业能力是其在职业发展中适应社会需求、实现职业价值的重要保障，其影响因素可从主客观两方面系统分析。

(一) 主观因素

1. 职业规划的科学性

在经济社会快速变革的背景下，部分医学生受多元化价值观影响，存在职业目标模糊、发展路径规划不足的问题。科学的职业规划需结合行业趋势与个人优势，如通过早期临床见习、科室轮转等方式明确专科方向，同时关注基层医疗、智慧医疗等新兴领域的发展机遇。建立动态调整机制，结合政策导向（如分级诊疗、医联体建设）优化职业定位，增强其就业灵活性。

2. 专业能力的复合化水平

医学知识的深度与广度直接影响医学生就业的竞争力。一方面，医学生需夯实临床基本功，如病历规范化书写、急危重症处理流程等核心技能；另一方面，需拓展交叉学科能力，如掌握医疗大数据分析、人工智能辅助诊断等前沿技术。此外，科研能力的培养（如参与课题研究、学术论文发表）可显著提升三甲医院等优质岗位的应聘成功率。

3. 就业行为的主动性

就业过程中，医学生需强化信息整合与策略优化能力。例如，他们可以系统分析区域医疗资源的分布特点（如中西部人才引进政策、县域医共体岗位需求），针对性考取执业医师资格证、规培证书等准入资质；同时，通过模拟面试、职业素养培训提升求职技巧，并注重储备法律知识以维护合法权益。

(二) 客观因素

1. 高校人才培养的适应性

部分院校课程设置与行业需求存在一定的滞后性，医学生需加强"新医科"建设，如增设数字医疗、精准医学等模块化课程，推动临床教学与科研创新深度融合。实践教学环节可通过虚拟仿真实验室、多学科联合病例讨论等方式，提升学生解决复杂临床问题的能力。个性化培养方案（如双导师制、跨专业选修）有助于挖掘学生潜能，增强岗位适配度。

2. 就业市场的结构性特征

当前医疗行业正处于转型升级阶段，人才需求呈现差异化、专业化趋势。例如，三甲医院更倾向于高学历、复合型人才，而基层医疗机构急需全科医生与公共卫生人才。此外，康复医学、老年医学等学科岗位需求增长显著，但部分毕业生仍集中于传统热门科室，需通过政策引导（如基层就业补贴、职称评审倾斜）促进供需平衡。

3. 社会支持体系的完善性

高校需构建全程化就业指导体系，包括职业测评工具开发、校友资源共享平台建设等，帮助医学生精准对接招聘信息。卫生行政部门可联合医疗机构建立人才需求预警机制，定期发布区域紧缺岗位目录，推动院校人才培养与行业需求动态衔接。

主客观因素的协同优化，可有效提升医学毕业生的就业质量，助力其实现职业价值与社会需求的有机统一。

五、医学生就业能力提升策略

(一) 医学类毕业生硬技能提升策略

1. 毕业生和高校共同发力，提升学生学业成绩

学业成绩包含专业课学习成绩、实践能力以及相关考试证书与技能证书获取情况等。从专业特点来看，医学生的学业成绩尤为重要，因为这关系到他们日后治病救人的实效，从根本上关系到社会的和谐稳定。因此，医学生应提高重视度，要树立终身学习的理念；高校要营造以学业为主、刻苦勤奋的学习氛围；实行导师制，将班级学生分成若干小组，导师根据不同水平的学生进行因材施教，释疑解惑，帮助学生提升学业成绩；学院及班级构建考试奖惩机制。

2. 医教协同，创新机制，提升实践能力

实践教学环节对医学类毕业生而言至关重要，能提升毕业生实践能力，提高人才培养质量。医疗机构和高校应按照《国务院办公厅关于深化医教协同进一步推进医学教育改革与发展的意见》文件精神，创新机制，改变思路。一是加强沟通，及时了解医疗单位用人需求，与医院建立双向培训的合作机制。医学院校以用人单位的用人标准培养学生，医疗单位用行业标准为医学院校培养学生。二是建立临床考核机制，提高学生临床诊疗能力。教学医院要定期考核学生临床操作能力，建立严格的考核流程，以提升学生的临床实践能力，使学生在开展医疗工作时更加得心应手。

(二) 医学类毕业生软技能提升策略

1. 高校和政府联动给力，注重医改政策解读

医学类毕业生对就业政策的关注度较高，但对新医改方案于就业形势的影响却知之甚少。作为医学类毕业生，他们非常有必要关注新医改方案的内容，这对他们就业选择具有重要影响。新医改的目标是重建医疗卫生制度，强调政府主导和公益性。认识、理解新医改的性质是医学类毕业生在医改新形势下正确择业的切入点。一方面，高校要对医改政策进行充分的宣传，利用各类宣传平台将医改政策内容传递给每一位大学生，针对涉及学生就业方面的内容，要为其进行详细解读，提高学生的重视度；另一方面，可以邀请医疗系统的专家来校举办讲座，从更加专业、更加权威的视角，为学生解读相关政策。此外，在课程思政化的大背景下，专业课教师也应深入理解新医改政策的内涵，自觉做好学生的思想引领工作，引导学生到基层医疗系统就业，在基层开拓事业，增长才干，创造价值。

2. 医学类毕业生和高校共同发力，提升职业素养

一方面，社团活动在提升学生综合能力方面有非常重要的作用，学生要积极参加社团活动，提高自身沟通能力、协调能力、分析和解决问题能力。同时，学生要积极参加高校、医疗协会及社会各界举办的与医疗相关的论坛、临床技能竞赛和实践活动等，在实践中增长才干，积累经验，丰富自我。另一方面，高校应提高对就业指导工作的重视度，关注点从就业率向就业质量转变，关注学生是否对口就业、就业薪酬高低、医师资格证考取、工作满意度等方面的情况；开设专业化、个性化、全程化的职业生涯规划课程，建立生涯规划实验室，引导医学生早谋划、早打算，以职业心理了解自己、了解社会，不断调整自己的择业心态，避免单一性和盲目性；同时不定期邀请医疗单位专家来校举办讲座，

从行业角度诠释如何提升岗位竞争力；此外，在每个毕业班设置就业委员，其负责将招聘信息告知每一名毕业生。

3. 家校合作，引导学生树立正确的择业观

我国家庭支出中，子女教育费用支出位列第一，远超医疗、养老、住房等方面的消费。对比国内外高校学费标准，我国培养一名大学生的费用占人均 GDP 的 80%，超出国际标准。调查显示，家庭因素对医学类毕业生择业影响很大，尤其是"95 后"毕业生。高校要通过各种途径与家庭保持联系，如建立 QQ 群、微信群，邀请家长来校、医院参观或听讲座，使其了解当前医疗行业就业形势、学生动态。家庭成员要通过各种渠道，了解国家就业政策，做子女求职路上的引路人。

【活动】能力的自我探索——成就事件回忆

请你回顾到目前为止，生活中哪些具体事件让你有了成就感，取得过哪些成绩，并对其进行详细的描述，分析其原因，总结你在其中使用了哪些技能（尤其是可迁移技能）。事件可以是任何事，如你给妈妈买了一个生日礼物，一次登台表演等。

它们不论大小，不论结果是否辉煌，只要认为当时的感受和成就感让你感到自豪即可。分组讨论，并分享各自的故事，看看你们身上是否拥有相同的技能。最后找出其中共同的原因，那些技能就是你的"亮点"！

在撰写成就故事时，每一个故事都应当包含以下要素：

（1）你想达到的目标，即需要完成的事情；

（2）你面临的障碍、限制或困难；

（3）你的具体行动步骤，即你是如何克服障碍、达成目标的；

（4）对结果的描述，即你取得了什么成就，最好能够量化评估（用某种方法衡量或以数据说明）。

我的成就事件：_____；

使用的技能：_____。

归纳你所熟悉使用并擅长的技能：_____。

结合你的专业和这些技能，你认为自己可以胜任哪些职业呢？

你的备选职业库，请至少列出 10 种。

📖 **学生作品**

可迁移能力的梳理

吉林医药学院　2023 级应用心理学本科班　王梓彤

1. 沟通能力

背景：在大学期间，我担任了班级团支书的职务。开学时，大一新生需要组织竞选班委，参会人员除新生以外，还包括辅导员和几位来自不同班级、年级的班长、团支书。辅导员安排我去协调时间，确保每个人都可以正常参加。

目标：协调不同班级、年级班委与辅导员的共同空闲时间，确保大一新生可以尽早并顺利地完成竞选班委的工作。

行动：首先，我先将竞选班委的活动通知给几位不同班级、年级的班委同学，并询问

他们两周内所有的空闲时间。通过整合对比，我将他们的共同空闲时间依次列出，并提交给辅导员，让辅导员决定最合适的时间。

结果：当天便将时间确定了下来，并做好了提前的准备，在5天后的晚自习，我顺利地完成了班委竞选的工作。辅导员也为我点赞，赞扬我的沟通快速有效。

2. 团队合作与组织能力

背景：在一次志愿服务活动中，我担任领导志愿者的角色。作为我们志愿服务团队的骨干成员之一，我需要从头到尾完成志愿活动的多个步骤，具体规划每一点内容。

目标：我需要与团队成员协调分配、各自分工，顺利完成志愿活动所有的准备与执行。

行动：我先将志愿活动的整个流程，清晰明了地给成员们展示出来，包括提交活动申请表、与敬老院负责人提前沟通、发布志愿活动通知、购买保险等内容。此外，我还与其他志愿团队的骨干成员进行沟通和任务分配，确保他们完成任务。在志愿服务的过程中，我作为主持人带领调动成员的志愿热情，引领不太熟练的志愿者们更好地融入环境，用更加积极饱满的情绪去参与志愿服务。

结果：本次志愿服务顺利结束，每一项流程与步骤都没有落下。敬老院的老人们都很开心，我们每一位志愿者也都有所收获和感悟。而我自己也获得了十足的成就感与幸福感。

第四节　职业价值观

导入案例

职业价值观的抉择

王丽是一名普通医药大学临床医学专业的应届毕业生。她在大学期间表现出色，积极参与各种临床实习和课外科研活动，积累了丰富的实践经验。毕业时，她收到了一家市级公立医院的同工同酬岗位的工作邀请，也有机会去一家县级医院成为正式编制员工，还可以选择考取研究生继续深造。每种选择各有优劣，王丽陷入了深深的思考。

选择一：市级公立医院同工同酬岗位

薪酬：薪酬相对较高，但没有正式编制，福利较为一般。

职业发展：医院有完善的职业发展路径和培训计划，可以提供更多的学习和晋升机会。

工作环境：工作节奏快，竞争较为激烈，需要承担较大的工作压力和较高的工作强度。

选择二：县级医院正式编制

薪酬：薪酬和福利相对稳定，有正式编制，享有五险一金和各类补贴。

职业发展：职业发展路径较为有限，但可以积累丰富的基层医疗经验。

工作环境：工作节奏相对较慢，工作压力小，工作环境较为轻松，强调团队合作和为社区服务。

选择三：考取研究生

薪酬：在研究生阶段没有薪酬，但可以申请奖学金和助学金。

职业发展：考取研究生可以提高学历和专业技能，为将来进入更高层次的医疗机构或从事科研工作打下基础。

学习环境：学习压力大，需要投入大量时间和精力，但可以继续深造，拓展专业知识和科研能力。

王丽的困惑

王丽一直以来的职业梦想是成为一名优秀的临床医生，利用自己的医学技能帮助更多的人。她希望通过工作改善自己的生活条件，同时拥有一个较为稳定的工作和舒适的生活。面对三种不同的选择，她在决定时感到非常纠结。

思考问题

（1）王丽应如何评估三种选择的职业价值观？哪一种选择更符合她的职业价值观？

（2）在职业选择中，如何平衡个人价值观与现实因素（如薪酬、工作环境等）？

（3）你认为王丽最终会选择哪一种途径？为什么？

案例分析

通过分析王丽的案例，学生们可以学习到职业价值观在职业选择中的重要性，理解不同类型的职业价值观对个人职业决策的影响，并思考如何在职业选择中平衡理想与现实。

分析思路

1. 职业价值观评估

市级公立医院同工同酬岗位：适合追求高薪酬和职业发展机会的毕业生。这类工作能够为其提供更高的薪资和更多的培训与晋升机会，但缺乏正式编制，可能导致职业稳定性不足。

县级医院正式编制：适合重视稳定性和福利的毕业生。正式编制带来的稳定性和全面的福利保障使这类工作吸引力较大，但职业发展机会相对有限。

考取研究生：适合重视学历提升和专业技能发展的毕业生。虽然短期内没有稳定的收入，但从长远来看，研究生学历能够带来更高层次的职业发展机会。

2. 个人价值观与现实因素平衡

薪酬与稳定性：王丽需要权衡高薪酬和工作稳定性之间的关系。市级公立医院提供较高薪酬，但稳定性不足；县级医院提供稳定的正式编制，但薪酬相对较低。

职业发展与工作压力：市级公立医院的职业发展机会多，但工作压力大；县级医院的工作环境较为轻松，但职业发展机会有限。王丽需要考虑她能否承受高强度的工作压力。

学历提升与职业发展：考取研究生可以提高王丽的学历和专业技能，为未来的职业发展打下坚实基础，但在短期内缺乏经济保障。王丽需要考虑她是否愿意继续投入时间和精力进行深造。

一、价值观

（一）价值观的概念

价值观是指人们对事物的理性思考和心理评价，包括人们在生活中所遵循的道德、伦理、政治、经济、文化等方面的标准，是人们在判断事物时所依据的标准和原则。价值观不仅影响人们的行为选择，还决定了人们如何看待世界，如何在生活中行动。

具体来说，它是支撑人类生活的精神支柱，是其一生中最重要的精神财富之一。一个人的价值观反映了他在生活中追求的目标和意义，决定了他"为什么要这样做"。它带有判断的色彩，代表了一个人对人、事、物好坏的看法。它体现在人们的生活态度和行动中，影响着人们选择何种生活方式和目标。

（二）价值观的特点

1. 个体存在的独特性

由于每个人的先天条件和后天环境各异，以及个人的生活经历千差万别，因此每个人的价值观也会有所不同。一个人的价值观受到多方面因素的影响，进而形成其自身独特的价值观体系。在相同的客观条件下，由于价值观体系的差异，不同的人会展现出不同的动机模式，从而采取不同的行为。

2. 历史文化的延续性

价值观总是根植于特定的社会历史背景中。例如，在中国传统文化中，某些价值观如孝敬父母、尊师重道等得到了广泛的认同，并深刻影响着社会群体。这些价值观通过文化的传递，对人们的行为产生了深远的影响，并在社会中得以延续。

3. 外在输出的稳定性

价值观作为人们思想的深层结构，塑造了他们的世界观与人生观。随着个人知识水平的提升以及环境和教育的影响，个体的价值观逐步得以培养和确立。一旦形成，价值观便具有相对的稳定性与持久性。

4. 个体发展的可塑性

随着年龄的增长，个人的价值观逐渐形成，尤其在童年时期，父母、老师或朋友的言行会对个体产生深远影响。然而，由于外界环境的变化及知识的积累，个体的价值观可能会发生变化。在当今多元化的社会中，价值观体系容易受到冲击，甚至发生转变。

（三）价值观的作用

1. 在决策中的导向作用

价值观是人们在思考问题、进行选择和判断时的内在指导方针。它帮助人们在复杂的生活情境中作出符合自身内在需求和期望的决策。在面对多种选择时，价值观提供了一个评判标准，使个人能够在众多选项中挑选出最符合自己价值观的选择。这种导向作用体现在日常生活和职业生涯规划中，指导人们进行符合个人价值观的决策。

2. 在行为中的激励作用

价值观不仅是行为的评价标准，也是行为的内在驱动力。它使人们在追求个人目标时充满动力，激发出坚持不懈的行动力。价值观可以帮助个体设定长远目标，并使其为实现这些目标而不断努力。激励作用使个体能够在面对挑战时保持积极的态度和行动，推动个体在生活和职业上不断前进。

3. 在社会中的规范作用

价值观不仅对个人行为有指导作用，还能对社会行为进行规范，是社会系统稳定运行的重要机制。个人的价值观通过其行为表现出来，而这种行为又受到社会价值观的影响和约束。社会价值观作为集体认同的标准，规范着社会成员的行为，从而维持社会的秩序和稳定。价值观的规范作用体现在道德、法律、文化等各个方面，使个人行为与社会期望保持一致。

二、职业价值观

（一）职业价值观与个人价值观的区别与联系

职业价值观和个人价值观是影响个体行为和决策的重要因素。尽管两者在定义、应用范围和具体表现上存在显著的区别，但它们之间也有着密切的联系。理解两者的区别和联系，有助于更全面地认识个体在职业和生活中的选择和行为。

1. 职业价值观与个人价值观的区别

首先，他们的应用范围不同。职业价值观主要适用于职业和工作领域，影响个体在职业选择、职业发展和工作行为中的决策。个人价值观则适用于生活的各个方面，包括家庭、社交、文化等，影响个体在各种情境下的行为和决策。

其次，他们的具体表现不同。职业价值观的具体表现为对工作内容、薪酬福利、工作环境、职业发展等方面的重视程度。例如，一个重视职业成就感的人可能更倾向于选择具有挑战性的工作。个人价值观还具体表现为对道德、伦理、信仰等方面的坚持。例如，一个重视诚信的人在生活中会强调诚实守信，在职业中也会选择那些以诚信为基础的公司。

2. 职业价值观与个人价值观的联系

首先，个人价值观与职业价值观相互影响。个人价值观会影响职业价值观的形成和发展。例如，一个重视诚信和责任感的人，在职业选择上可能会倾向于选择能够体现这些价值观的职业。而职业价值观在某种程度上反映了个人价值观。例如，一个重视社会贡献的人，可能会选择公共服务或非营利组织的工作。

其次，二者又能相互补充。职业价值观的实现可以增强个人价值观的满足感和自我认同感。当个体在职业生涯中实现了自己的职业价值观时，他们也会感到个人价值观得到了满足，从而增强自我认同感和幸福感。

（二）职业价值观的类型

目前，学界对于职业价值观存在多种分类，其中比较有代表性的是美国心理学家洛特克（Milton RoKeach）提出的职业价值观类型，具体包括以下 13 种。

（1）利他主义：总是为他人着想，把直接为大众的幸福和利益尽一份力作为自己的追求，别人也会因为自己的行为而受惠颇多。

（2）审美主义：能不断地追求美的东西，得到美感的享受。

（3）智力刺激：不断进行智力开发、动脑思考、学习和探索新事物、解决新问题。

（4）成就动机：提升社会地位，得到社会认同；希望工作能受到他人的认可，对工作的完成和挑战成功感到满足。

（5）自主独立：在工作中有弹性，可以充分掌握自己的时间和行动，自由度高；能够充分发挥自己的独立性和主动性，按自己的方式、想法去做，不受他人干扰。

（6）社会地位：所从事的工作在人们的心目中有较高的社会地位，从而使自己得到他人的重视与尊敬。

（7）权力控制：获得对他人或某事物的管理权，能指挥和调遣一定范围内的人或事物。

（8）经济报酬：获得优厚的报酬，使自己有足够的财力去获得自己想要的东西，使生活过得较为富足。

（9）社会交往：能和各种人交往，建立比较广泛的社会联系和关系，甚至能和知名人士结识。

（10）安全稳定：希望不管自己能力怎样，在工作中要有一个安稳的局面，不会因为奖金、加资、调动工作或领导训斥等而经常提心吊胆、心烦意乱。

（11）轻松舒适：希望将工作作为一种消遣、休息或享受的形式，追求比较舒适、轻松、自由、优越的工作条件和环境。

（12）人际关系：关心他人，与别人分享，协助别人解决问题；希望一起工作的大多数同事和领导人品好，相处起来感到愉快、自然。

（13）追求新意：希望工作的内容经常变换，使工作和生活显得丰富多彩，不单调枯燥。

（三）职业价值观的探索

探索个人的职业价值观，实际上就是探寻自我价值观在职业生涯中的具体体现。这意味着个体要学会从生活中的烦恼与困惑中发现自我，理解自己在时间管理上的安排，辨析对未来职业的期望与发展方向，明晰在成长过程中所扮演的角色与追求的目标，明确在职业生涯中的责任感与信念，并在学习或工作状态中实现自我与环境的平衡。

1. 职业锚测试

职业锚（Career Anchor）是由美国麻省理工学院的埃德加·施恩（Edgar Schein）教授提出的。他认为，职业锚是指一个人在职业生涯中不愿放弃的内在核心价值、动机和需求。每个人的职业锚代表了其职业生涯中最为重要的价值观，决定了其职业选择和发展方向。职业锚可以看作职业生涯的"导航仪"，它在个体的职业选择、职业转型和职业发展过程中起着至关重要的指导作用。当个体面临职业决策时，职业锚会成为其最终的决策依据。职业锚是深藏在每个人内心中的职业生涯驱动力，不容易被外部因素动摇。

施恩的职业锚理论将职业锚分为八种类型，每一种类型代表了个体在职业选择和职业生涯发展过程中最重视的核心价值。

（1）技术功能型（Technical and Functional Competence）。

这类人以专业技能为职业生涯的核心，希望在某一特定领域成为专家。技术/功能型的职业锚驱动他们在特定领域内不断学习、积累经验和提升专业技能。

（2）管理能力型（General Managerial Competence）。

这类人以提升管理能力和担任领导职务为职业目标，渴望通过管理他人来实现职业生涯的价值。他们擅长协调、决策和战略规划，倾向于追求更高的管理职位。

（3）自主独立型（Autonomy and Independence）。

这类人重视自由和自主，希望在工作中有高度的独立性，能够自主安排工作内容和时间。他们倾向于选择能够提供较大自由度的职业，如创业、自由职业等。

（4）安全稳定型（Security and Stability）。

这类人将职业的安全感和稳定性作为职业选择的重要考虑因素，希望通过职业来获得长期的经济保障和生活稳定。他们倾向于选择政府机构、大型企业等具有稳定性的职业。

（5）创业创造型（Entrepreneurial Creativity）。

这类人具有强烈的创业精神，渴望通过创办自己的企业来实现职业生涯的价值。他们热衷于创新、冒险，并希望通过创业来实现自我价值。

（6）服务奉献型（Service and Dedication to a Cause）。

这类人希望通过职业来服务社会，追求对他人的帮助和贡献。他们通常选择公益组织、教育、医疗等能够直接服务他人的职业。

（7）挑战型（Pure Challenge）。

这类人以挑战和克服困难为职业生涯的核心价值，渴望不断面临新的难题并找到解决办法。他们喜欢那些能够不断带来挑战的工作环境。

（8）生活型（Lifestyle）。

这类人将职业视为生活方式的一部分，追求工作与生活的平衡。他们希望通过职业来实现理想的生活状态，倾向于选择能够提供灵活工作时间和良好生活质量的职业。

【活动】想要了解自己最核心的职业价值观吗？请翻到本书附录2，完成施恩的"职业锚测试量表"吧！

注：职业锚测试通常通过一系列的问卷或自我评估工具来帮助个体识别自己的职业锚。这些测试工具通常包括以下几个步骤。

（1）自我评估。测试参与者回答一系列问题，以评估他们在职业选择中最重视的因素。问题涵盖职业兴趣、价值观、动机和职业目标等方面。

（2）结果分析。根据回答结果，测试工具会帮助参与者识别出他们的主要职业锚类型。通常情况下，参与者的职业锚类型可能不止一种，但总会有一种占主导地位的职业锚。

（3）反馈与应用测试完成后，参与者可以获得详细的反馈报告，帮助他们理解自己的职业锚类型。通过这一过程，参与者可以更加清晰地认识自己在职业生涯中的核心价值观，从而在职业选择和职业发展过程中作出更加符合自身价值观的决策。

2. 职业价值观拍卖会

1）活动目标

职业价值观拍卖会活动通过模拟拍卖的方式，帮助参与者识别和排序自己在职业生涯中最重视的价值观。该活动有助于促进参与者深入思考他们的职业选择及其背后的价值驱动因素。

2）活动准备

（1）职业价值观卡片（拍卖商品）。

准备18张职业价值观卡片，每张卡片代表一种常见的职业价值。每张卡片上写明了一种职业价值及其简要说明。这18种拍卖商品具体如下。

①成就感——实现个人目标并获得成功的感觉。

②安全感——拥有稳定的职业和收入，减少职业风险。

③自主性——在工作中有独立决策的自由和自主权。

④社会地位——通过工作获得社会认同和尊敬。

⑤挑战性——通过解决复杂问题和应对挑战来获得满足感。

⑥创造性——能够在工作中发挥创新能力，创造新事物。

⑦经济报酬——通过职业获得丰厚的收入和物质回报。

⑧影响力——通过工作影响他人或社会的能力。

⑨和谐关系——与同事、上级和下级建立良好的人际关系。

⑩社会贡献——通过工作为社会带来积极的影响和贡献。

⑪专业知识——在工作中持续学习和运用专业知识的机会。

⑫生活质量——工作与生活的平衡，能够享受高质量的生活。

⑬团队合作——与他人合作，共同完成工作任务。

⑭责任感——承担职业责任，并为他人的成功作出贡献。

⑮工作环境——拥有良好的工作环境，包括物理和心理环境。

⑯个人发展——在职业生涯中不断成长和发展。

⑰工作保障——拥有长久稳定的职业保障，减少失业风险。

⑱荣誉感——通过工作获得他人的认可和尊重，提升自我价值。

（2）虚拟货币。

为每位参与者准备10万虚拟货币，作为竞拍这些职业价值观卡片的资金。虚拟货币的数量有限，参与者需要慎重分配和使用。

3）活动过程

（1）活动引导。

主持人介绍活动的目的和规则，说明职业价值观在职业选择和职业发展中的重要性。接着，详细介绍拍卖会的规则，包括"竞拍规则"。

规则说明：每名参与则均有10万虚拟货币，每样"拍卖品"起拍价为1万，每次叫拍加价最低为1 000。出价最高者可得到"拍卖品"，如果加价3次没有加价，此"商品"就算"流拍"，继续下一个"商品"的竞拍。

策略思考：主持人鼓励参与者在竞拍过程中积极思考如何使用10万虚拟货币，以确保获得他们认为最重要的职业价值观卡片。

（2）竞拍过程。

主持人依次展示18张职业价值观卡片，详细解释每种职业价值观的含义。参与者根据自身对这些职业价值观的重视程度进行竞价，决定出价金额。

在竞拍过程中，参与者需要记录以下内容：

①本场想竞拍的"商品"是什么？

②最终拍到了什么？

③最看中的"商品"是什么？

④本次竞拍拍到满意的"商品"了吗？

⑤如果再竞拍一次，还会竞拍这几样吗？

⑥最高价竞拍到的"商品"是什么？为什么是它？

每个参与者在竞拍过程中需要仔细考虑如何分配有限的虚拟货币。竞拍结束后，参与者可以回顾他们的竞拍策略和结果，进行深度反思。

（3）竞拍后的讨论与反思。

拍卖会结束后，每个参与者将他们所竞得的职业价值观卡片排列成优先级顺序，并在小组内讨论为什么选择这些价值观。这一过程有助于参与者深入反思自己在职业生涯中最重视的因素。

小组讨论结束后，主持人邀请部分参与者分享他们的竞拍结果和讨论内容，促进不同参与者之间的交流和学习。

参与者还需要回答以下问题，以总结本次活动的收获：

①这次活动的收获是什么？

②是否对自己职业生涯的价值观有了更清晰的认识？

③如何在未来的职业选择中应用这些价值观？

（4）总结与分享。

主持人总结本次活动的过程，强调职业价值观在职业生涯规划中的重要性，并鼓励参与者在未来的职业选择中参考此次活动中发现的职业价值观优先级。

4）活动意义

（1）明确职业价值观。

通过竞拍和讨论，参与者可以识别出自己最重视的职业价值观，这将有助于他们在未来的职业选择和发展中作出更符合自身价值观的决策。

（2）策略思考与决策能力。

竞拍规则帮助参与者锻炼策略思考和决策能力，他们需要在有限的资源下作出最优的选择。

（3）增强职业规划意识。

活动促使参与者将职业价值观与职业生涯规划相结合，提升他们在职业发展中的自我认知与规划能力。

通过这一完整的职业价值观拍卖会活动，参与者能够深入理解并明确自己在职业生涯中最看重的价值观，从而更好地规划自己的职业道路。

3. 澄清职业价值观

（1）自主选择。

从"职业价值观拍卖会"中列出的价值观中挑选出那些对你个人职业生涯最为重要的价值。需要注意的是，你应确认这些价值是自愿选择的，而非他人或外部因素所强加的。

回答以下问题有助于你作出选择：

①回顾过去一个月，你的时间主要花费在哪些活动上？

②你通常与什么类型的人互动？

③在面临抉择时，你最终的选择是什么？

④哪些时刻让你感到特别快乐？从你过去的经历中找出让你感到特别充实的时刻。

（2）在多样性中进行选择。

在选择出一组价值后，进一步分析这些价值是否契合你的职业追求。这一步关键在于考虑这些价值是否支持、否定或恰好与职业抉择相关联，或者完全无关。

逐一分析以下问题：

①哪些价值是你一眼就选定的？你选择这些价值的依据是什么？

②哪些价值让你犹豫不决？是什么原因导致了抉择困难？

③将选出的价值进行分类，看看它们主要反映了哪些方面？

④是否有其他需要考虑或添加的价值？

（3）深度考量后的选择。

在多维度分析和调整之后，开始深入考量你的职业价值观。核心问题是："我是否愿意根据这些价值去行动？"

观察这些价值在你的学习、工作和生活中的表现。

询问自己是否愿意继续让这些价值引导你的行为。

观察这些价值在他人身上的体现，并与他人讨论这些价值的意义。

（4）珍视与守护。

通过深思熟虑，理解这些价值的内涵与作用，确定它们对你内心的意义，从而增强行动的动力——"我是否对这些价值感到骄傲？"

①这些价值是否让你产生了积极的内心感受？

②这些价值对你有多重要？其中哪些对你具有特别的意义？

③你觉得你身边的重要他人（如父母、朋友、师长等）有没有表现出这些价值观？他们的反应对你有什么影响？

④哪些价值是人们普遍拥有的，从而让你感到安心与愉悦？

（5）确认选择。

通过理论与实践的检验，进一步确认你的职业价值观。这样可以帮助你验证："我是否已经将这些价值作为行为指引？我是否能够在他人面前公开解释这些价值？"如果你确实已采用并掌握了这些价值，你将对自己的行为选择更有责任感和成就感。

4. 常见的直接价值观问题解答

问题1：面对两家大公司的 offer，我该如何选择？哪个工作更好？

答："哪份工作更好"其实并没有一个标准的答案，它主要取决于你内心的标准，而这个标准很可能就是你的职业价值观。当你在决策时，建议你从以下两个方面进行考虑。

一是对职业的关注点：是高薪水、丰富的学习机会、快速的晋升通道，还是工作稳定性，这些都是你需要思考的关键因素，因为它们反映了你对职业发展的核心需求和追求。

二是职业价值观与企业文化的契合度：不同的公司有着不同的企业文化和价值观。例如，如果一家公司非常注重团队合作与互动，而你更喜欢独立完成工作，那么你可能会发现自己难以融入这样的环境。因此，在作出选择之前，建议你通过公司的网站、员工访谈等方式深入了解其企业文化，以判断它是否与自己的职业价值观契合。

问题2：我想创业，做自己喜欢的事，但父母坚持要我考研、读博继而留校任教。我该怎么办？

答：这其实是两个不同价值观之间的冲突。一方面，你希望追求自己的兴趣，做自己喜欢的事情；另一方面，你也希望维持与父母的良好关系。因此，你需要在这两者之间作出选择。你可以问问自己：在这两个选项中，哪一个对你来说更加重要？

如果你认为与父母的关系更为重要：那么或许你可以选择遵从他们的建议，并告诫自己："为了他们的期望，这样的妥协是值得的。"

如果你更倾向于坚持自己的职业价值观：你可以尝试以开放的态度与父母沟通，表达自己的想法和理由，看看能否在这个问题上达成一致。

问题 3：我想实现我的理想，但感觉压力很大，应该怎么办？

答：首先，你需要明确自己的职业价值观，并根据这些价值观设定一个切实可行的目标。即使这个目标还比较模糊，它也可以为你指引前进的方向。实现理想需要付出持续的努力和汗水，虽然道路可能充满挑战，但当你逐步达成每一个小目标时，你就会发现自己离梦想越来越近。这不仅会增强你的自信心和能力，还能让你更坚定地朝着理想迈进。

三、职业价值观与社会主义核心价值观

（一）职业价值观与社会主义核心价值观融合的具体内容

社会主义核心价值观是当代中国精神的集中体现，它包括富强、民主、文明、和谐、自由、平等、公正、法治、爱国、敬业、诚信、友善。这些价值观不仅是社会治理的准则，也应当成为每个职业人的行为指南。社会主义核心价值观同样适用于职业领域。职业价值观与社会主义核心价值观的融合，意味着个体应在职业生涯中践行这些核心价值观，以实现个人价值和社会价值的统一。将职业价值观与社会主义核心价值观相结合，不仅有助于实现个人职业理想，也有助于推动社会的进步与和谐。

首先，职业价值观中的敬业、诚信、责任感与社会主义核心价值观中的敬业、诚信、爱国相契合。在职业生涯中，敬业精神不仅仅意味着对工作的热爱和投入，更是对国家和社会的责任和付出。一个敬业的职业人，通过勤勉工作，提升自己的专业能力和职业素养，能够为国家的富强和社会的进步贡献力量。诚信作为职业道德的基石，要求职业人在工作中保持诚实守信，这是个人信用体系的一个重要组成部分，也是社会信用体系的基础。

其次，职业价值观中的创新、成就感和个人成长，与社会主义核心价值观中的富强、民主、文明相互融合。创新精神驱动着职业人不断追求技术进步和管理优化，从而推动社会经济的可持续发展。个人在追求职业成就和成长的过程中，不仅实现了自我价值，也为国家的科技进步和文化繁荣作出贡献。在现代职业环境中，民主和文明体现在企业的管理模式和企业文化中，强调员工的参与和权益保障，促进企业内部和谐和社会文明进步。

最后，职业价值观中的工作与生活平衡、职业稳定性与社会主义核心价值观中的和谐、公正、法治相辅相成。一个重视工作与生活平衡的社会，有助于个人身心健康和家庭和谐，从而构建更加稳定和幸福的社会结构。职业稳定性不仅是个人职业安全感的重要来源，也是社会稳定的基础。依法治国的理念要求个人在职业环境中严格遵守法律法规，保障劳动者的合法权益，实现社会的公平正义。

总之，将职业价值观与社会主义核心价值观相融合，能够实现个人价值和社会价值的统一。每一个职业人在追求个人职业发展的同时，也在为国家的繁荣富强和社会的和谐稳定贡献力量。两种价值观的融合，不仅提升了个人的职业幸福感，也推动了整个社会的进步与发展。

（二）职业价值观与社会主义核心价值观融合的实践方法

将个人职业价值观与社会主义核心价值观相融合，大学生不仅可以实现自我价值，还

能为社会和国家的发展作出贡献。作为即将踏入社会的大学生，理解和践行这一融合，对个人职业发展和社会进步都具有重要意义。

1. 在学习中培养敬业精神

敬业是职业价值观和社会主义核心价值观的共同要求。在大学期间，大学生可以通过努力学习和参与课外实践，培养自己的敬业精神。

实践方法如下。

（1）设定学习目标：明确学期目标和长期学习计划，并为之努力奋斗。

（2）参与课外活动：加入学生社团、科研项目等，提高自己的实践能力和敬业精神。

（3）按时完成任务：在课程作业和项目中，保持高效和高质量的完成度。

2. 在校园生活中坚持诚信原则

诚信是社会主义核心价值观的重要内容之一，也是职业生涯中的基石。在大学生活中，大学生应保持诚信，不仅应在学术上严格遵守考试纪律和学术规范，还应在日常生活中做一个诚实守信的人。

实践方法如下。

（1）诚信考试：杜绝作弊行为，严格遵守考试纪律。

（2）学术诚信：在论文和作业中，杜绝抄袭，尊重他人的劳动成果。

（3）守时守约：在日常生活中，按时完成承诺的任务，树立诚信形象。

3. 鼓励创新，促进个人成长与社会进步

创新是推动社会进步的重要动力，大学生应在学习和实践中培养自己的创新能力，勇于尝试新方法和新技术。

实践方法如下。

（1）参与创新创业活动：加入学校的创新创业中心，参与相关项目和比赛。

（2）开展科研项目：积极申请和参与各类科研项目，培养创新思维和能力。

（3）分享创新成果：在学校的学术论坛和研讨会上分享自己的创新成果，促进共同进步。

4. 平衡学业与生活，促进身心健康

工作与生活的平衡是现代职业价值观的重要内容之一，也是社会主义核心价值观中的和谐理念之一。大学生在追求学业发展的同时，也要注重身体健康和心理平衡。

实践方法如下。

（1）合理安排时间：制订学习计划和休息时间表，确保学业和生活的平衡。

（2）参加体育活动：积极参加学校的体育活动和健身课程，保持身体健康。

（3）维护心理健康：遇到压力时，及时寻求学校心理咨询服务，保持心理健康。

5. 在校园内外弘扬公正与法治

公正与法治是社会主义核心价值观的重要组成部分，大学生在校园内外都应该坚持公正无私，遵守法律法规，维护公平正义。

实践方法如下。

（1）公平竞争：在奖学金评选和各类竞赛中，坚持公平竞争，杜绝不正当手段。

（2）尊重他人权利：尊重同学和老师的合法权益，维护和谐的校园环境。

（3）依法维权：遇到侵权行为时，敢于通过合法途径维护自己的权益。

通过在大学期间将个人职业价值观与社会主义核心价值观相融合，大学生不仅能在未来的职业生涯中实现自我价值，也能为社会和国家的发展贡献力量。这种融合不仅提升了个体的职业幸福感，也推动了社会的和谐与进步。

四、职业使命感与职业价值观的融合

（一）职业使命感的定义与重要性

职业使命感（Career Calling）是一种超越个人利益的职业驱动力，它促使个体在职业生涯中追求更高的目标，努力实现对社会、他人或某一特定领域的积极贡献。与一般的职业价值观相比，职业使命感更强调一种内在的责任感和对职业的深刻认同。这种使命感能够赋予个体在工作中的意义感，成为推动职业选择和职业发展的一个重要因素。

（二）职业使命感与职业价值观的深度结合

职业使命感可以与多个职业价值观相结合，从而更好地引导个体的职业选择和发展。

成就感与职业使命感的结合：在职业使命感方面，成就感不仅体现在个人目标的实现上，还体现为社会带来的积极影响。

社会贡献与职业使命感的结合：职业使命感与社会贡献紧密相关，通过职业实现对社会的价值和服务，是许多以使命感为驱动力的个体的核心职业价值观。

创造性与职业使命感的结合：当创造性与使命感结合时，创新的动力不仅来自自我突破，还是通过新方法或新产品解决社会问题。

（三）增强职业使命感的举措

培养和增强职业使命感是一个循序渐进的过程，以下几种方法可以帮助个体增强自身的职业使命感。

（1）自我反思与价值观澄清。

通过自我反思，个体能深入思考自己最关注的社会问题、职业目标和价值观。明确这些因素后，个体可以将其作为职业使命感的核心动力，并在职业选择和行动中不断强化这些价值观。

（2）参与公益活动与社会服务。

通过参与公益活动和社会服务，个体可以更直接地感受到为他人和社会作出贡献的意义。这种经历不仅能够增强个体的职业使命感，还能够帮助个体将这种使命感与自己的职业相结合。

（3）职业学习与技能提升。

不断学习和提升职业技能，尤其是那些能够直接应用于社会问题解决的技能，可以增强个体在职业中的成就感和使命感。通过学习新知识、掌握新技能，个体可以更加自信地实现自己的职业目标。

（4）寻找榜样与导师。

个体可以寻找在职业上具有强烈使命感的榜样或导师，学习他们如何将使命感融入职业生涯中，并借鉴他们的经验来增强自己的使命感。

（5）设定长期目标与阶段性成就。

个体可以为自己设定明确的长期职业目标，并将这些目标与社会贡献、个人成长等价值观相结合；同时，设定阶段性的小目标，通过逐步实现这些目标，个体可以不断增强职业使命感。

经典人物案例

钟南山院士的职业使命感

钟南山院士是中国著名的呼吸病学专家，他在职业生涯中的每一步都体现了其强烈的职业使命感。早在 2003 年公共卫生危机爆发时，钟南山作为国家卫生健康委员会高级别专家组组长，毅然站在防控工作第一线。他不仅参与制定了科学有效的防控措施，还亲自查房、指导临床一线工作，挽救了无数患者的生命。

2020 年，钟南山再次挺身而出，提出了众多科学的防控建议，并持续为公共卫生健康事业贡献力量。他的职业使命感不仅体现在对患者的关怀上，更体现在他对整个国家和社会的责任感上。钟南山院士将"救死扶伤、服务人民"作为职业生涯的核心价值观，并以实际行动不断践行这一使命。

钟南山院士的职业使命感深刻影响了中国的医疗界，也为年青一代的医务工作者树立了榜样。他的经历充分展示了职业使命感如何与职业价值观结合，成为引导职业生涯的重要力量。

职业使命感能够赋予职业价值观更深层次的意义，使个体在职业生涯中不仅关注个人的发展，还注重对社会的贡献。通过将职业使命感融入职业价值观中，个体可以更清晰地定义自己的职业目标，并在职业选择和发展中始终保持一种积极的驱动力。对于大学生来说，培养并理解自己的职业使命感，有助于他们在未来的职业生涯中作出更加有意义和有影响力的选择。

第五节　需　求

生涯人物案例

医务工作者的社会使命感

宋启明，2002 年毕业于吉林军医学院（吉林医药学院前身），毕业后他成为一名外科医生，他的职业生涯紧密结合了个人理想与国家需求。

职业选择与国家需求的结合：2011 年，在地区公开遴选基层医疗机构领导岗位时，宋启明响应组织号召，毅然选择投身基层工作。他担任基层卫生院院长长达八年，期间不仅带领卫生院实现了经济和社会效益的双丰收，还大幅提高了辖区群众的医疗服务满意度。他以坚守岗位、无私奉献的精神，成为年轻医生心中的榜样，激励更多医学毕业生选择扎根基层，服务广大人民群众。2019 年，他因工作成绩突出，被提拔为副乡局级干部，虽然离开了医疗卫生一线，但他依然怀揣着对卫生事业的深厚情感。

实践中的社会责任感：宋启明在转岗后依然勇挑重担，关键时刻挺身而出，承担起组织重大公共卫生事件应对工作的重任，牵头组建了相关工作领导小组办公室。在本地公共卫生防控体系构建和区域协作支援中，他始终冲锋在前，展现了医务工作者的忠诚与担当。无论是在第一线指挥调度，还是在幕后统筹安排，他始终以行动诠释着对人民健康的坚定守护。

在某次突发公共卫生应急任务中，宋启明带领团队连续奋战60余天，实现从事件暴发到全面控制的高效响应。他几乎每天仅休息两到三个小时，亲力亲为，从社区管理、流行病学调查，到隔离点统筹与大规模筛查等各项任务都全程参与。他运用丰富的医学知识指导分析病例，以典型案例培训了大量公共卫生骨干，为本地区疾病防控体系建设打下了坚实基础。

结语：宋启明的职业选择彰显了医务工作者的社会使命感。他不仅用个人的专业知识回应了国家对基层医疗的迫切需求，更将个人职业理想与国家医疗事业紧密结合。他的奉献精神和实际行动，无愧为新时代卫生工作者的表率。

在当今快速发展的社会中，大学生不仅面临着个人职业生涯的规划与发展挑战，还肩负着为国家和社会贡献力量的责任。在职业选择和职业生涯发展中，如何将个人的发展需求与社会责任紧密结合，已经成为每一位当代大学生必须面对的一个重要课题。

在之前的章节中，我们深入探讨了兴趣、性格、能力和价值观这些实现自我认知的重要方面。然而，自我认知不仅仅是为了个人的成功，更应考虑到个人如何通过职业选择和发展为社会作出贡献。面对未来的职业道路，如何在实现自我价值的同时，承担起对社会的责任，是每一位大学生在职业规划中必须思考的问题。

本节将以"知行合一：个人发展需求与社会责任的平衡"为主题，探讨个体如何在职业生涯规划中实现个人发展与社会责任的有机统一。通过分析个人成长与社会贡献的内在联系，讨论如何在职业选择中融入社会责任意识，并通过真实案例展示知行合一的典范，我们将为大学生提供一套完整的思考框架，帮助他们在未来的职业生涯中实现自我价值与社会责任的双重目标。

一、个人发展需求与社会责任的内在联系

在当今社会，大学生面临的职业选择不仅仅是关于个人成就与幸福的问题，更是关于如何将个人的发展与社会的需求紧密结合的问题。个人发展需求与社会责任并不是对立的两面，而是相互依存、相互促进的统一体。

(一) 个人成长与社会贡献的双重维度

每一个大学生在规划职业生涯时，都不可避免地要考虑如何实现个人价值的问题。这种个人价值通常体现在职业成就感、经济回报、职业发展前景等方面。然而，仅仅追求个人成功并不足以支撑个体长远的职业幸福感。一个人只有在实现自身价值的同时，为社会作出贡献，才能真正实现人生的意义与价值。

在职业选择时，个人成长与社会贡献是两个不可分割的维度。个体在追求个人成长的同时，也需要考虑所从事职业对社会的影响与贡献。通过将个人的职业目标与社会的需求结合，大学生能够在职业生涯中获得更持久的成就感和满足感。

（二）职业选择中的社会责任意识

在现代社会中，职业选择的背后往往隐含着社会责任的考量。社会责任意识要求大学生在规划职业时，不仅要考虑个人的兴趣与能力，还要考虑国家和社会的需要。大学生作为国家未来发展的重要力量，理应在职业选择中融入社会责任意识，将个人的职业发展与国家的进步紧密联系在一起。

这种社会责任意识不仅应体现在职业选择上，还应贯穿于职业生涯的各个阶段。例如，选择成为一名医生，不仅仅是为了实现个人的职业理想，更是为了履行救死扶伤、服务社会的责任；选择从事环保工作，不仅仅是为了实现个人的职业成就，更是为了承担保护地球环境、造福子孙后代的责任。

（三）个人发展需求与社会责任的辩证统一

个人的发展需求与社会责任看似矛盾，实际上却是辩证统一。个人的发展需求是职业选择的基础，而社会责任则为这种选择赋予了更高的意义。当大学生在职业规划中，能够将个人需求与社会责任相统一时，不仅能够实现个人的职业目标，还能够为社会发展作出积极贡献，从而实现个人与社会的双赢。

例如，在选择职业时，一个人可以根据自己的兴趣、能力和价值观来选择适合自己的职业，但同时也应该考虑到所选择的职业是否符合国家的战略需求，是否能够为社会的进步与和谐作出贡献。通过这种方式，个人的发展需求与社会责任将能够实现完美的结合。

在强调二者统一性的同时，也要看到个人发展需求与社会责任之间的差异性。个人发展需求更侧重于个体的兴趣、能力、职业目标和生活愿景，体现个体的自主性与差异化发展；而社会责任则强调个体对社会的贡献与担当，反映社会对个体的期待和规范。在现实中，个人的发展意愿与社会的需要有时并不完全一致，甚至会存在偏差。

因此，如何在个人发展与社会需求之间寻求平衡，既尊重个体的多样化选择，又回应社会的发展要求，是当代大学生面临的重要课题。充分认识到二者的差异和统一，增强其价值判断与决策能力，有助于实现个体与社会的双重成长。

（四）以社会需求为导向的职业选择

国家的发展离不开各行各业的专业人才，大学生在职业规划中，应主动将自己的职业选择与国家的战略需求相结合。例如，国家当前对人工智能、大数据、环境保护、基层医疗等领域的人才需求迫切，大学生可以考虑在这些领域发挥自己的专长，将个人的职业发展与国家需求结合起来，真正做到"知行合一"。

通过这种方式，大学生不仅能够在职业生涯中实现自我价值，还能够通过自己的职业选择和实践为国家和社会的发展贡献力量，成为新时代的社会栋梁。

生涯人物案例

黄大发——引水修渠，改变家乡命运

黄大发，曾任贵州省遵义市草王坝村党支部书记。他用36年的时间，在极为艰难的条件下，带领村民开凿了一条长达9 400米的"大发渠"，彻底改变了草王坝村缺水的历史。黄大发的故事展示了一个人应如何将个人发展需求与社会责任紧密结合，并最终为社会作出重大贡献。

职业选择与社会责任的结合：草王坝村地处贵州偏远山区，长期以来村民们因缺水问题无法正常生产生活。黄大发作为村里的党支部书记，深知这个问题对村民生计的影响。他本可以选择外出谋生，获取更好的生活条件，但他毅然决定留在家乡，带领村民们共同改变命运。

黄大发从小立志要为村民们解决饮水困难的问题，他深感自己有责任为家乡作出贡献。面对极为艰苦的自然环境和社会条件，他没有退缩，而是从个人的职业使命感出发，承担起了这一看似不可能完成的任务。

修渠过程中的艰难与坚持：黄大发带领村民们开始了长达36年的修渠工程。由于缺乏技术支持和机械设备，修渠的全部工作只能依靠最原始的工具和村民的手工操作。在这期间，他们遇到了无数次的挫折，甚至多次险些放弃。然而，黄大发始终坚信，"只要有恒心，石头也能搬山"，他坚持认为这不仅是为了自己有更好的生活，更是为了全村人能够过上幸福日子。

通过他的不懈努力和与村民们的共同奋斗，终于在1995年，这条被称为"大发渠"的人工水渠全线贯通，使草王坝村摆脱了长期缺水的困境，村民们的生活质量有了显著改善。

个人发展与社会责任的统一：黄大发在修渠的过程中，充分体现了将个人发展需求与社会责任相结合的理念。他没有选择更为轻松的个人生活路径，而是承担起了改变整个村子命运的重任。他不仅实现了自己的职业使命，也为整个村庄带来了新生。

黄大发的故事在全国范围内广为人知，他也因此获得了多个荣誉称号，包括"全国劳动模范""全国优秀共产党员"等。他的事迹鼓舞了无数人，也展示了一个普通人如何通过将个人发展与社会责任紧密结合，最终取得非凡成就。

结语：黄大发的故事是个人发展需求与社会责任统一的生动写照。他的经历表明，真正的职业成功不仅在于个人成就，更在于通过职业选择和努力为社会带来积极的改变。这个案例对于大学生具有深远的教育意义，提醒他们在职业规划中，不仅仅要考虑个人利益，更要考虑如何为社会、为国家作出贡献。

二、社会责任如何塑造职业认知

在职业规划的过程中，社会责任感不仅是一个道德要求，也是一种内在驱动力，它能够深刻影响和塑造一个人的职业认知和选择。当代大学生作为未来社会的中坚力量，他们的职业选择不仅决定着个人的职业发展路径，也在很大程度上影响着社会的进步与国家的繁荣。理解和融入社会责任意识，对于塑造正确的职业认知具有重要意义。

（一）社会需求对职业认知的引导作用

社会的需求和国家的发展方向在很大程度上决定了某些职业的价值和重要性。例如，随着中国经济的快速发展和环境问题的日益突出，环保工程师、清洁能源研究员等职业发挥越来越重要的作用。与此同时，国家对公共卫生、信息技术、安全防护等领域的重视，也促使这些职业逐渐成为大学生的热门职业选择。

大学生在职业规划中，应积极关注国家和社会的发展趋势，了解国家战略需求，主动将自己的职业选择与这些需求对接。例如，选择从事人工智能、大数据、基层医疗等领域的工作，大学生不仅可以实现个人职业的发展，也可以为国家的科技进步和社会和谐作出贡献。

（二）社会责任感的内化与职业认知

社会责任感的内化过程是职业认知形成的重要环节之一。内化的社会责任感能够帮助大学生在职业选择中形成深刻的职业认同感。当大学生将社会责任感作为职业选择的重要标准时，他们往往会更加关注那些能够为社会带来积极变化的职业，并在职业发展中保持高度的职业忠诚度和使命感。

这种内化的过程需要通过教育、实践和反思来逐步实现。通过课程学习、社会实践和志愿服务，大学生可以逐渐培养对社会责任的深刻理解，并将其转化为个人的职业理想。职业认同感不仅使大学生在职业发展中更加坚定和自信，还能促使他们在面临职业挑战时保持积极的态度和解决问题的动力。

（三）社会责任与职业成功的关系

真正的职业成功不仅仅体现在个人成就和经济回报上，更在于职业对社会的积极影响。将社会责任感融入职业认知，不仅可以帮助大学生进行更加理性和有意义的职业选择，还能促使他们在职业生涯中追求更高层次的成就感。

例如，一名医生在治病救人的过程中，不仅可以通过治疗患者实现职业成就，还可以通过医学研究推动医学进步，造福更多的患者。这种职业成功不仅提升了个人的社会地位和职业声誉，也为社会的发展带来了积极影响。

（四）从个人成功到社会贡献的转变

在职业认知的形成过程中，社会责任感的培养可以促使大学生从单纯追求个人成功，转向追求社会贡献。这种转变不仅使大学生的职业生涯更具意义，还能够激发他们对工作的热情和动力。

在社会责任感的引导下，大学生在职业选择时更倾向于选择那些能够对社会产生积极影响的职业。他们的职业认知不再局限于个人的得失，而是更关注职业对社会、国家的贡献。这种职业认知的提升，有助于大学生在职业生涯中保持长久的动力，并在不断变化的社会环境中找到自己的职业定位。

生涯人物案例

邓稼先——两弹元勋的职业选择与社会责任

邓稼先（1924—1986年），中国著名的核物理学家，被誉为"中国核武器之父"。他在中华人民共和国成立初期毅然回国，投身于中国核武器的研制工作，为中国的"两弹一星"事业作出了卓越贡献。他的一生，是将个人的职业认知与社会责任高度融合的生动写照。

职业选择与社会责任的结合：邓稼先在1948年留学美国，并在普渡大学获得了博士学位。当时，他有机会留在美国，从事学术研究或进入私营企业，获得更好的物质条件和职业发展前景。然而，国家急需人才发展科学技术，特别是加强国防力量。邓稼先毅然决然地选择了回国，把个人的命运与国家的命运紧紧联系在一起。

社会责任对职业认知的引导：回国后，邓稼先接受了中国政府的任务，秘密投身于原子弹和氢弹的研制工作。尽管当时中国的科研条件极为艰苦，几乎没有任何现代化的研究设备和条件，但邓稼先没有退缩。他深知，中国必须掌握核武器，才能真正屹立于世界民族之林，这不仅仅是国家安全的需要，更是他作为一名科学家的社会责任。

邓稼先的职业选择正是在这种强烈的社会责任感驱动下完成的。他把个人的职业发展完全融入了国家的战略需求中，以科研为国服务为己任，将自己的职业理想与国家的长远发展紧密结合。

职业认同与社会贡献的统一：在长达数十年的研究中，邓稼先始终坚守在核武器研制的第一线。他参与并主持了中国第一颗原子弹和氢弹的研制，为中国从核大国迈向核强国立下了不朽的功勋。在此过程中，邓稼先并没有因物质条件的贫乏和科研环境的艰苦而动摇，而是以高度的职业认同感和社会责任感，推动着中国核武器事业的发展。

邓稼先的职业认同感不仅仅体现在他对核武器研究的投入上，更体现在他对国家和民族未来的深刻责任感上。他坚信，只有通过自己的努力，才能为国家带来和平与安全，为世界和平作出贡献。

社会责任与职业成功的关系：邓稼先的职业生涯展示了社会责任与职业成功之间的紧密联系。虽然他的工作性质长期保密，他的成就并未在当时广为人知，但邓稼先从未追求个人的名利与成就。他的职业成功，不仅在于他领导了中国核武器的突破性进展，还在于他为国家和世界和平作出的巨大贡献。

他的职业选择和坚持，最终得到了国家和社会的高度认可。1986年，邓稼先被追授为"两弹一星功勋奖章"获得者，成为中国科技界和国防事业的杰出代表之一。他用自己的一生，完美诠释了职业成功的最高境界——通过承担社会责任，实现职业价值的最大化。

结语：邓稼先的故事是社会责任如何塑造职业认知的经典案例。他的职业生涯不仅展示了如何通过职业选择实现个人与社会责任的统一，也为后来的大学生们树立了一个榜样：在职业规划中，大学生应时刻将个人的发展与国家的需求、社会的福祉紧密联系在一起，才能实现真正有意义的职业成功。

三、大学生勇担社会责任经典案例

在当今社会，大学生不仅仅是未来国家建设的主力军，更是推动社会进步的重要力量。以下的经典案例充分展示了当代大学生如何在职业选择中勇担社会责任，将个人价值与社会需求紧密结合。

基层工作的选择与社会责任

解传瑶，吉林医药学院2016年护理学毕业生，在面临职业抉择时，毅然选择了肩负社会责任的基层工作。

职业选择与社会责任的结合：在毕业前夕，解传瑶面临两种截然不同的职业选择：一个是进入北京的大型医院，享有优厚的薪资待遇和对口的专业工作；另一个则是回到家乡，投身大学生村官选调，担任基层干部，帮助推动脱贫攻坚和农村经济发展。

尽管北京的条件远优于家乡，但她依然毫不犹豫地选择了后者。解传瑶认为，作为一名从落后家乡走出来的大学生，她有责任用自己所学回报家乡，帮助家乡村民改善生活，推动经济社会进步。她的选择不仅体现了个人职业理想，还彰显了年青一代对社会责任的担当。

实际行动与社会贡献：到达工作岗位后，解传瑶担任某村党支部副书记，深入田间地头，了解农村农业的实际情况。在工作中，她虚心学习，磨炼自己，并积极为村干部出谋划策，解决问题。在困难群众救助方面，她耐心倾听村民的需求，协助申请救助，尤其关爱特殊群体。她为因病致贫的家庭及时申请救助，为符合条件的残疾人申请补贴，并推动产业扶持计划。她还对残疾人的生活状况保持关注，提醒残疾人定期更换残疾证，以确保他们的权益得到保障。

此外，解传瑶还积极参与乡村建设，特别是在人居环境整治工作中，她和村民一起打扫公共区域，清理卫生死角，提升村容村貌。她始终以身作则，亲力亲为，展现出强烈的社会责任感和使命感。在扶贫工作中，她保持吃苦耐劳的精神，把改善村民生活质量作为自己的奋斗目标。无论是协助贫困户解决生活问题，还是关心老年人和儿童的健康与福祉，她都以细致入微的行动赢得了群众的信任和领导的肯定。

在她的努力下，村里的经济状况有所改善，村民收入也逐渐提高，解传瑶的工作得到了村民的一致认可和赞誉。

结语：解传瑶的选择与行动表明，基层工作虽然艰苦，但充满了责任与担当。她用自己的专业知识和奉献精神为家乡的发展贡献力量，展现了新时代青年人勇于承担社会责任的精神。她的基层经历证明，大学生村官不仅能够服务基层，还能通过自身的努力，为国家的繁荣富强和中华民族伟大复兴贡献一份力量。

四、当代大学生的时代使命

在新时代背景下，当代大学生肩负着历史赋予的重大使命。他们不仅仅是国家发展的见证者，更是推动者和实践者。如何在职业生涯中践行时代使命，是每一位大学生在自我认知和职业规划中必须思考的重要问题。

（一）服务国家发展战略

当代中国正处于实现中华民族伟大复兴的关键时期，国家在经济、科技、文化、社会等各个领域都提出了新的发展战略。作为新时代的青年，大学生应积极响应国家号召，将个人职业规划与国家战略需求相结合。无论是在科技创新、教育改革，还是在乡村振兴、环境保护等领域，大学生都应主动承担起推动国家发展的责任。

例如，国家正在大力推进的乡村振兴战略需要大量专业人才投入其中。当代大学生可以通过选择到乡村基层工作，运用所学知识，帮助乡村地区实现经济社会的全面振兴。这样的选择不仅仅是个人职业发展的方向，更是为国家发展贡献力量的具体实践。

（二）推动社会进步与和谐

社会责任感是当代大学生职业生涯中不可或缺的一个重要组成部分。社会的进步与和谐需要每一个公民的共同努力，特别是具备知识、能力和创新精神的大学生。在面对社会问题时，大学生不仅要关注个人发展，还要思考如何通过职业选择和社会实践，为社会带来积极的改变。

例如，在环境问题日益突出的今天，大学生可以通过选择从事环保工作、参与环保志愿者行动等方式，践行绿色发展理念，推动社会可持续发展。无论是通过职业选择还是社会参与，大学生都可以发挥自己的专业优势，为建设更加美好和谐的社会贡献力量。

（三）引领创新与科技进步

在全球化和信息化时代，科技创新已经成为推动社会和经济发展的重要动力之一。当代大学生作为未来社会的科技创新主力军，应当在职业生涯中积极投入科技创新事业，推动国家在科技领域的进步与突破。

例如，大学生可以通过选择科研岗位、参与创新创业等方式，投身于科技前沿领域，不断探索新的技术和方法。无论是在人工智能、大数据、医疗科技，还是在新能源、信息通信等领域，大学生都可以通过自己的创新实践，为国家和社会的发展作出独特的贡献。

（四）传播文化与价值观

文化自信是国家和民族发展的重要支撑。当代大学生在职业生涯中，不仅要传承和弘扬中华优秀传统文化，还要通过职业选择和实践，将中国的价值观传播到世界各地。

例如，大学生可以通过选择从事文化产业、教育、国际交流等职业，促进中外文化交流与融合，提升中国文化在全球的影响力。同时，他们也可以在职业生涯中践行社会主义核心价值观，推动社会的道德进步和文化繁荣。

（五）培养全球视野与国际担当

随着中国日益走向世界舞台的中央，当代大学生也应具备全球视野和国际担当。在职业选择中，大学生不仅应关注国内的发展，还应放眼全球，思考如何在国际事务中发挥积极作用。

例如，大学生可以选择从事国际组织、跨国企业、外交等工作，将中国的发展经验和理念带向世界，同时为全球治理和人类共同发展贡献智慧和力量。

当代大学生的时代使命，是在实现个人发展的同时，积极承担起服务国家、推动社会进步的责任。在职业生涯规划中，大学生应始终牢记自己的时代使命，将个人理想与国家和民族的伟大复兴紧密结合，为实现中华民族伟大复兴贡献自己的青春和力量。

通过履行时代使命，当代大学生不仅能够实现个人的职业目标，还能在更广阔的社会舞台上展示自我价值，成为引领社会进步和国家发展的中坚力量。

生涯人物案例

邱晨光——扎根基层，用科技助力乡村振兴

邱晨光，毕业于中国农业大学，是一名农学专业的博士研究生。在毕业后，他放弃了大城市高薪职位的机会，选择回到自己的家乡——四川省一个偏远的贫困村庄，致力于推动当地的农业发展，帮助农民脱贫致富。

响应国家战略：党的十九大报告中提出了乡村振兴战略，旨在全面推进乡村经济、文化、生态的繁荣发展。邱晨光敏锐地意识到，作为一名农学专业的毕业生，他可以通过自己的知识和技能为国家的这一战略贡献力量。带着这样的使命感，他回到了家乡，投身于乡村振兴的伟大事业中。

推动社会进步与和谐：回到家乡后，邱晨光面对的是长期以来农业发展缓慢、农民收入低下的现实情况。他深知，只有通过现代农业科技的应用，才能帮助村民提高生产效率，实现增产增收。于是，邱晨光利用自己在学校学习到的现代农业技术，开展了一系列的农业科技推广活动。

他帮助当地农民引进高效种植技术，推广科学施肥、病虫害防治等新技术，并通过示范田的形式，手把手教会农民如何操作。同时，他还联系了农业科研院所和企业，为村民引入优良的种子和高效的农机设备，显著提升了农作物的产量和质量。在他的努力下，村民们的收入显著增加，村庄的经济面貌也焕然一新。

引领科技进步：邱晨光不仅仅是一个农业技术的推广者，更是一个科技创新的实践者。他积极参与农业科技的创新研究，开发了适合当地土壤和气候条件的种植新模式，并将这些研究成果应用于实际生产中。这些创新举措不仅提高了农作物的产量，还大大降低了农民的生产成本。

传播文化与价值观：在推动农业科技进步的同时，邱晨光还注重弘扬和传播现代农业的文化价值观。他通过组织村民学习现代农业管理知识，开展农业技能培训，逐步改变了村民们传统的种植观念，提升了他们对现代农业的认可度和接受度。同时，他还积极推动乡村文化建设，倡导绿色发展理念，促进了当地生态环境的保护和文化氛围的提升。

培养全球视野与国际担当：尽管扎根于基层，邱晨光依然保持着全球视野。他关注国际农业发展的最新动态，并尝试将一些先进的农业技术和理念引入中国的乡村。同时，他还积极参与国际农业学术交流活动，将中国的乡村振兴经验分享给其他发展中国家，为全球农业的发展贡献中国智慧。

结语：邱晨光的故事是当代大学生勇担时代使命的生动写照。他通过将个人的职业规划与国家战略紧密结合，在基层扎根，用科技助力乡村振兴，推动社会的进步与和谐。他的实践证明，当代大学生不仅可以通过自己的职业选择实现个人价值，还能够通过肩负社会责任，为国家的发展、社会的进步作出重要贡献。邱晨光的经历，为更多的大学生树立了榜样，激励他们在职业生涯中以时代使命为指引，成就更有意义的人生。

五、行动指南

在理解了当代大学生肩负的时代使命和社会责任之后，如何将这些理念转化为实际行动，成为职业生涯中的重要组成部分，这也是每一位大学生都应认真思考和实践的内容。

（一）制订职业规划时优先考虑社会需求

在职业规划初期，大学生应深入了解国家的发展战略和社会需求，将个人兴趣、专业技能与社会责任相结合。

（1）识别社会需求：阅读并分析国家和地方的政策文件，如《中华人民共和国国民经济和社会发展第十四个五年规划和 2035 年远景目标纲要》，了解哪些领域是国家发展的重点，哪些行业急需人才。例如，乡村振兴、科技创新、公共卫生等领域都是当前的国家战略重点。

（2）匹配职业目标：在确定个人职业目标时，选择那些既符合个人兴趣又能满足社会需求的职业方向。例如，环保专业的大学生可以将个人职业目标与国家的生态文明建设需求结合，选择从事环境保护相关工作。

通过这种方法，大学生可以确保他们的职业规划不仅朝着个人发展的方向，也能够为国家和社会作出积极贡献。

（二）积极参与社会实践与志愿服务

社会实践和志愿服务是大学生将社会责任转化为具体行动的重要途径。

（1）选择相关项目：大学生应积极参与与社会责任相关的志愿服务或实习项目，如扶贫支教、社区医疗服务、环保公益活动等。这些活动不仅能够培养他们的社会责任感，还能帮助他们更好地理解社会需求。例如，医学生可以利用假期时间，定期参与乡村医疗服务，积累基层医疗经验，提升自己的社会责任感。

（2）长效机制：将社会实践和志愿服务纳入长期计划中，而不仅仅是短期任务。通过持续地参与这些活动，大学生可以将社会责任感内化为职业发展的驱动力。

（三）强化专业技能与社会责任的结合

大学生在学业中应注重将专业技能的提升与社会责任的履行相结合，确保自己在职业生涯中能够更好地服务社会。

（1）跨学科学习：在专业学习之外，大学生可以选择一些与社会责任相关的选修课程，如公共政策、环境法、社会工作等。这些课程能够拓展大学生的知识面，并为将来在职业中承担社会责任作好准备。

（2）技能应用实践：通过参与校内外项目，将所学技能应用于解决实际社会问题。例如，计算机专业的学生可以参与开发公益软件项目，帮助非营利组织提升工作效率。

通过这些方式，大学生可以在提升自身专业素质的同时，增强履行社会责任的能力。

（四）在职场中践行社会责任

在职业生涯的早期，大学生应优先选择那些重视社会责任的企业和组织，并在工作中主动推动社会责任的实践。

（1）企业选择：在求职时，大学生可以优先考虑那些在社会责任领域表现突出的公司，选择这些公司能够帮助大学生更好地在职业生涯中履行社会责任。

（2）职场推动：入职后，大学生应主动参与并推动企业内的社会责任项目，如绿色运营、社区建设等。通过实际行动，大学生可以在职场中践行社会责任，推动企业在社会责任方面的进步。例如，入职环保领域的公司后，大学生可以倡导并推动公司参与更多的环保公益活动，增强公司的社会影响力。

（五）建立个人的社会责任评估机制

在职业发展的不同阶段，大学生应定期评估自己在履行社会责任方面的表现，确保个人发展与社会责任的平衡。

（1）自我评估：定期对自己在职业生涯中的社会责任履行情况进行反思，设立具体的社会责任目标，并定期回顾和调整。例如，大学生可以设定"每年参与两个公益项目"或"推动公司开展新的社会责任项目"的目标。

（2）记录与反馈：建立个人的职业生涯社会责任档案，记录自己在工作中参与的社会责任活动及其影响。通过这种方式，大学生可以清晰地了解自己的社会责任履行情况，并在职业发展中不断优化和提升。例如，律师可以记录自己参与的公益法律服务项目，并在职业生涯中逐步扩大这些服务的影响范围。

通过这些具体的行动指南，当代大学生可以将社会责任真正融入职业生涯规划和实践中。在职业发展的每一个阶段，大学生都应牢记自己的时代使命，将个人发展与社会责任紧密结合，真正做到"知行合一"。这些行动指南为将为大学生们提供切实可行的方向和路径，帮助他们在未来的职业生涯中实现个人价值与社会价值的双赢。

第四章 职业生涯决策

王悦的迷茫

王悦是一名普通医药大学临床医学专业的大四学生。上大学前父母对她充满期待，希望她毕业后可以直接在医院找一份稳定的工作。在大学期间她努力锻炼自己，认真学习、积极参与各类竞赛、认真完成各种临床见习实践和课外科研活动。但是，即将进入实习期的王悦，面对实习期的规划及自身职业生涯的选择陷入了深深的迷茫。一方面，即将进入毕业季，铺天盖地的就业信息让她陷入焦虑，她不确定自己是否要直接着手准备投递简历或准备面试。另一方面，看到身边同学纷纷准备考研，她心里也希望未来能拥有更好的学历、更广阔的科研平台。

在进行职业生涯决策时，人们只有用对方法、选对方向，才会作出正确的决策，才有利于自己在实现职业目标的道路上少走弯路。为了更好地作出职业生涯决策，我们应该先了解其基本概述。

第一节 职业生涯决策概述

英国作家乔安妮·凯瑟琳·罗琳（J. K. Rowling）曾说过："决定我们一生的往往不是我们的能力，而是我们的选择。"所有的道路，不是别人给的，而是自己选择的结果；个体有什么样的选择，也就会得到什么样的结果。但很多时候，往往在面临一些重要的选择时，许多人会感到迷茫、犹豫不决甚至恐惧，抉择的结果通常会出现三种情况：不会选择、不坚持选择、不断地选择。那么在面临选择时，怎样才能克服这些心理状态，作出理性的选择呢？

对于大学生来说，读什么专业、选什么课程、升学还是就业、从政还是从商、到大公司工作还是小企业发展、留在城市还是回家乡工作等，都是要面临的选择，本节我们将探讨职业生涯决策的概念、特点和类型，帮助大学生进行分析，从而作出正确选择。

一、职业生涯决策的概念

职业生涯决策是指个体在职业生涯面临多重选择时，从几个备选方案中经过分析比较而作出选择的过程。具体来讲，它是指为了达到自己的职业目标，根据现有条件，从多个可行的方案中选择一个相对更合理的方案的过程，是决策者经过各种考虑和比较之后，对应该做什么和应该怎么做所做的决定。

由此可见，职业生涯决策由三部分组成，分别是：①明确职业目标；②确定可选方案；③挑选最终方案。其实，任何一个决策也可以依从这个模式。例如，经过一天繁忙的学习后，一个人想放松心情，他打开电脑，在音乐播放器中选择了几首最喜欢的歌曲并播放。在整个过程中，这个人的决策已经包含了以上三个组成部分：①明确了解自己的目标，即放松心情；②在众多休闲娱乐方式中将听音乐作为其中一个可选方案；③最终选择了听音乐这一方式，并选择了自己喜欢的几首歌曲。

对于大学生来说，职业生涯决策的关键在于通过对自己的认知以及对外部职业环境的了解来明确职业目标。这个职业目标的确定过程包含了对自我的探索和对职业环境的认识及体验，因此，职业决策的过程实际上是一个信息的搜集和整合的过程，也是一个复杂的心理过程，而不单单是一个结果。

二、职业生涯决策的特点

职业决策作为一个复杂的心理过程，具有以下特点。

（一）职业决策没有对错好坏之分

任何一项职业决策都是在当时的情况下，根据现有条件和自己的主观愿望，在所有的备选方案中选择的相对于自己而言更为合理的一个职业目标和路径，是每个人不同价值观的体现而已，并不存在好坏之分。

（二）职业决策方案都不是完美的

每一个职业决策方案都有优点和缺点，所以个体在面临选择时，这些优缺点往往给他们带来一定的决策困难。个体难以作出决策，这说明每个方案对于他来说都可以接受，没有明显的高下优劣之分，对决策者都有强烈的吸引力。

（三）职业决策是一个选择与放弃的过程

个体在作出选择一个方案的过程中，其实也是对其他方案的放弃，同时要承担由此带来的后果，所以决策者应该懂得合理取舍。

（四）职业决策是一种自主性活动

个体在众多方案中进行抉择时，尽管可以听取他人的建议和意见，但最终的决定权还是掌握在自己的手中，整个决策过程体现出自主性的特征。

三、职业生涯决策的类型

有些人，方向未定，却贸然上路；有些人，反复思量，仍寸步难行。

对有些人而言，生命似"如临深渊"般，严肃认真，甚至有些固执。

对有些人而言，生命似"难得糊涂"般，能看破放下，自在随心。

由此可见，不同的人在面对决策时，会呈现出不同的状态，最终的决策风格也有差异。

风格是指不同的人在做事方式上所表现出来的习惯偏好。每个人的经验、知识、兴趣、性格、价值观的不同，导致他们在进行职业选择时往往表现出不同的行为方式，这种独特的决策方式被称为决策风格。主流的决策风格有"八类型"决策风格和"五类型"决策风格。

（一）"八类型"决策风格

最早研究决策风格的是丁克里奇（Dinklage），他依据研究，将人们在进行职业生涯决策时所采用的风格归结为八类（见表4-1）。

表4-1　"八类型"决策风格

决策类型	说明	行为特征	优势
计划型 Planning Style	决策时较理性，会对自我条件和外界因素进行充分的考虑，以作出适当且明确的选择	一切操之在我，我是命运的主宰，是自己的主人	主动积极地解决问题
冲动型 Impulsive Style	遇到第一个选择就抓住不放，不再考虑其他选择或进一步收集信息	先决定，再考虑	比较节约时间
直觉型 Intuitive Style	基于"感觉是对的"来决策，但不能说明原因	就是觉得这个好	比较简单省事
顺从型 Compliant Style	倾向于顺从别人的计划而不是独立决策	只要他们觉得好，我就觉得好	维持表面和谐
宿命型 Fatalistic Style	自己不愿决策，把决策的权利交给命运或机会	船到桥头自然直，时也、运也、命也	自己不必负责任，减少焦虑
痛苦型 Agonizing Style	收集了大量的信息，反复询问比较却迟迟难以决策	我就是拿不定主意，不知道该怎么办	资料收集得充分完整
拖延型 Delaying Style	知道问题所在，但经常迟迟不决策，或者到最后一刻才决策	急什么？过两天再说吧	延长决策的时间
瘫痪型 Paralysis Style	可能在理性上接受了应该决策的观念，但无法开始决策过程	一想到这个事就害怕	可以暂时不决策

【拓展阅读】

决策莽撞的山羊

一只狐狸掉到了井里，怎么也出不来。正焦急时，口渴的山羊来到井边，看见狐狸在井下，便问他井水好不好喝。狐狸窃喜，觉得机会来了，极力赞美井水清甜爽口，并劝山羊赶快下来共饮。

一心想喝水的山羊信以为真，便不假思索地跳了下去，当它饮完后，才发现如何出去是个问题。狐狸乘机假惺惺地说："你用前脚扒在井墙上，我先从你后背跳上井去，再拉你上来，我们就都得救了。"山羊同意了，依计而行。没想到狐狸上去后，就毁约要独自逃离。山羊指责狐狸，狐狸则反唇相讥："你的头脑如果像你的胡须那样完美，就不至于在没看清出口之前就盲目地跳下去了。"

聪明人应当事先考虑清楚事情的结果，不能太鲁莽。山羊的决策明显地属于顺从型的决策风格，相信"他们都觉得好，我就觉得好"，缺乏冷静思考，结果导致自己陷入绝境。

根据个体对"自己"和"环境"认知的多少，还可以将上述"八类型"决策类型进行如下划分，如表4-2所示。

表4-2　"八类型"决策风格划分表

		自己	
		未知	已知
环境	未知	困惑和麻木性决策： 痛苦型、拖延型、瘫痪型	直觉性决策： 冲动型、直觉型
	已知	依赖性决策： 顺从型、宿命型	信息性决策： 计划型

（二）"五类型"决策风格

美国职业生涯专家斯科特（Scot）和布鲁斯（Bruce）认为决策风格是在后天的学习经验中逐渐形成的，并将决策风格划分为五种类型：理智型、直觉型、依赖型、回避型和自发型。这五种理论模型为大学生自身职业生涯决策提供了科学框架。

1. 理智型

理智型以系统性收集信息，建立评估矩阵，通过利弊分析后作出选择为特征。这类决策者具备深度思考分析问题的能力并且逻辑性较强。这类决策往往质量高，职业适应性强，但也伴随着过度分析的风险。运用这种决策强调综合收集信息的全面、思考的理智和冷静的判断。大学生可通过制定详细的职业评估表、参考行业报告、薪资数据、晋升路径等量化指标进行决策。

2. 直觉型

直觉型以依赖主观感受和瞬间洞察，追求"感觉对"的匹配为特征。直觉型的决策风格往往决策效率高，契合个人价值观。但由于它以个人直觉而不是理性分析为基础，可能因忽视客观现实因素或"认知偏见"从而作出错误决策。大学生可建立"直觉验证清单"，如与行业人士交流、短期实习体验等。

3. 依赖型

依赖型以高度依赖他人意见，寻求权威指导为特征。依赖型的决策者往往不足以承担独立作决策的责任，需要他人参与决策并共同分享决策成果。该决策类型优势是可以降低决策压力，获取多元信息，但也易产生路径依赖，忽视自我需求。大学生可通过建立"决策责任清单"，明确他人建议与自我需求的权重，或参加见习、实习等。

4. 回避型

回避型以拖延或逃避决策，用"顺其自然"合理化决策为特征。回避型的决策风格是一种拖延、不果断的方式。这类决策者往往错失机会窗口，被动接受选择。大学生可通过建立"决策后悔模拟"机制，降低对失败的恐惧。

5. 自发型

自发型以偏好灵活调整，善于把握偶然机会为特征。自发型的个体往往适应快速变化的就业市场，并能激发出创新潜能。但可能因职业积累不足，导致缺乏长期竞争力。大学生可通过设定阶段性职业里程碑配合作出决策。

以上五种职业生涯决策类型各有利弊，总的来说，理智型、直觉型和自发型这三种风格比较积极，而依赖型和回避型比较消极。需要提醒的是，决策风格既受个性的影响，又受环境的塑造，并非无法改变，为此，大学生需要对自己的决策风格进行识别，并有针对性地进行调整。

【活动】桃园摘桃

测试你的决策风格：摘桃

有一片桃园，允许你进去摘桃子，但只许前进不许后退，只能摘一次，要摘个最大的，你会怎么办？

A：对视野内的桃子进行比较，形成一个大概的标准，再根据这个标准选择最大的桃子。

B：我感觉这个大！就摘这个了。

C：去问看桃园的人，让他告诉我哪棵树的桃子最大！或者问旁边的人哪棵树的最大。

D：先别管了，走到最后再说吧。

E：稍微比较，迅速摘一个。

我的选择是：＿＿＿＿＿＿＿

参考答案：

A选项对应理智型；B选项对应直觉型；C选项对应依赖型；D选项对应回避型；E选项对应自发型。

第二节　职业生涯决策的方法和影响因素

一、职业生涯决策的方法

在进行职业生涯决策时，掌握一些实用的决策方法将有助于个体厘清思路，作出较为合理的选择。下面介绍一些专业决策的实用方法。

（一）CASVE 循环认知策略

CASVE 循环认知策略源自认知信息加工（Cognitive Information Processing，CIP）理论，CIP 是在 1991 年，由以美国心理学家盖瑞·彼得森（Gary Peterson）、詹姆斯·桑普森（James Sampson）、罗伯特·里尔登（Robert Reardon）等人组成的一个研究团队提出的，该理论的核心是认知金字塔模型和 CASVE 循环认知策略。认知金字塔模型构建了基本的理论框架，CASVE 循环认知策略展示了决策的动态过程。位于塔底的领域是知识领域，包括自我知识和职业知识。中间领域是 CASVE 循环认知策略领域，即如何解决问题和选择决策。最上层的领域是执行领域，也称为元认知，是任何调节认知过程的认知活动，包括自我言语、自我觉察、控制与监督。CASVE 循环认知策略由沟通（Communication）、分析（Analysis）、综合（Synthesis）、评估（Evaluation）、执行（Execution）五个步骤组成，如图 4-1 所示。

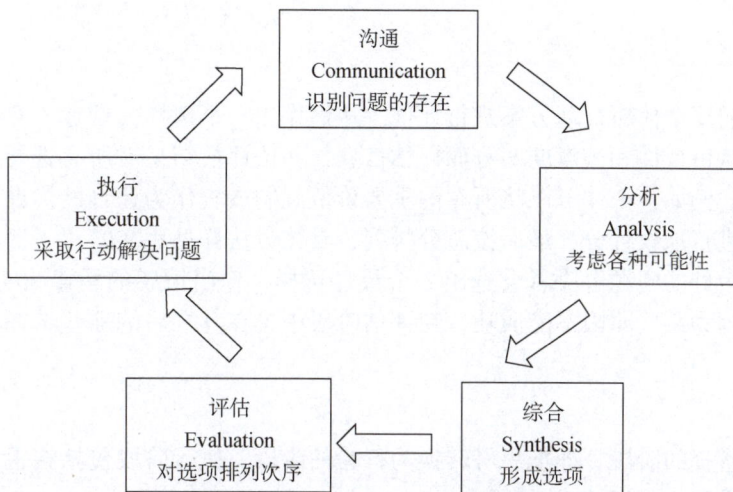

图 4-1　CASVE 循环模式图

1. 沟通

在这个阶段，个体发现职业理想与现实之间存在差距，意识到"我需要作出选择"。

这一步往往伴随着焦虑和痛苦，是一个由平衡到不平衡的觉醒过程。例如，许多大学生在接触职业生涯规划之前，认为上大学只要好好学习、认真读书就可以了，对于未来的规划没有太多的概念，觉得这太遥远。接触了职业生涯之后，他们逐渐明白大学期间需要做好学业规划与职业准备，于是意识到应尽早开始思考职业目标、选择职业路径，也开始准备采取行动。当问题浮现以后，个体进一步细化问题、明确问题，便是完成了沟通阶段的任务。

2. 分析

在这一阶段，个体要对理想与现实之间的差距进行分析，要将问题的各个部分联系起来，对现状进行评估，了解自己和明确可能的选择，对所有信息进行分析。这其中还包括确认要作出的决策——决策的性质、具体目标、标准等。不少人将目标与达到目标的手段相混淆，比如为了学历而读书，但实际上提高学历只是过程，不是职业发展的最终目标。此外，分析阶段是决策过程中最容易出现问题的阶段。许多人倾向于用简单的方式得出结论，从而直接跳到行动步骤，例如，一些大学生并没有考虑出国考研是为了什么，就开始盲目行动。这样的决策使他们未弄清问题的关键，也未能收集充分的信息，往往不能得到很好的执行。

3. 综合

这一阶段主要是综合加工上一阶段提供的信息，从而制订消除差距的行动方案。其核心任务是确定"我们可以做什么来解决问题"。

这是一个扩大并缩小选择清单的过程。首先，先扩展找到消除差距的各种选择，尽可能多地找到消除差距的办法，发散地思考每一种办法，甚至采用"头脑风暴"进行创新思考。然后，缩小有效方法的数量，通常缩减到 3~5 个选项，这是个体大脑中最有效的记忆量和工作容量。

分析和综合阶段还包含着个体对信息和决策过程的审查，审核标准是差距是否已经被消除。

4. 评估

这一阶段需要个体对行动方案进行评估，从而作出一个选择（职业、专业或其他）。

个体可以从可行性和满意度两方面评估信息，并按评估结果对所有选择进行排列，得出最终的选择。例如，个体可以将所有的重要价值观制成表作为评判的标准，并按每一项对所有的选择进行加权计分，最后按总分排列，具体方法详见后文的"平衡单法"。

此时，一个好的问题解决者会选出一个最佳选择，作出情感的承诺去实施这一选择。即使第一选择因为某些原因不能成功，在评估阶段中排在其之后的那些选择也是恰当的备选方案。

5. 执行

这是实施选择的阶段，即把思考转换为行为的阶段。执行阶段包括将手段与目标相联系，并确定一系列步骤以达成目标。

CASVE 循环是一个不断重复的过程，在执行阶段之后，生涯决策者又回到沟通阶段，以确定已经选取的选择是否是最好的，是否能最有效地消除理想与现实之间的差距。

总而言之，CASVE 循环认知策略作为 CIP 的一个重要组成部分，是内部信息和外部信息的整合过程，即对问题作出分析和决策的过程。其通过沟通、分析、综合、评价与执行五个步骤，实现信息决策影响行为的效果，以达到预期的目标。沟通是指接收有关问题的信息，识别理想与现实情境间的差距；分析是指对问题各方面进行更充分的理解和反思；综合是指制订消除问题或差距的行动方案，合理罗列选择清单；评价是指对可能的解决方法进行权衡，围绕核心目标，排列优先级；执行是指将认知转换为有计划、有策略的行动，并加以循环跟踪。

CASVE 循环认知策略常被应用于职业生涯规划、组织决策管理等领域，它不仅是一项决策技术，也是一种解决问题的思维活动方式。首先，发现内部或外部的讯号，通过分析与自我内部沟通确认内部需求，找到可能存在的问题，然后整合个人现有的资源，将其相互联系进行分析并形成选项，进一步寻求解决问题的方法。其次，通过对每种方案的优势和劣势的评估，对选项进行排序。最后，依照排序确定最终选择的方案加以执行，并循环跟踪，以解决实际问题。生涯决策的内涵就是在深入、全面地了解个人情况的基础上，依据个人需求，运用科学的知识和技能，进行有针对性的决策，从而帮助个体解决思想、学习及生活等方面问题的过程。生涯决策的实质就是一个帮助个体解决个性化成长问题的过程，而 CASVE 循环认知策略可以更加客观、科学、全面地帮助个体形成有效决策，以解决困惑和问题。

（二）面对单一选择——SWOT 分析法

SWOT 分析法又称态势分析法，是一种根据自身的既定内在条件进行分析，找出优势、劣势及核心竞争力之所在的战略分析方法，是一种能够较客观而准确地分析和研究个体现实情况的方法。其中，主观因素 S（Strength，优势）是内部环境中的积极因素，主要是指有利的竞争态势等；主观因素 W（Weakness，弱势）是指在竞争中相对弱势的方面，也是内部环境中的消极因素；客观因素 O（Opportunity，机会）是外部环境中的有利因素，具体包括市场需求大、竞争对手失误等；客观因素 T（Threat，威胁）是外部环境中的不利因素，具体包括新的竞争对手、行业政策变化、经济衰退等。

SWOT 分析法具有显著的结构化和系统性的特征，分析直观、使用简单是它的主要优点。就结构化而言，首先，在形式上，其表现为构造 SWOT 结构矩阵，并对矩阵的不同区域赋予不同的分析意义；其次，在内容上，其主要理论基础也强调从结构分析入手，对外部环境和内部资源进行分析。即使没有精确的数据支持和更专业化的分析工具，使用 SWOT 分析法也可以得出有说服力的结论。但是 SWOT 分析法又不可避免地存在精度不够的缺陷。例如，SWOT 分析法采用定性方法，通过罗列 S、W、O、T 的各种表现，形成一种模糊的描述，以此为依据作出的判断，不免带有一定程度的主观臆断。

SWOT 分析法将调查得出的各种因素根据轻重缓急或影响程度等排序，构造 SWOT 矩阵。在这个过程中，应将那些对个体发展有直接的、重要的、大量的、迫切的、久远的影响因素优先排列出来，而将那些间接的、次要的、少许的、不急的、短暂的影响，暂时搁置一边。在完成环境因素分析和 SWOT 矩阵的构造之后，便可以制订相应的行动计划了。制订计划的基本思路是：发挥优势因素，克服弱势因素，利用机会因素，化解威胁因素，立足当前、着眼未来。运用系统分析的方法，将排列与考虑的各种因素互相联系并加以组合，帮助个体得出一系列可选择的对策。

生涯人物案例

以周雪为例进行 SWOT 分析

周雪，女，2002 年出生。2021 年考入著名大学新闻传播专业，2025 年 7 月毕业。

1. 内部环境分析

S：优势

理想远大、生活态度积极，善于以积极的眼光看待自己的人生；诚实守信、为人正直，喜欢与人交往，待人诚恳；有强烈的责任心、较强的社会适应能力，心思细腻；思考问题有独特看法，勇于创新，喜欢接触新生事物。

W：劣势

社会工作经验不足，遇事缺少理性思考，有时表述问题过于烦琐；自恃清高，我行我素，很多时候听不进他人的友善建议；优柔寡断，为此常常错失良机。

2. 外部环境分析

O：机遇

如今是一个信息爆炸的时代，媒体在社会中的作用更是与日俱增，社会对这方面人才的需求量大，相对来说，新闻传播专业的就业前景一片光明。

周雪所在的大学为她提供了良好的学习环境。她还参与过一些科研项目的研究，向该行业的一些高层人士学习。

T：威胁

我国就业形势严峻，人才过剩的现象比比皆是。因此越来越多的用人单位更看重实际工作能力和工作经验，并非只注重学历。近年来大学生的数量剧增，想要从中脱颖而出，要凭对知识的把握和能力的展现。

3. 未来选择

通过SWOT法进行个人分析后，周雪对自己的发展有了更加清晰的认识，在一年的实习期间，她打算利用自身较强的学习能力，努力提高传播学和广告学理论知识在实践中的应用能力，为即将到来的就业奠定基础。

（三）平衡单法

平衡单法是目前较为常用的职业决策方法，它从个人、他人的角度出发，将重大决策的思考方向集中到四个主题上：个人物质方面的得失、个人精神方面的得失、他人物质方面的得失、他人精神方面的得失。然后，它根据每个主题列出考虑的因素，给每一个因素以相对的权重。对于备选职业方案，它对照考虑因素给出分数，"得"以正数表示，"失"以负数表示。

1. 平衡单的项目表

（1）个人物质方面的得失：个人收入、未来发展、工作环境、休闲时间、对健康的影响、再就业机会、足够的社会资源等。

（2）个人精神方面的得失：兴趣的满足、能力的满足、价值观的满足、生活方式的改变、自由程度、成就感，自我实现的程度、挑战性、创造性、被认可等。

（3）他人（父母、师长、配偶等）物质方面的得失：家庭经济、家庭地位、与家人相处的时间等。

（4）他人（父母、师长、配偶等）精神方面的得失：成就感、自豪感、依赖等。

2. 平衡单的加权积分

（1）每个因素的权重分析：每个因素对于决策者的价值是不同的，可以主观给每个因素赋予一定的权重，以数值表示价值大小（1~5）。

（2）每个因素的利弊分析："+""-"号分别代表"得"与"失"，对于每一个考虑因素，均可以以数值的大小代表得失的程度（-10~+10）。

（3）算出各职业选择的总分，得到得分最高者。

生涯人物案例

董芳的职业决策平衡单

以下以董芳为例，绘制其职业决策平衡单。就业指导与服务中心的老师了解到董芳的情况后，给予了她热情的帮助。经过相关测评，其MBTI的人格类型是ESFJ，霍兰德职业兴趣代码是ISR，价值观量表中显示她看重的是职业中的创造性，认为工作的目的和价值是为社会创造更多美好的事物。

在究竟是读研究生还是选择工作的问题上，她使用了平衡单法进行职业选择，如表4-3所示。

表4-3 董芳的职业决策平衡单

项目	选项一：工作		选项二：读研	
	正面预期（+）	反面预期（-）	正面预期（+）	反面预期（-）
个人物质得失：				
个人收入（4）	6（+24）			-3（-12）
健康状况（2）			4（+8）	
休闲时间（3）		-6（-12）		-1（-6）
未来发展（2）	2（+4）	-2（-6）	6（+12）	
升迁状况（1）	1（+1）		4（+4）	
社交范围（2）	3（+6）			-1（-2）
他人物质得失：				
家庭收入（3）	3（+9）			-2（-6）
个人精神得失：				
所学应用（2）	5（+10）		8（+16）	
改变生活方式（3）			6（+18）	
富有挑战性（4）	2（+8）		3（+12）	
个人成就感（5）	3（+15）	-4（-12）	5（+25）	
创造性（5）	3（+15）		5（+25）	
他人精神得失：				
父亲支持（3）	3（+9）		1（+3）	
母亲支持（3）	3（+9）		1（+3）	
总分	80		100	

通过职业决策平衡单分析，董芳认识到自己内心深处最渴望的还是继续读研深造。

在职业决策平衡单中，权重和得分是因人而异的，个体可以根据自己的实际情况进行调整、比较。概括来说，平衡单具有以下优势：①可协助个体系统化、书面化地整理对职业选择的思考，如平衡单中需要列出各种考虑的因素；②可协助个体澄清对每个方案的思考，并以书面的方式累计思考结果，如平衡单中需要给每个因素予以评分，由此可考量个体对这些因素是否有足够的了解和考虑；③可协助个体检视职业考虑因素的相对重要性；④可协助个体作出职业规划和决策；⑤可允许个体考虑因素的转换而改变职业决策结果，并了解改变的理由。

决策平衡的过程，更是一个自我梳理的过程，它鼓励个体在进行职业决策时能尽可能地思考和探索自我，同时，帮助个体澄清平时所忽略的东西。

（四）期望效用方法

期望效用方法是经济学中的一种方法，其前提是人是完全理性的。效用公式为：

$$EU = E \cdot V$$

式中：EU——期望效用值；

V——效用值，表示该因素对于主体的价值，即选择主体的人对该因素的重视程度；

E——期望值，表示实现该职业选择的概率。

期望效用理论认为应该选择期望效用值总和最大的方案。

例如，小李要在销售岗位与办公室文员之间选择一个岗位，小李使用期望效用方法来辅助自己决策，如表4-4所示。

表4-4　小李的职业决策期望效用分析表

考虑因素	*V* 效用值 (1~10)	*E* 概率（0~1）		EU（1~10）	
		销售	文员	销售	文员
收入	9	0.9	0.6	8.1	5.4
工作安全	10	0.4	0.8	4.0	8.0
地位	6	0.5	0.7	3.0	4.2
地点稳定	6	0.7	0.9	4.2	5.4
工作挑战	7	1.0	0.7	7.0	4.9
休闲时间	4	0.6	1.0	2.4	4.0
家人相处	7	0.6	0.8	4.2	5.6

SEU（销售）= 8.1+4.0+3.0+4.2+7.0+2.4+4.2 = 32.9

SEU（文员）= 7.2+10.0+4.2+5.4+5.6+1.6+2.8 = 37.5

SEU为期望效用值总和。对于小李来说，期望效用值总和最大的是办公室文员，所以较有利的职业选择是办公室文员。

（五）六顶思考帽

1. 六顶思考帽的概念

六顶思考帽（Six Thinking Hats）是由爱德华·德·波诺（Edward de Bono）博士提出的一种思维训练模式，旨在通过不同颜色的帽子代表不同的思考方式，以促进全面、有序的思考。六顶思考帽模型如图4-2所示。

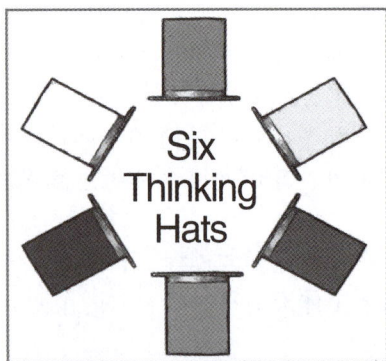

图4-2　六顶思考帽模型

白色思考帽：代表中立和客观，戴上它意味着人们关注客观的事实和数据。

绿色思考帽：象征创造力和想象力，用于创造性思考和头脑风暴。

黄色思考帽：代表价值和肯定，戴上它时，人们会从正面考虑问题，表达乐观和建设性的观点。

黑色思考帽：允许人们运用批判性思维，发表负面意见，找出逻辑上的错误。

红色思考帽：代表情感，戴上它时，人们可以表达自己的情绪和直觉。

蓝色思考帽：负责控制和调节思维过程，规划和管理整个思考过程，并负责得出结论。

六顶思考帽的核心概念就是"思考者一次只做一件事"。思考者要使用一种平行性思维，即在思考过程中，每一位思考者都应将自己的观点与其他人的平行同等对待，而不是互相批驳。

这种思维方式有助于个体实现无约束思维，即在不同状态下，人们可以更自由地思考，不受大脑化学成分差异的限制。此外，六顶思考帽还强调了将个人观点与扮演角色分离的重要性，以避免因个人情感而影响对观点的客观分析。通过转换思考问题的角度，人们可以增加思考的透明度，从而更清晰地意识到自己正在使用的思维方式。

2. 六顶思考帽的积极作用

（1）角色扮演：通过角色扮演，思考者可以避免思维过程中的"自我防卫"现象，使自身能够更客观地分析问题。

（2）引导注意力：六顶思考帽提供了一种方法，帮助思考者将注意力引导到不同的层面，从而超越反应式思维。

（3）简化思维：通过将思维分解，思考者一次只关注一种思维方式，如情感、逻辑、数据等，而不是同时处理多个因素。

（4）自由变换思维形态：六顶思考帽允许思考者在不同的思维方式之间自由切换，以适应不同的思考需求。

（5）提高团队集思广益能力：在团队中使用六顶思考帽，可以提高团队成员的集思广益能力，为统合综效提供操作工具。

（6）用平行思维取代批判式思维：六顶思考帽鼓励使用平行思维，即同时考虑多个观点，而不是单一的批判式思维。

（7）适应不同情境：六顶思考帽适用于时间紧迫、问题复杂或意见分歧的情况，帮助思考者更全面地分析问题。

3. 六顶思考帽在职业生涯决策中的应用

人们可以使用六顶思考帽的方法来解决职业规划和个人发展中遇到的问题。以下是一个生涯教育中的例子，展示如何使用思考帽顺序和特定小问题的组合思考帽解决问题。

例如，抛出问题——如何选择适合自己的职业道路？要求：不需要事先掌握生涯规划的框架，而是在探索过程中根据不同的情况选择合适的"帽子"路径。

这可以采用以下的"帽子"顺序来进行规划。

白色思考帽：首先，收集关于不同职业的信息，包括职业描述、所需技能、工作条件、薪资水平等。

黑色思考帽：识别和讨论选择职业时可能遇到的问题和障碍，如某些职业的竞争激烈、工作与个人价值观的冲突等。

黄色思考帽：探讨每个职业的积极方面，如职业发展前景、个人兴趣与职业的匹配度等。

绿色思考帽：使用绿色思考帽激发创新思维，思考非传统或新兴的职业道路，或者如何将个人兴趣和技能结合起来创造新的职业机会。

红色思考帽：表达对不同职业的情感反应，如对某个职业的向往、对工作条件的担忧等。

蓝色思考帽：最后，总结整个讨论过程，综合考虑所有因素，作出明智的职业选择。

通过这种结构化的思考过程，人们可以更全面、深入地了解自己的兴趣、能力和职业市场，从而作出更符合自身情况的职业选择。

（六）直觉式决策方法

即使学习了以上几种职业生涯决策方法，一部分人在真正面临职业选择时，还是会感到迷茫，不知道该如何做决定。其实，这种现象是常见的，多数人在决策时都会面临这个问题，因为决策结果的满意与否最主要的判断依据还是自己内心最深层次的需求。在这里，我们介绍一种直觉式决策方法。

直觉也是一种对事实的觉察——没有经过有意识的推理而得出的认识。在日常学习生活中，很多决定都是凭借直觉作出的，并没有花太多的时间去搜集资料、分析思考。直觉式决策方式最大的优点就是高效省事。尽管直觉式决策往往缺乏理性和可控制性而遭到排斥和否定，但这种方式所作出的决定对人们的生活依旧有重要的导向作用，在很多场合都行之有效。

直觉式决策可以应用到职业生涯决策中。例如，在对什么是好职业的问题讨论上，每个人的看法不一。然而，职业选择往往并没有绝对的"好""坏"之分，"好""坏"的评价标准完全取决于个人的兴趣、性格、价值观和需求，外人很难评价是非对错。尊重自己的情绪、需求和独特性，是直觉式决策方法可用的原因。其实在"直觉"的背后，也综合了个体多年的偏好、经验、情绪、情感等。直觉式决策的主要步骤如下。

第一步，是要将直觉找出来。直觉是潜意识中的感觉，在选择的过程中往往会浮现出来。例如，一位大学生正为是选择考研还是就业而苦恼时，他尝试使用抛硬币的方法来决策，硬币正面表示考研，反面表示就业。开始时，他规定自己"三选二"，即硬币抛出两次相同的那个选项作为自己的决定。三次结果中有两次为就业，一次为考研。但他没有立即决定，而是与自己商谈"五选三"。当结果依旧为就业时，他又要求"七选五"，等等。可见，该大学生对于此选择在心目中其实是有倾向的，这种"倾向"在他抛硬币之前不甚明晰，随着选择过程的进行，这种"倾向"浮现了出来。因此，抛硬币的结果不重要，关键是通过这一过程，他澄清了自己内在的倾向，而这种倾向正是其直觉的表现。

第二步，是要分析直觉背后的原因。分析直觉的原因是一个情感付诸认知、感性付诸理性的过程。当情感与认知一致时，人们会感受到内在的和谐，也会更容易信任自己的选择，从而更有力量去执行选择的结果。

第三步，是要配合其他理性的方式，以进一步收集信息并确定选择。只有直觉与理性的计划、合理的思考以及对信息的分析相结合时，它的效果才可能达到最佳。

二、影响大学生职业生涯决策的因素

每个大学生都希望自己的职业生涯朝着既定的方向发展，能够顺利地实现预期的目标。但是，职业生涯的发展受多种因素的影响，如性格、兴趣爱好、自信心、责任心、进取心、自我认知与自我调节、自我效能感等。对于大学生来说，影响职业生涯规划的因素可以分为自身因素和环境因素。

（一）自身因素

1. 健康状况

健康的身体是大学生开始职业生涯的首要条件。所有的用人单位对健康都有明确的要求，绝大多数用人单位在劳动者就职前都要安排体检，条件合格者才能被录用，部分大学生可能由于肝、肺、心脏等功能不全，或是血压、视力等项目不符合要求，失去了获得目标职业的良机。

2. 价值取向

价值观直接影响大学生的就业观。值得关注的是，受到功利主义、实用主义思潮的冲击，不少大学生在选择工作单位时，过多地考虑待遇、地区、行业，而较少考虑国家和社会的需要，缺乏艰苦创业、自主创业的精神准备。

3. 自我认知

正确认识和评价自己，对于大学生合理定位、主动就业具有重要意义。经过高考进入大学的学生，可能会突然之间失去了目标，不知道干什么，再加上缺乏社会阅历，难以用客观、全面的视角认识自己，带有一定的浅表性和片面性。有的大学生对自己的兴趣、爱好等各个方面缺少充分了解和掌握，在临近就业时无所适从；有的大学生过高地评估自己的能力，盲目设定就业期望，暴露出过于理想化的求职心态；有的大学生看到就业形势严峻，不敢参与竞争，表现出悲观和消极的就业心态；还有的大学生对自己的能力和水平估计不准确，忽视专业能力和专业需求，以及单位发展潜力和个体发展前景，择业时片面求高求好，致使自身难以找到合适的工作。

4. 职业能力

大学生在校期间应注重全面培养自己职业能力。除了具备扎实的专业基础外，他们还应主动加强和提高自身在人际交往、社会实践、创新意识、团队协作等方面的综合能力。

（二）环境因素

1. 经济发展水平

经济发展水平直接影响大学生的职业选择。从宏观上看，人口、产业结构、经济形式和经营方式、科学技术等社会经济因素对大学生择业的影响极大。例如，在经济发展水平高的地区，企业相对集中，可供选择的就业机会就比较多，而社会需求正是大学生职业生涯规划和选择最重要的客观条件之一，所以很大一部分毕业生的择业地区取向是：往东不往西，往南不往北，往东南沿海而不往西北内地。

2. 就业制度和政策

2002 年以来，我国大学生就业制度改革力度加大，国家和地区相继出台了一系列为促进大学生充分就业的制度和政策。如社会用工制度、社会保障制度、档案和户籍管理制度的改革，高校毕业生跨省市流机制，市场配置毕业生等机制，在客观上都会影响大学生的职业生涯规划。

3. 社会舆论

就业虽然是大学生个人的选择，但是也不能忽视社会、文化、传媒的影响，由于长期缺乏正面的引导，大学生中"考研热""考公务员热""出国热"和盲从"热门职业"等不正常现象也随之出现。

4. 职业因素

职业的社会功能、报酬、条件和职业对人才的能力要求等因素，也是大学生在进行职业生涯规划时考虑的重点内容之一。

5. 教育环境

学校教育对大学生职业生涯规划具有直接且重要的影响，其影响主要包括学校的社会影响力、办学定位、教育教学改革、课程设置以及就业指导工作的力度等几个方面。此外，家庭教育的目标、生活水平、家长的职业态度等，也对大学生的职业生涯规划发挥着重要影响。

【拓展阅读】

四只毛毛虫

毛毛虫都喜欢吃苹果，有四只要好的毛毛虫都长大了，各自去森林里找苹果吃。

1. 第一只毛毛虫

第一只毛毛虫跋山涉水，终于来到一棵苹果树下。它根本就不知道这是一棵苹果树，也不知树上长满了红红的、可口的苹果。当它看到其他的毛毛虫往上爬时，它也稀里糊涂地跟着往上爬。没有目的，不知终点，更不知自己到底想要哪一个苹果，也没想过怎么样去摘取苹果。它最后的结局呢？也许找到了一个大苹果，幸福地生活着；也可能在树叶中迷了路，过着悲惨的生活。不过可以确定的是，大部分的毛毛虫都是这样活着的，没想过什么是生命的意义，为什么而活着。

2. 第二只毛毛虫

第二只毛毛虫也爬到了苹果树下。它知道这是一棵苹果树，也确定它的"虫"生目标就是找到一个大苹果。问题是它并不知道大苹果会长在什么地方，但它猜想：大苹果应该长在大枝叶上吧！于是它就慢慢地往上爬，遇到分支的时候，就选择较粗的树枝继续爬。于是它就按这个标准一直往上爬，最后终于找到了一个大苹果。这只毛毛虫刚想高兴地扑上去大吃一顿，但是放眼一看，它发现这个大苹果是全树上最小的一个，上面还有许多更大的苹果。更令它泄气的是，要是它上一次选择另外一个分支，它就能得到一个大得多的苹果。

3. 第三只毛毛虫

第三只毛毛虫也到了一棵苹果树下。这只毛毛虫知道自己想要的就是大苹果，并且研制了一副望远镜。它还没有开始爬就先利用望远镜搜寻了一番，找到了一个很大的苹果。同时，它发现当从下往上找路时，会遇到很多分支，有各种不同的爬法；但若从上往下找路时，却只有一种爬法。它很细心地从苹果的位置，由上往下反推至目前所处的位置，记下这条确定的路径。于是，它开始往上爬了，当遇到分支时，它一点也不慌张，因为它知道该往哪条路走，而不必跟着一大堆虫去挤破头。例如，如果它的目标是一个名叫"教授"的苹果，那它应该爬"深造"这条路；如果目标是"老板"，那应该爬"创业"这条分支。最后，这只毛毛虫应该会有一个很好的结局，因为它已经有了自己的计划。但是真实的情况往往是，因为毛毛虫的爬行相当缓慢，当它抵达时，苹果不是被别的毛毛虫捷足先登，就是苹果已熟透而烂掉了。

4. 第四只毛毛虫

第四只毛毛虫可不是一只普通的虫，做事有自己的规划。它知道自己要什么苹果，也知道苹果将怎样长大。因此当它戴着望远镜观察苹果时，它的目标并不是一个大苹果，而是一朵含苞待放的苹果花。它计算着自己的行程，估计当它到达的时候，这朵花正好长成一个成熟的大苹果，它就能得到自己满意的苹果。最后它如愿以偿，得到了一个又大又甜的苹果，从此过着幸福快乐的日子。

第一只毛毛虫是只毫无目标、一生盲目、没有自己人生规划的糊涂虫，不知道自己想要什么。遗憾的是，我们大部分人都是像第一只毛毛虫那样活着的。

第二只毛毛虫虽然知道自己想要什么，但是它不知道该怎么去得到苹果，在习惯的正确标准指导下，它作出了一些看似正确却使它渐渐远离苹果的选择。而曾几何时，正确的选择离它又是那么接近。

第三只毛毛虫有非常清晰的人生规划，也总是能作出正确的选择。但是，它的目标过于远大，而行动过于缓慢，机会、成功不等人。同样，我们的人生也极其有限，我们必须积极把握。单凭我们个人的力量，也许一生勤奋，也未必能找到自己的苹果。如果制订一个适合自己的计划，并且充分借助外界的力量，借助工具（即在我们的现实生活中可以理解为找个人帮助自己），也许第三只毛毛虫的命运会好很多。

第四只毛毛虫，它不仅知道自己想要什么，也知道如何去得到自己想要的苹果，以及得到苹果应该需要什么条件，然后制订清晰实际的计划。在望远镜的指引下，它一步步实现自己的理想。

其实我们的人生就是毛毛虫，而苹果就是我们的人生目标——职业成功，爬的过程就是我们职业生涯的道路。毕业后，我们都得爬上人生这棵苹果树去寻找未来，而完全没有规划的职业生涯注定是要失败的。

资料来源：《管理学》

第五章 生涯规划管理

导入案例

目标是什么？

韩寒是拥有众多粉丝的80后作家。在谈到自己的梦想时，他这样写道：

我小时候有很多梦想。一开始我想做联合国主席。后来我妈妈告诉我，联合国只有秘书长，我觉得我不能做秘书事业。

后来呢，我很想做一个售票员，因为售票员可以每天都坐车。

再长大点想做个记者，做一个文字工作者。

还好现在已经达到了售票员和一个文字工作者的状态。但是我还有好多梦想要去实现，比如我想做一个摩托车车手。

不少人劝我用稿费多买几套房子：保值，还可以出租赚钱。但我想把钱用在自己喜欢的事情上。这样，当我老了的时候就可以对自己的孙辈说"小宝你看，爷爷以前做过……"而不仅仅是一个房东。

第一节　目标管理与行动计划

学生作品

生涯愿景

吉林医药学院　2023级应用心理学本科班　王梓彤

理解过去的我

（1）迄今为止让我印象最深刻的事情，也是无数次让我再次坚定内心想法的事情。

初中时，住在我下铺的女孩让我尤为深刻。起初，她和其他人没有任何区别。因为共同的爱好，开始时我们的关系非常好，并且在很多方面都有着相同的三观。但是渐渐地，我会觉得很奇怪，她为什么总是说着一些丧气的、黑暗的话呢？譬如放弃、伤害、死亡。经过时间的推移，渐渐地，我也了解了一些她家里的情况。因为一些特殊原因与她本身性格和心理的问题，她最终选择了辍学。在她第一次逃避上学时，班主任带着我和班长一起去劝慰她。我记得她当时紧紧攥着我的手说："就这一次，我就尝试一次，我也要把你拉到万劫不复的地方……"这句话，现在我们听着或许是有点"中二"的感觉，但她也只是一位有着抑郁症的乖巧的孩子而已，没人可以点评她的情感痛苦，我们也无法去感知和体会她。

就这样，她回到学校上了一个月的课，回家后，她第二次选择逃避时，我再次去到了她的家里。但从我俩见面的一开始，我就知道，让她回校读书是不可能了。或许是因为我当时也是个孩子，没有那么大能力可以帮到她。但对于她最后不美好的结局，我又觉得这是一个很难避免的、令人惋惜的结局。

（2）我曾经有着歌唱家、配音演员、医生等多方面的职业梦想。但在这条道路上，我摸索着，感受着，渐渐地还是坚定了心中最温暖的那束光——心理学。

刚上高中时，我好像总是跟不上进度，排名一落再落，好似没有尽头的深渊。我总是表面笑嘻嘻的，但我又总是自我安慰和自我感动。那时的我既有矛盾，也有焦虑，但同时又能抛去所有的情感，以客观的角度去分析，我在想心理咨询师到底有多么重要？见过班级同学的压抑，见过身边其他人的例子，但这束温暖的光，何时才能照进每一个青少年的心里？

看见现在的我

职业发展：在高考报考时，我便根据自己的意愿选择了心理学这个专业。我希望我可以在自己所向往的心理咨询师的道路上走下去。

身心健康与人际交往：在父亲十分恰当的教育下，我是一个积极开朗，喜欢倾听他人的心声的人。我常常乐于帮助他人缓解心理压力，也在为他人提供情绪价值方面有所擅长，并具备相应能力。

建构未来的我

在通往明朗未来的道路上，选择心理学注定不会一帆风顺，但我相信自己一定能甘之如饴，乐在其中。我要在生活中、工作中始终保持着学习的状态，学习变化与发展的科学，学习成长道路上所经历的事件，积累每一次经验，不断成长。

有了明确的目标，才会为个体行动指出正确的方向，个体也才会在实现目标的道路上少走弯路。但事实上，漫无目标，或目标过多，都会阻碍个体前进，要实现自己的心中所想，如果不切实际，最终可能是一事无成。为了更好地对职业生涯目标进行管理，我们应逐一学习以下内容。

一、职业生涯目标的概念

职业生涯目标是指个人在选定的、职业领域内的、未来时点上所期望达到的成果。从这个定义中可以看出，首先，职业生涯目标是个人的。每个人的兴趣、价值观等个体特质不同，所处环境不同，职业生涯目标也会千差万别，带有明显的个性色彩。其次，职业生涯目标要在选定的职业领域内，如食品质量检测领域。方向、领域确定在前，目标设计在后。最后，职业生涯目标是指向未来的，如五年或十年之后所期望达到的成果。如小王期望毕业五年后在食品质量检测领域晋升到检测中心主任这一职位，这就是一个职业生涯目标。

二、职业生涯目标的分类

职业生涯目标可以从不同角度加以分类，以下我们将按时间和性质的标准对职业生涯目标进行分类，目标分类示意图如图5-1所示。

（一）按时间划分

按时间来分，职业生涯目标可分为短期目标、中期目标、长期目标。一般来说，短期目标服从于中期目标，中期目标服务于长期目标，长期目标又服从于人生目标。要实现人生目标，个体必须脚踏实地，通常从具体的、短期的目标开始，这就是人们常说的"梦想落地"。

当然，在确定自己的人生目标和长期目标时，个体要综合考虑社会因素和自身特点。制定中期目标和短期目标时，个体则要更多地考虑社会经济环境、工作条件和任职要求等职业因素与自身特点的匹配。通过自我认知和职业探索，个体可以制定出符合自身特点的个人短期目标、中期目标和长期目标，进而构建完整的个人职业生涯目标体系。

1. 短期目标

短期目标通常是指每日、每周、每月、每季、每年的目标，是中期及长期目标的具体化。短期目标必须清楚、明确。其主要特点有：目标切合实际，具备可操作性；明确规定具体的完成期限；目标有把握实现；短期目标要适应环境，服从于中期目标。

对于大学生来说，短期目标设定是否合理，决定着其中期目标和长期目标是否可以实现。相对而言，短期目标的类型更复杂，依据不同的标准有不同的分类。

2. 中期目标

中期目标一般是3~5年的目标，对于大学生来说，中期目标即为大学学习期间应该达到的目标。中期目标在长期目标确立的基础上确立，如毕业后直接进入职场，找到一份满意的工作；考上理想学校，成为一名研究生；到心仪国家的高校留学；选择创业，实现当老板的理想等。

中期目标有如下特点：通常与长期目标保持一致；结合自己所学专业、能力、兴趣和掌握的社会资源来确定；用明确的语言来说明；对目标实现的可能性作出评估；有比较明确的时间，并且可进行适当的调整。

3. 长期目标

长期目标是指5年以上的目标，主要受个体人生目标的影响。常言道："人无远虑，必有近忧。"然而，生活中人们最容易忽视的就是长期目标。很多大学生认为，5年后的事情过于遥远，考虑那么多、那么远没实际用处。这种想法是片面的、缺乏长远性的。近年来，大学生就业困难，很多大学毕业生在找到满意的工作路上屡屡碰壁，但也有一些大学生在毕业前就被名企高薪聘用。后者大都是在大一、大二时就树立了长期的职业发展目标，同时在大学期间以志向为牵引，制定并完成了短期及中期目标，所以有了一个较好的职业生涯开端。

设定长期目标的考虑因素一般包括以下几点：目标非常符合自己的价值观；对自己的

目标有足够的兴趣；目标具有一定的挑战性；目标是能够实现的。

（二）按性质划分

按性质来分，职业生涯目标可分为外职业生涯目标与内职业生涯目标。外职业生涯目标包括职务目标、工作内容目标、经济目标、工作地点目标和工作环境目标等。内职业生涯目标包括工作能力目标、工作成果目标、心理素质目标、新知识目标、观念目标等。

例如，某同学的目标是在 10 年内成为某政府机构的处级领导，属于外职业生涯目标中的职务目标；35 岁之前要赚 50 万，年薪达到 10 万，属于外职业生涯目标中的经济目标；能较好地发挥自身的优势，在正式场合实现无障碍沟通，有效管理团队，属于内职业生涯目标的工作能力目标。

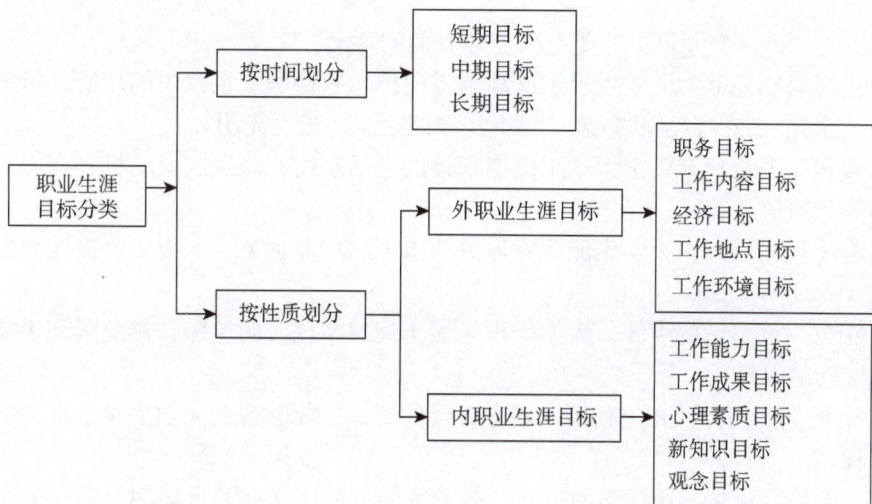

图 5-1　目标分类示意图

三、认识你的职业生涯目标

进行职业生涯规划，首先必须知道自己的生涯目标是什么。生涯目标也就是我们常谈的人生目标，实际上就是探讨我们要成为什么样的人；我们的一生该如何度过；怎样才能使自己的人生过得有意义、有价值；怎样才能取得成功；怎样才能拥有幸福的生活。生涯目标是指引一个人成长和发展的航标。

在生涯目标中，职业目标处于核心地位，贯穿人生的整个历程。孩提时代，人们就开始憧憬自己的职业理想。不过，由于这个时期对职业的理解过于肤浅，在成长过程中人们往往会不断调整、改变原先的目标，这些目标可能不切实际或者根本不符合自己的需求，但都可能对人们造成一定的影响。正如前面提到的韩寒的梦想的"变迁"，很多人都可能有类似的经历。进入大学时期，人们就要为将来走向社会，找到一份适合自己的职业而进行知识、能力、心理等方面的准备。而进入职场后，人们则通过职业来获得物质报酬，得到精神满足，完成自我实现等。所以，职业是实现人生目标的基础和载体。

然而，生涯目标并不局限于职业目标，其内容更加丰富和多元化。由于人一生中要扮演多重角色，因此生涯目标应该是多重的。舒伯提出的九种主要人生角色中，大学生已扮演了子女、学生、休闲者和公民四种，有的可能尝试扮演配偶（男友/女友）角色。进入工作岗位后，大学生须承担工作者角色。承担不同的角色所需要实现的生涯目标也不同。学生角色要求大学生认真听课学习，完成老师布置的课内外的作业及练习；子女角色要求大学生建立和谐的亲情关系，学会感恩，学会尊重和理解父母等；公民角色要求大学生成为一个有责任感的人，要学会自尊和尊重他人，学会自强和敬业，学会帮助与关爱他人等。大部分人希望自己能扮演好所有的角色，这就需要承担更多的责任。

大学阶段，大学生思考最多的应该是学习目标和职业目标。需要注意的是，大学生不能把职业目标仅仅狭隘地理解为一份工作。职业目标是在人生目标的基础上确立的，需要考虑个人的内因与外因。内因主要包括价值观、性格、兴趣和能力等，外因主要包括人际关系、经济状况、父母期望、劳动力供求关系、岗位能力、素质要求、工作地点、企业文化等。

综上所述，确定生涯目标主要有以下几方面的意义。

（1）生涯目标能够为大学生提供清晰的方向感。它像职业生涯中的灯塔，指引大学生迈向成功，让自己掌控自己的命运，而不是随波逐流、虚度光阴。

（2）设定生涯目标有助于大学生保持积极的生活态度，激发成就动机，在面对挫折时依然保持坚定的信念。

（3）有了生涯目标，大学生能更好地关注未来，培养远见，从而更积极地承担当下的责任。

（4）根据生涯目标的引导，大学生可以缩小理想与现实的差距，避免眼高手低或过于追求不切实际的目标。

（5）聚焦生涯目标，充分利用并整合有限的资源，能够帮助大学生集中精力实现想要达成的目标。

总之，生涯目标是一切行动的指南。有了生涯目标，就有了行动的方向，但更重要的是督促自己采取行动、实现自己的生涯目标，或者在实践中逐步调整并找到真正适合自己的生涯目标。在成长过程中，不只有学习内容、方法的变化，还有生活方式等诸多方面的改变。在初步适应了远离家乡和家长的生活之后，大学新生面临的首要问题是学习目标的调整。换句话说，适应大学生活、找到奋斗目标是大学生进入大学后的首要任务。

四、职业生涯目标设定的核心要点

俗话说：三百六十行，行行出状元。成功的关键不单单在于选择了什么职业，而在于有没有确立清晰、明确的目标。职业生涯规划和管理是一门技术性较强的工作。要想设定出最为有效的职业生涯目标，个体就应该特别注意和处理好以下一些核心要点。

（一）符合社会与组织需求

职业生涯目标如同一种"产品"，这种"产品"有市场，才有"生产"的必要。所以在确定职业生涯目标时，个体要考虑到内外环境的需求，特别是要考虑到社会与组织的需求，有需求才有位置。

（二）适合自身特点

不同的人有不同的特点。将目标建立在个人优势的基础上，个体就能左右逢源，处于主动有利的地位，因此大学生要选择与自身长处相符或相近的目标。人之才能，各不相同。目标选择不能偏离自身长处，否则便是自己跟自己过不去。有的人选择职业生涯目标时违背了这个原则，单凭自己的爱好（爱好往往并不能与特长画等号），或者盲目追逐世俗的热点来进行职业选择，这样就容易使自己困于艰难境地。

（三）高低恰到好处

职业生涯目标是高一些好，还是低一些好？总的来看，在合理范围内，设定较高的目标将有利于个体发展。高尔基说过："我常常重复这样一句话，一个人追求的目标越高，他的才能就发展得越快，对社会就越有益。我确信这也是一个真理。这个真理是由我的全部生活经验，是我观察、阅读、比较和深思熟虑过了一切之后才确定下来的。"大学生的职业生涯目标应追求符合实际的远大目标。在与实际相符合的范围内，自我确定的目标越高，其发展前途就越大。要做到志存高远，大学生当前的行动就要立足于现实的大地上，心中要有符合实际的崇高且远大的抱负。远大的目标，对大学生将起到激励作用，能促进其学习，改进工作方法，为达到目标而奋力工作。所定目标如果仅限于自己能力范围之内，只求工作轻松省力，回避新的激励，就可能使人陷入畏缩不前、消极保守的状态。值得注意的一点是，目标不是理想，不是希望，而是理想与希望的具体化。理想是对未来事物的想象或希望，是一种崇高的精神境界，而目标是现实的、具体的。目标与理想的关系是，目标指向理想，二者虽有联系，但不能相互替代。

（四）幅度不宜过宽

奋斗目标有高有低，专业面有宽有窄。一般来说，在职业生涯规划目标选择中，专业面越窄，所需的力量相对越少。也就是说，用相同的力量，对不同的工作对象，专业面越窄，其作用越大，成功的机会就越多。所以，职业生涯目标的专业面不要过宽，这样个体就能把全部身心力量投放进去，较易取得成功。

例如，一名大学生想成为一名管理专家，此目标确定得过于宽泛，因为管理包括许多领域，一个人的精力有限，要想成为各方面的管理专家，是不太现实的。如果他想成为一名企业战略管理或品牌管理的专家，经过若干年的努力，这个目标就有可能实现。

（五）长短配合恰当

职业生涯目标应该以长短结合的原则进行设定。长期目标为人生指明了方向，可鼓舞个体斗志，防止短期懈怠行为。短期目标是实现长期目标的保证，没有短期目标，也就不会有长期目标。特别是在职业生涯发展过程中，通过短期目标的达成，个体能体验到达到目标的成就感和乐趣，鼓舞自己为了取得更大的成就，而向更高的目标前进。但是，只有短期目标，看不到远大的理想，也会影响个体奋斗的激励作用，还会使其事业发展摇摆不定，甚至偏离初始发展方向。

（六）同一时期目标不宜过多

就职业目标而论，同一时期目标不宜过多，而应集中为一个或能力范围内的几个。目标是追求的对象，所谓"一只手抓不起两条鱼"也正是这个道理。有的大学生可能不清楚自己的能力界限，过于高估自己，同时设下几个目标，超出了自己的能力范围，最终的结果可能是一个目标也实现不了。这不是说个体不能设立多个目标，而是应该灵活地将它们分开设置，如分阶段设置。具体来说，就是一个时期一个目标，拉开时间距离，实现一个目标后，再实现另一个目标。

（七）目标要明确具体

目标就像射击的靶子一样，清清楚楚地摆在那里。干什么，干到什么程度，都要有明确具体的要求。例如，对于大学生而言，从事某一专业，学习哪些知识，达到什么程度，都要明确、具体地确定下来。目标明确不仅指业务发展目标明确，与之相应的其他目标也要明确、具体。如学习进修目标、思想目标、经济收益目标、身体锻炼目标等，这些目标都要有明确的要求，同时要做到互相配合、共同作用，促进个人的身心、生活和事业的全面发展。无论是什么目标，都应有"度"的要求。所谓"度"，一是时间，二是高度和深度，只有这两个方面完全结合，才能成为明确的目标。

（八）职业生涯目标要与生活目标结合考虑

人生除了事业目标外，还有财富、婚姻、健康等方面的目标。这些方面都直接影响着人生事业的发展和生活质量。同时，财富、婚姻、健康等也是人生的重要组成部分，在制定职业生涯目标时应加以考虑。人生立志创一番事业，物质基础是必要的，没有一定的物质基础，事业也难以得到发展。所以，在制定人生事业目标时，对个人收入问题加以适当的设计是非常必要的。其设计的方法是：根据需求和实际能力，把渴望得到的金钱数量用数字表达出来。婚姻也是人生中一件大事，处理得好，有助于事业的发展，一生幸福；处理不好，不但会影响事业的发展，还可能终生痛苦。此外，人人都希望健康、长寿，事业发展也离不开健康，所以个体要注意锻炼身体。

总之，规划好自己的人生，设计好自己的发展，是个人的义务、责任。对于大学生来说，他们拥有了接受高等教育的机会，在此期间做好职业生涯规划，正是夯实其事业基础的最佳时机。

五、管理目标与行动

一个人的梦想往往是一个遥远的目标。然而，这个目标能否实现，取决于个人对这个梦想的正确认知及自己为实现梦想付出的努力。要想在未来的职业生涯中获得成功，个体首先必须确定自己的生涯目标，再把目标分解，设计出合理的职业生涯规划并付诸行动。曾有研究机构做过一个实验：组织了三组人，让他们分别向 10 千米以外的 3 个村子步行。

第一组人不知道村庄的名字，也不知道路程有多远，只告诉他们跟着向导走即可。刚走了两三公里就有人叫苦，走了一半时有人几乎愤怒了，越往后走，他们的情绪越低落，在到达终点时所有人都疲惫不堪。

第二组人知道村庄的名字和路程，但路边没有里程碑，他们只能凭经验估计行程时间和距离。走到一半的时候，大多数人就想知道他们已经走了多远，比较有经验的人说："大概走了一半的路程。"于是大家又簇拥着向前走，当走到全程的 3/4 时，大家情绪低落，觉得疲惫不堪，路程似乎还很长，当有人说："快到了！"大家又振作起来，加快了步伐。

第三组人不仅知道村子的名字、路程，而且每走一公里就有一块里程碑。人们边走边看里程碑，每缩短一公里大家便有一小阵的快乐。行程中他们情绪一直很高涨，很快就到达了目的地。

这个例子告诉我们，当人们的行动有明确的目标，并且把自己的行动与目标不断加以对照，清楚地知道自己的行进速度与目标的距离时，行动的动机就会得到维持和加强，从而人就会自觉地克服一切困难，努力达成目标。可见，仅有一个愿景式的生涯发展目标是不够的，我们必须把目标进行逐级分解，并制订出自己的行动方案，切实行动起来，才能让自己在通往愿景的道路上走得更顺畅。

（一）目标分解

任何一个生涯发展大目标都可以被分解成一系列生涯发展小目标，做好目标逐级分解这个环节至关重要，正所谓"小目标可以成就大未来"。要做好目标的逐级分解，可以从如下几个方面来思考。

（1）你觉得人生最大的意义是什么？

（2）你觉得什么样的人生是有价值的？

（3）10 年后你想过什么样的生活？

（4）本科毕业后，你要做什么？

（5）最近 1 年，你打算为自己的理想做什么？

（6）这个学期，你有什么样具体的计划？

（7）这个月，你有哪些小目标要实现？

（8）今天，你必须为自己的理想做什么？

📋 经典人物案例

分段实现大目标

1984 年，在东京国际马拉松邀请赛中，名不见经传的日本选手山田本一出人意料地夺得了世界冠军。当记者问他凭什么取得如此惊人的成绩时，他说了这么一句话：凭智慧战胜对手。当时许多人都认为这个偶然跑到前面的矮个子选手是故弄玄虚。马拉松比赛是体力和耐力的运动，说用智慧取胜确实有点勉强。两年后，意大利国际马拉松邀请赛在米兰举行，山田本一代表日本参加比赛。这一次，他又获得了世界冠军，记者请他分享经验时，山田本一回答的仍是上次那句话：用智慧战胜对手。这回记者在报纸上没再挖苦他，但对他所谓的"智慧"迷惑不解。

10 年后，这个谜终于被解开了。他在自传中写道：每次比赛之前，我都要乘车把比赛的线路仔细看一遍，并把沿途比较醒目的标志画下来，比如第一个标志是银行；第二个标志是一棵大树；第三个标志是一座红房子……这样一直画到赛程的终点。比赛开始后，我就奋力地向第一个目标冲去，等到达第一个目标后，我又以同样的速度向第二个目标冲去……我被一次又一次阶段性的成功喜悦激励着，40 多公里的赛程，就被我分解成几个小目标轻松跑完，这就是目标分解的作用。

在现实中，我们做事之所以会半途而废，其中的原因，往往不是因为难度大，而是觉得成功离我们远。确切地说，我们不是因为失败而放弃，而是因为倦怠而失败。如果大学生在职业生涯规划中，合理运用目标分解的智慧，其职业目标就极大可能实现。

目标分解就是将职业生涯长期的远大目标分解为有时间规定的长期、中期、短期目标，直至将目标分解为某确定日期可以采取的具体行动。

总体目标确定之后，接下来我们就需要将它分解成一个个阶段性的目标，以利于总体目标的达成。如何对目标进行有效分解呢？剥洋葱法是一个有效的分解目标的方法。该方法像剥洋葱一样，将大目标分解成若干个小目标，再将每一个小目标分解成若干个更小的目标，一直分解下去，直到分解成现在应完成的目标为止。

实现目标的过程是由现在到将来，由小目标到大目标，一步一步前进。但是，设定目标刚好相反，需要运用剥洋葱法由将来到现在，由大目标到小目标，层层分解，直到具体行动。例如，某同学将自己职业发展目标确定为成为著名企业的人力资源总监，该目标对现在的他来说太遥远了。为此，他运用"剥洋葱法"对该总体目标进行了分解，如图5-2所示。

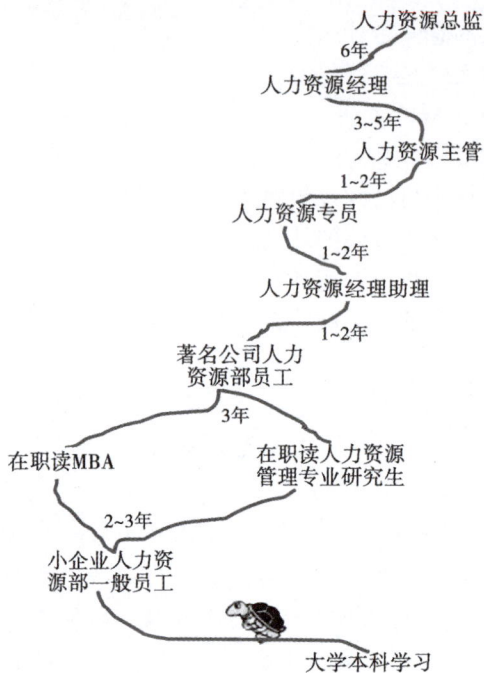

图5-2　某同学的职业发展目标分解图

大学生大学时期的目标可以按年级来制定，分为大学一年级目标、二年级目标、三年级目标和四年级目标，可参考如下建议。

1. 大学一年级

这是自我认知及对专业的初步了解阶段。开展自我认知是大学生最重要的任务之一。大一新生也许尚不清楚自己今后想要从事什么样的具体的职业。首先，花一些时间尽可能地了解自己的特长、爱好、兴趣和价值观。这些信息将帮助他们了解感兴趣的专业和职业发展方向，并开始探索丰富多彩的职业世界。因此，大一新生应主动开展自我认知，了解所学专业的特点及发展前景。

（1）发现自己的兴趣并提升自己的能力，通过参加学生会组织、文体活动、通识教育课堂和课外活动等，抓住校内外提供的一切尝试和锻炼机会。

（2）阅读一些介绍不同行业和职业的信息，对行业和职业有基本的认识，比如，了解某行业的发展前景、各种职业应该具备的基本素质与能力。

（3）与家人、朋友、老师以及周围所有可提供信息的人谈谈自己的职业兴趣，并从他的分享中获取经验。

（4）做一些职业倾向测试，更多地了解自己，确认自己的专长和自己喜欢的职业。

（5）刻苦学习，尽己所能争取好成绩，至少保证每门功课都能通过，以顺利取得毕业证书及学位证书。

2. 大学二年级

这是生涯扩展阶段。在大一的尝试之后，大学生对自身特质有了基本的了解，同时对职业概况和职业世界也有了初步的认识，但还要继续深入探索和收集有关生涯发展领域的信息。大学生可以通过暑期实习、社会实践和志愿者活动掌握第一手材料。在这个阶段，他们需要了解自己感兴趣的职业群的有关信息，了解就业市场；与一些在生涯发展领域工作且自己感兴趣的人取得联系；通过实习实践、兼职和志愿者活动积累工作经验，更多地了解自己的工作偏好，主动参加就业市场上相关的生涯发展项目，增加对整个就业领域的了解；在实践和比较全面地把握信息的基础上，逐步明确专业和职业发展方向，并作出初步的职业选择。

3. 大学三年级

这是整理与评估自己的选项阶段。社会实践和暑期实习有助于大学生提升能力，这时他们需要对自己的技能进行重新认识和评估，了解在哪些方面还有潜能。在大三这一专业课最为集中的学习阶段，大学生可以进一步明确自己的职业发展方向。为明确专业和学术方面的目标，大学生需要再次问问自己："我是谁？我到底想要什么？"

在这个阶段大学生需要逐步明晰：从大一到现在的兴趣是否有变化，对现在的行为有什么影响？本科毕业后是直接找工作、攻读硕士研究生还是去海外留学？如果选择攻读硕士研究生，是继续学习本科专业还是换专业，是在本校读还是换学校读？如果希望留学，想去哪个国家，最希望去哪几所学校，需要为此做哪些准备？如果想尝试创业，自身的创业意向和创业项目的可行性、外部资源支持情况如何？

总之，大学生需要分析自己的选择是否合理，需要通过哪些渠道、具备什么样的知识结构和层次才能达成；要研究相关的工作单位和工作环境，寻找自己与这些职业相吻合的能力；建立专门的联系渠道，以便帮助自己实现求职战略计划。

4. 大学四年级

这是就业决定阶段。在这一阶段，大学生要为自己提前规划和确定生涯目标。面对从学生到职业人身份的转变，大学生应提前准备好求职申请信、简历和成绩单，通过校园招聘会、人才市场和网络等途径求职。

在这一阶段，他们需要思考的主要问题有以下几个。

（1）在你希望生活、工作的地区/城市，这些地区/城市有哪些适合你的岗位？

（2）你怎样找到适合自己的岗位？

（3）你已经尝试找了几个岗位，哪一个最适合你？

他们所要做的准备应包括通过各种可利用的渠道寻找工作机会，并争取被推荐；尝试所有的求职机会；参加招聘会和用人单位的宣传活动；阅读提供就业岗位的目录，参加各种校园面试；与校友联系，了解他们在工作第一年面对的挑战、困惑和体会。

大四也是很多毕业生的就业恐慌时期，找工作让大部分大学生感觉很辛苦，也可能备受挫折，而且结果不一定尽如人意。在这种情况下，大学生要学会缓解自己的不安、焦虑、自卑等情绪。需要明确的是，通过找工作，大学生能不断地发现自己的不足，也会更加了解职场和职业，这些都是帮助自己在未来的职场取得成功的重要因素。能够主动认识到这些，相当于自己已经提前进入了职场。

总之，大学四年的规划最好在大一期间完成，然后根据规划安排接下来的学习生活。当然，随着年龄与知识的增长，大学生的认识会发生变化，因此需要不断地对自己的目标进行调整。

在制定每个年级目标的同时，大学生还可以细化自己的短期目标，比如制定上学期目标和下学期目标；按假期来制定暑假目标、寒假目标等。此外，他们还可以按内容来制定目标，如学习目标、生活目标、社团实践目标、兼职目标、实习目标等。

（二）运用 SMART 原则确定目标行动方案

对最近一年或者一个学期、一个月的小目标进行管理可以采用的方法还包括 SMART 分析法，采用 SMART 原则来设置与管理生涯小目标，个体将其持续付诸实践就能体会到行动所产生的巨大力量。

职业生涯目标设定有五条原则，将这五条原则的第一个英文字母放在一起，正好可以组合成一个英文单词"SMART"，即"灵活"。目标设立的 SMART 原则如图 5-3 所示。

Specific，目标的明确性，即要明确描述出所需完成的行动方案。如 35 岁取得副教授的资格这一目标，不能说"我的目标是更好地利用时间"，应该说"我一天只能花不超过一个小时的时间来娱乐"，或"我每周要花两个小时的时间来上网查找有关副教授这一职位的资料"。

Measurable，目标的可评估性，即目标应该是可以衡量的，要有定量数据，如数量、质量、时间等。如"加强社会实践"，应改为"在这个月内，参加一个学生社团（摄影协会），并访谈两位摄影师"。

Achievable，目标的可实现性，即目标必须符合自己的主客观实际，虽因人而异，但应在可达到的范围之内。例如，如果一名没有相关工作经验的大四学生，却计划在两年之内就成为大公司的中层经理，这个目标就没有可实现性；但如果计划在十年之内做到中层经理的位置，又缺乏挑战性，则可能缺乏激情去实现这个目标。

Relevant，目标的相关性，目标应与个人成长方向密切相关，并且具有激励作用，能带来价值和满足感。在生涯教育中，它往往不仅代表相关性，还强调有价值。

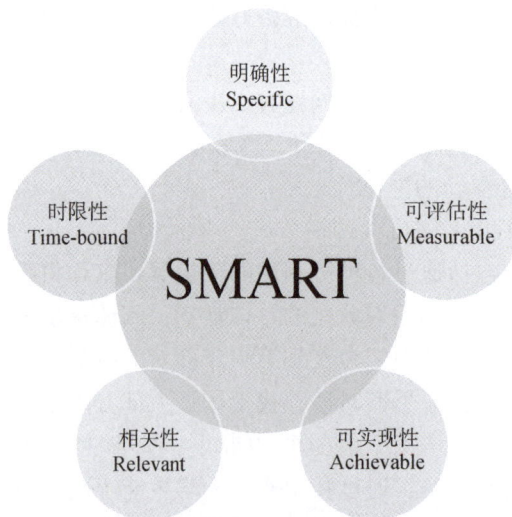

图 5-3 目标设立的 SMART 原则

Time bounded，目标的时限性，即目标要在特定的时间内完成。不能将目标统统定为"在大学毕业前完成"，而要有计划、分步骤地在限定的时间内完成。如以一周、一个月或一学期为单位设定目标，会比将事情推到大四毕业前完成要更有效得多。

例如，比较以下两个目标，运用了 SMART 原则评价哪个更可实现。

目标 A：大学的时候要好好学习多参加活动，保证大四的时候能够成功申请出国去一所不错的学校。

目标 B：我要在大学的每一年都能够拿到奖学金（三等奖学金以上），并努力争取获得省级以上专业比赛奖牌。积极参加三个有代表性的、与本课程相关的实践及志愿者服务，大二参加托福考试成绩达到 100 分以上，大三上学期完成 GRE 考试，向三所北美 Top30 的学校提出申请。

相比之下，目标 B 更符合 SMART 原则，是一个更具操作性和指导性的目标设定示范。它通过具体、量化、分阶段的方式，把一个"宏观愿望"转化为"可执行计划"，能有效激发行动力和自我监督。而目标 A 虽然表达了美好愿景，但由于过于笼统，缺乏具体路径，难以指导实际行动，也容易使个体在过程中失去方向。

（三）行动计划

人的每一次职业决策都存在着机会成本问题，因为这会在很大程度上制约其以后的职业选择和生涯发展机会。因此，在确定职业生涯规划目标之前，明智的做法是先确定自己的职业发展路线。所谓职业生涯发展路线是指当一个人选定职业后，为了实现职业目标和职业理想所选择的路径，比如他是向专业技术方向发展，还是向行政管理方向发展。不同的发展路线对从业者的素质要求不同，影响今后发展的程度也不同。由于发展方向不同，对其要求也不相同。因此，人们在职业生涯设计中须作出发展路线抉择，以使学习、工作及各种行为沿着生涯路线和预定的方向前进。

从大学毕业生的常见去向来划分，大学生的职业发展叮分为学术型方向、专业型方向和社会型方向。

学术型方向是指继续攻读硕士和博士，毕业后在高校或者科研院所从事教学和科研工作。例如，一个大学生就读于数学专业，当他确定未来的发展以学术研究主，毕业后就要选择继续深造，考取国内外的高校或研究机构攻读硕士、博士，博士毕业后还会选择到一些著名的高校或科研院所/科研机构中做博士后，最后入职高校或者科研机构，成为一名教师或科研人员，这就是学术型道路。学术型的职业内涵是在选定的学科里不断探索，并把自己所研究学科的重要内容及成果教授给学生。学术型发展道路如表 5-1 所示。

专业型方向是指本科或者硕士毕业时，掌握了特定工作领域非常专业的工作技能，成为一名专业人士。仍以数学专业的大学生为例，他本科毕业后继续攻读金融分析或者精算学等专业的硕士研究生，硕士研究生毕业后进入金融职业领域，在某家投资银行担任金融分析师，这就是专业型方向。专业型的职业内涵是掌握该职业领域的高水平知识和技能，解决行业发展中的技术问题，并不断提升。专业型发展道路如表 5-2 所示。

社会型方向是指进入一些对于专业和学历限制不高的岗位，比如去企业从事管培生、销售、客服、行政，或者去政府部门和事业单位考公务员、社区助理等，这些需要一定的综合素质能力，比如表达沟通、团队协作、管理领导等能力。社会型发展道路如表 5-3 所示。

按照以终为始的思路，在真正开启大学之路之前，大学生可以根据不同的发展方向，探索学术型道路、专业型道路和社会型道路的不同，找到最适合自己的发展道路。

表5-1 学术型发展道路

阶段	阶段目标	需要做的事	重点培养的能力
大一	1. 适应大学生活，培养良好的作息习惯； 2. 在专业知识和英语方面打好基础； 3. 广泛涉猎并发现研究兴趣	1. 学会自我管理、时间管理等方法，形成良好的生活习惯； 2. 英语、数学、计算机等通用基础课程成绩优秀； 3. 专业基本理论、研究方法等基础课程成绩达到85分以上； 4. 阅读前人的研究成果，留心观察生活中的问题，发现3个以上的研究兴趣点； 5. 尝试与3个以上不同的老师和研究生沟通，了解他们的研究方向，发现研究兴趣； 6. 听取10场以上各类学术讲座，发现研究兴趣	1. 自我管理的能力； 2. 逻辑思维和批判思维能力； 3. 文献阅读和搜集信息能力； 4. 发现问题和提出问题的能力
大二	1. 初步确定研究兴趣； 2. 锻炼研究	1. 选择自己想深入研究领域的相关课程认真学习，可担任课代表； 2. 学好本专业的研究方法类课程； 3. 开始阅读国内、国际学术前沿的重要文献； 4. 了解本校或者知名学校多位老师的研究领域； 5. 尝试申请或参与适合自己的科研项目、学科竞赛	1. 提出研究问题和研究假设的能力； 2. 研究设计的能力； 3. 团队合作的能力； 4. 文献搜索与阅读能力
大三	1. 继续深入学习本专业的理论和实践知识； 2. 在初步确定的研究领域内深入研究	1. 继续学习专业课程，成绩保持优秀； 2. 选择1名导师，参与其研究生组会，做研究助理； 3. 完成1项研究，并将研究成果写成报告或者论文； 4. 完成1个学科竞赛； 5. 如果留学，考取相关英语证书，联系导师和相关专业学长	1. 数据分析能力； 2. 整合资料并撰写论文的能力； 3. 项目管理的能力； 4. 沟通能力
大四	1. 保研； 2. 出国读研； 3. 考研	1. 确定感兴趣的研究方向的导师； 2. 准备研究设计、自我陈述和推荐信； 3. 准备保研或研究生入学考试； 4. 提前进入研究领域； 5. 如果出国，多练习口语，提前联系留学目的地同学	1. 跟导师沟通的能力； 2. 展现自己的能力； 3. 快速学习的能力； 4. 角色转换的能力

表 5-2　专业型发展道路

阶段	阶段目标	需要做的事	重点培养的能力
大一	1. 专业知识打好基础； 2. 广泛涉猎，发现自己的兴趣； 3. 参加各种社团活动	1. 认真学习英语、数学、计算机等通用基础课程； 2. 认真学习专业基本理论等专业基础课程； 3. 参加讲座，与老师、学长沟通，发现自己的兴趣方向； 4. 留心观察生活中有哪些问题需要解决； 5. 参加至少 1 个社团或学生会	1. 自我管理能力； 2. 逻辑思维和批判思维能力； 3. 任务执行能力； 4. 沟通合作能力
大二	1. 初步确定自己的兴趣； 2. 参加科研或者实践项目； 3. 在社团中深入发展； 4. 考取必要的技能证书； 5. 暑假尝试实习	1. 广泛学习所有的专业课程； 2. 尝试加入团队，申请小型的研究或实践项目或参加学科竞赛； 3. 参与社团中的大型活动； 4. 考取必要的技能证书，为以后的实习和工作打下基础； 5. 完成 1 次暑期实习	1. 全面了解专业知识的能力； 2. 将专业知识应用于实践中解决问题的能力； 3. 组织管理能力； 4. 团队合作能力
大三	1. 继续学习本专业的理论和实践知识； 2. 完成研究或实践项目； 3. 暑期实习	1. 继续学习专业课程； 2. 完成 1 个项目或学科竞赛； 3. 完成 1 次暑期实习； 4. 如果准备读研需要选择一个导师的实验室从事相关的研究项目或实习	1. 解决问题的能力和创新能力； 2. 项目管理的能力； 3. 遵守职场行为规范的能力
大四	1. 工作； 2. 读研	1. 参考多方面条件选择直接工作或者继续读研（专业型硕士）； 2. 准备简历和面试； 3. 准备保研或研究生入学考试	1. 展示自己的能力； 2. 快速学习的能力

表 5-3　社会型发展道路

阶段	阶段目标	需要做的事	重点培养的能力
大一	1. 专业知识打好基础； 2. 广泛涉猎，发现自己的兴趣； 3. 参加各种社团活动； 4. 多结识学长、学姐	1. 认真学习基础课程和专业基础课程； 2. 参加讲座，与老师、学长沟通，发现自己的兴趣方向； 3. 留心观察生活中不方便的地方或者社会的需求，尝试解决； 4. 参加至少 1 个社团或学生会（建议参加学生会）	1. 自我管理能力； 2. 任务执行能力； 3. 沟通能力； 4. 团队合作能力

续表

阶段	阶段目标	需要做的事	重点培养的能力
大二	1. 在社团中深入发展； 2. 寻找兼职机会； 3. 暑期实习	1. 广泛学习所有的专业课程； 2. 尝试加入团队，申请1项实践项目，解决一些生活中的问题； 3. 在社团中作为主要成员组织大型活动； 4. 做1份兼职，初步了解职业世界； 5. 完成1次暑期实习	1. 了解和运用专业知识的能力； 2. 组织管理能力； 3. 展示与表达能力； 4. 时间管理能力； 5. 基本的工作技能（Office等）
大三	1. 完成专业学习； 2. 完成研究或实践项目； 3. 暑期实习； 4. 创业准备（可选）	1. 继续学习专业课程； 2. 至少完成1个实践项目； 3. 完成1次暑期实习； 4. 尝试加入或组织团队，做一些小型的创业项目	1. 解决问题的能力和创新能力； 2. 项目管理的能力； 3. 领导能力； 4. 遵守职场行为规范的能力
大四	1. 求职； 2. 创业	1. 参考多方面因素选择求职或创业； 2. 准备简历和面试； 3. 准备商业计划书	1. 展示自己或项目的能力； 2. 沟通谈判能力； 3. 营销推广能力

（选自乔志宏. 大学生职业生涯与发展规划教程. 北京：清华大学出版社，2023. 经删减）

第二节　生涯的不可预定性及拥抱变化

一、理论视角：从计划导向到应变导向

在过去相当长的一段时间内，生涯发展的主流理论多以"计划—执行"为导向，强调明确的目标、理性的决策过程和线性发展的路径。这类理论往往假设外部环境较为稳定，个体可以通过清晰的自我认知和充分的信息收集，制订长期而可控的职业发展计划。然而，随着社会的快速发展和外部环境的高度复杂与不确定，越来越多的人发现原有的生涯规划难以应对现实的变化，传统理论的适用性受到挑战。

为更好地解释现实中常见的"不按计划发展"的职业路径，新一代生涯理论应运而生。其中，具有代表性的理论包括克朗伯兹（Krumboltz）的机遇事件学习理论与布莱特（Bright）和普莱尔（Pryor）的生涯混沌理论，它们从不同角度强调了外部变化对个体生涯发展的深远影响，并鼓励人们发展更强的适应力、行动力和机会觉察力，主动在变化中创造成长机会。

克朗伯兹认为，个人在与环境互动过程中获得的新经验会不断影响其兴趣、价值观与

目标的形成，从而引导其职业选择。他提出的机遇事件学习理论强调，个体无法预见和控制所有重要事件，但可以通过积极的态度与行动，从偶然中获得成长与转变的机会。

布莱特则从复杂系统的角度出发，提出"生涯混沌理论"。该理论认为，职业发展并非一条线性路径，而是一个受众多因素相互作用的非线性、开放性、不可预测的系统。个体无法完全依靠理性规划实现职业发展目标，但可以在混沌中发展弹性思维与行动策略，从而在不断变化的环境中保持前行。

这两种理论的共同点在于：它们都打破了"规划至上"的传统思维，强调个体要在不确定中行动、在行动中学习、在学习中积累机会。生涯教育也因此不再局限于帮助学生制定明确职业目标，而应更加注重培养其适应变化、觉察机会、主动探索的能力。

二、机遇事件学习理论：在变化中行动，在行动中学习

克朗伯兹提出的机遇事件学习理论是对传统理性职业决策模型的重要补充。该理论强调，在一个快速变化与高度不确定的社会中，个体无法完全依靠计划主导职业发展，必须具备对偶发事件的敏锐感知与积极应对能力，从而在变化中持续探索、调整与成长。

克朗伯兹认为，个体的兴趣、价值观和目标并非一开始就固定不变，而是在不断与环境互动中，通过实践体验逐步形成和演化的。他将生涯决策过程分为七个步骤。

（1）界定问题，制定明确的目标。

（2）制订可行的行动计划和目标路径。

（3）澄清价值，识别个人的选择标准。

（4）收集信息，拓展可能的选择范围。

（5）评估各种可能的选择方案。

（6）系统地分析不适合的选项，筛选出最佳路径。

（7）执行并调整行动方案。

尤其重要的是，克朗伯兹强调个体应具备利用机遇事件进行学习和发展的能力。他在其著作《幸运绝非偶然》中提出了六项关键信念，用以指导个体在生涯探索中更好地应对不确定性与变化。

（1）设定目标是为了创造更令人满意的生活。

（2）通过非传统方式获取学习机会。

（3）鼓励个人进行探索实践。

（4）积极看待意外事件所带来的变化。

（5）充分利用偶发事件带来的机遇。

（6）将意外事件转化为学习的契机。

这些信念不仅改变了人们对"意外"与"偶然"的固有看法，也为学生提供了一种更为开放、弹性的生涯观。在实践中，机遇事件常常以不可预测的方式介入个体的职业历程，如一次临时志愿活动、一位偶遇的导师、一段失败的实习经历，都可能成为促发新认知、引发职业转向的契机。个体若能以积极心态看待偶发事件，勇于尝试与探索，便有可能把握住隐藏于其中的成长机会。

三、生涯混沌理论：在复杂与偶然中识别新路径

随着社会系统的复杂化与变化加剧，越来越多研究者意识到，个体的生涯发展并非一

个可以被完全预测和规划的线性过程。澳大利亚心理学家布莱特和普莱尔提出了生涯混沌理论，强调生涯路径是一种开放的、非线性的、充满不确定性与偶然性的系统性演化。

该理论借鉴自然科学中对"混沌系统"的研究成果，指出生涯发展受多种相互交织的因素影响，如个人特质、社会结构、环境变化、历史偶发事件等。这些因素之间以非线性方式互动，导致职业决策往往无法被精准预测或提前规划。传统"目标—路径—结果"的职业发展模式难以适应这种系统性的动态变化。

在生涯混沌理论中，有两个重要的隐喻帮助个体理解生涯发展的不确定性。

（1）"黑天鹅"事件：指那些发生概率极低，但一旦发生会带来深远影响的突发事件。这类事件往往不可预测且具有外部性，不仅对全球经济造成重大冲击，也对个体职业轨迹、价值取向与生活方式带来深刻影响，使许多原本稳定的职业规划发生根本性变化。

（2）蝴蝶效应：强调系统对初始条件的高度敏感性，即微小的变化也可能引起巨大的连锁反应。生涯中一个看似偶然的决定，如一次兼职经历、一次讲座参与、一段人际互动，都可能在未来某一阶段成为促使职业方向改变的关键因素。

生涯混沌理论提出个体在面对高度复杂与不确定的生涯环境时，应当放弃对"稳定可控"的过度执念，转而发展三种关键能力。

（1）开放性：愿意接纳偶发事件带来的新可能，不过早排斥未知路径。

（2）适应力：具备快速调整与灵活行动的能力，在变化中稳住步伐。

（3）反思力：能够从复杂经验中提炼理解，生成对自身与世界的新认知。

生涯混沌理论从系统性视角重构了对生涯发展的理解，它不再追求确定性、单一路径与完美规划，而是强调在动态系统中不断调整状态、尝试可能、容纳非线性。它赋予个体面对复杂现实更强的心理韧性与行动智慧，引导个体在动荡中识别机会，在不确定中拓展方向。

在这一理论视角下，职业发展的核心不再是对未来路径的准确预测，而是发展一种"在复杂与偶然中识别新路径"的动态能力。这种能力包括对模糊情境的容忍度、对突发状况的应变力，以及在未知中持续探索的信心与韧性。

四、生涯转变的现实图景：计划之外的机会与成长

生涯发展常常并非如预期般直线前行，而是在不断变化的现实中演化与重构。无数事实表明，许多人的职业路径并非由原先的目标导向决定，而是在偶然事件、环境变化、个人兴趣变化等因素影响下，经历了转向与再选择。这种现象并不代表失败，而是一种更贴近现实的"非线性成长"。

经典人物案例

从英语教师到带货主播

随着外部市场环境的迅速改变，很多时候，工作重塑不仅仅是作出某一个方面的改变，而是在工作整体上，包括工作类型、内容和流程等各个方面同时作出重大调整。1993年出生的董宇辉，从陕西农村考入西安外国语大学，在新东方工作了8年，教过超50万名学生。然而让他火出圈的，却是从新东方名师转型为带货主播。2022年，新东方开始了转型之路。新东方员工从以前的英语老师变成了直播间里双语带货的主播，成

为网友口中"直播界的一股清流"。一边看直播买东西，一边学英语，新东方旗下品牌东方甄选的双语直播间"火了"，董宇辉"火了"。

新东方准备转型之初，对直播没有把握的董宇辉想过离职。但时任新东方在线执行董事孙东旭告诉他：越是困难的时候，团队越要彼此信任，一起寻找出路。董宇辉又留下来了。提及让他坚持下来的原因，他说道："让我坚持下来的动力有两个：第一，人得去寻找工作的意义。比如说，我们之前卖苹果——陕西苹果，革命老区，经济相对欠发达，一箱苹果几块钱的利润，贴成券发出去，我们不挣钱。一晚上如果卖个一万箱呢？那老人吃药的钱，孩子上学的钱就有了。这就是意义。第二，我不愿意辜负身边的人。我之前有很多高薪的出路，即使现在转型搞农业直播了，也依然有很多教育相关的机构在找我，开价也挺高。但怎么说呢，你身边最好的朋友是谁？你会在他最难的时候抛弃他吗？"他用他的实际行动作出了回答。

从英语教师到带货主播，董宇辉的工作内容发生了质的改变，但他没有选择离职，通过工作重塑，他寻找到"新"工作的意义和价值。他的经历启示我们：偶发事件常常是转变的开端，行动中的探索则决定了转变的方向。

在快速变化的社会中，"黑天鹅"事件成为影响职业发展轨迹的重要变量。以突发公共卫生事件为例，它不仅对全球经济与行业结构造成巨大冲击，也直接改变了许多人的就业预期与职业选择。许多行业萎缩、岗位消失，但也有新兴产业快速崛起。部分毕业生在传统路径受阻的情况下，主动寻找替代机会，探索新的职业可能性。它在带来困境的同时，也开启了通往另一方向的通道。

在这种复杂且不确定的环境中，生涯发展越来越需要一种"双视角"思维。

一方面是收敛视角，即在稳定的目标导向下积累经验、持续投入、追求深耕；另一方面是发散视角，即在面对不确定性时，保持开放心态，拥抱变化，愿意尝试不同路径，甚至重新构建职业方向。只有同时具备这两种视角，个体才能在规划与应变之间取得动态平衡。

面对不确定性，保持开放、积极的态度尤为重要。行动是连接机会与成长的桥梁。即使目标尚未明确，勇敢尝试也能创造一定的价值。正如克朗伯兹所说："目标的缺失并不可怕，真正的困难在于不行动。"许多大学生在参与实习、志愿服务、项目竞赛的过程中发现了自己真正感兴趣的方向；也有部分大学生因偶然结识某位老师、参与工作坊，进而对未来产生了全新的想象。

这也提醒我们，生涯发展并不一定要等"准备好了"再出发。许多时候，出发本身就是一种准备。与其等待完美目标，不如在行动中不断检视自我、理解世界、积累资源，从而生成更真实、更贴合自己的生涯方向。每一次尝试、每一次偏离，都可能成为重新构建职业方向的线索。在计划之外寻找机会，在变化之中创造价值，是新时代大学生应对职业世界最现实也最积极的态度。

五、应对不确定性的行动力

在现实中，我们很难遇到一条完全照着原计划顺利走下去的职业道路。面对快速变化的社会环境和不断出现的新情况，仅仅制订一套完美的职业规划已不足以应对未来的挑战。与其期待把生涯"安排好"，不如培养一种能力：在不确定中行动、在行动中调整、在调整中成长。

（一）没有明确目标，也可以先出发

有些大学生会担心："我还没有找到真正想做的事，是不是就落后了？"实际上，在很多人的生涯发展中，"目标"并不是一开始就明确的。相反，许多目标都是在不断尝试中逐步形成的。

即使还不确定未来要做什么，大学生也可以通过参与社团、做志愿者、上喜欢的选修课、参加项目实践或实习，去了解不同的职业世界。这些探索本身就是积累的过程，也有助于大学生更清楚地认识自己、认识职业。

（二）多试、多看，机会是自己"跑"出来的

职业发展不像考试，不存在"标准答案"。以多尝试的方式拓宽视野，是非常重要的生涯准备路径。大学生可以主动参加比赛或项目，看看自己在哪方面更投入；尝试跨出本专业的范围，接触不同领域的人或事情；在校期间参与不同形式的志愿服务、实习、培训等，增加职业体验。这些经历，不仅能丰富大学生的履历，更能让其在"试试看"的过程中，慢慢找到自己的兴趣和方向。

（三）稳定目标很重要，灵活调整同样重要

在生涯探索的过程中，有"目标感"是一种动力，但也要接纳现实中的变化和偶发情况。我们鼓励大学生同时具备两种"视角"：一种是"稳定推进"的能力，如通过坚持学习争取奖学金、积累科研经验等；另一种是"灵活应变"的能力，当计划受到影响或出现新机会时，能及时作出调整、尝试不同的方向。这两种能力，并不矛盾，相反，它们可以互相配合。

（四）不要怕改变，有时候"转弯"才会遇见更适合的路

在当今社会，"黑天鹅"事件不断提醒我们：外部环境有时会突然发生变化，计划难免被打乱。但如果大学生拥有适应变化的能力和持续探索的习惯，这些变化反而会变成新的机会。例如，有些人因为一次偶然的实习，发现自己对某个领域特别感兴趣；也有人因为帮同学做活动，慢慢发现了自己在沟通、组织方面的长处。生涯从来不是等"准备好了"才开始，而是边走边看，边学边试，边做边改。只要愿意行动，每一步都可能成为新的起点。

生涯发展并不是一条可以提前规划好的直线，而更像是一条在行动的过程中不断调整方向的探索之路。大学生会发现，计划赶不上变化，或者自己现在还不知道未来的"终点站"在哪里。然而，这些都很正常。正如我们在本节中所提到的，现代生涯理论强调：不确定是常态，变化是机会。关键不在于个体有没有一份完美的计划，而在于个体是否愿意迈出行动的第一步，是否愿意在不断变化中持续调整、不断学习。

第三节　撰写职业生涯发展报告

职业生涯发展报告是对职业生涯发展规划的一种书面化的呈现。职业生涯发展报告不仅能帮助大学生正确认识自己，还可以让大学生对职业生涯有一个宏观的计划，并根据社

会环境和自身条件等多方面因素确定未来的职业发展方向。

职业生涯规划可行性越高，大学生实现人生价值的转化率就越大。

一、职业生涯发展报告的撰写原则及要求

（一）资料翔实，步骤齐全

收集资料有多种途径，要尽可能注明资料的出处，并多运用图表数据来说明问题，以提高资料来源的可信度和说服力。

步骤主要分为四步：首先分析需求、条件及目标设定；其次分析阻碍和可行性；再次设计方案和提升（改变）计划；最后制订详细的实施计划和措施。

（二）论证有据，分析到位

要了解有关的测评理论及知识，认真审视并思考自己的测评报告并对照自我认识与测评结果的异同，分析与测评结果形成差距的原因，从而确定自我评估结果；要厘清自己所处的环境，包括居住的地方、喜欢的地方、亲朋的意见等，先明确自己最大的兴趣、最喜欢与之共事的人的类型、最重视的价值与目标、最喜欢的工作条件等，再通过目前环境评估（社会影响、家庭影响、学校因素、就业形势等）和当前社会环境分析（组织环境分析、技术的发展、经济的兴衰、政策法规的影响等）来确定自己的职业方向，做到有理有据，层层深入。

（三）重点突出、逻辑严密

语言朴实简洁，用词精练准确，行文流畅，条理清楚，这是最基本的职业生涯发展报告的撰写原则及要求。职业生涯发展报告一般包括对生涯愿景的构建、对自我的剖析、对所学专业的认识、对职业方向的探索及生涯决策、确定目标并制订计划这几个方面。在对这些方面进行分析阐述时，必须紧紧围绕职业目标这条主线来展开，从而体现职业生涯发展报告论述的逻辑性和连贯性。此外，要将重点放在自我探索、环境分析、目标实施上。只有建立在对自我和职业的充分认识的基础上，职业生涯规划才能体现出它的科学性和可行性。

（四）目标明确，合理适中

撰写职业生涯发展报告应围绕论述的中心展开，职业生涯目标不能过于理想化。职业生涯发展报告撰写是否成功，在很大程度上取决于有无正确、适当、切实可行的目标。

（五）分解合理，组合科学

目标分解、实现路径选择要有理论依据，而且选择的路径与备用路径之间要有内在联系性。目标组合要注意时间上的并进、连续，功能上的因果、互补，全方位的目标组合要涵盖职业生涯、家庭生活、个人事务等方面。

二、生涯发展报告的撰写步骤

大学生如何进行职业生涯规划，才能有良好的职业开端呢？事实上，由于个体差异和个人偏好，职业生涯发展报告的撰写没有一个精确的、按部就班的程序，一般来说，包括以下步骤。

（一）生涯愿景

1. 理解过去的我

理解过去的我，即通过回顾个人成长过程中的生命故事，如重要的选择、成功和挫折等，选择1~3个对自己的学业、职业发展产生深远影响的故事或经历，反思这些经历如何影响自己的兴趣、能力和价值观，或分析这些经历如何塑造自己目前的职业愿景。

2. 看见现在的我

看见现在的我，即描述个人目前的各个维度的满意度，思考这些维度对自己的职业选择和发展方向有何启示。

3. 建构未来的我

建构未来的我，即结合个人对过去经历的理解和对当前阶段的认知，描述未来的职业愿景，特别是在多变的时代背景下，主动、灵活地构建自己的生涯。大学生也可运用舒伯的生涯彩虹图，构建生涯愿景，并结合多重角色（如学生、子女、休闲者等）思考。

（二）专业探索和职业瞭望

1. 选择拓展职业视野的方法

大学生可以从以下三种方法中选择至少一种，用于拓展职业视野。

（1）成长经历（家族职业树）：通过回顾重要亲属的职业，思考哪些职业启发了自己对某些职业的兴趣。

（2）专业视角：结合专业学习内容，包括专业课程、上下游产业、应用场景及本校的就业数据等，探讨与专业相关的职业方向。

（3）国家战略：基于国家的政策和战略布局，如"健康中国""人工智能"等，分析国家战略与自身专业或兴趣相关的未来发展机会。

2. 找到感兴趣的职业

根据选择的方法，找到1~3个自己感兴趣并愿意深入探索的职业方向。

3. 充分了解职业

使用职业全貌分析报告的四部分：地域、行业、企业、岗位，对自己感兴趣的职业进行系统梳理。

（1）地域：探讨该职业在不同地域的分布情况，是否有地域性需求和发展趋势。

（2）行业：分析该职业所属行业的整体发展前景、趋势和就业机会。

（3）企业：调研从事该职业的代表性企业，了解其规模、发展路径和招聘要求。

（4）岗位：详细分析该职业的具体岗位职责、晋升通道、技能要求以及职业发展路径。

（三）自我探索

1. 霍兰德测试结果分析

完成霍兰德职业兴趣测试，获取自己的职业兴趣代码和评估结果。

结合测试结果，分析自己的职业兴趣代码，并理解该代码与自己选择的职业类型之间的适配度。

根据测试结果，感性地思考自己的兴趣与职业之间的关系：兴趣和所期望职业之间是适配（直接符合）、平衡（兴趣和职业需要相互妥协）、还是适应（需要更多调整和适应）？

反思目前的职业选择与个人兴趣是否相符，是否有兴趣方面的调整空间？

2. 个人价值观与职业选择的结合

结合前面所进行的职业选择，分析、探讨自己的职业选择是否与个人价值观相匹配？职业方向是否能体现出自己最珍视的价值观？

如果职业选择与个人价值观存在冲突，自己会如何处理和调整？是否需要对职业规划进行调整，确保其与个人价值观一致？

3. 能力

（1）专业知识能力。

列出与自己所学专业相关的知识与技能。

提供能够证明自己专业知识能力的佐证材料，如获得的专业证书、资格证书、成绩单等。

（2）自我管理能力。

说明自己在时间管理、目标设定、压力管理、情绪调控等方面的能力。

用事件来证明自己的自我管理能力。通过"背景、目标、行动、结果"的结构，详细描述一个能展示自我管理能力的具体实例。

①背景：说明当时的情境或挑战。

②目标：自己想要达成的具体目标。

③行动：采取了哪些具体的步骤或策略来管理自己，克服挑战。

④结果：最终取得了什么样的成果或得到了哪些方面的提升。

（3）可迁移能力。

列举可以在不同领域和职业中应用的能力，如沟通能力、团队合作、领导力、问题解决能力等。同样使用事件，证明这些可迁移能力。

（四）职业决策

描述当前面临的职业选择，提供至少两个可供选择的职业路径或决定，如不同的工作岗位，是读研还是就业等。简要说明这两个选择的基本情况及其差异。

1. 使用"六项思考帽"工具

应用"六项思考帽"工具，从客观事实（白色帽）、创造性思考（绿色帽）、正面思考（黄色帽）、负面思考（黑色帽）、情感直觉（红色帽）、决策（蓝色帽）的角度进行全面分析。以每顶帽子的思维角度分别探讨两种职业选择的利弊，以及可能的影响。

2. 使用"平衡单"工具

列出职业决策中需要考虑的关键标准，如发展前景、工作环境、经济收入、个人兴趣、工作与生活平衡等。在每个标准的基础上，分别对不同的职业选择进行评分，并计算总分，结合各项权重进行分析。提供清晰的平衡单表格，展示打分结果，并解释为什么其中一个职业选择在某些标准下得分更高。

选择合适的决策工具进行分析，作出最终的职业决策。

（五）职业目标及行动

（1）应用 SMART 原则（明确性、可评估性、可实现性、相关性、时限性）设定自己的职业目标。

（2）目标分解和行动计划。将职业目标分解为可执行的步骤，列出每一步的具体行动。例如，如果目标是获得证书，分解的步骤可以包括报名课程、完成学习计划、参加考试等。每个分解后的步骤要有明确的时间节点，并确保可以逐步推进目标的实现。

（3）挑战与应对策略。预见在实现目标的过程中可能遇到的挑战或困难，如时间管理、资源限制、技术能力不足等。为每个挑战制定具体的应对策略，如何通过调整计划、寻求帮助或提升自身能力来克服这些挑战。

（4）拥抱变化。反思自己如何在职业生涯中灵活应对变化和不确定性。例如，思考当目标或行动计划因外部环境变化而需要作出调整时，自己将如何重新评估目标并进行调整。探讨如何保持开放的心态，愿意在职业发展中接受新的机会和变化，以不断调整和优化职业规划。

（六）总结

反思在撰写职业生涯发展报告的过程中，自己对职业规划有哪些新的认识和提升，是否明确了职业方向，有哪些新的启发。描述整个过程中自己发现的优势、潜力，以及需要改进的地方。

展望未来的职业发展，思考如何在实际生活中一步步实现报告中的目标，如何保持灵活性，随时调整职业规划，以面对未来可能的变化和挑战。

三、职业生涯发展报告撰写时常出现的问题

从近两年大学生职业生涯规划大赛的参赛作品来看，大学生职业生涯发展报告撰写的质量不断提高，但也存在不少问题，比较常见的问题有以下六个方面。

（一）现实发展与未来职业生涯目标选择不统一，逻辑性不强

这主要表现在部分大学生没有把自己做过的和现在正在做的与未来的职业生涯目标有密切关系的内容展示出来，特别是一些大学生的职业生涯发展报告前后内容不连贯，缺乏逻辑性。虽然用了许多笔墨来论证，但无法让人看了之后自然地得出其职业生涯选择是合适的结论。

（二）对目标职业及其所处的专业认识不到位，分析不透彻

大多数大学生在分析社会环境和就业形势时，只是对当前我国的就业形势及大学生的就业形势泛泛而谈，而对自己的目标职业及所处行业的特点、要求，以及面临的形势认识不正确或不到位。

（三）个人素质测评结果与职业生涯发展目标选择直接的联系不够紧密

个人素质测评是个人职业生涯规划的重要依据。因此，个人素质测评结果与职业生涯发展目标选择之间应该存在密切的逻辑联系。但现实中，部分大学生在撰写职业生涯发展报告时，不知道如何处理个人素质的测评结果，无法把个人素质的测评结果与职业生涯选择的论证过程融合在一起。

（四）目标选择不够客观和明确

有的大学生的职业生涯目标模糊不清，在职业生涯发展报告中，他们一会儿希望成为一名公务员，一会儿希望自己成为一名人民教师；有的大学生的职业生涯目标定得过高，这部分大学生往往过于自信，目标设置不合理，其结果往往是难以成功。目前比较多的大学生属于第二种，他们以成为总经理、总设计师、科学家等为职业目标，然而最终结果并不尽如人意。

（五）行动策略和职业发展路线描述不当

行动策略和职业发展路线描述不当主要表现在其或是过于简单，不够清晰、明了，或是变成了工作日程表，过于复杂，现实中后者的现象更为突出。对于一份职业生涯发展报告而言，描述的应该是相对宏观、长远的规划，没必要将每天的安排都写进去。

（六）对评估与调整部分重视不够，甚至是草草收场，以致虎头蛇尾

职业生涯发展报告中的"评估与调整"部分就像演员在戏台上演戏时的收场，一名优秀的演员在收场时不慌不忙、有板有眼、毫不含糊，否则，前面的戏演得再好，观众可能也会感到失望，甚至喝倒彩。然而，有些大学生在撰写职业生涯发展报告时，对论证过程非常重视，却忽略了结尾"评估与调整"的内容。

📖 学生作品

职业生涯发展报告

吉林医药学院　2023级应用心理学本科班　叶启

一、生涯愿景

过去是未来的投射，现在是过去的延续，为了未来的生涯愿景，下面将以"我"和"职业"两方面为研究依据进行此次职业生涯发展报告。

首先我将通过回顾过去成长过程中的生命故事来理解过去的"我"。过去的挫折也好，成功也罢，每一次大大小小的选择组成了每一个独特立体的我们，它们始终影响着我们的兴趣、能力、价值观，进而塑造了我们的职业愿景，我对自己的生涯规划与发展分析如下。

在过去的十二年学习中，我对同学们不同的学习动机、优生与后进生在学习中的思维差异，以及自制力和行动力的影响因素产生了浓厚兴趣。这促使我不断调整学习方法，尝试了联想记忆、思维导图、费曼技巧和康奈尔笔记法等符合人类心理特点的学习策略。同时，我对"人生的意义""我是谁"等哲学问题充满好奇，经历了深刻的自我探寻。这些经历不仅丰富了我的内心世界，还激发了我的理想主义情怀，并加深了我对他人和社会的信任感。正因如此，我在高考志愿中坚定地选择了心理学专业。

为了更清晰地规划职业发展方向，我将对自己各方面的满意度进行评估。俗话说，知足常乐，但对自己，我们往往是最严苛的批评者。当前，我在学业、家庭关系、身心健康、人际交往和休闲娱乐等方面的满意度都不高，这既反映了外部社会竞争的激烈，也与我对成功的执着追求有关。这提醒我需要更加全面地认知自我和现实，才能在迷茫中找到

一条如丁达尔效应般穿透迷雾的光路，从而走向理想和幸福的生活。

基于对过去经历和当前阶段的理解，我运用舒伯的生涯彩虹图构建了未来愿景。在不同的人生阶段，我期望扮演不同的角色，逐步实现人生目标。

15~25岁，我以学生身份为主，专注于大学和研究生阶段的专业学习，同时涉猎社会百科知识和生活常识，力求理解社会运作机制，并探索个人专业与世界的联系。

25~35岁，是我作为职场人的奋斗期，我将逐步融入社会，运用积累的知识和技能寻求职业发展。我期望在这一阶段将前期积累的人脉与资源投入更大的事业，追求充满挑战与精彩的职业生涯。

35~45岁，我期望步入事业巅峰，能够重新思考人生议题，用财富治愈年少时的遗憾，抚慰亲友的离合悲欢，并助力社会公益。在这一阶段，我可能也会承担丈夫和父亲的角色，从家庭中体会爱的真谛，领悟人生的另一重意义。

45~60岁，我希望自己作为作家和探险家，追求一场身心自由的冒险，记录、思考，并继续探索生命的意义。

即使未来道路曲折起伏，我依然会保持初心，以每个阶段的角色实现自我使命。

二、专业探索和职业瞭望

接下来，我将通过专业视角来分析探讨有关我所在心理学专业的职业方向。心理咨询行业的产业链主要包括上游、中游和下游三个部分。上游环节主要包括心理研究与开发等，职业方向有心理学研究员、行为科学家、心理测量工具开发者；中游环节主要是心理产品设计与应用，职业方向有用户体验设计师、人机交互专家、教育心理顾问；下游环节则主要包括市场维护推广与服务，职业方向有市场分析师、心理咨询师、消费者行为研究员。这些职业方向的相关行业的公司有学术研究机构、医药公司、科技公司、教育机构、广告公司、心理健康服务机构等。

在心理学专业可以从事的众多职业中，我对心理咨询师这个职业非常感兴趣，所以我将从地域、行业、企业、岗位对该职业进行系统梳理。

据统计，2022年中国心理咨询行业市场规模约为638.10亿元，全国心理咨询企业数量已超过10万家，目前市场竞争格局中主要的企业包括初心客厅、壹心理、东方心智、五二五科技等，从地域分布来看，我国目前心理咨询企业最多的城市是上海，共3.58万家，其次是广东、山东。2022年1月，中华人民共和国国家卫生健康委员会在相关文件公布，截至2020年年底，全国在医疗卫生机构中从事精神工作的心理治疗师共4819人，心理咨询师40920人；教育系统内教育部相关文件要求高等院校按1：4000的师生比配备专职心理咨询师，中小学每校至少配备一名专职心理咨询师。心理咨询师的工作有一对一心理咨询、团体咨询，并且他们要进行个人体验和接受督导，平时还要参加培训，撰写案例报告。各个企业和高校对心理咨询师的招聘标准较高，通常要求学历在本科以上（部分高校需要硕士和博士），配备中国心理学会认证注册心理师、注册督导师相关资格证，前期还需要投入资金和精力学习，逐步累计咨询时长应达1000小时以上。以上便是针对心理咨询师的职业全貌分析。

三、自我探索

兴趣：通过霍兰德职业兴趣测试，我得到了自己的职业兴趣代码，结果显示我的兴趣主要集中在企业型（E）和艺术型（A）的结合。这种兴趣组合不仅契合我的价值观，也符合我对终身学习和自由工作的追求。我希望在未来的职业中，不仅能实现自我成长，还能从内心和思考层面帮助他人共同成长。

专业知识技能：目前我从普通心理学课程中了解到了关于人类群体的一些简单的、普遍的心理特点，又从西方心理学史课程中了解到了心理学发展的各个流派和体系。同时，我考取了普通话二甲证书和英语四级证书，并在本科期间采取科学严格的学习计划，从而在心理学专业上掌握更扎实的专业知识，提升学历和培养相关技能，逐步接近目标。

对于专业知识的掌握，这是一个需要终身学习且具备可持续发展的本领。如果说专业知识是我们的立身之本，那么自我管理的能力就是我们在工作和生活中能够高效发挥本领的关键。

自我管理能力：之前的我较为内向，但随着阅读的积累，以及老师和家长对我的指导，我逐渐意识到，内向并非缺陷，而是源于对出错的恐惧。于是我开始尝试每天在课堂上至少举手回答一个问题，无论是否答对，通过不断挑战自己，我都减轻了紧张感和害怕情绪。这一小小的改变，不仅使我和老师的课堂互动增加了，还大大提升了我的学习兴趣和自信心，学习成绩也得到了明显提升。这一过程让我学会了设定目标、积极应对压力，将消极情绪转化为积极动力。这正是自我管理能力的体现，也恰好是心理咨询师这一职业所需的情绪管理能力。

可迁移能力：英语老师在班级里布置了一道语法判断题，询问了多位成绩优异的同学，也包括英语成绩突出的我。当时，全班同学和老师几乎都认为答案是"宾语从句"，而我与另外一些同学提出了不同的看法，认为它应该是"双宾语"结构。为了验证这一点，我们一同查阅了大量语法书籍和资料，经过与老师进行多次讨论和反复推敲，最终证实我的答案是正确的。这段经历展现了我在沟通中的冷静和耐心，以及善于与他人合作并反复探究真相的优点。这样的沟通和细节处理能力正是心理咨询师所需的关键素质。

四、职业决策

面临现阶段的职业路径，对于直接就业、国内考研和出国留学这三个方案，我运用了职业决策平衡单，就个人和他人在物质及精神上的影响分别进行了不同权重的打分，如收入、升迁、家庭相处、自我实现等方面，最后国内考研的分数高于直接就业和出国留学。

五、职业目标及行动

为了将行动落到实际，将职业目标分解为可执行的步骤，我使用了SMART原则，对我本科期间作出详细规划。

为了成为一名优秀的心理咨询师，我将在大学四年内制定并达成一系列具体的学习和实践目标：首先，心理学专业课程考试成绩保持在80分以上，并在大二取得英语六级证书，为未来学习外文心理学文献奠定基础；其次，在大三和大四期间各完成一次心理咨询机构的实习，为毕业后考取心理咨询师证书积累实践经验。这些具体的举措为我的行动提供了可衡量的标准，确保我在实现目标的路上稳步前行。

六、拥抱变化

由于职业生涯中的变化和不确定性，我的职业目标也许不会达到预期中的实现标准，但是当我看向山顶的时候，其实自己已经到达半山腰了，在这一过程中的付出和快乐是不会被埋没的，这些追逐理想的经历也使我成为真正的自己。

在撰写职业生涯发展报告的过程中，它使我们站在上帝视角描绘未来的五彩斑斓，缩短了我们与更好的自己之间的距离，从而那个更想成为的样子在我们脑海里越发清晰。当以后我们成功实现职业目标的时候，我们可以坚定地告诉别人，这就是梦想的力量。

我的报告到此结束，感谢阅读。

中篇 就业指导

第六章 就业核心能力提升

导入案例

惊心动魄的抢救

李晓刚刚进入医院实习，在充满憧憬的同时，也感到有些紧张。一天，他和一位护士一起接手了一位危重病人。急救室里，机器的报警声此起彼伏。李晓匆忙准备药品，却未与护士确认剂量，护士也因紧急而忽略了病人的病史。病人的生命体征逐渐下滑，紧张的气氛越来越浓。关键时刻，值班医生走了进来，迅速发现问题并冷静指挥团队调整方案。病人的病情终于被稳住了，但李晓的心却久久不能平静。他反复思索，如果当时能与护士清晰沟通，明确分工，是否就能避免这次的失误？那一刻，李晓明白了，专业知识固然重要，但在职场上，真正的挑战是沟通的精准、团队的默契和在压力下的冷静应对。这些能力，才是决定他能否走得更远的关键。

第一节 职业资格与胜任力

在当今快速发展的就业环境中，大学生面临着日益激烈的竞争。技术革新、全球化以及劳动市场的动态变化，共同推动了对职场新人要求的提升。雇主不仅仅期望应聘者拥有扎实的专业知识，更重视他们是否具备相应的职业资格和胜任力。因此，大学生对职业资格和胜任力的了解和掌握，对于他们的职业规划和就业成功至关重要。职业资格是证明个人在某一领域达到特定标准的重要标志，包括学位证书和专业执照；胜任力涵盖了个人在职场中所需的各种技能和特质，如领导力、沟通能力和适应性。这些胜任力对于个人职业发展和工作表现有着直接的影响。本节将深入讨论职业资格和胜任力的概念、分类以及它们在职场中的作用。

一、职业资格的概念与分类

(一) 职业资格的概念

职业资格是指个人在某一职业领域内所需的技能、知识、经验和个人素质的总和。这些资质通常由教育背景、专业培训、工作经验和职业认证等要素构成。它们是评估一个人是否适合从事某一特定职业的重要标准，也是职场竞争力的重要体现。

1. 职业资格与职业生涯的关系

职业资格与个人的职业生涯紧密相关。职业资格不仅影响个人选择职业道路的能力，还直接关系到职业发展的潜力和速度。在职业发展的不同阶段，个人所需的职业资格可能会有所不同。例如，初入职场的毕业生可能更依赖于学位和基本技能，而中高级职位则可能需要更高级的专业知识、管理能力和行业认证。职业资格还有助于个人在职业生涯中实现转型。随着行业的变化和个人兴趣的发展，通过获取新的资格，个人可以转向新的职业领域或在现有领域内获得晋升。因此，持续的学习和资格提升是个人职业发展的关键。

2. 职业资格的社会与法律框架

在社会和法律层面，职业资格通常被用来确保从业人员满足一定的标准，以保护公众利益和提高服务质量。许多国家和地区都建立了职业资格的认证体系，通过法律和规章制度来管理职业资格的获取和实践。这些体系可能包括国家认证的专业课程、执照要求、继续教育和职业行为准则。职业资格的法律框架旨在确保从业人员具备必要的专业知识和技能，以提供高质量的服务。违反这些规定可能会导致个人职业资格的丧失，甚至可能会面临法律责任。因此，了解和遵守职业资格的社会与法律框架对于保护个人职业声誉和确保职业安全至关重要。

(二) 职业资格的分类

职业资格可以根据其来源和性质被分为不同的类型，每种类型都对应着不同的职业要求和发展阶段。了解这些不同类型的职业资格有助于大学生根据自己的职业规划进行合理的准备。

1. 教育资格

教育资格是通过正规教育体系获得的学位或文凭，它们通常是个人进入某个职业领域的基本要求。教育资格不仅证明了个人已经掌握了一定的知识和技能，而且也是许多职业发展路径的起点。例如，一个想要成为医生的大学生需要首先获得医学学位，而一个计算机科学专业的毕业生可能需要具备相关的本科或研究生教育背景才能进入技术行业。

2. 专业资格

专业资格是指在特定职业领域内，个人通过专业培训和实践经验获得的资格。这些资格往往需要通过专业机构的评估和认证，以证明个人在某一专业领域内达到了一定的专业水平。专业资格可以是行业内部认可的标准，也可以是特定工作角色所必需的条件。例如，会计师需要通过注册会计师（CPA）考试来获得专业资格。

3. 执照与认证

执照与认证是政府或专业机构颁发的正式文件，用以证明个人具备从事特定职业的合法权利和专业能力。执照通常涉及法律要求，是从事某些职业的强制性条件，如医生、律师和教师等。认证则更多地体现为行业内的专业标准，虽然可能是自愿性的，但在求职时可以增加个人的竞争力。例如，金融顾问需要获得注册理财规划师（CFP）认证，而IT专业人员要获得项目管理专业人员（PMP）认证。

（三）职业资格的获取途径

在职业发展的道路上，获取必要的职业资格是关键一步。这些资格不仅证明了个人的专业能力，也为其职场晋升和转岗提供了可能。以下是几种常见的职业资格获取途径。

1. 正规教育

正规教育是获取职业资格的主要途径之一。通过系统的学习，大学生可以获得必要的理论知识和基础技能。高等教育机构如大学和职业学院，通过提供各种专业课程，帮助学生为特定职业做好准备。例如，法学学位是成为律师的前提，而工程学位则为入职工程技术岗位打下基础。除了全日制教育，许多机构还提供兼职和在线课程，方便在职人员学习。

2. 在职培训

在职培训是另一种获取职业资格的有效方式，尤其适用于那些需要实践经验和技能的职业。通过工作实习、学徒制度或在职培训项目，个人可以在实际工作环境中学习特定技能，并逐步获得职业资格。许多公司和组织提供内部培训计划，帮助员工提升技能和资格，以满足其职业发展的需求。

3. 自学与专业实践

自学是一种灵活地获取职业资格的方式，尤其适合那些有自我驱动力和学习动力的人。通过阅读专业书籍、观看在线课程、参加研讨会和工作坊，个人可以自主学习并掌握所需的知识和技能。专业实践则涉及在实际工作中应用所学知识，通过参与项目、解决问题和团队合作，个人可以积累宝贵的经验，从而获得非正式的职业资格认证。

二、胜任力模型的构建

（一）胜任力的定义与重要性

胜任力，也称为能力或素质，是指个人在特定情境下完成任务和达成目标所需的行为、技能、知识和态度的总和。胜任力不仅包括专业技能和行业知识，还包括个人的人际交往能力、团队合作精神、领导力、适应性和创新能力等。

1. 胜任力与工作表现的关系

胜任力与工作表现之间存在着密切的联系。在职场上，具备所需胜任力的员工更有可能在工作中表现出色，有效地解决问题，并在团队中发挥积极作用。胜任力高的员工通常能够更好地适应工作环境的变化，更快地学习新技能，并在面对挑战时展现出更强的适应力和恢复力。因此，胜任力是预测工作表现和职业成功的关键因素。

2. 胜任力模型在人力资源管理中的作用

胜任力模型在人力资源管理中扮演着重要角色，它为组织提供了一种系统的方法来识别、评估和发展员工所需的关键能力。

（1）招聘和选拔：确定岗位所需的关键胜任力，并在招聘过程中评估应聘者是否具备这些能力。

（2）培训和发展：识别员工在某些胜任力上的短板，并设计培训计划来提升这些能力。

（3）绩效管理：将胜任力与绩效评估标准相结合，确保员工的行为和成果与组织目标一致。

（4）继任规划：通过评估员工的胜任力，明确他们未来的职业发展路径，以及帮助组织确定潜在的领导力培养对象。

（5）组织文化和变革管理：通过强化与组织价值观和目标相符的胜任力，推动积极的组织文化和支持必要的变革。

（二）胜任力模型的构成要素

胜任力模型是组织用来定义员工成功所需的关键能力和特征的框架。它通常包括多个层面的构成要素，每个要素都对个人的工作表现和职业成功有着重要的影响。

1. 知识（Knowledge）

知识是指个人在特定领域或职业中所掌握的信息、事实、原理和最佳实践。它包括教育背景、专业培训和个人经验所积累的理论知识和实践智慧。在职场中，知识是解决问题和作出明智决策的基础。

2. 技能（Skills）

技能是指个人在执行特定任务时所展现的熟练程度和能力。技能可以分为两类：硬技能和软技能。硬技能通常是与特定职业直接相关的技术或操作能力，如编程、财务分析或机械操作；软技能则涉及人际交往和个人效能，如沟通、团队合作、领导力和时间管理。

3. 能力（Abilities）

能力是指个人天生或通过长期训练获得的潜在特质，如智力、逻辑思维、创造力和适应性。这些能力影响个人学习和应用新知识的速度，以及在面对新挑战时的适应和创新能力。

4. 个性特质（Personality Traits）

个性特质是指个人的性格特征和行为倾向，如责任心、自信、同理心和决断力。这些特质影响个人的工作方式、团队互动以及与他人的合作效果。

5. 动机（Motivations）

动机是指推动个人行动、追求目标和满足需求的内在驱动力。它可以是内在的，如对成就、成长和自我实现的追求；也可以是外在的，如对金钱、认可和工作稳定性的需求。动机水平往往直接影响个人的工作投入和职业发展。

在职场中，胜任力模型的构成要素共同构成了个人职业成功的基础。这些要素不是孤立存在的，而是相互联系、相互影响的。知识为个人提供了必要的信息和理论基础；技能使个人能够将知识应用于实践；能力是个人在执行任务和应对挑战时发挥出的内在潜力；个性特质塑造了个人的工作风格和人际关系；动机则是个人不断前进和实现目标的驱动力。这些要素的综合作用决定了个人在特定职业环境中的表现。

胜任力冰山模型如图6-1所示，胜任力可以分为"冰山以上"和"冰山以下"两个层面，前者包括可见的知识和技能，这些是完成具体工作任务的基础；后者则涉及能力、个性特质和动机，这些因素虽然不易被直接观察，但对工作绩效有着深远的影响。对于大学生而言，在准备就业时，除了掌握专业知识和技能外，还需要注重培养自身的综合素质和内在驱动力，以全面提升职场竞争力。以医学生为例，他们不仅需要深厚的医学知识和精确的操作技能，还需要具备责任心、同理心等个性特质。同样，软件工程师需要掌握计算机科学知识、编程技能，同时具备解决问题的能力、细致的个性特质和对技术创新的热情。

因此，大学生在规划职业生涯时，应全面考虑这些构成要素，通过教育、培训和实践来提升自己的胜任力；同时，也需要认识到个人的成长和发展是一个持续的过程，需要不断地学习新知识、掌握新技能、提高个人能力、培养良好的个性特质，并保持积极的工作动机。通过综合发展胜任力模型的各个构成要素，大学生能够更好地适应未来的工作环境，实现个人的职业目标，并在不断变化的就业市场中保持竞争力。

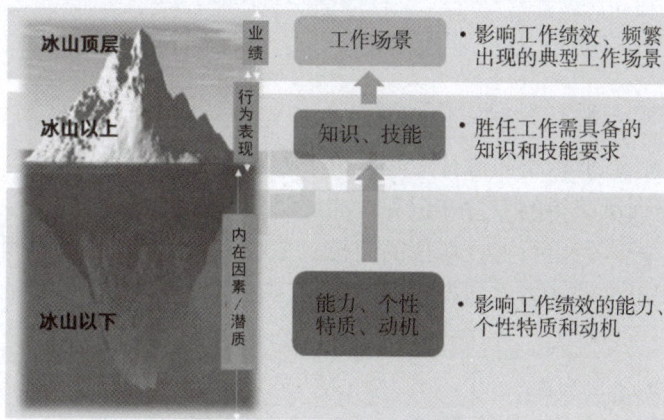

图6-1　胜任力冰山模型

（三）不同行业的胜任力模型案例分析

在不同行业中，胜任力模型的构建和应用是多样化的，以下是几个主要行业的案例分析，展示了胜任力模型在实际工作中的应用和重要性。

1. 信息技术行业

在信息技术行业，胜任力模型通常强调技术专长、创新能力和持续学习的能力。例如，南京晓庄学院信息工程学院与东软教育科技集团合作，基于胜任力模型进行产教融合，通过企业项目提炼技能和产业素质教学内容，打破知识隔阂，实现知行合一、产教融合，提升学生从事技术岗位的胜任力。

2. 金融行业

金融行业的胜任力模型不仅要求专业知识和分析技能，还要求良好的风险管理能力和沟通能力。例如，X金融公司通过战略演绎、关键挑战分析、企业文化演绎、访谈信息提炼、胜任力构成征询五个步骤构建了胜任力模型，进一步拓展了构建胜任力模型的研究视角，丰富了胜任力研究成果，也对其他金融企业胜任力模型的构建提供了可借鉴的经验。

3. 教育行业

教育行业的胜任力模型特别强调教学技能、学生发展指导能力和终身学习的能力。例如，中小学教师线上教学核心胜任力模型构建研究通过德尔菲法确定中小学教师线上教学核心胜任力指标词典，构建由职业素养、信息素养、线上教学素养、发展素养、个人特质组成的中小学教师线上教学核心胜任力模型，并进行模型的验证性分析，以对建立教师线上教学考评体系、提升教师线上教学能力提供一定价值。

4. 医疗保健行业

医疗保健行业的胜任力模型要求医护人员具备专业知识、临床技能和同理心。例如，张翰林，何紫棠，李玥等（2023）在《临床医师胜任力的经典模型与研究进展》一文中提到，临床医师胜任力是指临床医师在日常实践中习惯性、明智地使用交流沟通、专业知识、技术技能、临床思维、情感表达、价值取向和个人反思的能力。目前，我国临床医师胜任力在医学教育和岗位评价领域开展了广泛研究，但未来仍需进一步开展相关理论与实证研究，以助力中国医学教育与医生职业发展。

三、职业资格与胜任力的匹配

（一）职业资格与胜任力的对应关系

在现代职场中，职业资格与胜任力是评价个人职业能力的重要指标。职业资格通常指个人通过教育和培训所获得的专业知识和技能证明，如学位证书、专业认证或执照。这些资格为个人提供了进入特定行业或职位的门槛，是职业生涯的起点。而胜任力则是指个人在特定工作中展现出来的能力，包括技能、知识、态度和行为等，它们直接影响个人的工作表现和发展。

1. 将职业资格转化为胜任力

将职业资格转化为胜任力是一个涉及实践、学习和适应的过程。例如，一个拥有金融学位的毕业生可能具备了金融市场分析的理论知识，但在实际工作中，他需要将这些理论知识应用于市场研究、投资策略制定等任务中，以展现其分析和决策的胜任力。此外，随着行业的不断发展，个人还需要通过参加工作坊、在线课程等方式，不断更新自己的知识和技能，以保持其职业资格的竞争力。

2. 胜任力对职业发展的影响

胜任力对职业发展的影响是深远的。以沟通能力为例，这是一种几乎所有职业都需要的关键胜任力。一个具备出色沟通能力的员工能够更有效地与同事、客户和合作伙伴交流，从而提高工作效率和团队协作。例如，项目经理需要通过有效的沟通来协调团队成员，确保项目按时完成。如果项目经理缺乏必要的沟通胜任力，可能会导致信息传递不畅，进而影响项目进度和团队士气。因此，沟通能力不仅是个人职业发展的基础，也是其提升职业竞争力的关键。

在职业发展的过程中，个人需要不断提升自己的胜任力，以适应不断变化的工作要求。例如，随着数字化转型的加速，市场对数据分析师的需求日益增长。数据分析师不仅需要具备数据处理和分析的专业知识，还需要具备将复杂数据转化为易于理解的报告的能力，以及根据数据提出商业洞察的能力。这些胜任力的提升，可以帮助个人在数据分析领域获得更多的职业机会和发展空间。

通过理解职业资格与胜任力的对应关系，大学生可以更好地规划自己的教育和职业发展路径，为未来的职业生涯做好准备。例如，一个对市场营销感兴趣的大学生，可以通过参加相关的课程和实习，获得市场营销的基本知识和技能；同时，通过参与市场调研、广告策划等实际项目，提升自己的市场分析、创意思维和团队协作等胜任力。这些经历将有助于他在毕业后顺利进入市场营销领域，并在职业生涯中取得成功。

（二）职业资格与胜任力的评估方法

在职场中，评估职业资格与胜任力是人力资源管理的关键环节。这些评估方法不仅能帮助个人了解自己的职业发展状态，也为雇主提供了选拔和培养人才的依据。职业资格通常指个人所需的教育背景、专业认证或执照，而胜任力则涉及个人的内在能力，如技能、知识和个人特质。评估这些资质的过程对于确保个人与岗位匹配、提升工作绩效和推动职业发展至关重要。

1. 自我评估工具与技巧

自我评估是个人职业生涯规划的起点，它涉及对个人优势、劣势、兴趣和价值观的深入理解。以下是几种常用的自我评估工具与技巧。

（1）兴趣测试：通过回答一系列关于兴趣和喜好的问题，个人可以了解自己对不同领域的偏好。例如，一个大学生通过霍兰德职业兴趣测试发现自己对艺术和设计有浓厚的兴趣，这可能引导他探索平面设计或室内设计的职业机会。

（2）性格测试：性格测试如 MBTI 和 DISC 等，可以帮助个人了解自己的性格类型和行为偏好。例如，一个内向的大学生可能发现自己更适合独立工作而非团队合作的环境。这对于个人选择工作角色和环境具有指导意义。

（3）价值观评估：价值观评估可以帮助个人明确自己的核心价值观，这对于个人的职业选择和发展具有重要的指导作用。例如，一个重视工作与生活平衡的大学生可能会寻找能提供灵活工作时间的企业。

（4）SWOT 分析法：SWOT 分析法是一种战略规划工具，用于识别个人的优势（Strength）、劣势（Weakness）、机会（Opportunity）和威胁（Threat）。例如，一个即将毕业的大学生可能会识别出自己的优势是优秀的学术成绩和丰富的实习经验，劣势是缺乏全职工作经验，机会是即将到来的校园招聘会，威胁是激烈的就业市场竞争。

2. 雇主评估方法与流程

雇主评估涉及对员工的绩效、技能和潜力的系统评估。这些评估通常包括以下几个步骤。

（1）绩效评估：雇主通过分析员工的工作成果和工作效率来评估其绩效。例如，一个销售经理的绩效可能通过销售额和客户满意度来衡量。

（2）能力测试：能力测试用于评估员工的专业技能和知识水平。例如，一家软件公司可能会要求应聘者完成编程挑战，以评估其技术能力。

（3）行为面试：行为面试是一种评估应聘者过去行为和未来潜在行为的方法。例如，面试官可能会询问应聘者处理紧急项目的经历，以预测其未来的工作表现。

（4）360 度反馈：360 度反馈是一种全面的评估方法，它收集来自员工的上级、同事、下属甚至客户的反馈。例如，一个项目经理可能会收到来自团队成员的反馈，指出他在团队协调和资源管理方面的表现。

通过这些评估方法，雇主可以更准确地了解员工的职业资格和胜任力，从而作出更明智的人力资源决策，如晋升、培训和发展计划。同时，这些评估也为员工提供了宝贵的反馈，帮助他们识别自己的成长领域和职业发展路径。

（三）职业资格与胜任力不匹配的应对策略

在职场中，个人的职业资格与所需的胜任力之间可能会出现不匹配的情况。这种不匹配可能会限制其职业发展，影响工作表现。因此，采取有效的策略来解决这种不匹配至关重要。

1. 职业发展规划

职业发展规划是应对职业资格与胜任力不匹配的有效策略之一。通过明确的职业规划，个人可以识别自己的长期、中期和短期目标，并制订实现这些目标的行动计划。例如，一位希望从事金融行业的毕业生可能会计划在工作前几年内通过 CFA 考试来提升自己的专业资格和分析能力。

2. 终身学习的重要性

终身学习是当代职场的必备条件之一。随着行业的不断发展和变化，个人必须持续更新自己的知识和技能，以保持与行业同步发展。例如，IT 行业的专业人士需要不断学习新的编程语言和技术，以适应快速变化的技术环境。

3. 职业转换与再培训

当职业资格与胜任力不匹配时，职业转换和再培训可以提供新的职业路径。这可能涉及参加培训课程、获得新的证书或学位，或者在新的领域内寻找实习机会。例如，一位在媒体行业工作的编辑决定转行到数字营销领域，并通过参加在线课程和获得相关证书来提升自己的数字营销技能。通过这些策略，个人可以主动应对职业资格与胜任力之间的不匹配，提升自己的职业竞争力，并为未来的职业发展打下坚实的基础。

四、提升职业资格与胜任力的策略

在职场竞争日益激烈的今天，大学生需要通过各种途径提升自己的职业资格与胜任力，以增加就业竞争力和职业发展潜力。以下是一些有效的策略。

（一）教育与培训的机会

教育与培训是提升个人职业资格和胜任力的重要途径。它们可以帮助大学生获取行业所需的知识、技能和证书，从而增加其就业机会和促进职业发展。

1. 识别教育与培训需求

在规划职业发展时，大学生首先要识别自己当前的能力和目标岗位之间的差距。这需要自我评估，以确定需要进一步提升的领域。例如，一个工程专业的大学生可能需要更多的计算机辅助设计（CAD）技能来满足未来雇主的要求。

大学生可以通过以下途径识别这些需求。

（1）参与职业规划研讨会和职业发展课程，以了解不同职业路径的要求。

（2）与学术顾问和行业导师交流，获取关于职业发展的专业建议。

（3）研究理想职位的招聘广告，分析所需的技能和资格。

（4）参加行业会议和职业博览会，直接了解雇主的期望。

2. 选择合适的教育与培训机构

一旦识别了教育与培训需求，下一步就是选择合适的教育机构和课程。这可能包括大学课程、在线教育平台、专业认证和短期培训课程。在选择时，大学生应考虑以下因素。

（1）课程内容是否与职业目标相符。

（2）教育机构的声誉和认证情况。

（3）课程的灵活性，是否能够适应自己的时间安排。

（4）课程的费用和潜在的投资回报。

（5）培训机构的行业联系和就业支持服务。

例如，一个希望进入金融行业的大学生可能会选择参加注册金融分析师（CFA）的培训课程，同时报名参加相关的在线课程，以提升自己的金融分析技能。

（二）实践经验的积累

实践经验的积累是大学生提升职业资格与胜任力的关键策略。通过实习、志愿服务和参与项目工作，大学生不仅能够将课堂上的理论知识应用于实际情境中，还能够发展出解决复杂问题能力、团队合作能力和领导力等关键技能。

1. 实习与志愿服务

实习为大学生提供了一个有组织的工作环境，使其能够深入了解特定行业的运作方式，同时建立起宝贵的职业网络。为使实习价值最大化，大学生应该选择与自己职业目标相符的岗位，积极参与工作，与导师和同事建立良好的关系，并对实习经验进行反思，思考如何将所学应用到未来的工作中。

志愿服务则是另一种重要的实践方式，它不仅能够增强大学生的社会责任感，还能够为其提供丰富的工作经验。通过参与志愿服务，大学生可以培养领导力和团队合作技能，扩展职业网络，并展示自己的社会贡献。选择志愿服务项目时，大学生应考虑个人兴趣、价值观和职业目标，确保这些项目与个人发展一致。

2. 项目工作与团队合作

项目工作与团队合作是提升职业胜任力的有效途径。项目工作使大学生在实际环境中应用专业知识，发展项目管理技能，学习如何利用有限的时间和资源实现目标。团队合作则是现代职场的常态，通过团队项目，大学生可以学习如何与不同背景的人有效沟通，发展协调和领导团队的能力，并学会处理团队环境中的冲突和挑战。积极参与团队讨论，愿意承担不同的角色，并努力与团队成员建立良好的工作关系，这些都是提升团队合作能力的重要方式。

（三）个人品牌与职业网络建设

在当今的就业市场中，个人品牌与职业网络是提升职业资格与胜任力的两个关键因素。它们对于大学生来说，不仅是增加就业机会的策略，也是实现职业发展的有效途径。

1. 个人品牌的建立

个人品牌是一个人在职业领域中所建立的独特身份和声誉。它体现了个人的专业技能、价值观、工作风格和职业成就。建立强大的个人品牌可以帮助大学生在求职过程中脱颖而出，吸引雇主。为此，大学生可以通过多种方式来建立和推广自己的个人品牌，如完善和维护 LinkedIn 个人资料，在行业相关的社交媒体上分享自己的见解和成就，参与公开演讲和研讨会等。通过这些活动，大学生可以展示自己的专业知识和独特视角，从而在同行和潜在雇主中建立专业形象。

2. 职业网络的构建与维护

职业网络是由个人在职业生涯中构建与维护的联系所组成的网络。一个强大的职业网络可以为大学生提供行业信息、职业机会和导师资源。构建职业网络不仅仅是大学生在求职时寻找工作机会的手段，更是一种持续的职业发展策略。大学生可以通过参加行业会议、加入专业组织、参与校园招聘活动和志愿服务等方式来扩展自己的职业网络。同时，维护职业网络也需要时间和努力，比如定期与联系人进行交流、提供帮助和支持、分享有价值的信息等。通过这些互动，大学生可以与联系人建立起长期的、互惠的职业关系，为未来的职业发展奠定坚实的基础。

（四）持续学习与自我提升

在快速变化的职场环境中，持续学习与自我提升是提升职业资格与胜任力的必备策略。它们使大学生能够不断适应新的挑战，保持自己的竞争力。

1. 识别学习资源

在信息爆炸的时代，识别有价值的学习资源是持续学习的关键。大学生可以从多种渠道获取知识，包括在线课程、行业会议、专业书籍、研讨会和工作坊。例如，一个对人工智能领域感兴趣的大学生可以注册 Coursera 或 edX 并学习相关课程，以获取最新的行业知识。此外，参加行业会议和研讨会也是了解最新趋势和最佳实践的有效方式。大学生需要学会筛选和评估这些资源，选择与自己职业目标最相关的学习内容。

2. 时间管理与学习计划

有效的时间管理与学习计划对于持续学习至关重要。大学生应该制订合理的学习计划，平衡课程学习、兼职工作和社交活动。使用时间管理工具，如日历提醒、待办事项列表或时间跟踪应用，可以帮助大学生更有效地安排学习时间。此外，设定明确的学习目标和截止日期可以提高学习效率，确保大学生在忙碌的生活中仍能持续学习。

3. 评估学习效果

学习效果的评估是持续学习过程中的重要环节。它可以帮助大学生了解自己的学习进度，调整学习策略，确保学习活动与职业目标保持一致。自我评估可以通过反思日志、测试、项目作业或同行评审等方式进行。例如，一个学习外语的大学生可以通过定期的口语练习和写作任务来评估自己的语言能力。此外，大学生也可以寻求导师或行业专家的反馈，以获得更全面的评估。

【拓展阅读】

胜任力评估工具

● 360 度反馈法：这种方法通过收集来自不同角色的反馈信息，包括上级、同事、下属和客户等，综合评估个体在不同胜任力维度上的表现。它可以帮助个体了解自己的优势和改进空间，并促进自我反思和发展。

● 胜任力模型：胜任力模型是一种评估个体在特定工作环境中是否具备所需技能和能力的框架。它基于对工作任务和职位要求的分析，通过定义关键的胜任力维度和行为指标来描述一个人在特定职位上成功所需的能力和素质。

● GENE 胜任力模型：北森人才管理研究院提供的 GENE 胜任力模型，从战略、文化价值观和岗位工作的绩效要求三个视角出发，表达企业业务对人才的需求。该模型可以帮助企业快速搭建内部人才标准，并打造一个完整的人才培养体系。

胜任力评估资源

● 国际工程联盟（IEA）：提供了毕业要求和职业胜任力的国际基准，这些标准被广泛认可，并用于评估工程领域的教育项目和职业资格。这些资源对于工程领域的学生来说，是评估和提升自身胜任力的重要参考。

● MBA 智库资讯：提供了关于胜任力模型的深入分析和实用指南，包括如何理解和应用胜任力模型，以及如何通过胜任力模型实现个人和组织的成功。

● 北森 HRSaaS：提供了基于胜任力模型的评估和发展工具，帮助企业和个人识别和发展关键的胜任力。这些工具可用于招聘、培训和发展、绩效评估和人才管理。

第二节　通用能力

一、通用能力的产生与发展

在快速变化的职业市场中，通用能力的培养也成为当今社会关注的焦点之一。自 20 世纪 70 年代以来，世界各国就陆续开展了对通用能力的理论研究和教育改革的探索。

1972 年，德国社会教育家梅腾斯（Mertens）在欧盟的报告《职业适应性研究概览》中提出了"关键能力"的概念，即跨职业的，将专业能力、方法能力与社会能力整合为一体的综合能力。

20 世纪 70 年代末，英国教育与科学部、学习与技能委员会、资格与课程署共同发布的《关于英国核心技能政策与实践的问题解答》中将核心技能定义为：个体在学习、工作和个人发展方面取得成功的基本技能，不仅仅是面向青年人，更是对成年人有益的能够应用于实际生活和工作中的应用性技能。

20 世纪 80 年代末，美国开始对学生的基本技能展开研究。美国国家技能标准委员会对基本技能下了定义：基本能力是一个人从事任何职业和工作都不可缺少的普遍的能力，包括三大基本素质和五种能力。三大基本素质分别是一个人的基础技能、思维能力和个人素质。对这三种素质的训练和培养可以促进学生获得五种能力，分别为分配资源的能力、人际交往能力、获取和使用信息的能力、了解社会和理解制度的能力、选择和应用技术的能力。

澳大利亚对通用能力的研究始于 20 世纪 90 年代，梅尔委员会将"关键能力"定义为：有效参与新兴工作和工作组织模式至关重要的能力。关键能力是专注于在工作环境中综合应用知识和技能的能力。关键能力是通用的，它们适用于一般工作，而不是特定于某些职业或行业的具体工作。关键能力是终身教育体系的构建条件，为劳动者的未来职业适应性奠定了坚实的基础。随着社会的发展，澳大利亚政府机构、行业组织和教育部门共同推动，提出了面向全国的"就业技能框架"。此时提出的就业技能框架是由关键能力框架发展而来的，但比关键能力更加全面、更加侧重于胜任工作的可持续性的通用能力。澳大利亚通用能力的培养主要通过将通用能力内容整合到全国性整体教育目标中，在普通学校、职业教育、高等教育中都加入通用能力培养的内容要求，弹性地整合到课程发展中。

20 世纪 90 年代，我国学者主要从三个方面界定和论述通用能力的内涵和外延：一是与职业活动的相关程度；二是个人可持续发展所需的能力；三是通过国际比较来剖析通用技能的内涵，同时结合我国职业教育的发展背景。在关于通用能力培养模式的研究中，我国学者崔景茂（2013）提出了"三位一体"培养学生职业核心能力的模式。这一模式通过实施专项心理行为训练、体验式课堂教学和校园文化实践活动，全面展开对学生职业核心能力的培养。这种综合性的培养方法旨在帮助学生在不同的情境中提升适应能力、沟通能力和团队合作能力，从而更好地为未来的职业发展做好准备。

二、通用能力的重要性

通用能力与专业能力共同构成了一个人的实际工作能力，二者相辅相成。不同的工作岗位需要不同的专业能力，但通用能力却能广泛适用于任何岗位。虽然专业能力在特定领域中至关重要，使员工能够高效完成专业任务和解决具体问题，但通用能力的价值同样不可忽视。一名优秀的大学毕业生不仅需要扎实的专业能力，还需要提升通用能力。在当今快速变化的职场环境中，通用能力显得尤为重要，它不仅仅是个人就业的基础能力，更具备广泛的发展潜力。

通用能力的培养可以为职场人士提供更强的适应能力，帮助他们更好地应对变化，有效解决问题，并与他人进行良好的沟通。这些能力的提升，不仅有助于个人的职业发展，也为团队合作与组织目标的实现奠定了坚实的基础。

通用能力包括适应能力、沟通能力、解决问题的能力、多任务能力、资料制作的能力等。这些能力在任何工作环境中都是对所有员工的基本要求。这些能力可以帮助劳动者适应不断变化的工作环境和组织结构，也增强了劳动者获取新知识的能力。它们超越了行业的界限，成为普遍适用的基础技能和能力，在各国的教育和职业发展中都显得尤为重要。大学生在校园期间应积极参与各种实践活动，以提升自己的通用能力，为自己的职业生涯铺就更加广阔的道路。

三、适应能力

适应能力是指个体在面对环境变化或新情况时，能够根据环境通过培养积极心态、增强学习能力、锻炼灵活性等方式，迅速调整自身行为、思维和情感的能力。适应能力在工作中非常重要，能够帮助个体在职场中更好地应对挑战和变化。

【拓展阅读】

吕梁山的游泳人

孔子到吕梁山游览，那里瀑布几十丈高，水花溅出数里，甲鱼、扬子鳄和鱼类都不能游，但他看见一个男人在那里游水。孔子认为他是因痛苦想投水而死，便让学生沿着水流去救他，他却在游了几百步之后出来了，披头散发，唱着歌，在河堤上漫步。

孔子赶上去问他：“刚才我看到你在那里游，以为你是因为痛苦而要去寻死，我便让我的学生沿着水流来救你。你却游出水面，我还以为你是鬼怪呢，请问你能在那种深水里游泳有什么特别的方法吗？”

他说：“没有，我没有方法。我起步于原来本质，成长于习性，成功于命运。水回旋，我跟着回旋进入水中；水涌出，我跟着涌出水面。顺从水的活动，不自作主张。这就是我能游水的缘故。”

孔子说：“什么是起步于原来本质，成长于习性，成功于命运？”他回答说：“我出生于陆地，安于陆地，这便是原来本质；从小到大都与水为伴，便安于水，这就是习性；不知道为什么却自然能够这样，这是命运。”

适者生存，这是人类一切问题的答案。试图让一切适应自己，这是很幼稚的举动，而且是一种不明智的愚行。

那位智者让自己适应水流，而不是让水流适应他。就这样，智者成功了。这不是一种方法，也不是一个技巧，而是一种智慧。

（一）培养积极心态

在工作中培养积极的心态非常重要，它能够增强个体的自信心，提升团队的士气。当个体遇到挑战时，这种心态表现为相信自己能够克服挑战。这种积极的情绪也会传递给其他成员，使他们能够更好地应对工作中的不确定性和挑战，从而保持高效的工作状态。

当工作中出现意外情况时，积极的心态能够帮助个体更高效地应对困难，找到解决问题的途径，而不是使其沉浸在消极情绪中。托尔斯泰说：“世界上有两种人：一种是观望者，另一种是行动者。大多数人都想改变这个世界，但没有人想改变自己。”有时候，个体改变不了周围的环境，却可以选择改变自己，改变自己看待周围环境的心态和目光，他们就会发现其实身边每一样事物看上去都是美好的。

（二）增强学习能力

在这个技术和行业动态不断变化的时代，增强学习能力，时刻保持主动探索未知领域的精神显得尤为重要。作为职场人士，这种积极主动的态度不仅能够帮助他们掌握新的技能，还能够促进与同事和行业专家之间的交流，从而拓宽视野。主动参加培训和学习活动是提升自我素质的有效途径。通过这些活动，个体不仅能够获得最新的知识和技能，还能够与同行业的专业人士分享经验、交流观点，激发创新思维。除此之外，阅读专业书籍和行业报告是深入了解行业发展趋势和前沿知识的重要方式。这一过程不仅能丰富个体的知识储备，还能帮助其在工作中更好地应对变化。

主动学习新知识和技能为个人的职业发展打下了坚实的基础。正如孔子所言："学而时习之，不亦说乎？"这句话强调了学习和复习的重要性。同时，只有将所学知识与实践相结合，个体才能真正体会到学习的乐趣与价值。在职场中，持续学习和不断反思的过程将使个体不断进步，实现自我超越。因此，在这个瞬息万变的职场环境中，保持好奇心和主动学习的精神，将使个体在职业道路上走得更远，迎接更多的机会。

（三）锻炼灵活性

每个工作环境都有其独特的沟通风格和文化，每个人在工作中都要锻炼灵活性，根据不同的情境和反馈，不断调整和优化自己的沟通方式至关重要。例如，在面对紧急项目时，团队可能更需要迅速、清晰的沟通，此时个体可以选择简洁明了的表达方式。而在进行创意讨论时，鼓励开放性思维和自由交流可能更为有效，此时个体可以采用更为灵活和互动的沟通方式。

四、沟通能力

沟通能力几乎是所有工作环境中必不可少的技能。有效的沟通能力涵盖了多个方面，包括倾听、表达和非言语交流等。倾听不仅仅是被动地听他人说话，更重要的是要理解对方的意图和需求；表达要求个体清晰、准确地传递自己的想法和意见，即在短时间内将必要的信息传达给对方；非言语交流则涉及肢体语言、面部表情等。良好的沟通技能能够有效减少误解，提高工作效率，同时有助于建立和维护良好的人际关系。在职场中，能够熟练运用这些技能的人，往往更能赢得同事和领导的信任与支持，从而推动团队合作和个人发展。

【拓展阅读】

韦伯的推销

某电气公司的约瑟夫·韦伯在宾夕法尼亚州一个富饶的荷兰移民地区进行了一次考察。

"为什么这些人不使用电器呢？"经过一家管理良好的农庄时，他问该区的代表。

"他们一毛不拔，你无法卖给他们任何东西，"那位代表回答，"此外，他们对公司火气很大。我试过了，一点儿希望也没有。"

也许真是一点希望也没有，但韦伯决定无论如何也要尝试一下，因此他敲开了那家农舍的门。门打开了一条小缝，屈根堡太太探出头来。

一看到那位代表，她立即就关了门。韦伯再次敲门，她再次把门打开一条缝。

"屈根堡太太，"韦伯说，"很抱歉打扰了您，但我们来这里不是向您推销电器的，只是要买一些鸡蛋。"她把门开大了一点儿，怀疑地看着韦伯他们。韦伯又说："我注意到了您那些可爱的多明尼克鸡，我想买一打鲜鸡蛋。"门又开大了一点儿。"你怎么知道我的鸡是多明尼克鸡？"她好奇地问。韦伯回答："我自己也养鸡，说实话，我从来没见过这么棒的多明尼克鸡。""那你为什么不吃自己的鸡蛋呢？"她仍然有点儿怀疑。

韦伯说："因为我的鸡下的是白壳蛋。当然，你知道，做蛋糕的时候，白壳蛋是比不上红壳蛋的，而我妻子以她做的蛋糕而自豪。"

这时候，门已经完全打开了，屈根堡太太的表情和语气也温和多了。韦伯乘机四处打量了一下，发现农舍里有一间很好看的奶牛棚。韦伯找到了话题："事实上，屈根堡太太，我敢打赌，你养鸡所赚的钱，比你丈夫养牛所赚的钱要多。"这下她可高兴了！她兴奋地告诉韦伯，她真的比她的丈夫赚钱多。但她无法使那位顽固的丈夫承认这一点。

她邀请韦伯一行参观她的鸡棚。参观时，韦伯注意到她安装了各式各样的机械设备，于是他积极地称赞这些做法，还介绍了一些掌控温度的方法，并向她请教了几件事。他们高兴地交流了一些经验。

不一会儿，屈根堡太太告诉韦伯，附近一些邻居在鸡棚里装设了电气设备，据说效果很好。她征求韦伯的意见，想知道是否真的值得那么做。

两个星期之后，屈根堡太太就安装了电气设备。韦伯推销了电气设备，屈根堡太太得到了更多的鸡蛋，两者皆大欢喜。

在沟通时，最巧妙的方式是关注对方感兴趣的话题，以此达到自己的目的，这才是沟通的最高境界。

（一）善于询问

当个体加入一个新的工作环境时，应主动向同事询问他们通常是如何进行沟通的。例如，个体可以询问他们偏好使用哪种沟通工具，如电子邮件、即时通信软件或面对面交流，以及在什么情况下会选择不同的沟通方式。了解并适应团队的沟通方式，不仅有助于个体更快融入团队，还能提高工作效率。

（二）倾听与理解他人观点

有效的沟通始于倾听。这要求个体在交流时全神贯注，不仅要听清对方所说的内容，还要理解其背后的意图和情感。通过点头、复述或提问等方式来确认自己的理解，可以有效增强彼此之间的信任与共鸣。例如，在会议中，注意同事发言的内容，深入理解他们所要表达的信息，这将帮助个体更好地把握团队文化和沟通的"潜规则"。

倾听不只是一个被动的过程，它还需要积极的参与和反馈。通过认真倾听，个体能够更全面地理解对方的观点，从而在适当的时候给予恰如其分的回应。这种互动不仅有助于个体建立良好的沟通氛围，也能提升团队的凝聚力和协作效率。

（三）清晰、简洁地表达

清晰、简洁地表达是沟通成功的关键。在与同事的交流中，个体应避免使用模糊的词汇，并组织好逻辑顺序，表达时要直率、简洁、明确。

例如，当团队领导询问"之前交给你的任务你完成了吗？"时，如果任务还没有完成，个体应该如何回答？

对于团队领导而言，他无非就是想知道任务进行到了什么阶段，而不是想听没有完成任务的各种理由。因此，如果未完成任务，这时只需要直接回答"还没有完成"即可。

直接坦率的回答，可以促进有效的沟通，明确问题的所在，通过回答"为什么"会让沟通顺利地进行，也会将问题的实质显现出来。

当面对沟通障碍，如误解或冲突时，个体应保持冷静，主动寻求共同点，并以建设性的方式提出解决方案。有效的反馈和适时的调整也是克服障碍的重要手段。通过积极的沟通和及时的调整，个体能够更好地化解问题，促进理解，从而实现更高效的合作。

（四）重视非语言沟通

非语言沟通是指通过肢体语言、面部表情、手势、姿态、眼神接触和声调等方式传达信息和情感的沟通形式。在与同事或客户的日常交流中，个体可以通过观察对方的动作，揣测对方对自己说的话的理解程度。例如，当自己说话时，对方不停点头，说明他对这个话题感兴趣，就可以继续往下讲。同时，个体要不断观察对方的表情，如果在进行交流时发现对方没有表情反应或者皱眉，这可能说明他有不理解的地方，这时个体就需要进一步讲解。这些非语言信号往往与语言信息相辅相成，提升沟通的效果。它们不仅能表达情感和态度，还能增强交流的深度和有效性。

五、解决问题的能力

解决问题的能力是现代职场和生活中一项至关重要的技能，它涵盖了从分析问题到制订解决方案，再到实施计划的多个环节。随着信息技术的迅速发展，技术的更新速度不断加快。具备解决问题的能力不仅能够帮助个体在竞争中脱颖而出，也能为其团队和组织带来显著的价值。

（一）用逻辑思维及数据分析问题

一个团队的成员可能会在文化背景、生活习惯、教育背景等方面存在差异，因此，他们对问题的主观理解也可能天差地别。一些人在面对各种问题时，常常会感到不知所措。在这种情况下，主观的意见不如客观事实。统计问题的关键数据，并分析数据，才能理解事情的本质，才是解决问题的关键武器。

首先，个体要厘清所要表达内容的内在逻辑。如果自己不确定所说的话是否具备逻辑性，可以尝试向不熟悉该内容的外行人进行解释，请他们评判整体的流程和逻辑是否通顺。由于外行人缺乏相关的知识背景，他们的反馈可以帮助个体识别和发现逻辑上的问题，从而进一步完善表达。其次，观察对方的理解程度，在表达时，对方不提任何问题也许并不代表他完全理解了，而可能预示着对方完全没有理解或存在疑惑，这也可以反映出自己逻辑思维上的"漏洞"。

最后，要用数据呈现问题。例如，当领导问现在大学生的就业形势如何，仅回答"我国大学生的就业形势不容乐观"是远远不够的。这时，需要统计过去五年的大学毕业生人数及其就业情况，这些数据能呈现不同职业的就业率，并分析哪些职业的就业率较高，哪些职业相对较低。通过数据分析，可以探讨高就业率职业的原因，如行业需求、技能匹配，以及社会发展趋势等。而对于就业率较低的职业，也应分析潜在的原因，如市场饱和、行业转型，以及毕业生的专业背景等。通过一系列的数据研究和分析，才能够更全面地分析当前大学生就业形势的现状。

（二）提升决策能力

决策能力是现代职场中不可或缺的一项核心技能，涵盖了分析和评估信息、制定明智决策以及实施决策的全过程。在快速变化和高度竞争的环境中，能够作出正确决定的能力在任何行业中都备受重视，因为它直接影响组织的运营效率和战略目标的实现。

1. 正确决策需要具备深入分析情况的能力

这意味着个体要能够全面收集和整理相关信息，包括市场数据、团队反馈以及行业趋势等。在信息爆炸的时代，如何从大量数据中提取出有用的信息，是决策过程中的一项挑战。有效的信息分析不仅可以帮助个体理解当前的状况，还能揭示潜在的机会和风险。

2. 预测可能产生的结果是决策过程中至关重要的一步

每一个决策都会带来一系列的后果，因此在决策时，个体需要考虑不同选择的长期、中期和短期影响。进行多种情景分析，评估每种选择的潜在结果，帮助个体更全面地理解决策的风险和收益。这种前瞻性的思维方式，不仅能够增强决策的科学性，还能提升个体在团队中的可信度。

3. 正确的决策反映出个人强大的信心和良好的判断力

在职场中，决策者往往需要在有限的时间内作出选择，并且这些选择可能会影响团队的方向和目标。一项自信的决策可以增强团队的士气和凝聚力。团队成员通常会对果断而明智的决策表示信任，并愿意积极配合实施这些决定。

4. 思考合适的方式是作出明智决策的基础

在开始一项工作时，个体不能盲目行动。正如古人所言，"磨刀不误砍柴工"，思考如何选择合适的方法以获得最佳结果，才是高效推进工作的关键一步。通过思考，个体能够不受外界干扰，基于客观事实和逻辑推理来评估情况，这种能力在他们面对复杂和模糊的问题时尤为重要。例如，在装修房子之前，户主需要先与装潢公司沟通，要求其提交包含装修顺序在内的详细设计和日程表，得到户主的同意后才能正式开始装修。因为一旦开始施工，设计往往很难改变。因此，在工作前作出大致的计划，与团队达成共识，然后按照流程开展具体工作，是确保工作顺利进行的重要前提。

5. 实施决策同样是决策能力的重要组成部分

作出决策后，如何有效地将其付诸实践，确保每个环节都能顺利进行，是检验决策有效性的关键。在实施过程中，及时的反馈和调整机制能够帮助个体识别实施中的问题，确保决策能够达到预期的效果。

六、多任务能力

多任务能力是指在同一时间内有效地管理和执行多个任务或活动的能力。在现代工作和生活中，这种能力越来越重要，许多职业要求员工能够同时承担多项职责。通常，擅长多任务处理的人善于合理安排时间，灵活调整工作优先级，使各项任务有序进行。

（一）合理安排时间，确保各项任务能够按时完成

合理安排时间是高效工作和生活的重要基础，它确保各项任务能够按时完成，从而提升整体效率和生产力。有效的时间管理不仅能帮助个体更好地应对日常工作中的各种挑战，还能为其创造更多的自由时间，从而平衡工作与生活。

1. 制订清晰的计划是合理安排时间的第一步

通过创建每日或每周的任务清单，个体可以明确自己需要完成的工作，并为每项任务设定具体的截止日期。这种方式不仅有助于个体厘清思路，还能使其在繁忙的工作中保持目标感和方向感。同时，利用电子日历或项目管理工具，有助于个体随时更新和调整计划，确保每项任务的优先级和时间安排得当。

2. 了解并利用时间的高效段落非常重要

每个人在一天中的不同时间段内，工作效率可能会有所不同。通过观察和记录自己的工作习惯，个体可以找到最佳的工作时间段，集中精力处理最重要或最具挑战性的任务。在这些高效的时间段内，全神贯注地投入工作，有助于提高任务的完成质量和速度。

3. 合理安排时间需要学会有效分配任务

将大任务拆分为小任务，逐步完成，不仅能让个体感受到成就感，还能减少因任务繁重而产生的压力。

4. 在时间安排中，留出适当的休息时间同样不可忽视

长时间的工作容易导致个体疲劳和效率下降，适当的休息和放松可以帮助个体恢复精力，提高后续工作的效率。因此，在工作之余安排适当的休息、锻炼或休闲活动，以保持身心的活力，会达到事半功倍的效果。

5. 定期回顾和调整自己的时间管理策略至关重要

通过反思已完成的任务和未完成的事项，个体可以识别出时间安排中的不足之处，并不断优化自己的计划和方法。这样的反馈机制能够帮助个体在不断变化的工作环境中，灵活应对新的挑战，获得更高效的工作方式。

（二）确定任务优先级

个体在开展任何工作时，都需要了解工作的背景和目的，确定优先顺序和紧急程度。优先级的判断与任务分配是高效时间管理的关键。

（1）事先了解工作的背景和目的，即使只有一项工作也要仔细认真地确认，然后优先处理那些既重要又紧急的任务。这些任务通常对个体工作或生活产生直接影响，需要得到立即关注。

（2）处理重要但不紧急的任务。这些任务虽然不紧迫，但长期来看对个人或组织的发展至关重要。

（3）处理紧急但不重要的任务。这些任务虽然需要迅速响应，但对长期目标的贡献有限。

（4）处理那些既不重要也不紧急的任务。这些任务可以适当被推迟或委托他人处理。通过合理分配时间，可以确保关键任务得到优先处理，从而提高工作效率和成果质量。

（5）避免拖延症的策略同样重要，因为拖延症是时间管理的天敌。设定明确的时间限制和截止日期，可以帮助个体保持紧迫感，避免任务无限期拖延。此外，采用"两分钟原则"快速启动任务，即如果一项任务可以在两分钟内完成，就立即去做，这样可以迅速进入工作状态，避免拖延。

（三）灵活应变

在现代职场中，任务的变化和突发情况时常发生，灵活应对这些变化是提升工作效率和确保项目成功的关键。及时调整工作重点和策略，不仅能帮助团队保持高效运转，还能有效应对外部环境的变化。

1. 保持敏锐的观察力和前瞻性是应对变化的基础

在日常工作中，个体可以定期评估项目的进展和环境因素，关注可能影响任务的内部

和外部变化，如市场趋势、客户反馈或团队成员的工作状态。通过及时获取信息，个体能够更早地识别出潜在问题，从而为调整策略提供依据。

2. 在制订工作计划时，留出一定的灵活性非常重要

虽然制订详细的计划可以帮助个体明确目标和任务，但也需要预留一定的应对突发情况的空间。例如，个体可以在项目时间表中设置缓冲时间，以应对可能发生的延误或变更；同时，建立多种应对方案，确保在面临变化时能够迅速切换到备用计划。

七、资料制作的能力

会议记录、PPT 制作、Excel 制作、工作计划制作等，是每位员工在职场中必备的基本技能。这些技能不仅能够提高他们的工作效率，还能够帮助其更好地完成各项任务，提升工作质量。

（一）掌握会议记录的技巧

记录会议内容是制作各类材料的起点，同时会议记录的质量直接影响后续工作的进行。在职场上，掌握会议记录的技巧至关重要。首先，会议记录应包括几个基本要素：会议的日期和时间、地点、参会人员以及会议的议题或内容安排。这些信息为会议记录提供了清晰的背景。其次，会议记录的重点在于会议中达成的决定，而非逐字记录每位参会者的发言。有效的会议记录应关注以下几点：已决定事项、未决定事项、需要进一步确认的内容以及补充信息。例如，可以记录"决定投资某项目""采购某设备"或"通过×××的人事任免"等重要事项。通过明确这些要点，会议记录不仅能为后续的材料制作提供坚实基础，也能助力团队高效协作。

（二）熟练操作基础办公软件

在职场中，数据分析和图表制作是大多数工作岗位必备的技能。熟练操作办公软件，如 PPT、Excel、Word 等，是提升职业能力的有效方法。

（1）PPT：在制作 PPT 时，表达的内容必须明确、简洁且清晰。一页 PPT 应聚焦于一个核心问题，并围绕该问题提供相应的分析和结论，避免在一页中放入过多内容，从而造成信息过载。这样的结构能够确保 PPT 整体具有良好的逻辑顺序，使听众更容易理解和跟随。简洁的内容也方便听众快速浏览和吸收信息。

（2）Excel：Excel 是数据处理和分析的重要工具。熟练使用 Excel 中的基本功能，如数据输入、公式计算、图表制作等，可以帮助个体更高效地进行数据管理和分析。掌握一些高级功能，如数据透视表、条件格式和宏，可以进一步提升个体的数据处理能力，使其能够从数据中提取有价值的信息。

（3）Word：掌握 Word 的基本功能，如文档编辑、格式设置、表格插入和图形处理等，可以帮助个体撰写专业的报告、总结和文档。熟悉使用模板和样式功能，可以提高文档的一致性和美观性。

（三）合理使用信息技术工具

了解并掌握一些专业的信息技术工具也是提升工作效率的重要手段。这些工具可以根据工作需求的不同而有所变化。例如，掌握一些常用的数据分析工具，如 Tableau、Power BI 等，可以帮助个体更好地进行数据可视化和分析，支持决策制定。通过这些工具，个体

能够将复杂的数据转化为易于理解的图表和报告，使团队更快、更准确地把握信息。

（四）持续学习和更新技能

在信息技术快速发展的时代，持续学习和更新技能至关重要。定期参加培训、在线课程或行业研讨会，可以帮助个体保持对新工具和新技术的敏感性。

第三节　沟通能力

生涯人物案例

在一家繁忙的都市公司里，销售部有两位员工，小张和小王。小张，性格温和、人缘极佳，总是以和为贵，避免不必要的争执。这种性格让他在同事中颇受欢迎。然而，小王最近却对小张表现出一些不友好的行为。小王在团队会议中对小张的提议冷嘲热讽，还在分配任务时故意让小张承担更多的工作。更让小张感到困扰的是，小王似乎在背后抢走了他的一些长期合作的客户。面对这种情况，小张选择了忍耐，他不想因为一些小事破坏了团队的和谐。但是，随着时间的推移，小王的行为并没有收敛，反而变得更加明显。在一次客户被小王抢走后，小张感到了前所未有的挫败和愤怒。他决定向经理寻求帮助。经理在了解情况后，对小王进行了批评，并要求他改正行为。这一举动虽然让小张感到了一丝安慰，但也让小王对小张的敌意更加明显。两人之间的关系变得紧张，办公室的气氛也因此变得微妙……

在当今这个高度互联的社会中，沟通不再是一种简单的信息交换，而是一种艺术、一种科学，更是人们必备的基本职业能力。"理解万岁"这句流行语背后，蕴含着对沟通深层次的渴望和追求。沟通，作为人类社会最基本、最重要的活动方式，它跨越了个体与群体之间的界限，成为思想与情感传递的桥梁。它不仅仅是言语的交流，更是心灵的触碰，也是达成共识、促进合作的基石。在前面，我们论述了提高沟通能力的基本措施，在本节，我们将深入探讨人际沟通的精髓，学习如何在纷繁复杂的人际网络中，通过有效沟通，建立起理解的桥梁，促进信息的流通，增进人与人之间的了解与合作，从而在职场和生活中游刃有余。

一、沟通概述

（一）沟通的概念

在人际交往中，沟通是思想与情感交流的核心，它旨在实现观点的一致性和情感的顺畅表达。沟通不仅是满足个人需求、达成目标的关键工具，也是构成人们日常生活的基石。研究显示，职场中高达70%的错误源于沟通不畅。因此，系统地掌握沟通技巧对于避免无效或错误的沟通至关重要，它能够显著提升人际交往的效能。

美国学者桑德拉·黑贝尔斯（Saundra Hybels）和理查德·威沃尔（Richard Weaver）在其著作《有效沟通》中，将沟通定义为分享信息、思想和情感的过程。这一过程不仅包括口头和书面语言，也涵盖了非言语交流。从广义上讲，沟通可以被理解为任何形式的信息交换。它通常包括信息的发送、传递、接收和反馈四个阶段。信息的发送通常采取言语、非言语和书面三种形式，并通过面对面交流、电话、会议、演讲等多种渠道进行传递。接收方在接收信息后，会对信息进行解读，并以语言的、非语言的或书面的形式给予反馈。在实际沟通中，双方不断地在信息的发送者和接收者角色之间转换，进行互动。

（二）沟通的分类

在特定的社会文化环境中，沟通是个体之间利用共同的符号系统，如语言、文字、图像、标志和肢体语言等，通过直接或间接的方式进行信息的交流和传递。这一过程涵盖了观点、思想、知识、兴趣、情感和愿望等多种信息类型。

1. 按信息的载体划分

根据信息的载体不同，沟通分为语言沟通和非语言沟通。

语言沟通是指个体或群体之间使用语言、文字、图表、符号等形式进行信息交流的过程。根据沟通的方式，语言沟通可以进一步划分为书面沟通和口头沟通两种主要类型。书面沟通包括信件、电子邮件、报告、书籍等文字材料的交流，而口头沟通包括面对面对话、演讲、电话交谈等形式。

非语言沟通则是指不依赖于语言或文字，而是通过其他媒介来表达和传递信息的方式。非语言沟通的范畴非常广泛，它包括但不限于以下几种形式。身体语言沟通是通过面部表情、手势、姿态和身体动作等非言语行为来传达情绪、态度或意图的沟通形式。语调是说话时的音高、强度、节奏和音色等声音特征，它们能够传递沟通者的情感状态和强调重点。物体位置是物品的摆放、空间布局和环境设置等，这些都可以传达特定的信息或情感。空间距离是个体之间保持的物理距离，它反映了亲密度、社会地位或个人界限。非语言沟通是人际交往中不可或缺的一部分，它能够补充、强化有时甚至替代语言沟通，对理解完整的沟通信息至关重要。

2. 按是否存在组织关系划分

根据沟通者之间是否存在组织关系，沟通可以分为正式沟通和非正式沟通。

正式沟通遵循组织规定的结构系统，包括信息流动的路径、方向和媒介，如组织规定的汇报制度、例会制度、报告制度及组织与其他组织的公函来往等。这种沟通方式具有正规性、严肃性和权威性。参与沟通的人员通常具有较强的责任感和义务感，有助于保持信息的准确性和保密性。然而，正式沟通可能显得刻板，缺乏灵活性，信息传播的范围和速度可能受到限制。

非正式沟通发生在组织结构之外，通过沟通者之间的接触进行信息传递和交流。这类沟通形式多样，如同事间的传闻、熟人间的闲谈等，通常被称为"小道消息"。非正式沟通具有自发性、灵活性和迅速性，能够在不受组织约束的条件下进行，有助于表达真实思想和增进情感交流。然而，由于其随意性强，信息的扭曲和失真风险较高。

3. 按所采用的媒介划分

根据所采用的媒介，沟通可以分为语言沟通、非语言沟通和电子沟通。

语言沟通以语词符号为载体，包括口头沟通和书面沟通等形式。这种沟通方式依赖于语言的准确性和清晰性。

非语言沟通利用非语词符号，如肢体动作、面部表情等来传递信息。这种沟通方式在人际交流中发挥着重要作用，能够传达语言难以表达的情感和态度。

电子沟通，也称为 E-沟通，是基于计算机技术和电子通信技术的信息交流方式。随着电子信息技术的发展，电子沟通已经成为现代沟通的重要组成部分，包括传真、网络电视、计算机网络和电子邮件等。

（三）沟通的原则

1. 尊重：沟通的基石

在人际交往的广阔领域中，沟通是构建和维系和谐关系的核心。而尊重，作为沟通的基石，对于确保有效交流至关重要。尊重意味着认可他人的观点和感受，要求人们在交流中展现出对他人的基本礼仪和敬意。尊重体现了对个人尊严的维护。每个人都有自己的思想和情感，尊重他人就是承认他们表达自己的权利。这种尊重有助于创造一个安全、支持的环境，使人们思想和情感被听见和理解，从而更愿意敞开心扉，分享他们的想法。

尊重是建立信任的基础。当我们尊重他人时，我们展示了对他们的价值观和决策的信任。这种信任在沟通中是不可或缺的，因为它鼓励开放和诚实的交流，减少误解和冲突的可能性。尊重在沟通中是双向的。我们不仅需要尊重他人，也需要获得他人的尊重。这种相互尊重的关系促进了更深层次的理解和更有效的沟通。当我们感受到被尊重时，我们更有可能倾听他人的观点，而不是仅仅坚持自己的立场。尊重他人也意味着尊重自己。自我尊重是自信的体现，它使我们能够清晰、坚定地表达自己的观点和需求。当我们尊重自己时，我们更有可能得到他人的尊重，这反过来又增强了我们的自我价值感。尊重直接影响沟通的效果。在一个人与人互相尊重的环境中，人们更愿意分享信息，参与讨论，并寻求解决问题的方法。相反，缺乏尊重会导致沟通障碍，阻碍信息的流通和理解的达成。

尊重是沟通中不可或缺的原则。它不仅是对他人个人尊严的认可，也是建立信任、促进有效沟通的关键。尊重要求我们承认每个人的价值和权利，无论是在表达自己的观点时，还是在倾听他人时。通过相互尊重，我们可以建立更加坚实的沟通基础，实现真正的理解和合作。

【拓展阅读】　　　　　　　　　　　　　　　　　　⊟ ⧉ ✕

尊重与智慧 —— 宋庆龄与外国友人

宋庆龄是中国近现代历史上的杰出女性，她是中国民主革命的先驱孙中山的夫人，也是中华人民共和国的名誉主席。她以其卓越的外交才能和高尚的人格魅力，在国内外享有极高的声誉。宋庆龄一生致力于推动中外文化交流和国际友好合作。20 世纪 30 年代，中国正处于抗日战争的艰难时期，宋庆龄为了争取国际社会的支持和援助，经常与外国友人进行交流。在一次与外国友人的聚会中，一位对中国历史和文化了解甚少的外国记者提出了一些带有偏见的问题。面对这些带有偏见的问题，宋庆龄并没有表现出不悦或是辩驳，而是以一种平和而尊重的态度来回应。她知道，沟通的首要原则是尊重对方，即使对方的观点与自己相左。宋庆龄以她深厚的文化素养和对国际形势的理解，耐心地向外国记者解释了中国的历史文化和当时的抗战形势。她的话语中透露出对记者的尊重，即使对方的观点与自己不同，她也没有简单地驳斥对方，而是通过提供事实和逻辑来阐述自己的观点。在宋庆龄的回应中，她不仅展现了中国人民的友好和开放态度，还传达了愿意与世界各国进行友好交流和合作的意愿。她的回应赢得了在场所有人的尊重，包括那位提出问题的记者。

在那次聚会之后，那位外国记者对中国的看法有了显著的改变。他在后续的报道中写道："宋庆龄女士的回应不仅让我对中国的文化和抗战形势有了更深的理解，也让我对中国领导人的人格魅力感到敬佩。"

这个故事展示了尊重在沟通中的重要性。即使在面对挑战和误解时，通过尊重和耐心的对话，我们也能够建立起理解和共识。同时，它也强调了关于和平、尊重和国际合作的价值，鼓励我们在追求国家利益和国际关系时，始终保持开放的心态和尊重他人的态度。

2. 理解：沟通的桥梁

理解，作为沟通的桥梁，对于确保有效交流至关重要。理解意味着超越表面的言辞，深入探索对方的观点、情感和需求。它要求我们在交流中展现出对他人的同情和共情能力。理解的起点是共情，即设身处地地感受和理解他人的情感和立场。在沟通过程中，共情使我们能够从对方的角度出发，更好地理解他们的需要和期望。这种能力有助于建立信任和尊重，为有效沟通打下坚实的基础。理解要求我们保持开放的心态，愿意接受和考虑不同的观点和想法。在沟通中，我们应该避免过早地下结论或作出评判，而是给予对方充分表达自己的机会。通过倾听和观察，我们可以更全面地理解对方的意图和想传达的信息。除了言语交流，理解还涉及非言语线索的解读，如肢体语言、面部表情和语调。这些非言语线索可以提供额外的信息，帮助我们更准确地理解对方的情绪和态度。因此，在沟通中，我们应该综合考虑言语和非言语线索，以获得更完整的理解。

3. 真诚：沟通的明灯

真诚如同沟通的明灯，照亮了交流的每一个角落，确保信息的传递不被误解和猜疑的阴影笼罩。真诚意味着在交流中保持透明和真实，不隐藏自己的意图和感受，它要求我们在交流中展现出对他人的诚实和坦率。真诚的起点是自我认知，即清晰地认识自己的情感和动机。在沟通过程中，自我认知使我们能够真实地表达自己，建立信任和尊重。真诚要求我们保持一致性，确保我们的言行与内心的想法和信念相匹配。在沟通中，我们应该避免虚伪，给予对方真实的反馈和回应。通过诚实和透明，我们可以更全面地展现自己的意图和信息。真诚还涉及对他人的尊重和信任，这意味着我们不仅要对自己真诚，也要相信他人的真诚。这样的态度有助于消除误解和猜疑，促进开放和坦率的交流。

4. 宽容：沟通的纽带

宽容如同沟通的纽带，它连接着不同的观点和立场，使对话能够在理解和尊重中进行。宽容意味着在交流中对他人的观点和行为持开放态度，即使他们与我们自己的观点和行为不同或相悖。宽容的起点是认识到每个人都有其独特性，不同的背景和经历塑造了不同的思考和行为方式。在沟通过程中，这种认识使我们能够欣赏他人的独特视角，从而拓宽我们的视野。这种能力有助于建立包容的人际关系，为有效沟通创造一个宽容的环境。

二、沟通的重要性

（一）沟通的三要素

在现代社会中，沟通是无处不在的，它对提升我们的工作效率和生活质量具有至关重要的作用。那么，什么是沟通呢？简而言之，沟通就是建立一种管道，使信息和情感能够顺畅地传递。沟通的最终目的是促使对方采取行动或理解我们所要传达的信息和情感。为了实现有效的沟通，我们必须学习和掌握沟通的核心要素，即沟通的三大要素。

1. 明确沟通目标

沟通必须有一个清晰的目标。没有目标的对话不能被称为沟通，而仅仅是闲聊。沟通的明确目标是沟通成功的关键前提。因此，当我们与他人沟通时，我们应该在开场白中明确表达我们的目的，如"这次我找你的目的是……"。在沟通的一开始就明确目标，也是展示沟通技巧的重要方式。

2. 达成共识

沟通的结束应该伴随着双方或多方达成的共同协议。只有形成了这样的协议，我们才能认为沟通是成功的。如果未能达成协议，那么之前的交流就不能被视为真正的沟通。由于对沟通内容理解的差异而造成的协议未达成，往往会导致工作效率的降低和矛盾的激化。因此，在沟通结束时，总结和确认协议是良好沟通行为的体现，也是沟通技巧的重要组成部分。

3. 传递信息、思想和情感

沟通的内容不仅限于信息的传递，还包括更为重要的思想和情感。虽然信息的传递相对容易，但在实际交流中，许多障碍可能会阻碍思想和情感的有效沟通。因此，我们需要在沟通过程中展现出极大的耐心和诚意，以实现思想和情感的和谐统一。在沟通过程中，局部冲突的出现往往会导致双方感到疲惫，这通常是因为缺乏换位思考，即没有站在对方的立场上考虑问题，忽视了对方的处境。一旦我们能够设身处地地为对方着想，就更容易在情感上产生共鸣，从而使所有问题都能得到顺利解决。

（二）有效沟通的意义

在 21 世纪这个高度互联的社会中，我们的日常生活充满了与他人的互动。有效的沟通能够显著减少误解，缓解紧张关系，并促进信任的建立。它如同人际关系的润滑剂，能够提升组织的协作效率，加速个人和组织目标的实现。此外，有效的沟通还是一个相互学习和成长的过程，通过交流，我们可以吸收他人的优点，提升自我，实现个人素质的飞跃。

1. 集体协作的基石

有效沟通是任何集体活动能够顺利进行的基础。没有有效沟通，群体活动将无法组织，人类社会的持续进步也将停滞不前。

2. 管理效能的核心

在现代管理实践中，有效沟通是提升管理效能的关键。沟通的不畅或缺失会导致管理效率的下降，影响组织目标的实现。

3. 情感联系的桥梁

良好的沟通是建立和维护健康人际关系的基石。通过有效的沟通，我们可以更好地理解他人，建立深层次的情感联系。

三、提高沟通能力的技巧

（一）积极倾听

倾听是一种艺术，也是一种技巧，它体现了个人的修养和深厚的学问。倾听是通往成功的捷径，它能够展现出我们对他人的深切关怀和尊重。当我们投入地聆听他人时，我们传递的是对对方的尊重和情感的深刻理解。尽管我们可能无法改变他人的想法，但通过倾听，我们能够赢得他们的心。在某些情况下，倾听的能力甚至比表达更为关键。倾听拥有一种魔力，它能够赋予我们智慧和深度，帮助我们与他人之间建立真情和信任。美国著名成功学家卡耐基说："如果你希望成为一个善于谈话的人，首先要做一个注意倾听的人。"倾听是了解他人的重要途径，为了实现最佳沟通效果，我们有必要掌握倾听的艺术。

常有人误以为表达需要技巧，而倾听则简单易行。然而，这种看法忽视了倾听实际上是一种高度活跃的智力活动，它要求我们投入比表达更多的精力。真正的倾听不仅仅是听，更是一种深入的理解和感受。

倾听的第一步是放下自我，全身心地投入与对方的交流中。这意味着要放下预设的判断和分心的思绪，真正地去感受对方的话语。如果我们在倾听时心不在焉，我们的沉默和点头可能只是空洞的姿态，无法真正与对方建立起沟通的桥梁。真正的倾听是一种积极参与，它要求我们用心灵去感受对方的声音。

在倾听时，我们的面部表情和身体动作同样传递着信息。无意识的皱眉或不耐烦的手势可能会无意中传达出我们对这个话题不感兴趣，从而阻碍沟通的进行。有效的倾听包括通过非言语的方式表达我们的关注和理解，如通过眼神交流、点头或微笑来鼓励对方分享更多信息。

在正式的交流场合，做笔记是一种有效的倾听手段。它不仅表明我们重视对方的观点，也帮助我们捕捉和记住关键信息。通过记录，我们可以更好地回顾和分析对话内容，从而在后续的交流中更加精准地回应对方。

倾听是一个动态且复杂的过程，它要求我们全神贯注并展现出对说话者的尊重。以下是在练习倾听时应当注意的几个关键点。

（1）超越自我焦点：有效的倾听要求我们暂时将自己的需求和想法放在一边。专注于对方的话语，而不是将对话转变为关于自己的话题。

（2）维护对话的连贯性：在对方表达观点时，避免打断是基本的礼貌。应允许对方不受干扰地完成他们的思路，即使我们有急切的问题或异议。

（3）保持冷静和客观：在倾听时，我们应避免急于作出判断或评价。耐心地等待对方完成陈述，可以确保我们理解了完整的信息，而不是基于片面之词作出反应。

（4）避免预测下文：在对方讲话时，我们不应试图猜测他们接下来会说什么。这种做法可能会分散我们的注意力，导致错过重要的信息。

（5）反思潜在的偏见：我们应该审视自己是否有任何先入为主的看法，这些偏见可能会影响我们的倾听质量。意识到这些偏见有助于我们更公正地接收信息。

（6）与说话者保持同步：我们的思考不应超越说话者的节奏。避免试图解读对方尚未明确表达的观点，这样可以确保我们的理解是基于对方实际说出的内容而得出的。

（7）关注关键信息：在倾听时，我们应该集中注意力于对话的核心内容，避免分心。这包括避免不必要的动作，保持专注，并尊重说话者的风格和节奏。

【拓展阅读】

倾听的力量：杨宁的坚持与感动

在2023年的"感动中国"人物评选中，杨宁，一位普通的乡村教师，以其非凡的倾听和理解能力，赢得了全国的尊敬。杨宁在广西的一个小山村长大，深知教育对于改变孩子们命运的重要性。大学毕业后，她放弃了城市的工作机会，选择回到家乡，成为一名乡村教师。

杨宁的故事始于她对学生们的深切倾听。她发现，许多孩子因为家庭贫困和缺乏关爱，对学习失去了兴趣和信心。杨宁没有简单地灌输知识，而是选择成为他们的倾听者。她花时间与每个孩子交谈，了解他们的梦想和困扰，用耐心和关怀去理解他们的世界。

在一次家访中，杨宁遇到了一个特别内向的孩子，他因为家庭变故而变得沉默寡言。杨宁没有急于劝他开口，而是静静地坐在他身边，用她的眼神和微笑传递着理解和支持。几天后，孩子终于向她敞开了心扉，讲述了自己的恐惧和迷茫。杨宁用她倾听的力量，帮助孩子重新找到了学习的动力和生活的勇气。

杨宁的倾听不仅改变了一个孩子，也影响了整个村庄。她的故事通过媒体传播，激励了更多的人关注乡村教育和儿童心理健康。她的倾听和坚持，成为连接人心的桥梁，展现了倾听在建立信任和理解中的重要作用。

无论是在未来的职场还是日常生活中，倾听都是一种重要的能力。它能够帮助我们理解他人，建立深厚的人际关系，并在解决问题时发挥关键作用。

（二）有效表达

在人际交往的纷繁世界中，我们经常观察到，有些人以简洁而有力的方式轻松解决问题，而有些人则需要冗长的解释。这种差异并非偶然，它揭示了沟通的深层技巧：重要的不是说了什么，而是如何表达。

1. 非言语沟通

（1）目光接触。在交流时，与对方保持诚恳而稳重的目光接触。面对个人时，目光接触应持续5~15秒；面对团体时，则应将目光轮流与每个人接触，每次持续约5秒。避免过度频繁的目光转移或眨眼，以免显得不真诚。在不同的社交场合，适当调整目光注视区域，如公务、社交或亲密场合，以展现适当的尊重和亲密度。

（2）姿势与动作。保持自信的站姿，放松身体，动作自然而流畅。保持身体挺直，避免封闭性的肢体语言，如双臂交叉。自然的姿态和开放的身体姿势可以传递积极和包容的

（3）脸部表情。在对话中，保持轻松自然的表情，适时的微笑能够传递友好和礼貌的氛围，而皱眉则可能表现出怀疑或不满。

（4）衣着与仪表。衣着并无绝对标准，但应选择适合场合、整洁得体的着装。遵循TOP（时间、地点、目的）原则，并注意色彩搭配，以黑、灰、白为主色调，展现专业形象。

（5）声音与语气。声音与语气在沟通中占据重要地位。保持声音的活力和热情，通过变化语调、节奏和音量来吸引听众的注意力。使用清晰、直接的语言，避免行业术语，以简洁的句子传达核心观点。

2. 语言表达

（1）突出重点。在语言表达中，重点突出至关重要。人的注意力有限，通常只有十分钟的高度集中时间。在这宝贵的时间内，如果能够抓住听众的注意力，就能有效地传达信息。因此，根据对方可能给予的时间，应准备不同长度的内容，确保在任何情况下都能突出关键信息。

（2）善用比喻。复杂的概念可以通过简单的比喻变得易于理解。使用生动的例子和比喻，可以帮助听众更好地理解和记住信息。

第四节　团队合作能力

一、团队合作的重要性

团队合作一直以来都是企业成功的关键所在。无论是在工作环境中还是在学习场合中，团队合作都能带来许多积极的效果。

（一）提高工作效率

团队合作能够显著提升工作效率。正如古人所言："闻道有先后，术业有专攻。"这句话强调了专长的重要性。同时，"金无赤金，人无完人"也提醒我们，任何人都不可能在所有领域都做到完美。即使一个人能够独立完成所有任务，其效率也往往难以达到最佳状态。因此，团队合作的重要性不言而喻。在团队中，团队成员可以充分发挥各自的专长，通过合理的分工与协作，实现资源的最佳配置，从而有效提高生产力和工作效率。

（二）促进创新

俗话说："三个臭皮匠，顶个诸葛亮。"在一个团队中，来自不同背景的思维方式和经验的团队成员之间能够有效促进创新，激发出新的灵感与创意。通过团队合作，成员们可以相互交流，借鉴他人的观点和见解，从而更全面地看待问题，更灵活地应对挑战。这种多样性不仅丰富了思维的广度，也提高了问题解决的效率，使团队能够更好地应对各种复杂的情况。

二、团队合作中应避免的问题

（一）目标不一致

团队目标不一致会导致团队成员之间信息共享不及时或出现错误，意见分歧增多，进而引发冲突，影响团队的和谐氛围，使团队合作变得困难，凝聚力降低。同时，团队成员在执行任务时朝着不同的方向努力，会偏离工作目标，从而导致资源浪费和时间延误，整体工作效率显著下降。这种状况不仅会影响当前工作的进展，也会对整个团队的长期发展规划产生负面影响。

（二）缺乏创新

受传统观念的束缚，部分团队成员的思维往往被固化。他们习惯按照既有的方式和方法处理问题，不愿尝试新的手段或技术，导致缺乏新颖的创意。同时，团队成员之间的技能水平差异较大，导致工作质量不一致。缺乏针对性的培训和技能提升计划，会使每位成员的优势无法得到充分发挥，从而影响整体的创新水平。

（三）成员之间缺乏信任

在一个团队中，信任是最基本的要素之一。如果团队成员之间缺乏信任，他们之间就难以建立紧密的合作关系。当团队成员在遇到问题时，如果无法及时有效地沟通，彼此之间会逐渐变得不信任。此外，如果团队中个人主义现象严重，缺乏团队意识和文化建设，个人观点或利益冲突得不到及时解决，就会导致潜在的矛盾和分歧，这样的内部分化最终会降低团队成员的合作意愿。

为了维护团队的和谐与高效，成员之间必须相互信任。许多团结融洽的团队往往会因为怀疑和猜忌而面临解体。因此，保持对团队成员的信任，显得尤为重要。

（四）沟通不畅

相互沟通是维系团队成员关系的关键要素。团队成员之间应当及时沟通，不能将问题放在心里，否则信息传递可能不及时或不准确，从而导致工作延误。如果成员之间存在误解或误会，且缺乏有效的沟通渠道或机制，团队的整体目标就会变得模糊不清。此外，个人任务与团队目标之间的脱节，以及缺乏阶段性目标或里程碑，都会进一步影响团队的协作效率。为了确保团队的顺利运作，建立良好的沟通机制至关重要。

（五）领导力不足

如果一个团队领导缺乏有效的决策能力或指导能力，且对潜在冲突缺乏预见性和处理机制，他就难以协调团队成员之间的矛盾或冲突。这将无法激发团队成员的积极性，进而影响团队的和谐氛围。成员之间的冲突得不到有效处理，最终会削弱团队的凝聚力。因此，领导者在团队管理中应重视冲突的识别和解决，以促进团队的协作与发展。

（六）角色分工不清

如果团队成员的目标模糊，无法清晰了解自己的具体任务，职责界定不明确，就会导致他们对工作的重点和方向缺乏明确认识。当成员对自己的职责缺乏认知时，他们的能力与任务之间可能出现不匹配的问题，造成努力方向的偏差。此外，不合理的任务分配机制将进一步影响团队效率，可能导致工作重叠或遗漏。

（七）缺少定期的工作回顾和总结

团队合作中，如果缺乏定期的工作回顾和总结，可能会导致以下问题：未能及时发现和解决问题，小障碍可能逐渐演变为大难题，严重影响工作进展；团队成员的意见和建议得不到重视，降低他们的积极性，从而影响整体工作效率；经验和教训无法有效传承，新成员在适应过程中遇到困难，进而影响团队的整体能力提升。

以上问题都可能会阻碍团队的合作效率和整体绩效。识别并积极解决这些问题，是提升团队合作能力的关键。

三、提高团队合作能力

（一）目标一致

团队合作要确保所有团队成员都清楚并认同团队的目标。当团队成员都清晰地了解团队所追求的方向时，他们便会朝着这个目标全力以赴。这种目标的一致性犹如强大的磁场，将团队成员紧紧吸引在一起，形成一股不可阻挡的合力。

（二）定期培训

知识是生产力，是提高效率的重要手段，而经验则是知识的重要组成部分，可以通过有意识的学习获得。因此，定期为团队成员提供培训和发展机会至关重要，这不仅能够激发他们的工作热情，还能促进个人和团队的成长。

团队成员应不断学习新知识和技能，以适应不断变化的工作需求。掌握新技能后，他们在工作中将更加得心应手，从而提高个人能力和工作效率，提升工作质量。这种持续的学习和发展将为团队的整体进步和成功贡献重要力量。

（三）建立互信

团队的阻力来自成员之间的不信任和非正常干扰。尤其在困难时期，这种不信任以及非正常干扰的力量更会被放大。因此，团队成员之间要相互信任，在团队运作时，信任是合作的基石。团队成员应在工作中相互支持和帮助，共同解决问题，通过可靠的行为和承诺履行来建立彼此之间的信任。

（四）有效沟通

团队成员之间要乐于分享信息、知识和资源，形成协同效应。通过定期的团队会议和讨论，团队成员之间可以进行开放、诚实的沟通，从而分享工作中的挑战和成功。定期召开团队会议，将为团队成员提供一个表达意见和建议的平台，从而提高沟通效率，提升整体工作效率。

（五）提升领导力

在实际操作中，团队领导者应该注意分配合适的角色和职责，使用项目管理软件来追踪进度和管理截止日期，并设定明确的沟通期望。重视团队成员的意见和建议，及时调整工作方法和策略，是改善团队合作的第一步。所有团队成员应积极参与讨论、决策、反馈，促进团队的活力和创造力，这是提高合作效率的重要环节。在团队中，成员之间难免会出现意见分歧，重要的是，他们应以建设性的方式解决冲突，寻求共识，避免影响团队氛围。团队领导更应具备灵活的领导风格，根据团队成员的特点和需求，调整管理方式，促进团队的良性发展。

（六）明确分工

一个团队的运作，需要具有各种专业素质的人才，如何搭配各类专业人才，是团队管理要解决的重大问题。

在一个团队里，团队的领导者要了解每个成员的特长和技能，并合理分配任务，确保每个成员都了解项目的进展和自己的任务，以充分发挥个体优势，从而减少重复劳动，提高工作效率。

（七）定期总结

团队应定期对工作进展进行总结，及时回顾成功与失败的经验。当达成目标或取得显著进展时，团队应及时庆祝这一成就，增强士气和归属感。同时，团队成员更应关注团队整体的成果，而非个人的表现，他们应团队协作，共同分享成功的喜悦。在面对挫折时，团队要认真总结教训，保持积极的心态，互相鼓励，共同寻找解决方案。通过反思和总结经验教训，团队可以不断改进合作方式，提高整体效率和凝聚力。这样的做法不仅促进了团队的成长，也为其未来的挑战奠定了坚实基础。

五、团队合作的注意事项

（一）积极主动地与同事沟通

细致入微的关怀与真诚的沟通是构建团队紧密联系的基石。通过这些关怀与沟通，每位成员都能在这个集体中感受到归属感与温暖，从而增强团队的凝聚力。在工作时间里，主动与同事进行交流尤为重要，这不仅能帮助我们更好地理解工作内容，还能促进团队之间的协作。

（二）倾听并主动关心团队成员

通过倾听，我们能够更深入地了解同事的需求，从而及时给予关怀和鼓励。这种关注不仅能促进同事之间的良好沟通，也能营造更加和谐的工作氛围。在团队中，关注成员的工作状态和情绪，适时提供帮助与支持，是增强团队凝聚力的重要方式。

（三）展现价值，赢得尊重

每个人都渴望获得他人的尊重和理解，尤其在职场中，这种需求显得更加重要。我们应该积极寻找机会，让团队其他成员感受到自己的重要性和价值。通过采取一系列有效的措施，我们不仅可以展示自己的能力，还可以在尊重他人的基础上，赢得团队其他成员的重视与尊重。

（四）尊重其他成员

在团队合作中，互相尊重是至关重要的。我们应该尊重前辈的观点、时间和意见，同时合理安排自己的工作时间，避免拖延，提高工作效率。我们还学会倾听他人的发言，避免打断，要耐心地听取同事的看法。同时，在面对后辈时，我们也要给予他们应有的尊重，尽量从他们的立场出发理解他们的想法。这样的方式可以营造一个更加和谐高效的工作氛围，有助于团队的共同成长。

（五）积极参加团队活动

同事之间经常聚餐或组织各种活动，这是增强团队凝聚力和促进相互了解的重要方式。积极参与这些团队组织的活动，不仅可以放松我们的心情，缓解工作压力，还能使我们加速融入团队氛围，建立良好的同事关系。

进入职场初期，适应新环境和团队需要时间和耐心。为了更好地适应新环境，我们可以在团队目标的基础上，设定一些明确的个人目标。这些目标不仅能够激励自己不断进步，还能帮助自己在工作中保持方向感。例如，我们可以设定每天学习一个新知识点，或者每周参与至少一次团队讨论的目标，这样的目标能有效提升自己的工作能力和对团队的贡献度。面对变化和挑战时，保持灵活性和积极心态是关键。当遇到困难时，积极主动地思考解决方案，而不是退缩或抱怨，不仅能展示自己的价值，还能赢得同事的认可和信任。与团队成员主动沟通，分享自己的想法和建议，能够促进团队的协作。

六、团队合作训练

【活动】无敌风火轮

1. 游戏类型：团队协作竞技型。

2. 道具要求：报纸、胶带。

3. 场地要求：一片空旷的大场地。

4. 游戏时间：10分钟左右。

5. 详细游戏规则：12~15人一组利用报纸和胶带制作一个可以容纳全体团队成员的封闭式大圆环，将圆环立起来，全队成员站到圆环上边走边滚动大圆环。

6. 活动目的：本游戏主要为培养成员团结一致、密切合作、克服困难的团队精神；培养计划、组织、协调能力；培养服从指挥、一丝不苟的工作态度；增强成员间的相互信任和理解。

【活动】齐眉棍

1. 游戏人数：10~15人。

2. 场地要求：开阔的场地一块。

3. 道具要求：3米长的轻棍。

4. 游戏时间：30分钟左右。

5. 详细游戏规则：全体分为两队，相向站立，共同用手指将一根棍子放到地上，手离开棍子即失败，这是一个考察团队是否同心协力的过程。所有成员将按照培训师的要求，利用棍子合作完成一个看似简单但最容易出现失误的项目。此活动深刻揭示了企业内部的协调配合的问题。

6. 活动目的：在团队中，如果遇到困难或出现了问题，很多人马上会找到别人的不足，却很少发现自己的问题。成员间的抱怨、指责、不理解会对团队造成危害。这个项目将告诉成员：照顾好自己就是对团队最大的贡献。活动可以提高成员在工作中相互配合、相互协作的能力。"统一的指挥+所有队员共同努力"对于团队成功起着至关重要的作用。

【活动】坐地起身

1. 游戏类型：团队合作型。

2. 道具要求：无。

3. 场地要求：一片空旷的大场地。

4. 游戏时间：30 分钟左右。

5. 详细游戏规则：

(1) 要求四个人一组，围成一圈，背对背地坐在地上。

(2) 不用手撑地站起来。

(3) 随后依次增加人数，每次增加 2 个直至 10 人。

在此过程中，工作人员要引导成员坚持，因为成功往往就是再坚持一下。

6. 活动目的：这体现的是团队成员之间的配合，该活动主要让成员明白合作的重要性。

【活动】无声排序

1. 游戏类型：团队合作型。

2. 道具要求：无。

3. 场地要求：一片空旷的大场地。

4. 项目时间：30 分钟左右。

5. 详细游戏规则：

(1) 要求 10 个人一组，排成一纵列。

(2) 相邻的两人用手势表达自己的生日，生日靠前的在队伍的前面。

(3) 随后依次调整前后的位置。

在此过程中，不可以发出声音。

6. 活动目的：这个任务体现的是团队成员之间的观察力，主要让成员明白合作的过程中无声沟通的重要性，在团队合作中一个手势也会成为项目成功的关键。

【活动】人椅

1. 游戏类型：团队游戏。

2. 详细游戏规则：

(1) 所有的学员都围成一圈，每位学员都将他的手放在前面的学员的肩上。

(2) 听从训练者的指挥，然后每位学员都坐在他后面学员的大腿上。

(3) 坐下之后，培训者喊出相应的口号，如齐心协力、勇往直前。

(4) 以小组比赛的形式进行，看看哪个小组可以坚持更长的时间，获胜的小组可以要求失败的小组表演节目。

3. 活动目的：从游戏中体验团队精神，要求团队中的每个成员都要贡献自己的力量，不能存在任何偷懒、滥竽充数的思想。

第七章 求职技能培养

医学求职"滑铁卢"：简历疏忽的代价

林宇是一名医学专业本科毕业生，一心想进家乡的一所三甲医院。看到招聘信息后，他准备应聘。

他觉得自身条件不错，成绩良好，实习经历丰富，便没把简历当回事。他直接用大学入学时的简历投递。在个人信息部分，他的联系方式只写了手机号，未留常用邮箱。他把专业课程罗列得密密麻麻，却没标注重点课程与成绩排名，无法突出优势。实习经历本是亮点，他却只简单写：在某医院实习数月，参与日常工作。对实习期间参与的重大手术协助，成功处理的复杂病例，都只是一笔带过，没有成果量化。在奖项荣誉板块，他只列举了奖项名称，未说明奖项含金量与竞争程度。此外，简历格式混乱，字体字号不一，排版拥挤，毫无美观度与可读性。

反观同学晓妍，她精心准备简历。在个人信息里，除了常规内容，她还附上了清晰的证件照，给人留下良好的第一印象。在教育背景板块，她不仅列出核心课程，还在旁边附上优异成绩，奖学金经历也一目了然。在实习经历中，她详细描述了参与的疑难病症的诊断过程，突出自己在团队协作和问题解决方面的能力，还列举了数据，证明自己的工作成效。在获奖情况中，她补充了赛事背景、参赛人数，显示奖项的难得。她的简历格式规范，图文搭配合理，重点内容突出。

最终，林宇的简历石沉大海，晓妍却凭借出色的简历顺利进入面试环节。林宇这才明白，不充分准备简历，即便自身实力尚可，求职也不会顺利。

俗话说，战略上藐视敌人，战术上重视敌人。大学生在求职时也要保持这样的姿态：一方面在战略上藐视求职，相信自己只要充分利用四年大学时间，努力提升自身核心竞争力，就一定可以找到满意的工作；另一方面在战术上重视求职，用最适合的方式将自己的才学呈现给用人单位。

第一节　简历制作

简历是展示自己的第一张名片，让用人单位看到自己的特点与优势。

在如今激烈的求职就业市场中，招聘方往往能够收到成百上千，甚至上万份的求职简历。对于负责人事招聘工作的人员（Human Resource，HR）来说，为了加快筛选速度，每份简历的平均阅读时间为 10~30 秒，那么，如何在短短的几十秒时间内让自己的简历吸引 HR 的目光，给他们留下深刻的印象，并在众多求职简历中脱颖而出，是所有求职者在简历制作时必须面对、考虑及解决的一个问题。

求职与招聘是应聘者与招聘方相互了解、相互匹配的过程。对于应聘者来说，制作简历的目的就是要在有限的空间、时间内将自己与招聘职位需求最相关的个人特质展示给招聘方，吸引招聘方的注意，从而获得笔试、面试的机会。所以，应聘者在制作简历之前应做到知己知彼，才能在求职过程中百战不殆。

知己，就是要全面地了解自己，包括自己的性格特点、性格爱好、素质技能、人生观、价值观、自己的优势与劣势等，这不仅有助于应聘者制作简历，从长远角度来说，还有助于明确自己的职业目标并制订相应的职业发展计划；知彼，就是要全面深入地了解招聘方的招聘需求，包括招聘方总体概况、招聘职位的职能、职责、要求等。

只有做到知己知彼，将自己的特点、优势与招聘方的要求一一对应，在简历中充分突出与招聘方具体职位要求所匹配的专业素质、经验技能等，才能增加简历通过筛选的概率。

针对不同的职位要求制作不同的简历，这是一份优秀简历需具备的一个重要特征。求职简历绝对不是一蹴而就的，只有经过不断修改，不断完善，才能打造出一份完美的简历。

一、简历的类型

简历可以分为时序型简历、功能型简历、混合型简历。

（一）时序型简历

时序型简历是指从最近的经历开始按逆时顺序逐条罗列工作经历、教育经历等信息的简历。在罗列每一次工作经历时，简历中要说明具体责任、该职位所需要的技能，并且突出这项技能得到的成绩或经验。这种简历能够演示出持续向上的职业成长和发展的全过程，同时格式清晰、简洁，便于 HR 阅读。

一般以下情况适合使用时序型简历：申请的职位与教育背景、工作经历非常符合；有在知名公司的工作或实习经历；工作经历能够明显反映出相关技能的不断提升；过去的经历足以体现应聘这个岗位的优势。

由于时序型简历的特点是工作经历的呈现具有连续性，同时能直观地反映出相关工作技能的不断提高，所以时序型简历不适合绝大部分应届毕业生。

（二）功能型简历

功能型简历又称技术性简历，它在简历的一开始就强调专业技能、资质、成就，并对专长、优势加以 定的分析，但是并不把这些内容与某个特定雇主联系在一起，职位、职务、在职期间的工作经历不作为重点。

功能型简历适合以下情况：跨专业求职，但是应具有申请该职位所需的相关技能和素质；想综合各个实习经历、活动以及教育背景，以突出某一方面的能力；应聘技术性职位，对专业技术有特定要求；缺乏在知名公司的实习经历或缺少荣誉奖励。

没有丰富工作经验的应届毕业生比较适合功能型简历，而对于有工作经验的求职者，则更适合使用时序型简历。

（三）混合型简历

混合型简历是时序型简历和功能型简历的结合。它在简历开头处描写求职目标、个人基本情况等信息，接下来详细描述自己对应求职岗位相匹配的能力、资质和潜力。在工作经历或实习经历版块中，按照时间顺序描写自己的实习地点、岗位，从事的工作内容，取得的成绩、奖励。混合型简历格式清晰、重点突出，适合缺少工作经验的应届毕业生使用。但是在运用混合型简历时，应聘者不能简单地罗列技能词汇，而是应结合具体的实践经历来说明对于相关技能的掌握程度。

二、简历的要素

求职简历主要由个人信息、求职意向、教育背景、个人经历、奖励情况、职业技能和其他信息等要素构成。撰写简历时，应聘者可以结合自己的经历和优势调整各个要素的顺序，并不是所有的要素都必须涉及。调整原则为重要的、能突出自己的优势和职位要求的内容放在前面，不重要的内容放在后面或者删除。

（一）个人信息

个人信息的作用是要让招聘方知道这是谁的简历，如果他对应聘者感兴趣，就很容易与其联系。这就是简历中"个人信息"的作用，所以该部分一定要写得简洁、直观、清晰。

个人信息包括姓名、地址、电话、电子邮箱、其他个人信息（性别、年龄、政治面貌、籍贯、民族、照片）等。其中姓名、地址、电话、电子邮箱是必不可少的内容，尤其是电话和电子邮箱，一定要写在最醒目的地方，让招聘方可以非常容易地找到应聘者的联系方式。

1. 姓名

中文简历一般直接写出名字，以二号字，楷体或黑体加粗来突出表现。如果姓氏或名字比较生僻，最好在旁边标上汉语拼音，便于 HR 在筛选简历时能清晰地明确应聘者的姓名。

2. 地址

简历上的地址一定要以能够联系到应聘者的邮寄地址为准。一些公司在签订就业协议后，通常会按照简历上的地址将协议邮寄给应聘者，如果其所标注的地址不明确，就很容易造成文件丢失。如果应聘者将学校地址标注在简历中，那么最好写清楚其所在分院系或班级的名称。

3. 电话

固定电话前一定要加区号，8 位号码之间加"-"或空格，如（0432）8423-5678 或

（0432）8423 5678。这样招聘方认读、拨打起来会更容易。

对于手机号码，建议采用"3-4-4"原则（也有"4-3-4"或"4-4-3"原则），如139-0432-####。

简历中留的电话号码一定要保证24小时畅通，避免因为手机没电、停机、信号不良、无人接听等原因错过面试机会。

4. 电子邮箱

电子邮箱要选择最常用的，以免错过重要邮件。用户名要显得专业、成熟、职业化。在用户名的设置上，建议优先采用包含中文名字拼音的形式，让招聘方看到用户名就能知道是谁的电子邮箱，而不要使用看上去幼稚、不专业的用户名，如 Honey、Sweet-heart 等。

5. 其他个人信息

其他个人信息，如性别、年龄、政治面貌、籍贯、民族、身高、体重、照片等，是否填写则视情况而定。例如，身高、体重、相貌等因素对护理学专业影响较大，大多数医院招聘护士都会对其身高有一定的要求，倾向于招聘形象好、气质佳的应聘者。

（二）求职意向

求职意向是整份简历的灵魂，应置于简历上方或者较为显著的位置。很多应届毕业生在求职时都是"一份简历走天下"，不仅简历只做一份，而且不写明求职岗位。这样的简历在 HR 第一轮筛选简历时，就很容易被筛掉。企业招聘员工时，往往会同时招聘几个岗位，当 HR 不能迅速找到应聘者的求职意向时，他可能不会继续浏览该份简历。所以，制作简历时，应聘者应写明求职意向。

求职意向的语言应简洁、明确，避免含糊笼统，让招聘方能迅速判断应聘者的求职意向与所应聘的职位是否吻合。一份简历只能有一个求职意向，毫不相关的求职意向会让招聘方怀疑其求职的诚意。如果有多个职业目标，最好分别制作不同职业目标的简历，同时每一份简历都要针对招聘方的特点和要求，突出相应的重点，以表明应聘者对这份工作的重视。

例如，一个毕业生在申请诺和诺德国际管理培训生项目时，在简历一开始就列出了申请这个职位的核心优势。

申请职位与核心优势

诺和诺德（中国）制药有限公司　　国际管理培训生项目
- 对诺和诺德价值观和公司事业的真正认同，愿与公司一起发展
- 勇于承担责任，具有远大理想，愿意投身并推动人类健康事业
- 坦诚直率，尊重他人，高度认同公司文化
- 6年的管理与营销教育背景，掌握了丰富的基础理论知识
- 真实的商业营运经历，锻炼了出色的组织管理才能
- 在各个方面培养自己的潜能，具备良好的发展潜质

（三）教育背景

对于应届毕业生来说，教育背景是简历中一个很重要的信息，内容包括就读时间、学校、院系、专业、学历等，一般按照逆序的方式呈现在简历中。大学以前的初高中阶段一般不写，但如果获得特殊的奖励或者有与众不同的经历，也可以写入简历。

（四）个人经历

个人经历主要包括工作实习经历、社会实践经历。

相关的工作实习经历最能体现与职位要求的技能，因此这部分是简历的重要内容。对于应届毕业生来说，通常没有正式的全职工作经历，但是实习经历、兼职经历可以有效地弥补这一不足。所以招聘方在筛选应届毕业生的简历时，往往首先看的就是相关的实习经历描述。

制作简历时要注意，个人经历部分不但要告知招聘方自己实习的时间、地点、单位、职位等信息，还应当包含实习过程中的详细内容、经历，以及通过实习所获得的能力及素质的提升信息。

社会实践经历主要包括在校期间参加学生会、团委、各类社团等组织，参与或者举办的各类活动，以及利用寒暑假期间参加诸如"三下乡调研"等志愿者活动。在描述社会实践经历时，建议将与职位要求相关的经历重点描写，与职位不相关的可以略写或者不写。

（五）奖励情况

很多应聘者认为获得奖励的数量越多越好，便在简历中按时间顺序详细罗列获得的每一个奖项，以为可以向招聘方证明自己的才华，所以经常在简历中看到这样的内容：

大一第一学期　　获得二等奖学金

获得三好学生称号

获得优秀学生干部称号

获得"益智"杯演讲比赛一等奖

获得校运会 400 米比赛第二名

大一第二学期　　获得一等奖学金

获得三好学生称号

获得优秀学生干部称号

获得校级篮球比赛第一名……

这样的奖励描述占据了大量篇幅，但其中很多奖项的性质是类似的，无法突出重点。当我们有很多奖励时，一定要懂得取舍，将与应聘职位无关的奖项删除，只保留与应聘职位相关的、含金量高的奖项。相对于奖励的数量，招聘方更关注获得奖励的难易程度，如一个学校里有多少人获得该奖项。因此建议在描写奖励情况时，标注每个奖项的级别、特殊性、获奖范围，让招聘方明白所获奖项的含金量。该部分可以按以下的格式呈现。

奖励情况

●校级二等奖学金（奖励全专业 10% 的学生）

●校级优秀学生干部（全专业 114 人中 5 人获得）

●校级"社会实践先进个人"（全系有 3 人获得）

●校级优秀团员 3 次（全专业 114 人中 10 人获得）

（六）职业技能

这部分内容主要包括英语技能、计算机技能和专业技能。

1. 英语技能

英语技能主要包括读写能力和听说能力。大多数大学生通过 CET-4、CET-6、雅思、托福考试来证明自己的英语口语、读写水平。如果成绩较高，应聘者在该部分可以写明成绩来证明自己的优势；如果具有特殊经历，如在校期间曾作为交换生到国外学习或者在读期间勤工俭学做过翻译工作，则可以详细描述。

2. 计算机技能

对于医学生而言，计算机技能主要指对 Office 系列软件的掌握程度。对于这部分内容的描述，在罗列各种证书名称、等级后，应聘者可以补充说明其技能水平，例如，获得全国计算机等级考试二级证书；能够熟练运用 Word、Excel、PowerPoint 等 Office 办公软件；曾获得 20××年 PowerPoint 课件设计大赛二等级。

3. 专业技能

医学生专业技能主要指与专业相关的技能水平、资格证书（医师执业证书、执业药师资格证书、护士执业证书等）、认证等。

由于我国相关政策规定，医学生取得相关学历并从事相关工作满一定年限后，才具备考取相应从业资格证书的条件，所以，一般医学专业应届毕业生在撰写简历时，应该重点描述相关的专业技能水平。

考取专业资格证书后，在撰写简历时，除了注明证书名称以外，还应该加上取得的年份；如果该证书不为人熟知，应简略介绍。

（七）其他信息

其他信息主要指兴趣爱好、自我评价。

兴趣爱好不是招聘方考察的重点，招聘方在选拔人才的时候，看重的是专业技能水平、个人综合素质。相比较前面六个部分，兴趣爱好只是锦上添花的内容，所以这部分属于可选内容，视个人实际情况而定。兴趣爱好的描述要具体，有很多人在兴趣爱好一栏中写"运动、听音乐、写作"，这种描述实际意义并不大。例如，应聘者喜欢写作，是否发表过文章？还是仅仅喜欢记录一下生活；爱好运动，那么是喜欢足球还是篮球、排球？是否在这方面特别出色，如曾参加校际篮球比赛，担任主力队员并取得优异成绩？同时，兴趣爱好不宜罗列过多，应突出个人特点。

同兴趣爱好一样，自我评价在简历中也属于可选内容，如果撰写自我评价，一定要正视自身情况，结合自己应聘岗位的特点来描写，同时避免空话、套话，最好对各项素质（抗压能力、协调能力等）加以例证。

三、简历制作原则

一份简历要想在成千上万份简历中脱颖而出，应遵循"真实""独特""相关"及"简洁"四大原则。"真实"是诚信的体现，也是制作简历的基础；"独特"是简历脱颖而出的关键；"相关"是信息准确匹配和传递的保障；"简洁"是简历发挥有效性的基础。

这四个原则要结合关键词说话、行为词说话、数字说话、结果说话的描述方式，简历才能赢得 HR 的青睐，进而通过简历筛选。

（一）关键词说话

HR 阅读简历的时间一般不超过 30 秒，在如此短的时间内，HR 主要通过查看简历中的关键词来进行判断。

关键词在简历中主要体现在相关技能及素质方面，以及相关教育及工作经历方面，可以分为一般性关键词和职位相关性关键词。

一般性关键词：如团队合作能力、策划能力、沟通协调能力、计算机能力、英语能力等。

职位相关性关键词：主要指体现专业相关技能的专业术语等。

实践经历

学院药剂教研室　　　实验助理　　　2023.03—2024.06

- 协助科研工作，主要进行中药的提取分离以及相关成分鉴定
- 协助实验数据的整理、统计、计算
- 作为实验组长，带领本组成员做好每次实验
- 锻炼了动手能力，奠定了完成药物实验员工作的基础

（二）行为词说话

在简历中使用行为动词，会让应聘者看起来更像是一个目标明确、充满活力的人。因此，在描述过去经历时，应尽量把自己做的事情用清楚详细的、表示动作的词语（即行为词）叙述出来，建议采用行为词的形式开头。同样是描述一段实习经历，是否掌握行为词的描述方式，其经历描述效果大相径庭。

实习经历

×××市食品药品检验所　　　毕业实习小组组长　　　2023.11—2024.05

- 根据《中华人民共和国药典》相关规定进行药物的质量检查，包括性状鉴别、溶出度、含量测定、微生物限量测定相关实验，通过检查相关项目的数据及结果确定药物是否合格，同时学会了相关的检查方法。
- 掌握了岛津紫外分光光度计、智能溶出仪等仪器的使用，了解了岛津、安捷伦高效液相色谱仪的使用。
- 熟练运用人事工资系统并为全所制作工资报表，在短时间内学会了××软件的应用。
- 实习期间，认真严谨的工作态度得到了所长主任的一致好评，为将来的工作奠定了基础。

以下是一些常见的行为词。

表示个人成就的：加快、完成、取得、实现、锻炼、确保、精通、减少、简化、提升。

表示教授、指导他人的：建议、阐明、指导、训练、培养、促进、协作、参与。

表示行政管理能力的：安排、计划、制定、核对、收集、整理、执行、分配、处理、调整。

表示领导能力的：取得、管理、批准、创立、处理、激发、策划、监督、发起、制定。

表示人际沟通能力的：说服、沟通、报告、拜访、建议、协调。

表示计划、组织能力的：分配、参加、安排、召集、组织、计划、指导、管理。

表示创新、创造能力的：改变、构建、设计、起草、成立、发起、筹备。

表示研究、逻辑分析能力的：评估、比较、开发、探究、调查、搜索、预测、核实。

表示金融、财经知识的：审计、平衡、控制、计算、预算、筹资。

表示技术能力的：调整、应用、搭建、诊断、修复、维护、改进。

（三）数字说话

在简历中运用数字能让应聘者的经历和成果更具说服力。数字可以量化应聘者完成的工作任务、达成的目标等。例如，在参与临床药物试验时，应聘者不能只写"参与了药物试验工作"，而应具体写出"作为核心成员参与某新型降压药的临床试验，负责跟踪 200 名患者的用药情况，通过严谨的数据分析，发现药物在 8 周内使 70% 的患者血压降低至正常范围，收缩压平均下降 20 mmHg，舒张压平均下降 10 mmHg"。又如，在公共卫生领域，"主导社区卫生宣传项目，在 3 个月内组织了 15 场健康讲座，覆盖社区居民 1 000 余人，使社区居民对常见传染病的预防知晓率从之前的 40% 提升至 75%"。通过具体数字，HR 能直观地感受到应聘者工作的成效和影响力，快速评估其能力水平。

（四）结果说话

结果说话强调在简历中突出应聘者过往工作或实践所带来的最终成果。这不仅包括量化的成果，也涵盖那些能体现应聘者价值的非量化成果。例如，在描述医院科室工作时，应聘者可以写"协助科室主任优化就诊流程，引入信息化管理系统，使患者平均候诊时间从原来的 90 分钟缩短至 45 分钟，患者满意度从 70% 提升至 90%，有效缓解了患者就医排队时间长的问题"。又如，在讲述参与医学科研项目时，可以写"作为主要研究人员参与某罕见病的研究项目，通过对 100 例患者的深入研究，成功发现了一种新的致病基因关联，研究成果发表在权威医学期刊上，为该罕见病的早期诊断和精准治疗提供了重要理论依据，推动了相关领域的医学发展"。以结果为导向的描述，能让 HR 清晰地看到应聘者的过往经历带来的积极改变和价值，从而对其胜任目标岗位的能力更有信心。

四、求职信的制作技巧

求职信也叫应征函，一般招聘方只会要求应聘者递交简历和一些必要的材料证明，递交求职信只是应聘者主动表示自己对这份工作的热衷程度的一种表现方式。也就是说，简历和材料证明是被动提交的，是求职过程中所必备的文件，而求职信则是主动提交的，是求职过程中附带的，应聘者争取面谈机会的一种关键的半正式沟通。

制作求职信的目的是推销自己，引起 HR 的注意，争取面试机会。一封高质量的求职信可以让 HR 知道应聘者渴望得到这份工作，并且有能力担任这个职位，从而吸引 HR 翻阅并留意其简历等求职材料；补充应聘者在简历中所未能体现的能力，加深 HR 对其的了解程度，从而增加 HR 期待与之面谈的概率。

（一）求职信的格式和内容

求职信一般包括称呼、正文、落款三部分。

1. 称呼

写明收信人的姓名和称谓或职务。应聘者可通过网络搜索、公司官网等渠道获取相关信息。如果不知道收件人的姓名，可写"尊敬的招聘经理""尊敬的人力资源主管"等泛称。

2. 正文

一般包括三部分。

第一部分，写明要申请的职位，获得该职位招聘信息的渠道。如"我看到贵公司在［招聘渠道］上发布的［职位名称］招聘信息，特投递此求职信"，避免冗长的寒暄和无关内容。

第二部分，陈述个人技能，描述对应聘单位的认识和理解，说明符合招聘要求的条件，强调自己的优势。应聘者可以从教育背景（学历、专业、相关课程）、工作经验（公司名称、职位、主要工作职责和成果）、技能（语言技能、计算机技能、专业技能）等方面进行阐述，列举具体的数据和事例来支持自己的优势，如"在之前的工作中，通过优化流程或系统，生产效率提高了 30%"。

第三部分，期待对方阅读自己的简历，表明自己非常愿意接受面试，并标明联系方式。感谢对方阅读并考虑自己的应聘。

3. 落款

落款包括署名和日期。署名最好使用手写签名，要写得清晰、工整。

（二）求职信案例分析

📖 学生作品

尊敬的领导：

你们好！

当你们拆开这封信的时候，正是秋高气爽的时节，也是一个收获的季节，带着 16 年寒窗苦读积累起来的社会、科学知识，我步入了寻找人生新起点的又一个艰苦阶段。求职对我来说，既是对多年学习成果的一次盘点，又是展现抱负、实现理想的大好机会。当我听说贵公司正在招聘人才时，我毫不犹豫地决定来此一展身手。通过对贵公司的了解，我看到了许多今后可以助我成长的闪光点。贵公司是制药行业的知名企业，具有很高的知名度和影响力，我希望有机会进入贵公司，从而得到正规培训，提高各项工作技能，为我今后的人生画下浓墨重彩的一笔。

我们学校具有悠久的历史和优良的传统，并且素以治学严谨、育人有方著称，我所学专业更是热门专业。在这样的学习环境下，无论是知识能力方面，还是个人素质修养方面，我都受益匪浅。四年来，在个人努力及各方严格教导下，我具备了扎实的专业基础知识，系统地掌握了日常工作流程，英语水平较高，能熟练操作计算机。我还可以设计制作网页、动画，我设计的主页色彩鲜明、格调高雅、功能强大。如果贵公司能聘用我的话，我可以在业余时间帮助公司改良现在的网页，使它摆脱死板、灰暗、单调的现状。同时，我利用业余时间广泛地涉猎大量书籍，不但充实了自己，也培养了多方面的技能。更重要的是，严谨的学风和端正的学习态度塑造了我朴实、稳重、创新的特点。

此外，我还积极地参加各种社会活动，抓住每一个锻炼自己的机会。大学四年，我深深地感受到，与优秀的同学共事，能使我在竞争中获益，向实际困难挑战，从而在挫折中成长。祖辈们教育我勤奋、尽责、善良、正直，学校培养我实事求是、开拓进取的作风。我热爱贵公司所从事的事业，殷切地期待能够在贵公司的领导下，为这一光荣事业添砖加瓦，并且在实践中不断学习、进步。

收笔之际，我郑重地提出一个小小的要求：尊敬的领导和各部门负责人，无论你们是否选择我，我都希望你们能够接受我诚挚的谢意！

请给我一个机会，我会还你们一个惊喜！祝愿今后合作愉快！

××大学：张彦兵

2024 年 9 月 5 日

分析：

（1）求职信的开头应写上"求职信"标题。

（2）这是一份万能求职信，可以投递给任何一家公司，应聘任何岗位。对于 HR 而言，从开头的称呼就可以看出应聘者对公司不了解。想要引起 HR 的注意，应聘者就应先下功夫了解招聘单位，为这个公司专门打造一份求职材料，让他们觉得自己很重视这次应聘。

（3）这封求职信洋洋洒洒近千字，文字热情洋溢，但是都是不着边际的、与求职无关的空话，凸显不出自己的特点，连自己的基本信息都没有交代清楚。在每年的招聘旺季，HR 在超负荷工作的情况下，读到半页仍未找到应聘者的亮点，那么该简历基本上会被丢到一边。

（4）"请给我一个机会，我会还你们一个惊喜！"这样的语句在大学生求职信、简历中很常见，但是这些明显带着学生特点的豪言壮语往往会遭到 HR 的否定。应聘者可以简简单单地表达真诚的愿望，如"衷心希望能有机会与您面谈""感谢您的阅读，祝您在繁忙的招聘季节里身体健康"等。

📖 学生作品

求职信

尊敬的××先生/女士：

您好！

我是（某某）学院××××届护理学专业本科毕业生，有意申请贵社区医院护士的岗位。

在校期间，我曾担任校红十字会活动部部长，多次参与市马拉松竞赛、校运动会医疗支援服务。由我组织的暑期三下乡"关爱空巢老人"医疗科普活动荣获"省级三下乡优秀团队"称号。

由于所学的护理专业对职业技能要求严格，每一次操作都关系到患者生命，因此在实习期之前，我便多次利用假期时间到医院见习，不仅使我锻炼了护理基本操作技能，还学会了如何运用医患沟通技巧。在实习期间，我多次得到了医生的认可和患者的信赖。具体信息请您参阅我随信所附的简历。本人现正在本市，希望能有机会与您面谈。

感谢您能在百忙之中阅读我的简历！祝万事如意！

张小美

2023 年 10 月 19 日

分析：

这封求职信内容精简，字数不多，但是涵盖了求职信的要点，交代了求职意向、专业技能及个人性格，显得十分诚恳。最后特别说明自己目前所在的地址，方便参加面试，这一不经意的行为，可以给 HR 留下较深的印象，增加其获得面试的机会。

建议可在结尾处再次写明联络方式，这样有助于 HR 更方便地联系该应聘者。这样细致周到的举动也会在不经意间为其增色。

（三）制作求职信的注意事项

（1）求职信的内容要简洁，不宜长篇大论。HR 阅读简历的时间很短，冗长的求职信会让 HR 失去阅读的兴趣，因此，求职信的篇幅最好在一页纸内。开题就要体现重点，说明为什么自己是最适合的人选，说服 HR 给予面试的机会。与应聘职位无关的人生经历和成就，无论如何丰富多彩，都与本次求职无关。

（2）求职信不等于简历，切忌将简历重复一遍。求职信与简历相辅相成，应聘者可以提及简历上的重点，或补充说明因简历空间有限而未能表述的优势、能力，但切勿全盘复述简历中各项内容。

（3）求职信格式要整齐，让人一目了然，版式不宜设计过于花哨，重要的是内容充实、态度诚恳、语句朴实，不宜用太多生字、华丽的语言，因为这不是展现语言能力的地方。

（4）纸质求职信推荐使用白色 A4 打印纸，纸张不要有褶皱或污渍，也不要有其他单位或酒店的标记、名称。

（5）篇幅控制在一页之内，核心内容占据 A4 纸的 50%～60%。恰当使用字体、字号，一般情况使用宋体或楷体，根据文字内容多少选择恰当的字号大小，或调节行间距，使文字均匀分布，不要让文字紧凑地集中在上半页。

（6）切忌大段的描述，这样会使 HR 没有心情阅读。介绍自己的优势时，每一点自成一段，每一段尽量不要超过 5 行字。表示亮点的词句可以用加粗的字体表示，吸引 HR 的目光。

（7）注意用词，求职信从头到尾都要保持礼貌和尊重，使用"您好""请""谢谢"等礼貌用语，给 HR 营造良好的印象。行文要采用正式、专业的语言，避免使用口语化、俚语化的词汇。使用准确的专业术语来描述自己的工作内容和技能，能体现自己的专业素养。

（8）避免错别字和语法错误，要仔细校对求职信，确保没有错别字、语法错误和标点符号使用不当的情况，这反映了求职者的认真态度和专业精神。

第二节　面试礼仪

面试是用人单位招聘时最重要的一种考核方式，是供需双方相互了解的过程，也是一种经过精心设计，以交谈与观察为主要手段，以了解应聘者素质及有关信息为目的一种测评方式，实际上还是应聘者与其他条件相当的应聘者竞争的过程。因此，为了获得所求工作，应聘者应该充分做好面试的准备，在面试中适度地表现自己，展示自己的知识、能力、特长、性格等情况，给招聘方留下良好且深刻的印象，争取最后的胜利。

面试是成功求职的临门一脚。应聘者能否实现求职目标，关键的一步是与用人单位见面，与 HR 进行信息交流，使 HR 确信应聘者就是用人单位所需要的人才。面试是其他求职形式永远无法代替的，因为在人与人的信息交流形式中，面谈是最有效的。在面谈中，招聘方对应聘者的了解，语言交流只占了30%，眼神交流和应聘者的气质、形象、身体语言占了绝大部分，所以应聘者在面试时不仅要注意自己的外表及谈吐，还要注意求职时的面试礼仪。

一、着装礼仪

参与社会交往活动时，应聘者一定要注意个人形象问题，着装礼仪对一个人的外在形象影响很大。面试前，做好充分的准备，确立良好的第一印象关系着应聘者能否得到这份工作。面试时的着装，就是成功面试的第一要点。

初次见面时，应聘者一定要力争给招聘方以整洁、美观、大方、明快的感觉。不修边幅会给招聘方懒散的印象。当然，也不能做得过了头，如每次参加面试都要变化一套装束，或者着装过于花哨。

作为年轻人，大学生穿着仪表首先要体现青春和朝气，给招聘方的第一印象应该是大方、整洁。当然，由于招聘单位的不同，他们对仪表服饰的要求也会有所不同。国家机关进行招聘，希望应聘者衣着端庄，体现稳健、踏实的作风；公司企业（尤其是外企）注重整体形象的漂亮、明快。毕竟，职业装不等于休闲服，衬衫、T恤固然轻松，但如果与整体的办公环境不相协调，就会给招聘方一种不好的感觉。职业装强调的是服装与工作性质、场合的统一、协调。但是，无论穿什么，着装都必须充分体现出个人的自信。着装的好与坏能左右一个人的自信心。当应聘者的着装与周围环境融合时，就会感到放松，自信心自然也会提升。

此外，面试行政类岗位，服装风格以典雅为原则，给人以简洁干练的感觉；面试技术类岗位，简单素色、中性的西服套装是最佳选择，选择冷色调一般来说都比较合适；面试市场类岗位主要选择让人感觉舒服以及干练的服饰。

（一）男士面试着装

1. 西装衬衫

西装整体应保持同色配套，并且面料最好以深色为主。避免穿着过于老旧的西装；如果穿双排扣西装，纽扣一定要全部扣上；单排扣的西装在正式场合必须扣上一粒；两粒扣的西装，应扣上不扣下；三粒扣的西装，应扣中间一粒。

正式面试时，长裤要熨烫笔挺，裤子长度以直立状态下裤脚遮盖住鞋跟的四分之三为佳。同时，不要将钥匙、手机、零钱等放在裤袋中。

白色衬衫永不过时，适用于所有面试场景，而蓝色衬衫是IT行业男生的最佳选择，能体现出智慧、沉稳的气质，避免穿带图案的或条纹衬衫。

2. 领带

领带最好在材质和风格上与已有的西装、衬衫是相同的。领带的长度以至皮带扣处为宜。值得提醒的是，避免使用领带夹。使用领带夹只是亚洲少数国家的习惯，具有很强的地区色彩，不是国际通行惯例。建议选择真丝领带，亚麻的经常起皱，合成纤维的不好打结。

3. 鞋和袜子

皮鞋的颜色以保守为原则，黑色皮鞋是最为保险稳妥的选择，同时，要经常擦拭，并保持鞋面的清洁光亮。皮鞋款式也尽量不要选会给人带来攻击性的尖头系列，方头系列的皮鞋是最佳选择。

袜子颜色最好和鞋、裤子的颜色一致，保持足够的长度，以袜口抵达小腿为宜。

4. 其他细节

发型要得体，头发不能过长，尽量不要染发、烫发。如果戴眼镜，镜框的佩戴最好能使人感觉稳重、调和。眼睛的上镜框高度以眉头和眼睛之间的二分之一为宜，外边框以跟脸最宽处平行为宜。

（二）女士面试着装

女士着装以整洁美观、稳重大方、协调高雅为总原则，服饰色彩、款式、大小应与自身的年龄、气质、肤色、体态、发型和拟应聘岗位协调一致。

1. 衣着

在衣着上，套装和连衣裙较为正式。女式套装在选配方面较男士西装更为讲究，也更为复杂。但不论什么季节和地区，如果只买一件套装，深色套装是最稳妥、最保险的。穿着过短的裙子、暴露的上衣出席正式场合会让人觉得不礼貌。裙装长度应在膝盖左右或以下，太短有失庄重。服装颜色以淡雅或同色系的搭配为宜，颜色勿过于花哨，形式也不宜暴露。

在夏天，一些女士会穿着丝袜，不可避免的是丝袜很容易被剐破，所以在面试时要多带一双，避免穿着破洞丝袜的尴尬。女士面试时应穿着高跟鞋，鞋跟在 3~5 cm 为宜。

2. 化妆

面试时化妆的基本原则是淡雅、自然、整洁、适度，以提升个人气色和精神面貌，同时展现出专业、得体的形象。女士可以通过化妆提升气色，让自己看起来健康、有活力，可以选择适合肤色的粉底均匀肤色，用腮红增添面部的红润感，再搭配自然的唇色，使整个人显得精神饱满，给招聘方留下积极向上的印象。避免过于浓重、夸张的妆容，应追求清新自然的效果，让妆容看起来像是天生的好气色和精致感，如选择淡色的眼影、自然的腮红和低调的唇色，使面容看起来更加柔和、亲切。保持妆容的整洁是非常重要的，底妆要均匀，不能出现斑驳、卡粉的现象；眼妆、唇妆等线条要清晰，避免晕染或涂抹不匀，给人干净利落的感觉，体现出个人的良好素养和对面试的重视。

3. 饰品

全身饰品最好不超过三件。过多佩戴饰品容易给招聘方留下过于注重打扮、不专注工作的印象。例如，仅选择一条精致项链搭配一对耳钉，或戴一块简约手表和一枚戒指，既能起到装饰作用，又不会显得烦琐。

款式优先挑选设计简洁、线条流畅的饰品。造型复杂的夸张耳环、有过多缀饰的手链等都不合适。例如，细金属链条项链、小巧珍珠耳钉这类简约款式，既能展现出自身大方得体的气质，又契合面试的氛围。

饰品颜色应低调柔和，黑、白、银、金等经典色是不错的选择。过于鲜艳或花哨的颜色容易分散招聘方的注意力。例如，银色的细款手镯，百搭又不会显得过于张扬。

第三节　面试技巧

俗话说"不打无准备之仗"，其实，面试也是一个"战场"，硝烟弥漫、陷阱重重，一方使尽浑身解数展现自己的能力，另一方手握大权，抛出连珠炮似的问题。要想在这场"战争"中获胜，首先必须做好充分的准备。正所谓，知己知彼，百战不殆，唯有做好充足的准备，应聘者才能在面试过程中从容应对。

一、面试考核的内容

企业在面试环节一般会考核应聘者以下方面的内容。

（一）仪表风度

这是指应聘者的体形、外貌、气色、衣着举止、精神状态等。例如，教师、公关人员、国家公务员等职位，对仪表风度的要求较高。对于应聘者来说，在面试过程中做到仪表端庄、衣着整洁、举止文明，才能给面试官留下做事有规律、自律约束、责任心强的良好形象。

（二）专业知识

招聘方会了解应聘者掌握专业知识的深度和广度，其专业知识是否符合招聘职位的要求，作为对专业知识笔试的补充。面试环节对专业知识的考核更具灵活性和深度，所提问题也更接近空缺岗位对专业知识的需求。

（三）实习实践经验

招聘方一般根据应聘者的个人简历或求职登记表所提供的实习实践经历进行提问，主要考核应聘者有关背景及过去的实习实践经历情况，以补充、证实其所具有的实习实践经验。通过对实习经历与实践经验的了解，招聘方还可以考核应聘者的责任感、主动性、思维力、口头表达能力及遇事态度等。

（四）口头表达能力

招聘方会考核应聘者能否将自己的思想、观点、意见或建议顺畅地用语言表达出来。考核的具体内容包括表达的逻辑性、准确性、感染力、音质、音色、音量、音调等。不同的招聘方、不同的职位对口头表达能力的要求也不同。对于外企来说，英文的口头表达能力几乎是面试过程中的必考项目。

（五）综合分析能力

招聘方会考核应聘者能否对主考官所提出的问题，通过分析抓住本质，并且说理透彻、分析全面、条理清晰。

（六）反应能力与应变能力

这部分主要看应聘者对主考官所提的问题理解是否准确、回答是否迅速、合理等，对于突发问题的反应是否机智敏捷、回答恰当，对于意外事情的处理是否得当、妥帖等。

（七）人际交往能力

在面试中，主考官通过询问应聘者经常参与哪些社团活动，喜欢同哪一类型的人打交道，在各种社交场合扮演什么角色等，可以了解应聘者的人际交往倾向和与人相处的技巧。

（八）自我控制能力与情绪稳定性

自我控制能力与情绪稳定性对于一些特定岗位来说非常重要，如客服支持岗位、国家公务员等。一方面，在遇到上级批评指责、工作有压力或个人利益受到冲击时，考核他们是否能够克制、容忍、理智地解决问题，不至于因情绪波动而影响工作；另一方面，考核他们工作是否有耐心和韧劲。

（九）工作态度

了解工作态度，一是了解应聘者对过去学习、工作的态度；二是了解其对所应聘职位的态度。在过去的学习或实习实践中态度不认真，对工作质量不注重的人，在新的工作岗位也很难做到勤勤恳恳、认真负责。

（十）上进心、进取心

上进心、进取心强烈的人，一般都有事业上的奋斗目标，并会为之积极努力。他们表现为努力把现有工作做好，且不安于现状，工作常有创新。上进心、进取心不强的人，一般都安于现状，无所事事，不求有功，但求无过，对工作不热心。

（十一）求职动机

招聘方会了解应聘者为何希望来本公司工作，对哪类工作最感兴趣，在工作中追求什么，判断本公司所能提供的职位或工作条件等能否满足其工作要求和期望。

二、面试的分类

（一）按参与人数划分

根据面试过程中面试官与应聘者的参与人数，可将面试分为一对一面试、一对多面试和小组面试。

（1）一对一面试即一个面试官面试一个应聘者。

（2）一对多面试即多个面试官面试一个应聘者。

（3）小组面试即多个应聘者共同完成一个场景测试的面试。

（二）按规范化程度划分

依据面试实施的规范化程度，面试分为结构化面试、半结构化面试和自由化面试。

（1）结构化面试是指面试实施的内容、程序和技法在试前经过相当完整设计的面试。

（2）半结构化面试是指试前对面试实施的内容、程序和技法加以设计，试中可以调整或部分自由确定的面试。

（3）自由化面试是指对面试实施的内容、程序的技法在试前完全不确定，实施时随机而定的面试。

（三）按压力大小划分

根据对应聘者施加的压力大小，面试分为压力式面试与非压力式面试。

（1）压力式面试是指给应聘者设置的情境或作答要求对其有超常的刺激的面试，如挑衅性的、非议性的、刁难性的刺激，以便测评应聘者在"压力很大"的情况下的应付素质。

（2）非压力性面试是指在没有压力的情形下考核应聘者有关方面的素质的面试。

三、常见面试问题、类型及应对技巧

（一）一对一面试

1. 请你简单地介绍一下自己

自我介绍是面试过程中出现频率最高的问题，几乎每一场面试，招聘方都会向应聘者提出这个问题。

2. 你最大的优点是什么？

在回答这个问题时，需要注意三点：第一，阐述的优点必须与应聘的职位相关；第二，真实回答，所阐述的优点必须是真实存在的；第三，为所阐述的优点举例证明，增强优点的可信度。

3. 你最大的缺点是什么？

这是一个令大多数应聘者感到头痛的问题。因为此回答只要对所应聘的职位有严重影响，该应聘者就很可能会被拒之门外。如果说出的缺点无关痛痒，或者把优点说成缺点，那么会让招聘方认为其不诚实，从而引起反感。正确的做法是真诚地说出自己的缺点，但这个缺点不能是应聘职位的"致命伤"，同时，还需要表明自己积极改正的态度和决心。

4. 为什么选择我们公司？

招聘方主要是通过这个问题了解应聘者的求职动机，应聘者可以从两个方面回答这个问题：一方面，公司所提供的工作与个人的职业生涯规划吻合，同时，自己也很看重公司提供的发展空间、职位晋升通道和学习成长环境；另一方面，求职动机，包括性格特征、兴趣爱好、选择行业的动机等，可以从兴趣爱好或者看好行业发展前景的角度来说明。

5. 为什么应聘这个职位？

应聘者在回答这个问题时，可以从个人的职业规划、对该职位的认识以及自己的兴趣和能力三个方面着手。

6. 你觉得你适合这个岗位吗？

应聘者回答这个问题，可以用自己过去的事实来证明未来的潜力，而不是只强调未来的潜力。对于招聘方而言，唯一可信的是应聘者过去做过什么，而不是打算做什么。

7. 你是应届毕业生，缺乏经验，如何能胜任这项工作？

这是一个应届毕业生经常遇到的问题。在回答这个问题时需要考虑三个方面：第一，可以从社会实践、实习经历及生活经历中发掘相关经验，弥补经验不足的缺陷；第二，强调自己的学习能力，对工作的热情和积极主动的工作态度，还要表现出自己的诚恳、机智和敬业；第三，当招聘方问及这个问题时，他们并不是真的在乎应聘者的工作经验，而是要看其怎样机智、圆满地回答这个问题，以此来考核其应变能力和抗压能力。

8. 这份工作经常要加班，包括节假日，你有没有心理准备？

招聘方提出这个问题并不证明一定要加班，他们只是想测试应聘者是否愿意为公司奉献。应聘者在回答这个问题时要表现出愿意配合的态度。

9. 你有什么样的职业规划？

招聘方希望通过这个问题一方面来了解应聘者的职业规划是否与公司未来的发展方向相符，另一方面考核应聘者的计划能力。大部分招聘方喜欢那些职业规划明确的应聘者。因此，应聘者在回答这个问题时，要与招聘方的考核要点结合，需要做到以下三点：第一，提前做好具有个人特色的职业规划；第二，职业生涯规划要有计划性；第三，个人职业目标与公司发展一致。

10. 你做过的哪件事最令自己感到骄傲？

回答这个问题，应聘者一定要举一个最有把握的案例，交代事情的时间、地点、人物、起因、结果等要素，说明来龙去脉，但要详略得当，能够体现自己能力的细节详细表述，无关紧要的过程则概括带过，最后总结这个案例所体现出的能力。叙述要实事求是，切忌夸大或说谎。

11. 你为什么会选择目前的专业呢？

招聘方问这个问题主要是为了考核应职者的决策能力。因此，应职者在回答这个问题时，不要轻易说"感兴趣"或"看好专业的就业前景"，而是需要介绍自己选择专业的决策过程，该专业的具体特点和发展前景，并表达自己对该专业的兴趣。

12. 你觉得大学生活使你收获了什么？

招聘方通过这个问题，主要考核应聘者的概括能力、逻辑表达能力等。在回答这个问题时，应聘者需要做到概括、全面，同时具有个性。在阐述收获时，应聘者还需要给出有力的证明数据或案例，这样才具有说服力。

13. 你对我们公司了解多少？

招聘方用这个问题来测试应聘者对企业的关注程度、兴趣和工作意愿等。为了回答这个问题，应聘者需要提前对应聘的企业有所了解，了解得越全面、越深入，就越容易回答这个问题。应聘者可以在面试前通过网络途径搜集企业信息，了解企业的规模、产品范围、组织架构、企业文化、历史、愿景、目标等。如果应聘者在应聘企业有熟人，就可以通过熟人了解企业的相关情况。此外，应聘者在回答这个问题时，还要表现出对企业的认同和兴趣，表示很乐意在该企业工作。

14. 你简历上写了很多社会活动，那你是怎么安排时间学习的？

如果简历上描述的社会活动太多，招聘方自然会怀疑应聘者是否踏踏实实地学习。应聘者在回答这个问题时，需要做到两点：第一，展示个人的优秀学习成绩；第二，介绍自己的时间安排方法。

15. 你为什么不去读研，学历很重要啊，以后有没有打算读研？

这也是应届生毕业生求职经常会遇到的一个问题。应聘者在回答这个问题时，应开诚布公地说明自己的真实想法，体现自己的决策过程。

16. 你在实习期间的收获？

通常招聘方会问应聘者在实习期间的收获。应聘者在回答时，可以根据 STAR 法则，详细说明背景、任务、行动及结果，得到的经验教训，以及以后怎样运用到工作中，避免犯类似的错误。

（二）小组面试

小组面试俗称"群面"（Group Interview），也称无领导小组讨论。小组面试一般由 5～8 个应聘者组成一个小组，共同应对一个需要解决的问题。小组成员以讨论的方式，经过各种观点和思想的碰撞、提炼，共同找出一个最合适的答案或结果。在讨论的过程中，每个成员都处于平等的地位，并不指定小组的领导。小组面试一般会有 2～3 个面试官，面试官在一旁对应聘者在讨论中的发言内容及左右局势的能力进行评估。小组面试的内容可能是对真实案例的讨论，也可能是一项集体游戏。

这种面试方法的优势在于能节约面试时间，而且可以让应聘者在比较轻松的状态下处理问题。这类面试适用于评价应聘者分析问题、解决问题的能力以及决策效率等和语言表达能力。

1. 小组面试的主要类型

小组面试按照内容主要分为案例分析型、问题解决型和技能考核型。

（1）案例分析型：以小组为单位讨论实际的商业问题。案例分析可以很好地测试应聘者的分析能力、推理能力、自信心、商业知识以及沟通能力等素质。

（2）问题解决型：以小组为单位共同解决一个模拟的难题。例如，"公司年底举办员工联欢会，你们是公司市场部的小组组员，请开会讨论年底联欢会的各种安排"，这类问题需要小组成员之间的密切配合。

（3）技能考核型：通常是在小组成员共同参与下考核其演讲能力、分析能力和逻辑推理能力。这类小组面试可能会要求应聘者饰演特定的情景剧，例如，应聘者三人为一组，每人随机抽取一张纸条，每张纸条上对应一个名词，要求同组的三个组员根据抽到的名词表演一个情景剧，抽到的名词可能是"米老鼠""飞机"等。这类小组面试也可能会要求应聘者在有限的时间内就某个陌生的主题准备短时间的演讲和辩论。

2. 小组面试考核的素质能力

（1）沟通能力：语言表达顺畅、清楚；表达过程中善于运用语言、语调、目光和手势等；敢于主动打破僵局；能够倾听他人的合理意见；遇到冲突保持冷静，并能够迅速提出解决办法。

（2）分析能力：解决问题的本质；解决问题的思路清晰、角度新颖；能够结合不同的信息，深化自己的认识。

（3）应变能力：遇到压力和矛盾时能够积极寻求解决办法；情景发生变化时能够调整自己的思考、行为方式；在遇到挫折时能够积极面对。

（4）团队合作能力：能迅速融入小组讨论中；在整个面试过程中能为小组的整体利益着想；有独立的意见，但必要时能妥协；能为小组其他成员主动提供帮助；尊重他人，善于倾听别人的意见。

（5）人际影响力及自信心：提出的观点能得到小组其他成员的认同；小组成员愿意按

照其建议行事；不依靠命令的方式压制小组其他成员；善于把小组成员之间不同的意见引向一致；发言积极，而且敢于发表不同的意见。

3. 小组面试的评分内容

小组面试的评分内容一般包括三个方面。

（1）语言方面的考核：包括应聘者的语言表达能力、辩论说服能力、组织协调能力、发言主动性、论点的正确性等。每个考核项的权重积分可能因公司、职位不同而有所不同。

（2）非语言方面的考核：包括应聘者的面部表情、身体姿势、语调、语速和手势等。

（3）应聘者个性特点的考核：包括自信心、进取心、责任心、情绪稳定性、反应灵活性等。

在小组面试中，应聘者的所有举动都在 HR 的视线里，所有的细节都有可能决定应聘者在小组面试中的成败。

4. 小组面试的流程及应对策略

（1）规则说明阶段。

在正式开始小组面试前，面试官会首先交代整个小组面试的大致程序和规则，包括分组的形式、分组结果、面试过程中的注意事项等。在这个阶段，应聘者应仔细聆听，并记录相应的规则程序，防止在后续讨论过程中出现违反规则的情况。例如，一般情况下每个小组成员获得的材料是不同的，在规则上，不允许小组成员互相传阅资料；有的公司的小组面试要求全程使用英文等。如果应聘者在后续面试过程中违反了相应的规则，整个小组的成员将处于被动的境地，给面试官留下不好的印象。

（2）自我介绍阶段。

在规则说明阶段之后就进入小组面试的第一部分，小组成员分别进行自我介绍。

这个阶段属于热身阶段，其目的是给每个应聘者自找展示的机会，也让每个应聘者通过自我介绍互相熟悉，为小组活动奠定基础。

在自我介绍时，应聘者不应过度紧张，声音应洪亮，以面试官及其他小组成员能听清楚为原则，表达要尽可能清晰流畅。同时要牢记，这是一个互动的过程，而不是机械背书式的介绍，应聘者可以通过肢体语言、面带微笑的表情以及自信的目光等与面试官、小组成员进行交流，从而展示自己。

需要特别注意的是，当小组其他成员在自我介绍时，应聘者应该认真聆听，以表示对他人的尊重，而不应在一旁心不在焉、窃窃私语或者摆弄其他物件。仔细聆听他人自我介绍的一个重要目的，就是通过别人的自我介绍预先判断小组其他成员的背景、性格特点以及优势等，为自己在后续讨论环节中找准角色定位做好铺垫；同时，仔细聆听他人的自我介绍，也有助于调整自己的自我介绍内容，通过观察别人在自我介绍时 HR 的反应，可以大致判断 HR 的关注点。

（3）审题思考阶段。

在自我介绍之后，面试官将小组面试的题目提出来，如果有相关的材料，也会分发给小组的每一个成员。在获知题目和拿到材料之后，一般会有 5 分钟左右的审题、思考时间。在这 5 分钟内，要完成题目材料阅读、信息提取综合，以及对题目大致的考核方向和范围作判断等一系列思维过程。对于题目以及相关材料信息的正确理解非常重要，这直接决定了应聘者在后续讨论中的思路及表达的观点是否正确，甚至整个小组对于题目的讨论及把握是否符合题目设计的意图等。

（4）观点陈述阶段。

在审题思考阶段之后，小组面试一般将进入观点陈述阶段，即小组每个成员将自己对案例或问题的观点进行简明说明。这种设置的原则有两方面。

①案例的材料是分散给每个组员的，互相不可以传阅。通过观点陈述分享，将每个组员获得的信息拼合在一起，这样既可以考查每个组员的信息理解能力及表达能力，又能考核其团队合作能力。

②小组面试中可能会遇到一些排序题、讨论题或辩论题等，小组成员应都发表了观点，才可能继续进行之后的小组讨论。

（5）小组讨论阶段。

在观点陈述之后，将进入小组面试最关键的环节——小组讨论阶段。对每个组员来说，这个阶段将会涉及自己的角色分工，以及与其他成员合作完成任务的问题。

①小组讨论过程中的角色分工。在多人协作共同完成一个任务的过程中，每个组员都承担着为完成任务而需要自己完成的一部分工作，也就出现了对应的角色分工。在小组面试的讨论环节中，每个组员都应该找到适合自己的角色，贡献自己的力量。如果一个应聘者在小组面试中能选对属于自己的角色方向，并为整个小组贡献最大值，那么他通过小组面试的概率就很大。

通常在小组讨论阶段中有以下角色分类，如表 7-1 所示。

表 7-1　小组讨论阶段中的角色分类

角色定位	职责描述
领导者	思路引领、团队协调等
时间控制者	时间划分、管理时间、推进讨论、协助领导者等
建议者	熟悉某个知识领域，有灵感，提出自己的建议和见解
记录员	记录所有组员的观点与发言，并整理给总结发言的组员
总结者	将小组讨论的结果向面试官陈述，或者代表小组进行方案展示等

参与小组面试的每个组员都是平等的，需要通过自己的努力才能争取到小组公认的角色，并为小组的讨论结果贡献自己的力量。这些角色并不是在小组讨论阶段前就明确指派的，而是在完成任务的讨论过程中自然形成的。

②选择自己的角色。在了解小组讨论过程中的角色分工之后，应聘者该如何选择自己的角色呢？建议从以下两方面考虑：一方面，权衡自己及小组其他成员的能力、性格和专业构成，小组的每个成员都有自己的性格，其能力、专业素质、背景经历等也不尽相同，如果一名应聘者最初想要做领导者，但小组中有其他成员的能力更强，那他可以选择其他辅助的角色；另一方面，根据自己的日常学习、工作生活中的习惯及表现来合理选择角色，如果一名应聘者逻辑思维比较强，善于从事推理演算的纸面工作，却不善于语言表达，那么他就不考虑总结者的角色，可以选择其他辅助的角色，如果他善于思路引导、活跃讨论气氛、有对大局观的把握，那么他可以考虑做领导者或者时间控制者等。

③小组讨论过程中的基本礼仪及原则。

第一，在小组讨论发言时，应聘者要面向小组其他成员，而不要看着面试官说话。因为讨论是在小组成员之间进行的，与面试官无关，小组其他成员才是讨论过程中最重要的人。第二，尊重小组其他成员的观点，友善待人，不恶语相向。过分表现自己，对他人的观点无端攻击、横加指责、恶语相向，往往只会导致自己最早出局。注意多采用建议性批评，而不采用批评性建议。第三，不能将小组讨论弄成"一言堂"。不可滔滔不绝地垄断发言，也不可长期沉默，处处被动。第四，每次发言都必须有条理、有根据。所有的讨论都要基于事实材料。

（6）总结展示阶段。

如前所述，小组面试的最后环节通常为小组作总结展示或回答面试官提问。虽然在这个阶段通常由总结者来代表小组作展示或者回答提问，但是小组的其他成员也应该仔细倾听小组代表的陈述和面试官的提问，随时记录能够补充的观点和建议，并给予总结者必要的反馈和提示，如在台下以适当的方式来提醒总结者作陈述的时间进度。

对于总结者来说，如果是演讲形式的总结，在这个阶段除了在陈述、回答问题的思路上要清晰、表达准确以外，还应该掌握以下技巧。

①在演讲前感谢公司并介绍一下整个小组，然后简要复述题目。

②在演讲过程中，如果有展示板，可以将要表达的观点，简明扼要地写在上面，便于面试官记录。

③在演讲结束前再次致谢，同时简要地说明题目，介绍讨论的过程以及最后的结果。

（三）行为面试

行为面试是基于行为的连贯性原理发展而来的面试方式。招聘方通过询问应聘者过去在实际工作或生活场景中发生的具体事件及采取的行动，来预测其未来在目标岗位上的工作表现。例如，招聘方可能会问"请描述一次你在团队项目中遇到的意见分歧，你是如何解决的"，通过这类问题了解应聘者的沟通能力、团队协作能力和问题解决能力等。

1. 行为面试重点考核的能力

（1）核心胜任力。

招聘方会围绕目标岗位所需的核心能力进行考核，如销售岗位重点看销售技巧、客户关系维护能力；技术岗位关注技术应用、问题排查与解决能力等。例如，对于软件开发岗位，招聘方可能会问"描述一个你独立完成的复杂软件项目，从需求分析到最终上线，你在其中遇到了哪些技术难题，是如何攻克的"，以此考核应聘者的编程技能、项目管理能力以及面对技术挑战的应变能力。

（2）综合素质。

综合素质涵盖沟通能力、团队协作能力、领导能力、创新能力、时间管理能力等。例如，招聘方通过询问"在一次大型校园活动组织中，作为团队负责人，你是如何分配任务、协调团队成员，确保活动顺利进行的"，来考核应聘者的领导能力和团队协作能力；从"分享一个你在过去工作或学习中提出的创新性想法，你是如何推动其实现的"，了解其创新能力。

（3）价值观契合度。

招聘方通过询问求职者对事件的处理方式，判断其价值观与公司文化是否相符。例如，在面对利益冲突的情境描述中，若应聘者选择坚守道德底线，妥善处理问题，则表明其价值观与倡导诚信的公司文化契合。

2. 行为面试的应对策略

对于行为面试问题，建议采用 STAR 法则回答。

Situation（情境）：清晰阐述事件发生的背景，包括时间、地点、相关人物、任务要求等信息，让招聘方对事件全貌有初步了解，如"在大学期间，我们团队负责一个校园文化节的策划项目，时间紧迫，需要在一个月内完成从筹备到执行的所有工作，团队成员来自不同专业，大家对文化节的侧重点和形式有不同看法"。

Task（任务）：明确说明自己在该情境下承担的具体任务和目标。如"我的任务是协调各方意见，制订出一个既能体现校园特色又能满足不同专业同学兴趣的活动方案"。

Action（行动）：详细描述针对任务所采取的具体行动，突出自己在事件中的主动性和解决问题的过程，如"我首先组织了多次团队会议，鼓励大家充分表达想法，认真倾听每个人的观点并记录下来。然后，我将收集到的意见进行分类整理，提取出核心需求。在此基础上，我提出了几个融合各方意见的初步方案，并与团队成员逐一讨论，根据反馈不断优化"。

Result（结果）：着重强调事件最终取得的成果，展现自己的能力和努力带来的积极影响，如"最终，我们确定的方案得到了学校师生的高度认可，文化节吸引了超过 80% 的在校学生参与，活动结束后，团队收到了学校颁发的优秀组织奖，也提升了团队成员之间的默契和协作能力"。

在面试前，应聘者可以提前梳理自己在实习、校园活动、项目实践等经历中的典型事例，涵盖团队协作、领导能力、解决问题、克服困难等多方面，每个案例都能用 STAR 法则进行清晰表述，以便在面试中灵活应对不同问题。

（四）压力面试

压力面试是指招聘方有意制造紧张氛围，通过提出尖锐、具有挑战性甚至看似刁难的问题，观察应聘者在压力下的反应、思维方式、情绪控制能力和应变能力。例如，招聘方可能会突然质疑应聘者的专业能力，如"你所学的专业课程和我们这个岗位关联不大，你觉得自己能胜任这份工作吗?"，或者对求职者的回答进行连续追问，让其陷入紧张状态。

1. 压力面试重点考核的能力

（1）抗压能力。

观察应聘者在面对压力时，能否保持情绪稳定，不被紧张氛围影响，正常发挥思考和表达能力。例如，招聘方持续打断应聘者回答，提出尖锐质疑，看其是慌乱、情绪失控，还是沉稳应对。

（2）应变能力。

考核应聘者能否迅速理解并回应意外、棘手的问题，灵活调整思维，给出合理解决方案。例如，招聘方提出一个假设的突发工作危机场景，询问应聘者如何在短时间内处理。

（3）自我认知与自信程度。

通过压力性问题，探测应聘者对自身能力、优缺点的清晰认知，以及面对质疑时是否能坚定自信。例如，招聘方质疑其能力不足，观察应聘者能否客观分析自身优势，坚定表达胜任岗位的信心。

（4）情绪管理能力。

关注应聘者在压力下如何控制负面情绪，避免出现愤怒、沮丧等不利于面试的情绪表现。例如，招聘方态度强硬，言语带有一定批判性，观察应聘者是否能平和回应。

2. 压力面试的应对策略

（1）保持冷静。

无论招聘方的问题多么尖锐或具有挑战性，应聘者都要努力保持镇定，不要被招聘方的态度影响情绪。应聘者可以在听到问题后，短暂停顿2~3秒，整理思路，给自己一个缓冲时间，同时用平稳的语气回答问题，展现出良好的情绪控制能力。例如，招聘方质疑自己专业能力时，冷静回应"虽然我的专业课程和岗位直接关联度看似不高，但在学习过程中我培养了很强的学习能力和逻辑思维能力。通过前期对岗位的了解，我已经针对性地学习了相关知识和技能，并且在之前的实践中也积累了一些可迁移的经验，我有信心能够快速适应并胜任这份工作"。

（2）理解问题意图。

应聘者不要只从表面理解招聘方的问题，要思考其背后真正想要考核的能力或素质。对于一些看似刁难的问题，可能是招聘方在考核抗压能力、应变能力或对岗位的认知深度。例如，招聘方问"如果入职后，发现工作强度比你想象的大很多，你每天都要加班到很晚，你会怎么办？"，其意图并非单纯询问应对加班的方法，而是考核应聘者对工作压力的承受能力和对岗位的接受程度。回答时，应聘者可以从积极面对压力、合理安排工作时间、提升工作效率等方面阐述，表明自己对工作强度的理解和应对决心。

（3）不要陷入争论。

即使招聘方的观点与自己相悖，应聘者也不要急于反驳或陷入激烈争论，要以理性、客观的态度表达自己的观点，尊重招聘方的意见，通过沟通展示自己的沟通能力和团队合作意识。例如，招聘方对应聘者的某个观点提出异议，应聘者可以回应"我理解您的看法，从您的角度来看确实有一定道理。但我是基于［具体依据或经历］得出这个观点，我认为在某些特定情况下，这种方式可能会更有效。当然，我也非常愿意听取您的建议，进一步完善我的想法"。

（五）医学生面试的常见问题及应对技巧

1. 专业能力类问题

在医学生面试中，专业知识问题是重点。面试官可能会询问基础医学知识，如人体解剖学中的重要结构和其生理功能：心脏的四个腔室结构以及血液在其中的流动路径，或者生理学中神经冲动的传导机制等。这些基础医学知识是理解和实践临床医学的基石，面试官希望通过此类问题来考核医学生的理论基础。

此外，常见的专业能力类问题还有临床案例分析问题。例如，面试者给出一个患者的症状表现，如发热、咳嗽、咳痰且伴有胸痛，让应聘者分析可能的疾病诊断和诊断依据。这就需要医学生运用所学的内科学知识，考虑是肺炎、胸膜炎还是其他呼吸系统疾病，并且要能阐述鉴别诊断的要点，比如肺炎可能伴有湿啰音，胸膜炎可能有胸膜摩擦音等。

实习阶段学到的知识和技能也是常见的专业能力类考点。面试官可能会询问应聘者在实习科室中印象最深刻的病例是什么，在其中承担了什么样的角色，以及从中学到了什么。例如，如果应聘者在外科实习时参与了一台阑尾炎手术，他要能描述手术步骤、术中注意事项，以及自己在协助主刀医生过程中的收获等。

2. 个人优势与不足类问题

医学生在回答个人优势时，可以从多个方面入手。首先是专业技能方面，熟练掌握某种医学检查技术，如心电图的操作和解读，或者在急救技能上有突出能力，如心肺复苏术的规范操作和快速反应能力。其次是个人品质，如有很强的责任心，在面对患者时能够认真负责地对待每一个细节；有良好的团队精神，在实习小组或医疗团队中能够积极与他人协作，共同完成对患者的诊疗任务；有较强的学习能力，能够快速吸收新知识，适应医学领域不断更新的诊疗指南和技术。

医学生在谈及不足时，要真诚且有改进措施。例如，可以回答自己社会阅历相对较浅，在与一些复杂病情和特殊患者沟通时可能缺乏足够的经验，但正在通过积极参与医患沟通培训、向有经验的医生请教等方式来弥补该不足；也可以承认自己在面对一些高压力、高强度的医疗场景时，心理承受能力还有待加强，同时说明自己正在通过心理调适训练等途径来克服这个问题。

3. 职业规划类问题

（1）短期规划（1~2 年）。

在回答未来短期职业规划时，医学生可以提及在入职初期要快速熟悉医院的工作环境、规章制度和诊疗流程；积极参与科室的临床工作，在上级医生的指导下提高自己的临床技能，如准确书写病历、熟练掌握常见疾病的诊断和治疗方案；同时，努力与科室同事建立良好的合作关系，融入医疗团队。

（2）中期规划（3~5 年）。

中期规划可以包括进一步提升专业水平，选择一个自己感兴趣的亚专业方向深入学习，如心血管内科方向，参加相关的学术研讨会和培训课程，了解该方向最新的研究成果和治疗技术；争取在专业领域内发表一定数量和质量的学术论文或参与科研项目，提高自己的科研能力；并且希望能够承担更多的医疗责任，成为科室中能够独当一面的医生，处理一些较为复杂的病例。

（3）长期规划（5 年以上）。

长期规划可以是希望成为所在亚专业领域的专家，能够指导年轻医生的成长，推动科室在该领域的医疗水平发展；参与医院的管理工作，为改善医疗服务质量和流程提出建设性意见，同时积极开展医学教育工作。

4. 医疗纠纷看法类问题

（1）对医疗纠纷原因的理解。

对于医疗纠纷问题，医学生首先要认识到其产生的原因是多方面的。一方面，可能是由于医疗信息不对称，患者及家属对医疗过程和结果的预期过高，如患者及家属对某些疾病的治愈率有不切实际的幻想，而当治疗效果不理想时容易产生不满情绪；另一方面，可能是医疗过程中的沟通不畅，医生没有充分向患者及家属解释病情、治疗方案和可能的风险，导致误解的产生。

（2）应对措施和预防策略。

在应对医疗纠纷方面，医学生应该认识沟通的重要性。在诊疗过程中，医学生要保持与患者及家属的良好沟通，用通俗易懂的语言解释病情和治疗措施，尊重他们的知情权和选择权。如果发生纠纷，医学生要保持冷静，积极配合医院相关部门进行调查和处理，通过合法、合理的途径解决问题。从预防角度来看，医学生要严格遵守医疗规范和操作流程，提高医疗质量，从源头上减少纠纷的发生。同时，医学生自身也要增强法律意识，了解医疗纠纷相关的法律法规。

5. 其他常见问题

（1）选择职位、医院的原因。

当被问及选择某个职位的原因时，医学生可以从自身兴趣和专业匹配度出发。例如，医学生可以表明自己对儿科职位感兴趣，是因为喜欢和儿童打交道，并且在儿科实习期间表现出色，对儿童常见疾病的诊疗有浓厚的兴趣和一定的能力。对于选择医院的原因，医学生可以提及医院的声誉和医疗水平，如该医院在某些专科领域有知名专家和先进的诊疗设备；也可以提及医院的文化和发展前景，如医院重视人才培养、有良好的团队氛围和广阔的发展空间。

（2）对医生行业现况的看法。

在回答对医生行业现况的看法时，医学生可以从积极和挑战两个方面入手。积极方面包括医学技术的不断进步为治疗疾病提供了更多的手段，比如微创手术技术的广泛应用、新型药物的研发等，使患者的治愈率和生存质量不断提高。同时，社会对医生的尊重程度总体在提升，医患关系也在不断改善。然而，挑战也不容忽视，如医疗资源分配不均，大城市和基层医疗单位在医疗设备和人才方面差距较大；医生工作强度大、压力大，长时间的工作可能导致职业倦怠等问题，并且医疗行业面临着不断更新知识和技能的压力。

第四节　线上面试技巧

随着科技的不断发展和全球形势的变化，线上面试逐渐成为一种重要的招聘方式。从2020年开始，各家在线招聘平台进入快速增长期。教育部与各行业主管部门积极举办线上招聘会，2024年1月和2月，教育部依托国家大学生就业服务平台推出11场全国性线上招聘活动。实习生招聘平台"实习僧"对24家受毕业生关注的企业调查发现，91.6%的企业表示上半年会有校招、实习招聘计划，其中54.5%和40.9%的企业表示会采用空中宣讲会和线上双选会的形式进行招聘。

二、线上面试的优缺点

（一）线上面试的优点

线上面试对于面试双方而言，最大的优势在于不受时间和空间的限制。无论对企业还是对大学生，这种面试方式能带来极大的便利。

对于大学生来说，他们无须花费大量时间和金钱在路途上，可以更加灵活地安排面试时间，同时可以参与更多不同地区的面试，极大地拓宽了就业选择范围。相关调查显示，有近80%的大学生认为线上面试节省了他们的求职成本和时间，让他们能够更高效地寻找适合自己的工作岗位。同时，在自己熟悉和舒适的环境中进行面试，有利于减少他们的紧张感，使其更放松地发挥真实实力。

对于企业来说，线上面试可以快速筛选大量候选人，提高招聘效率。企业无须安排专门的面试场地，也无须承担面试官的差旅费用，大大降低了招聘成本。以某中型企业为例，在采用线上面试后，该企业每月的招聘成本降低了约 30%，同时面试的数量和质量都有了显著提升。同时，采用线上面试的形式，可以帮助面试官在短时间内安排更多的面试，加快招聘流程；方便协调面试官和求职者的时间，减少因时间冲突导致的延误；还可以扩大招聘范围，使企业能够接触到更广泛的求职群体。

（二）线上面试的缺点

与传统面试方式相比，在进行线上面试时，面试官难以捕捉应聘者的微表情和肢体语言，这使他们在判断应聘者的性格、情绪稳定性等方面存在一定困难。在传统面试中，面试官可以通过观察应聘者的细微动作和表情变化，更好地了解其综合素质。而在线上面试中，这些信息的缺失可能导致面试官对应聘者的评价不够全面。

网络稳定性问题是线上面试的一大挑战。面试过程中，可能会出现网络不稳定、视频卡顿、声音延迟或中断等情况，不仅会影响沟通效果，还可能给应聘者和面试官带来不良的体验。线上面试对设备的依赖较大，如果设备出现故障，如摄像头损坏、麦克风失灵等，会给面试带来麻烦。在一些重要的面试中，网络问题甚至可能导致面试中断，影响面试的进程和结果。

线上面试过程中，应聘者可能还会受到周围环境的干扰。例如，面试中突然传来宠物的叫声，将影响面试效果。不同应聘者的面试环境和设备条件可能存在差异，可能对面试表现产生一定影响。例如，有的应聘者使用的设备画质和音质更好，给面试官留下了较好的印象。

此外，线上面试的作弊现象也不容忽视。虽然目前存在一些技术手段可以防止作弊，如多机位监控等，但仍然难以完全杜绝作弊行为。一些应聘者可能会利用各种手段来获取不公平的优势，这对其他诚实参加面试的人来说不公平，也会影响企业的招聘质量。

三、线上面试的注意事项

（一）网络设备与平台调试

线上面试对网络的稳定性要求极高，因此提前调好网络设备和做好平台调试至关重要。线上面试过程中网络不稳定可能会在一定程度上影响面试官的判断。一方面，如果网络不稳定导致声音断断续续、画面卡顿或延迟，面试官可能难以完整、清晰地接收应聘者的回答，这会使面试官对应聘者的表达能力、思维逻辑产生误解。例如，应聘者正在阐述一个重要的观点，但由于网络问题，表述不连贯，面试官可能会认为其思路混乱或表达能力欠佳。另一方面，网络问题可能会打断面试的节奏和氛围，让面试官感到烦躁和不耐烦，从而在潜意识中对应聘者的印象打折扣。例如，每次网络中断后重新连接都需要一些时间来恢复状态，这会使面试的流畅性受到破坏，影响面试官对整体面试效果的评估。一些经验丰富和专业的面试官会尽量避免让网络问题过度影响他们的判断。他们可能会在网络恢复正常后，给予应聘者机会重新阐述关键内容，或者综合考虑其他方面的表现，如简历质量、之前的沟通情况等。

为了最大程度降低不确定性，应聘者在面试前应尽最大努力确保网络的稳定和畅通。若觉得学校无线网络不流畅，则可使用自己的移动网络。在进行线上面试前，建议应聘者做以下网络测试和准备。

1. 进行网速测试与网络稳定性测试

应聘者可以使用在线网速测试工具，确保网络上传和下载速度稳定且足够快，以避免面试中出现卡顿或掉线的情况。持续进行一段时间的网络使用，如观看视频或进行视频通话，检查网络是否会突然中断或出现波动。

2. 提前下载并试用视频软件

应聘者可以与招聘方确认使用的视频软件，并提前完成安装、注册，进行试用以熟悉软件操作。为了避免临到面试时手忙脚乱，不知道怎么进入面试间，或者忘记打开摄像头、麦克风等情况出现，应聘者应提前练习，清楚调控音量、控制镜头远近和采光等各项基础操作。这样在真正面试时才能从容应对，确保面试过程顺利进行。

（二）仪容仪表与言谈举止

在线上面试中，良好的仪容仪表与恰当的言谈举止能给面试官留下深刻的印象。首先应聘者要注意基本礼仪，着装大方得体。即使现在的摄像头大部分都有美颜功能，但特殊功能的使用不应太夸张，以免给面试官带来不好的初印象。距离镜头的距离要适当，基本保持大半身在镜头里，避免只有一张脸在镜头中，从而给面试官带来不适感。面试过程中，应聘者要认真倾听，回答问题前总结提炼问题的中心意思，与面试官确认问题中心意思准确后再开始回答；当出现多个面试官同时提问时，要明确是回答哪一个面试官的问题；提前准备好纸笔，记录面试官问题和构思自己的回答提纲。回答问题时，语速要适中，不要过慢或过快，音量也应合理控制。开场和结束时，应聘者可以使用向面试官问好、致谢、招手等肢体动作，表现自己的礼貌和热情。

（三）周围环境与背景设置

选择一个相对安静的环境进行面试非常重要，这样应聘者比较容易进入状态，对于面试双方来说，不会受到周边环境的影响。应聘者要确保摄像头能看到的地方都整洁干净；要提前调试周围的灯光环境，优化自己在镜头中的形象；可以提前设置好虚拟背景，为面试增添一份专业感。

（四）提前练习与佐证材料

线上面试相较于线下面对面交流，虽然其压力并不十分明显，但也不能因此疏于对面试题的练习。在参加线上面试前，应聘者同样需要查找有关企业文化、企业背景、企业重点面试题、专业题目的资料，做足准备。此外，面试前，应聘者可以提前准备能够证明自己工作成绩的作品、荣誉证书等，回答问题过程中可以视情况需要进行展示，增加说服力和竞争力。例如，一位大学生在面试中展示了自己在校期间获得的专业奖项证书和参与的项目作品，使面试官对他的能力有了更直观的认识，从而大大提高了他的面试成功率。

四、线上面试技巧

（一）面试前的充分准备

1. 了解企业信息

在面试前，要深入了解招聘方的文化、背景、业务范围等信息，通过企业官网、社交媒体等渠道，了解企业的发展历程、核心价值观、产品或服务特点等。在面试中，应聘者就能够更好地回答与企业相关的问题，展现出对企业的关注和热情。例如，了解企业的核心价值观后，应聘者可以在回答问题时适当融入这些价值观，表现自己与企业的契合度。

2. 熟悉面试软件

提前了解招聘方使用的面试软件，下载安装并熟悉其操作流程，如可以进行模拟面试，测试网络稳定性、摄像头和麦克风的效果，确保在面试过程中不会出现技术问题。据统计，超过90%的面试失败案例是由技术问题导致的。

（1）选择合适的设备。优先使用性能良好、摄像头和麦克风清晰的电脑，确保设备电量充足。

（2）测试摄像头和麦克风。打开设备的摄像头和麦克风，检查画面是否清晰、声音是否清晰、无杂音。

（3）选择安静且光线良好的面试环境。避免背景嘈杂和光线昏暗的面试环境。

（4）熟悉面试平台。提前下载并注册面试所使用的软件，了解其基本功能和操作方法。

（5）关闭无关程序和通知。防止面试中被其他程序的弹窗或通知干扰。

（6）准备备用网络。如果可能，准备好手机热点等备用网络连接方式，以防主网络出现问题。

（7）摆放好设备。调整摄像头角度，使自己的上半身在画面中呈现良好的姿态。

（8）测试耳机。确保耳机声音正常，且佩戴舒适。

3. 准备面试材料

将个人简历、证书、作品等能够证明自己能力的材料整理好，放在手边，以便在面试中随时展示；同时，准备好纸笔，记录面试官的问题和自己的思路，确保回答问题时条理清晰。

（二）面试中的良好表现

1. 保持良好的形象

穿着得体、整洁，展现专业的形象。注意发型、妆容的整洁，保持良好的精神状态。在面试过程中，要保持微笑，与面试官进行眼神交流，展现自信和亲和力。

2. 保持面部表情自然

适度微笑，展现亲和力和积极的态度。不要过于僵硬或夸张，让表情随着话语自然流露。例如，在分享一个成功的项目经历时，脸上自然地浮现出成就感的微笑。

3. 进行有效的眼神交流

将摄像头想象成面试官的眼睛，在说话时尽量直视摄像头。这样在面试官的画面中，看起来就像是在与他们有直接的眼神接触。例如，当阐述自己的工作经验时，将目光稳定地对着摄像头，传递出自信和专注；在表达重要观点或关键信息时，稍微停顿一下目光，加强眼神的交流效果；在强调自己能够胜任该职位的核心优势时，用坚定的眼神停顿几秒。在面试前，可以通过与朋友或家人进行线上模拟面试来练习眼神交流的技巧。在线上面试中，通过有意识地控制自己的眼神和表情，更好地与面试官建立连接，展现出专业和自信。

4. 清晰的表达

回答问题时，要语速适中，吐字清晰，避免使用过多的口头禅。可以采用分点回答的方式，让自己的回答更加有条理。同时，要注意语言的逻辑性，避免回答问题时逻辑不清。

5. 积极的互动

在面试中，要积极与面试官互动，展现出自己的热情和积极性。可以通过点头、微笑等方式回应面试官的问题，让面试官感受到自己的专注和认真。同时，可以适当提出自己的问题，展示自己对企业的关注和思考。

（三）面试后的跟进工作

面试结束后，要及时向面试官表达感谢，可以通过邮件或短信的方式发送感谢信。在感谢信中，要再次表达自己对企业的热爱和对岗位的渴望，同时可以提及自己在面试中的收获和体会。

在面试后的一段时间内，可以适当跟进面试结果。可以通过邮件或电话的方式询问面试官面试结果的公布时间，表达自己对岗位的期待。但要注意跟进的频率和方式，不要给面试官带来压力。

总之，线上面试需要大学生做好充分的准备，在面试中展现出良好的形象和能力，面试后及时跟进，才能提高面试成功率，为自己的就业之路打下坚实的基础。

（四）应对线上面试中突发网络故障的策略

1. 保持冷静

不要惊慌失措，尽量让自己迅速镇定下来，避免因紧张而影响后续的应对。

2. 检查网络连接

查看路由器、网线或无线网络设置，尝试重新连接。如果使用手机热点，确认手机信号强度。

3. 切换网络

迅速切换到备用网络，如之前准备好的其他无线网络或手机热点。

4. 及时告知面试官

通过电话、短信或面试平台的留言功能，向面试官说明网络故障情况，并表示会尽快解决。

5. 重启设备

重启包括电脑、路由器等可能影响网络的设备。

6. 调整面试软件设置

关闭软件中降低视频质量、消耗网络资源的功能。

7. 等待网络恢复

在等待的过程中，在脑海中回顾接下来要回答的问题要点，为网络恢复后的面试做好准备。

8. 做好重新安排面试的准备

如果网络短时间内无法恢复，主动与面试官协商重新安排面试时间。

9. 面试结束后补充说明

若网络故障对面试造成了较大影响，在面试结束后通过邮件等方式向面试官补充说明情况。

第八章 职业适应

导入案例

三个医学生的职场初体验

第一天上班就被批评，小杨的职场"社死"瞬间

小杨刚进入一家三甲医院实习，第一天查房时，他紧张得连病历都没翻完，就被上级医生冷冷打断："你连患者基本情况都没弄清楚？"整个查房过程中，他只能尴尬地站在角落，心跳加速，感觉所有人都在盯着自己。他开始怀疑：自己真的能适应医生这个角色吗？

毕业前以为一切都来得及，小赵错失了最佳求职时机

小赵在学校成绩不错，但对就业流程毫无概念。他总觉得毕业后还有时间，等正式进入求职季，才发现自己错过了许多医院的招聘报名时间。看着室友都已经收到了入职通知，他焦急地投简历，却屡屡碰壁。如果能早点行动，他的选择会不会更多？

满腔热血，却被现实泼冷水，小王陷入职业倦怠

小王考进了一家基层医院，原以为自己能学以致用，成为拯救生命的医生。但现实是，他每天面对的大多是感冒发烧的患者，甚至有些病人对他的专业能力表示怀疑。他渐渐感到乏味，甚至开始后悔当初选择学医。梦想与现实的落差，他该如何调整？

医学之路，适应才能走得更远

从课堂到职场，适应力是每位医学生必须经历的考验。如何快速融入职场、避免求职误区、调整就业心理，是每个即将步入职场的医学生都需要思考的问题。

在接下来的学习中，我们要学会克服初入职场的不安，避免职场"踩坑"，顺利开启属于自己的职业生涯。

第一节　职场适应概述

当怀着对未来的憧憬步入职场时，迎面而来的复杂社会或许可能会让我们措手不及。大学生从象牙塔迈向职场，不只是身份的转换，更是心理、生活方式与社会责任的变化。这种转变意味着个人要完成从"学生"到"职场人"的过渡，适应职业生活的规范与节奏。与"学生"相比，"职场人"在价值取向、行为方式、责任意识等方面都面临新的挑战。

角色的转换不仅仅体现为身份的变动，更意味着行为方式的转变。职场不再以学习为中心，而以岗位职责和团队协作为核心，强调目标导向、执行效率和职业规范。大学生必须从"被动接受任务"转变为"主动承担责任"，从独立完成学业任务转变为协同完成工作目标。这种转变对我们的认知结构和行为模式提出了新的要求。

这种角色的转变还伴随着心理适应的考验。从校园的相对封闭走向社会的复杂多元，个体要在不确定的环境中建立自我定位与价值认同。同时，个体还要应对职场中的竞争、人际交往和工作压力，逐步形成成熟稳定的职业心态。只有完成角色转换，大学生才能在职场中站稳脚跟，实现自身价值。

一、职场适应的关键要素

职场适应不仅包括心理上的调适，也涉及生理、心理、岗位、技能、人际关系与文化等多个方面。理解和掌握这些关键要素，将有助于大学生在进入职场后更快地融入工作环境，发挥自身优势，实现职业目标。

1. 角色转变：从"学生"到"职场人"的身份转换

（1）责任意识的提升。

学生时代，我们的主要责任是学习和提升个人能力，而进入职场后，责任感成为职业角色的核心。每一个职场角色都承担着具体的职责，这意味着我们的工作不仅仅是为了个人发展，更是为了团队、公司乃至整个社会的利益。因此，新进入职场的大学生必须增强责任意识，理解并接受自己在职场中所担负的责任。

（2）自主性与主动性。

职场与校园生活的另一个重要区别在于对自主性和主动性的要求。在学校，大学生的学习活动通常由教师安排和指导，学习进度和内容也相对固定。但在职场中，许多工作任务要求员工主动学习和探索，不再依赖他人安排。这种变化要求我们从被动学习转向主动学习，从依赖指导转向自我管理。主动寻求帮助、主动承担任务、主动解决问题是大学生成功适应职场的重要标志。

（3）强化结果导向的思维。

与校园中的过程导向不同，职场更强调结果导向。在学校里，学生的努力和参与度往往是评价的主要依据，而在职场中，结果和绩效才是衡量一个人工作能力的关键标准。大学生必须意识到，职场工作不仅仅是完成任务，更要确保任务的完成能够为组织带来实际效益。因此，培养结果导向的思维方式，注重工作质量和效率，是职场适应的一个重要方面。

2. 工作技能的提升与适应

（1）掌握必要的职场技能。

每个行业和职位都有其特定的技能要求，而这些要求往往会超出学校教育的内容。初入职场的大学生应尽快掌握岗位所需的基本技能，包括使用办公软件、管理时间、处理数据以及行业特有的技术技能。同时，通过参加公司内部培训或自主学习，大学生可以弥补知识上的不足，逐步提升工作能力。

（2）学习应变与解决问题的能力。

职场充满了不确定性和变化，如何应对这些变化是职场适应的核心内容之一。大学生应培养快速应变和解决问题的能力，这不仅仅包括技术层面的技能，更包括逻辑思维、决策能力以及在压力下保持冷静的心态。面对突发问题，能够迅速找到有效的解决办法，这不仅能提高个人在团队中的价值，也能使其更快地适应职场的节奏。

（3）持续学习与自我提升。

职场学习是一个持续的过程，任何一个岗位都需要通过不断学习和自我提升来应对新的挑战。大学生应保持学习的积极性，利用公司提供的培训资源、行业会议、专业读物等不断更新知识，掌握新技术，提升自己的竞争力。持续学习不仅能够帮助大学生快速适应当前的工作，还能为未来的职业发展打下坚实基础。

3. 人际关系的处理与职场社交

（1）建立良好的上下级关系。

在职场中，上下级关系是最基本的人际关系之一。与上级建立良好的关系，不仅有助于大学生获得更多的指导和支持，还能帮助其更快地融入团队，理解和适应公司的文化与工作流程。与上级的沟通应以尊重和信任为基础，主动汇报工作进展，寻求反馈和建议，展现出积极的工作态度和团队精神。

（2）团队合作与协作精神。

职场中的大多数任务都需要通过团队合作来完成。大学生应学会与团队成员协作，共同达成工作目标。在团队中，大学生要尊重他人的意见，积极参与讨论，并在必要时提供支持与帮助。通过有效的团队合作，大学生不仅可以增强自己的团队意识，还能在实际工作中积累更多经验，提升工作效率和质量。

（3）职场礼仪与沟通技巧。

职场礼仪是每个大学生必须掌握的基本素养。无论是邮件书写、会议发言，还是礼貌得体的沟通交流，都是融入职场的关键。大学生应学会如何在不同的场合使用适当的沟通方式，如何与不同层级的同事沟通，以及如何通过言行举止展现专业素养和职业形象。

生涯人物案例

人际关系适应——小李的职场社交之旅

背景介绍： 小李是一名某知名大学的管理学专业毕业生，毕业后进入一家大型国有企业担任行政助理。她性格内向，不善于与人打交道，因此对进入职场后的复杂人际关系感到十分紧张。

挑战与困境： 初入职场的小李在工作中发现，公司的管理层级较为严格，日常工作不仅要面对不同部门的同事，还要频繁与各级领导沟通。在学校期间，小李习惯了简单、直接的人际关系，而在职场中，她需要面对上级的指示、同事的配合以及跨部门的协调。她经常因为无法把握好与同事、领导的沟通分寸而感到尴尬，甚至在会议中因发言不够自信而受到批评，这让她的职场适应变得异常艰难。

转变与成长： 认识到人际关系的重要性后，小李决定改变自己的社交方式。她开始主动参加公司组织的各类团队活动，如部门聚会、员工培训、企业文化日等。通过这些活动，她逐渐打破了与同事之间的隔阂。此外，小李还阅读了许多关于职场沟通的书籍，学习如何在不同场合中使用合适的沟通技巧。她学会了在与上级沟通时应保持礼貌与尊重，在与同事合作时应展现团队精神，并通过积极的态度赢得了同事们的认可。

渐渐地，小李在人际关系上的适应能力有了显著提升。她不再回避与人打交道，开始主动表达自己的意见和建议，并在跨部门合作中展现出出色的协调能力。她与同事、上级的关系逐渐融洽，工作效率也得到了显著提高。在年度评优中，小李因"在团队协作中表现优异"被评为"最佳新员工"。

总结： 小李的案例反映了人际关系适应的重要性。通过主动参与团队活动、学习职场沟通技巧，小李成功克服了初入职场时的社交障碍，逐渐融入了工作环境。她的经历表明，良好的人际关系不仅能够帮助新人更快地适应职场，还能使其在团队中获得更高的认可，为职业发展奠定坚实的基础。

4. 职场文化的融入与适应

（1）了解公司的企业文化。

每个企业都有其独特的企业文化，而这种文化往往会影响员工的工作方式、决策模式和沟通风格。初入职场的大学生应尽快了解和适应企业的文化氛围，包括企业的价值观、行为规范以及工作习惯。了解企业文化不仅有助于大学生更好地融入团队，还能帮助其在工作中作出符合企业期望的决策和行为。

（2）遵守公司的规章制度。

职场中的规章制度是公司管理的基础，大学生应严格遵守这些制度，以避免因不熟悉或违反规定而导致的工作失误或其他问题。熟悉公司规章制度，不仅可以帮助大学生更好地理解自己的职责和权利，还能使其在工作中更有效地执行任务，避免不必要的麻烦。

（3）积极参与公司的团队活动。

通过参加公司组织的团队建设活动、员工聚会等社交活动，大学生可以更快地融入集体，增强对企业文化的认同感。这些活动不仅是团队凝聚力的表现，也为员工之间相互了解和建立信任提供了机会。积极参与这些活动，可以帮助大学生建立更广泛的人际网络，提升其职场适应力。

生涯人物案例

角色转变——小张的职场蜕变之路

背景介绍：小张，某重点大学的计算机专业毕业生，在校期间成绩优异，拥有扎实的理论知识和较强的编程能力。毕业后，他顺利进入一家知名互联网公司，担任软件开发工程师。然而，入职后，小张发现自己在工作中遇到了许多意料之外的困难，逐渐感到迷茫和焦虑。

挑战与困境：进入职场的前几个月，小张发现自己无法适应从"学生"到"职场人"的角色转变。公司对项目开发的要求非常严格，不仅要在短时间内完成任务，还要确保代码的质量和效率。这与学校时期完成作业的节奏和要求大不相同。小张在学校习惯了有老师指导、有固定的学习计划，而在公司里，他必须独立面对各种问题，且上级对结果的期待很高，这让他感到压力巨大。他常常加班到深夜，依然无法达到预期的工作效果。

转变与成长：意识到问题所在后，小张决定改变。他开始积极主动地向同事请教工作中的难题，逐步学习如何在职场中进行有效的时间管理和任务分配。同时，他加强了对公司项目流程的学习，逐步掌握了如何在规定时间内高质量地完成工作任务。此外，小张也调整了自己的心态，逐渐从以往的过程导向转变为结果导向，专注于如何用最少的时间完成最高效的工作。

通过一段时间的适应和学习，小张不仅在技术上有了显著提升，更重要的是，他逐渐适应了从"学生"到"职场人"的角色转变，学会了在压力下保持冷静，并以结果为导向展开工作。几个月后，小张不仅能够独立承担复杂的开发任务，还被上级评价为"最具潜力的新员工"，为自己的职业生涯打下了坚实的基础。

总结：小张的案例展示了角色转变的重要性。通过主动学习和调整心态，他成功适应了从"学生"到"职场人"的身份转换，学会了如何在职场中独立承担责任并取得良好绩效。这一转变不仅帮助他克服了初入职场的迷茫，也为他今后的职业发展奠定了良好的基础。

二、职场适应中的身心适应

在职场适应的过程中，心理与生理适应是不可忽视的两个重要方面。初入职场的大学生不仅面临着环境的变化，还要应对生活节奏和工作压力的转变。如何在这个过程中保持心理健康和身体状态，是实现顺利角色过渡的重要保障。

1. 心理适应：调整心态，建立自信

（1）应对角色变化的心理准备。

进入职场后，大学生需要面对角色的重大变化，这种变化可能会带来一定的心理压力。学生时代的任务是学习知识、提升技能，而进入职场后，工作内容、责任和压力都发生了巨大变化。大学生往往会因为对工作的陌生和对责任的畏惧而感到不安。这时，及时调整心态，接受并适应这种角色变化尤为重要。

（2）建立积极的心理预期。

新入职场的大学生应树立积极的心理预期，对未来充满信心。尽管初入职场可能会遇到一些困难和挑战，但保持积极的态度，有助于减轻焦虑，增强其对不确定性的应对能力。心理预期的建立不仅能够帮助大学生更快地适应工作环境，还能够提高其工作满意度和成就感。

（3）应对职场压力与焦虑。

职场中的压力来源多种多样，可能来自工作量、任务难度、同事竞争等方面。大学生应学会识别压力源，并通过合理的方法进行压力管理，如时间管理、任务分解、寻求支持等。必要时，他们可以通过心理咨询或与同事、上级沟通，缓解工作中的焦虑感，确保心理健康。

（4）培养职场自信心。

自信心是大学生适应职场的重要心理素质之一。许多刚入职场的大学生由于缺乏经验，容易对自己的能力产生怀疑。培养职场自信心的关键在于逐步积累小的成功经验，从而增强自我效能感。通过积极参与工作、接受挑战、寻求反馈等方式，大学生可以逐渐建立起对自己能力的信心，提升在职场中的表现。

生涯人物案例

心理适应——小王的职场心态调整之路

背景介绍：小王，毕业于某知名财经大学，进入了一家大型银行的运营部门工作。作为新人，小王对银行业充满了憧憬，但也深知自己缺乏实际工作经验，因此在工作初期压力较大。

挑战与困境：进入职场后的前几周，小王发现工作中的压力远超预期。银行的运营工作节奏快、任务重，他每天都需要处理大量的交易和客户问题。这让他感到应接不暇。与此同时，作为新人，小王还要面对来自同事和上级的期望。他逐渐感到焦虑，开始怀疑自己的能力，甚至出现了失眠的现象。

转变与成长：意识到自己的心理问题后，小王决定进行心态调整。他首先主动向部门的前辈请教，学习他们的工作经验和压力应对方法。通过与前辈的沟通，他明白了每个新人在初入职场时都会遇到类似的困难，关键在于如何调整心态，积极面对。小王开始每天制订详细的工作计划，将复杂的任务分解成小任务，逐步完成。这样，他不仅减轻了工作压力，还增强了自信心。

此外，小王还尝试了冥想和深呼吸练习，以缓解焦虑情绪，并确保自己有充足的睡眠。他还积极参加公司的员工活动，如篮球比赛和团队建设活动，增强了与同事的互动，逐渐融入了集体。

几个月后，小王逐渐适应了工作节奏，心理状态也有了明显改善。他在部门内表现优异，获得了上级的认可，并被推荐参加了公司的管理培训项目，为今后的职业发展打下了良好基础。

总结：小王的案例展示了心理适应的重要性。通过主动寻求帮助、合理规划工作、进行心理调适，小王成功缓解了初入职场时的焦虑情绪，逐步建立起了自信，并在工作中表现出色。这一经历表明，正确的心理应对策略可以帮助职场新人更好地适应职场压力，实现职业目标。

2. 生理适应：调整生活习惯，保持健康

（1）调整作息规律。

步入职场后，生活节奏与学生时代有很大不同。职场的工作时间通常更加固定，早起、长时间工作可能会打破大学期间的作息习惯。大学生应尽快调整作息时间，养成早睡早起的习惯，以适应工作节奏。

（2）保持健康饮食和适度运动。

工作压力和忙碌的日常事务可能会让一些大学生忽视健康饮食和运动的重要性。然而，良好的饮食习惯和适度的运动是保持身体健康、提高工作效率的基础。大学生应尽量保持均衡饮食，避免过度依赖快餐，并且每周安排一定的时间进行锻炼，如晨跑、健身或瑜伽等，以保持身体的活力和健康。

（3）预防和管理职场疲劳。

长时间工作、高强度的任务以及缺乏休息，容易导致大学生的职场疲劳。这不仅影响工作效率，还可能对其健康造成不良影响。大学生应学会合理安排工作时间，避免长时间持续工作。工作间隙适当休息、保持充足的睡眠，以及在工作之外进行放松活动，如阅读、听音乐等，都有助于缓解疲劳，提高工作效率。

（4）应对职场倦怠。

职场倦怠是一种因长期压力和工作负担过重而导致的心理和生理问题。新员工尤其容易在初期感到倦怠，因为他们在适应新环境、新任务的过程中可能会感到精力被耗尽。应对倦怠的关键在于学会平衡工作与生活，及时调整自己的状态，保持对工作的热情和动力。通过建立有效的工作计划、寻求社交支持，以及定期给自己"充电"，可以有效预防和管理职场倦怠。

心理与生理适应在职场适应中至关重要。一个良好的心理状态和健康的身体，不仅能够帮助大学生更好地应对职场挑战，还能为其长远的职业发展打下坚实的基础。通过调整心态、培养自信、管理压力，以及保持健康的生活方式，新入职场的大学生可以更快地适应新环境，实现从"学生"到"职场人"的顺利过渡。

生涯人物案例

身体适应——小刘的职场健康管理

背景介绍：小刘，毕业于某理工大学，进入一家大型建筑公司担任工程技术员。由于公司项目多且任务繁重，小刘经常需要在工地上长时间工作，这对她的生理适应能力提出了挑战。

挑战与困境：工作初期，小刘很快发现，建筑工程的工作环境与学校的学习环境截然不同。工地上的工作时间往往很长，有时还需要加班，甚至通宵赶工。她感到非常疲惫，原本规律的作息被打乱，身体逐渐出现了亚健康的状态。小刘经常感到头晕、乏力，甚至有时难以集中精力完成任务。这种生理上的不适直接影响了她的工作效率和心理状态。

转变与成长：小刘意识到，要在职场上长期保持高效，必须对自己的生理状态进行调整。她首先调整了作息时间，尽量保持每天至少7小时的睡眠，即使加班也确保在工作后能得到充分的休息。小刘还制订了每天的饮食计划，尽量吃营养均衡的食物，避免依赖快餐和零食。

此外，小刘还开始在工地间歇时间进行一些简单的伸展运动，以缓解长时间站立或工作带来的身体疲劳。她还报名加入了公司的健身计划，每周至少三次进行有氧运动，如跑步和游泳，以增强体力和耐力。

经过几个月的调整，小刘的身体状态有了显著改善。她不仅恢复了精力，工作效率也大幅提升。更重要的是，她通过这一过程学会了如何在高强度工作中保持身体健康，从而为自己未来的职业发展奠定了基础。后来她在公司的项目评估中表现出色，逐渐成长为一名项目主管。

总结：小刘的案例展示了生理适应在职场中的重要性。通过调整作息、改善饮食、加强锻炼，她成功应对了职场带来的生理挑战，保持了良好的身体状态和工作效率。这一经历表明，关注和管理生理健康是职场适应的重要组成部分，能够帮助员工在高强度的工作环境中长期保持良好的表现。

三、岗位与技能适应

在职场适应过程中，岗位与技能适应是大学生从校园走向职场的关键环节。刚步入职场的大学生往往会面临专业技能与实际工作要求的差距、对岗位职责的陌生以及对工作流程的不了解等挑战。能否在短时间内掌握岗位所需技能，并有效适应岗位需求，将决定大学生能否在职场中站稳脚跟并实现职业发展。

1. 岗位职责的理解与适应

（1）明确岗位职责。

大学生进入职场后，首先要做的是全面了解自己的岗位职责。岗位职责包括具体的工作任务、工作目标以及对工作结果的预期。大学生可以通过与上级沟通、阅读岗位说明书以及观察同事的工作来明确自己的职责范围。这一过程不仅有助于大学生快速进入工作状态，还能帮助其在工作中避免越位或缺位的情况。

（2）熟悉工作流程与标准。

每个岗位都有其特定的工作流程与标准，这些流程与标准是保证工作效率和质量的重要保障。大学生应尽快熟悉这些流程，包括工作中需要使用的工具、系统，以及与其他部门的协作流程。此外，了解工作标准也是适应岗位的关键，清楚每项工作的完成标准，能够帮助大学生在工作中保持高效和高质量的输出。

（3）逐步适应岗位要求。

不同岗位的要求差异很大，大学生需要根据岗位的具体要求调整自己的工作方法。例如，在技术岗位上，可能需要更多的逻辑思维能力和问题解决能力；而在管理岗位上，则需要较强的沟通协调能力和决策能力。大学生应根据岗位的特点逐步调整自己的工作方式，确保能够满足岗位的要求。

2. 专业技能的提升与应用

（1）补齐专业技能短板。

进入职场后，许多大学生会发现，尽管在学校里掌握了丰富的理论知识，但在实际工作中，这些知识并不足以完全胜任岗位要求。大学生应首先识别自己在技能上的短板，并通过自主学习、公司培训或向同事请教来补齐这些短板。例如，对于从事数据分析工作的大学生，如果发现自己在使用特定软件（如 Excel、Python）上存在不足，应主动参加相关培训或在实际工作中加以练习，以提升自己的技能水平。

（2）应用专业知识解决实际问题。

学校中学到的知识在工作中能否有效应用，是衡量一个大学生能否快速适应岗位的标准之一。大学生应努力将专业知识转化为工作中的实际操作能力。例如，对于一名工程技术人员，如何将理论上的设计原理转化为可操作的工程图纸，并在现场实际操作中加以应用，是其工作中最关键的一步。

（3）持续学习与技能升级。

职场是一个不断学习的过程，技术和行业的发展也要求员工不断更新自己的知识和技能。大学生应保持学习的主动性，利用公司的学习资源、在线课程、行业研讨会等途径，不断提升自己的专业技能。例如，软件开发人员应随时关注最新的编程语言和开发工具，并通过实际项目应用来巩固和提升自己的技术能力。

🧑‍🏫 生涯人物案例

技能提升——小李的客户服务转型

背景介绍：小李，市场营销专业，毕业后，进入了一家知名电子商务公司，担任客户服务代表。她的主要职责是通过电话和邮件处理客户的订单查询、售后和投诉。尽管在学校时掌握了丰富的营销理论，小李发现实际工作中的技能要求远超她的预期。

挑战与困境：小李在初期的工作中经常因为不熟悉产品和服务流程，导致与客户沟通时信息不准确，引发客户的不满。面对愤怒的客户，她常常手足无措，无法有效解决问题，导致工作满意度低下，信心也受到了打击。此外，公司内部的客户管理系统（CRM）非常复杂，小李在处理多任务时经常出错，工作效率不高。

转变与成长：意识到技能上的不足，小李决定从基础做起，全面提升自己的工作能力。首先，她利用下班后的时间自学公司产品手册，详细了解每一种产品的功能和使用场景。其次，她积极参加公司组织的客户服务培训课程，学习如何有效处理客户投诉、管理情绪以及使用 CRM 系统提高工作效率。

通过不断的学习和实践，小李逐渐掌握了客户服务的核心技能。她学会了在与客户沟通时如何迅速识别问题，提供准确的信息，并通过适当的情绪管理技巧平息客户的不满。小李还通过熟练运用 CRM 系统，提升了工作效率和准确度。几个月后，小李的工作表现得到了显著改善，客户满意度也大幅提高，年底她被评为"年度最佳客户服务代表"，并获得了晋升机会。

总结：小李的案例展示了专业技能提升在职场适应中的关键作用。通过自主学习和培训，她成功克服了技能短板，不仅提升了自己的工作能力，还在职业发展中迈出了坚实的一步。这表明，及时识别自身不足并积极学习新技能，是个人在职场中实现职业成长的重要途径。

3. 应对岗位挑战与职业发展

（1）勇于接受岗位挑战。

在适应岗位的过程中，大学生常常会遇到一些超出自己能力范围的挑战。这些挑战可能是突然增加的工作量、复杂的项目任务，也可能是需要独立完成的艰难任务。面对这些挑战，大学生不应退缩，而应勇于迎接挑战，通过不断尝试和学习来克服困难。每一次成功应对挑战的经历，都会为大学生积累宝贵的经验和信心，推动其职业发展。

（2）规划职业发展路径。

岗位适应的最终目的是打下职业发展的坚实的基础。大学生在适应岗位的过程中，应同时考虑自己的职业发展路径。通过了解公司内部的晋升机制、行业的发展趋势以及自身的兴趣与特长，大学生可以初步规划自己的职业目标，并在日常工作中逐步积累相应的经验和技能，为未来的职业发展做好准备。

（3）建立职场网络与人际资源。

在适应岗位的同时，建立良好的职场网络也是促进职业发展的重要因素。通过与同事、上级，以及其他部门的合作，大学生可以逐步建立起自己的人际资源，这些资源不仅能在日常工作中为其提供支持，也能在未来的职业发展中带来更多的机会。例如，大学生可以通过参加公司组织的各类培训和社交活动，扩大自己在公司内外的影响力，提升职业竞争力。

岗位与技能适应是职场成功的基础。通过明确岗位职责、提升专业技能、勇于接受挑战以及规划职业发展路径，新入职场的大学生可以快速适应工作环境，提升工作效率，并为未来的职业发展奠定坚实的基础。不断学习与自我提升是职业发展的关键，大学生应始终保持积极的态度，努力成为岗位上的佼佼者，开创属于自己的职业成功之路。

生涯人物案例

岗位适应——小张的项目管理挑战

背景介绍：小张，毕业于某重点大学的土木工程专业，进入了一家大型建筑公司，担任项目助理。他的工作职责主要包括协助项目经理进行项目规划、协调施工队伍、监督工程进度等。然而，尽管在学校里掌握了丰富的工程知识，小张发现自己在实际工作中还是遇到了许多意想不到的挑战。

挑战与困境：刚入职的小张对项目管理的实际操作流程并不熟悉，尤其是在面对多个部门和外包团队之间的协调工作时，他感到无所适从。工作中的多任务处理、紧急问题的应对，以及需要快速决策的项目现场管理都超出了他在学校的学习经验。特别是在项目初期，施工队伍因资源调配问题而导致工期延误，项目经理要求小张独立处理这个问题，但他一时不知从何下手，感到非常挫败。

转变与成长：为了更好地适应岗位要求，小张决定系统学习项目管理的知识。他主动向项目经理请教工作中的关键点，并在业余时间参加了公司的项目管理培训课程。他学习了如何通过项目管理软件（如 Microsoft Project）进行资源调配，如何制订合理的项目计划，以及如何有效协调各部门的工作。

在接下来的工作中，小张逐步应用所学知识，成功处理了多个现场施工中的紧急问题。他学会了在面对复杂情况时冷静分析问题，合理调度资源，并积极与施工队和供应商沟通，确保项目进度按计划推进。几个月后，小张不仅熟练掌握了项目管理的各项技能，还因为在几个关键项目中的出色表现，得到了上级的认可，被提升为项目主管。

总结：小张的案例展示了岗位适应的重要性。通过主动学习和不断实践，他成功适应了项目管理的岗位要求，并通过提升自己的专业技能，在职场中迅速成长。这个案例表明，理解岗位职责、持续学习和勇于接受挑战是个人实现职场成功的关键。

四、职场中的人际关系与文化适应

在职场中，人际关系与企业文化适应往往是大学生能否快速融入工作环境的关键。良好的人际关系不仅能够帮助其更好地完成工作任务，还能为其创造更多的职业发展机会。同时，理解和适应企业文化，对于大学生建立职业身份认同感和长期职业稳定性至关重要。

1. 建立和维护良好的人际关系

（1）与同事建立良好的合作关系。

在职场中，同事之间的合作是工作顺利进行的基础。大学生应学会与同事建立互信互助的合作关系，这不仅有助于提高工作效率，也有助于创造一个和谐的工作环境。与同事合作时，大学生应表现出尊重与礼貌，积极参与团队讨论，主动承担任务，并在完成工作后与同事分享成果。

（2）与上级有效沟通。

上级通常是新人工作指导的主要负责人，因此，与上级建立良好的沟通关系非常重要。在与上级沟通时，大学生应保持礼貌与专业，及时汇报工作进展，并在遇到问题时主动寻求帮助。此外，大学生还应学会接受批评和反馈，并在工作中不断改进自己，展现出积极向上的工作态度。

（3）处理职场中的冲突与分歧。

职场中难免会出现冲突与分歧，大学生应学会处理这些问题，以维护良好的人际关系。在面对冲突时，大学生应保持冷静，避免情绪化，尝试从对方的角度理解问题，寻求合作解决方案。如果冲突无法自行解决，大学生可以寻求第三方的帮助，如请教上级或人力资源部门，以找到最适合的解决办法。

2. 适应企业文化

（1）理解企业文化的核心。

每个企业都有其独特的企业文化，这种文化通常体现在企业的价值观、行为规范、工作氛围以及员工的行为方式上。大学生应尽快了解并适应企业的企业文化，以便更好地融入团队。理解企业文化的核心，不仅有助于大学生明确企业对员工的期望，还能帮助其在工作中作出符合企业价值观的决策和行为。

（2）在工作中践行企业文化。

适应企业文化不仅仅在于理解，更在于实践。大学生应在日常工作中主动践行企业的文化和价值观。例如，如果企业注重创新和团队合作，那么大学生在工作中应表现出创造性思维并积极参与团队活动。如果企业强调客户至上，那么大学生应在与客户沟通时表现出高度的服务意识。

（3）参与企业活动与团队建设。

积极参与企业组织的活动与团队建设，不仅有助于加深大学生对企业文化的理解，还能增强其与同事之间的联系，提升归属感。例如，企业组织的团队活动、员工培训、节日庆典等，都是大学生了解企业文化、融入团队的良好机会。通过这些活动，大学生可以更好地适应企业的文化氛围，并在团队中建立自己的职业身份。

3. 长期职业适应与文化认同

（1）建立职业身份认同感。

在适应企业文化的过程中，建立职业身份认同感非常重要。职业身份认同感不仅包括对自己职业角色的认知，还包括对公司和行业的认同感。大学生应通过不断学习和实践，逐步将个人的职业目标与公司的发展方向结合，形成对职业角色的清晰认知，从而增强自身在公司内部的归属感和稳定性。

（2）保持文化适应与职业发展的平衡。

在适应企业文化的同时，大学生还应保持个人发展与企业文化之间的平衡。过度适应企业文化可能导致个人创新能力的受限，因此，大学生应在尊重和遵循企业文化的基础上，保持一定的独立性和创新性，推动自身职业发展。同时，随着职业生涯的进展，大学生还应不断反思和调整自己的文化适应策略，以确保在不同的发展阶段都能保持与企业文化的契合。

职场中的人际关系与文化适应是大学生能否顺利融入工作环境的重要因素。通过建立良好的人际关系、理解并践行企业文化，大学生可以在职场中更好地发挥自己的才能，并为长期职业发展奠定坚实的基础。在适应过程中，保持积极的态度、不断调整，将帮助大学生在职场中获得更多的机会，实现职业目标。

🧑‍🏫 生涯人物案例

小林的职场文化适应与人际关系处理

背景介绍：小林，毕业于某重点大学的市场营销专业，被一家跨国公司录用为市场助理。跨国公司的工作氛围和管理模式与小林在学校时所接触的环境有很大不同，特别是公司内部的文化和人际关系非常复杂，这让小林在刚入职时感到有些不适应。

挑战与困境：进入公司后，小林很快意识到，这家跨国公司非常注重企业文化的认同与实践。公司提倡团队合作、创新精神以及高度的客户服务意识，公司的工作语言以英语为主，小林在与同事沟通时，语言障碍让她感到十分紧张和不安。由于对企业文化和人际关系的不了解，小林在工作初期总是感到力不从心，无法融入团队，甚至在一些项目中因为与同事配合不佳而遭到上级的批评。

转变与成长：面对挑战，小林意识到要在这家公司取得成功，首先必须适应公司的文化并改善自己的人际关系。她开始主动了解公司的核心价值观和行为准则，积极参加公司组织的文化培训和团队建设活动，以加深对企业文化的理解。小林特别注意在日常工作中践行公司的文化理念，如在团队项目中，她不再独自完成任务，而是主动与团队成员讨论并分配工作，确保每个成员都能充分发挥其特长。

在改善人际关系方面，小林意识到，良好的沟通是建立信任的关键。她主动加强英语学习，利用业余时间参加英语口语培训，并积极在工作中实践。她还学会了在工作中如何恰当地表达自己的意见，同时尊重他人的观点，这让她逐渐赢得了同事的尊重和信任。小林还通过公司组织的各种活动，如部门聚会、运动会等，逐步拉近了与同事们的距离。

几个月后，小林不仅成功融入公司的文化，还在团队中建立了良好的人际关系。她的工作效率显著提高，逐渐成为团队中的核心成员之一。在一次重要的市场推广项目中，小林因出色的表现获得了上级的认可，并被提拔为项目经理助理。

总结：小林的案例展示了职场文化适应与人际关系处理的关键作用。通过主动学习和实践公司文化，积极改善与同事的沟通与合作，小林成功克服了初入职场时的种种不适，逐渐融入了团队，并在职场中实现了职业发展的初步目标。这一案例表明，理解并适应企业文化、建立良好的人际关系，是个人在职场中取得成功的重要途径。

职场适应是每一位新入职场的大学生在职业生涯初期都会面临的重大挑战。这一过程不仅涉及角色的转换，还包括心理、生理、岗位、技能、人际关系和文化等多个维度的调整。通过系统地理解并掌握职场适应的关键要素，大学生可以在职场中更快地找到自己的位置，充分发挥个人才能，并为长远的职业发展奠定坚实的基础。

在角色转变过程中，大学生需要从"学生"向"职场人"过渡，学会承担更大的责任，增强自主性和结果导向意识。心理适应方面，大学生应调整心态，建立自信，通过积极的心态和有效的压力管理应对职场中的各种挑战。生理适应则要求其调整生活习惯，保持健康的作息和饮食，防止职场倦怠。

岗位与技能适应是确保职业成功的基础。通过明确岗位职责、提升专业技能，勇于迎接工作中的挑战，大学生可以快速融入岗位，提升工作效率。同时，建立和维护良好的人际关系，理解并践行企业文化，有助于大学生更好地融入团队，增强归属感和职业身份认同感。

总之，职场适应是一个不断学习、调整和成长的过程。通过积极的态度、有效的策略和持续的自我提升，新入职场的大学生可以在职业生涯的起点上站稳脚跟，逐步实现自己的职业目标和人生理想。职场适应不仅仅关乎个人的职业发展，更是对社会责任和时代使命的积极回应。希望每一位大学生都能在职场中不断进步，迎接更加广阔的职业未来。

第二节　大学生就业程序与就业法规

生涯人物案例

小李和小薇的就业经历

小李是某高校应届毕业生，在校园招聘会上与一知名公司签订了就业协议。协议约定了3年的服务期，1年的见习期以及违约金4万元，同时还约定，双方的权利义务以报到后签订的劳动合同为准。小李毕业后到该公司报到，与公司签订了为期4年的劳动合同，合同约定试用期3个月。小李工作了2个月后，觉得自己不适合这份工作，于是辞职。公司拿着就业协议要求小李支付违约金，小李认为，报到后签订了劳动合同，怎么还以就业协议为准呢？双方因此发生争执。

分析：

到用人单位就业后，劳动关系的处理到底是以就业协议为准还是以劳动合同为准？

根据《中华人民共和国劳动法》《中华人民共和国劳动合同法》的规定，劳动合同是劳动者与用人单位确立劳动关系、明确双方权利义务的协议。建立劳动关系，应当订立书面劳动合同，已建立劳动关系，未同时订立书面劳动合同的，应当自用工之日起一个月内订立书面劳动合同。因此，就业协议中约定的服务期限条款与劳动合同的约定相冲突时，应以劳动合同为准。

某大学2024届毕业生小薇，毕业后没有找到工作，她将档案存放在学校档案部门。几个月后她找到一家公立医院合同制护士的工作，没有办理就业报到证，她私下将档案从学校提走，并一直放在家中。之后，她通过了单位的编制考试，医院查阅她的档案时发现没有就业报到证，从而没办法办理落编手续。

分析： 就业报到证带来的"烦心事"，因为毕业生没有把就业报到证当回事。类似小薇的案例还有很多，还有的甚至遗失了自己的档案、户口。每个学校的档案部门、户籍部门总是存放着一些毕业生的档案或者户口。平时看着不起眼的就业报到证，在办理落编手续的关键时刻成为"拦路虎"。有的毕业生在办理结婚手续时，才想起来户口还在学校，毕业时没有迁走。因此，建议大学生认真对待就业程序，严格履行就业手续，避免再次发生类似情况。

就业程序不仅指毕业生求职程序、用人单位的招聘程序，也包括学校就业部门的工作程序。对于大学生而言，一个完整的就业程序，应至少包括职业探索、自我分析、目标确定、准备自荐材料、参加招聘会、投递求职材料、参加面试（笔试）、签订就业协议书、办理离校就业手续、走上岗位等。走好择业路上的每一步，对于毕业生成功实现自己的职业理想都是非常重要的。下面讲解几个主要的程序。

一、准备自荐材料

通过认真做好职业探索、自我分析以及目标确定，大学生可以准确地确定求职行业、职业及岗位。明确职业定位后，大学生即可准备求职自荐材料。自荐材料包括学校就业推荐表、推荐信、求职信、个人简历、成绩单、各种证书以及参加社会实践、毕业实习的鉴定材料等。

毕业生求职时，一般需要将求职材料装订成册，由于用人单位在选拔人才时不一定会对每份求职材料中的每一页内容都认真、仔细地阅读，所以在装订求职材料时，毕业生要充分考虑用人单位对求职材料中各种信息的需求心理，将各种材料按重要程度来排列，并且在装订时，注意求职材料封面以及所有材料纸张大小的一致性，纸质整洁、干净，装订时以左侧装订为宜，切忌歪斜。

二、签订就业协议的基本要求和程序

就业协议是全国普通高等学校毕业生就业协议书的简称，是普通高等学校毕业生和用人单位在正式确立劳动人事关系前，经双向选择，在规定期限内确立就业关系、明确双方权利和义务而达成的书面协议，是用人单位确认毕业生相关信息真实可靠以及接收毕业生的重要凭据，也是高校进行毕业生就业管理、编制就业方案以及毕业生办理就业落户手续等有关事项的重要依据。协议在毕业生到单位报到、用人单位正式接收后自行终止。

就业协议由教育部高校学生司统一制定，就业协议一式三份，每位毕业生只能同时持有一套就业协议。任何单位或个人均不得复印、复制就业协议。就业协议不得挪用、转借、涂改，否则视为无效，并追究当事人责任。

（一）就业协议的签订

就业协议的签订一般要经过两个步骤，即要约和承诺。

1. 要约

毕业生持学校统一印制的就业推荐表或复印件参加各地供需洽谈会（人才市场），进行双向选择，或向各用人单位寄发书面材料，应视为要约邀请。用人单位收到毕业生材料，对毕业生进行考察后，表示同意接收并将回执寄到高校毕业生就业工作部门或毕业生本人，应视为要约。

2. 承诺

毕业生收到用人单位回执或通过其他方式得到用人单位答复后，从中作出选择后到学校毕业生就业工作部门领取就业协议，与用人单位签订协议，即为承诺。由于毕业生就业工作比较烦琐，较为具体，有时很难明确分为要约和承诺两个步骤。例如，有的毕业生参加公务员考试，达到面试线后，到用人单位参加面试、体检，用人单位对毕业生进政审、阅档，表示同意接收。在这种情况下，毕业生应与该用人单位签订就业协议，而不应再选择其他单位。又如，用人单位到学校挑选毕业生，毕业生自己主动报名，经学校积极推荐，用人单位也表示同意接收，但要回到单位后再正式发函签订协议，在这种情况下，毕业生也应等待与用人单位签约，而不能出尔反尔，以未正式签协议为由，置学校信誉于不顾。在这过程中与其他单位签约，也浪费了其他毕业生的就业机会。

参加研究生入学考试和公务员考试的毕业生在签订就业协议时，应将有关事宜告知用人单位，并将有关意见注明于就业协议"双方约定"栏内。凡未告知用人单位情况，在被录取（或录用）后不能去已签协议单位工作的，必须取得单位的书面同意；如单位不同意，毕业生须按协议就业。

（二）就业协议的更换与补发

就业协议下发后，毕业生应妥善保管，尽量避免损坏或遗失。签约时应考虑周到，避免解约。就业协议签订生效后，原则上不允许违约，因特殊情况其中一方提出违约的，须经学校和另一方同意后才能办理违约手续，并承担违约责任。

若因就业协议污损、填错、丢失、解约等情况，需要换发协议书的，应按学校相关要求办理。

若因就业协议丢失造成违约或被用人单位追究违约责任等其他相关后果的，丢失者应承担全部责任。

（三）签订就业协议的注意事项

（1）毕业生和用人单位达成协议并在就业协议上签名盖章，用人单位应在就协议上注明可以接收毕业生档案的名称和地址。

（2）用人单位上级主管部门批准盖章。

（3）用人单位必须在与毕业生签订协议起的十个工作日内将协议送至学校毕业生就业工作部门。

（4）由毕业生就业工作部门在协议"乙方基本信息"中的"学校有关信息及意见"一栏填写（或制作长条章加盖），加盖学校就业部门公章，并及时将协议反馈给用人单位。并将毕业生就业信息编制就业方案，为毕业生办理就业报到证。

（四）就业协议的解除

就业协议的解除分为单方解除和双方解除。

单方解除，包括单方擅自解除和单方依法或以协议解除。单方擅自解除属于违约行为；单方依法或以协议解除是指一方解除就业协议有法律上或协议上的依据，此类单方解除，解除方无须对另一方承担法律责任。

双方解除是指毕业生、用人单位，经协商一致，取消原订立的协议，使协议不发生法律效力。

（五）违约责任及毕业生违约的后果

毕业生违约，除本人应承担违约责任支付违约金外，往往还会造成其他不良的后果，主要表现在以下三个方面。

第一，就用人单位而言，用人单位往往为录用一名毕业生做了大量的工作，一旦毕业生违约，就会给用人单位造成麻烦。

第二，就学校而言，用人单位往往将毕业生违约行为认为是学校的管理不严，从而影响学校和用人单位的长期合作关系。

第三，就其他毕业生而言，违约会影响其他毕业生的就业，造成就业信息的浪费。

（六）劳动合同

1. 劳动合同的概念和内容

劳动合同是指劳动者与用人单位之间确立劳动关系，明确双方权利和义务的协议。订立和变更劳动合同，应当遵循平等自愿、协商一致的原则，不得违反法律、行政法规的规定。劳动合同依法订立即具有法律约束力，当事人必须履行劳动合同规定的义务。

劳动合同的内容，可分为法定条款和协商条款两部分，前者是指劳动合同必须具备的由法律、法规直接规定的内容，后者是指不由法律、法规规定，而由双方当事人自愿协商规定的合同内容。劳动合同应当以书面形式订立，并具备以下条款：劳动合同期限、工作内容、劳动保护条件、劳动报酬、劳动合同终止的条件、违反劳动合同的责任等。违反法律、行政规范的劳动合同，采用欺诈、威胁等手段订立的劳动合同均为无效。

3. 就业协议与劳动合同的区别

（1）主体不同。

就业协议适用于应届毕业生与用人单位、学校三方之间，学校是就业协议的鉴证方或签约方，就业协议对用人单位的性质没有规定，适用于任何单位；而劳动合同只适用于劳动者（含应届毕业生）与用人单位（不含公务员单位和比照实行公务员制度的组织和社会团体以及军队系统）之间，与学校无关。

（2）内容不同。

毕业生就业协议的内容主要是毕业生如实介绍自身情况，并表示愿意到用人单位就业，用人单位表示愿意接收毕业生，学校同意推荐毕业生并列入就业方案，而不涉及毕业生到用人单位报到后，应享有的权利义务；劳动合同的内容涉及劳动报酬、劳动保护、工作内容、劳动纪律等，更为具体，劳动权利义务更为明确。

（3）时间不同。

一般来说，就业协议签订在前，就业协议应在毕业生就业之前签订；而劳动合同往往在毕业生到用人单位报到后才签订。

（4）目的不同。

就业协议是毕业生和用人单位关于将来就业意向的初步约定，是对双方的基本条件以及即将签订的劳动合同的部分基本内容的大体认可，并经用人单位的上级主管部门和高校就业部门同意，一经毕业生、用人单位、高校、用人单位主管部门签字盖章，即具有一定的法律效力，是编制毕业生就业方案和将来双方订立劳动合同的依据；劳动合同是劳动者与用人单位之间确立劳动关系、明确双方权利和义务的书面协议，其主要目的是使劳动过程得以实现，通过签订合同，双方建立了明确的法律关系，避免劳动关系的不确定性，同时，劳动合同为双方提供了明确的约束力，以规范用工行为。

（5）适用法律不同。

就业协议发生争议，除根据协议本身内容之外，主要依据现有的毕业生就业政策和法律对合同的一般规定来加以解决，尚没有专门的一部分法律对毕业生就业协议加以调整；而劳动合同发生争议，应依据《中华人民共和国劳动法》来处理。

三、就业法规解读

2007年6月29日，《中华人民共和国劳动合同法》（以下简称《劳动合同法》）由第十届全国人民代表大会常务委员会第二十八次会议审议通过，2008年1月1日起施行。最新的《劳动合同法》根据2012年12月28日《全国人民代表大会常务委员会关于修改〈中华人民共和国劳动合同法〉的决定》修订，自2013年7月1日起施行。其主要内容有以下几方面。

（一）用工不订立书面合同，用工单位将付出高昂的代价

《中华人民共和国劳动法》（以下简称《劳动法》）要求用工单位与劳动者在形成劳动关系时签订书面的劳动合同，但《劳动法》对于不订立书面劳动合同的后果，并没有制定相应的惩罚措施，所以导致用工不签订劳动合同的现象广泛存在。由于没有书面的劳动合同，劳动者的权利在受侵犯时因没有书面证据而往往无法诉诸法律。劳动者的权利受到很大的侵害。

《劳动合同法》则建立了严厉的约束机制。用工不订立书面劳动合同，用工单位将付出高昂的代价。可以预见，《劳动合同法》实施后用工不订立书面劳动合同的现象将彻底终结。

《劳动合同法》的约束机制体现在以下三个方面。

（1）《劳动合同法》第十条规定："建立劳动关系，应当建立书面劳动合同。已建立劳动关系，未同时订立书面劳动合同的，应当自用工之日起一个月内订立书面劳动合同。"

（2）《劳动合同法》第八十二条规定："用人单位自用工之日起超过一个月不满一年未与劳动者订立书面劳动合同的，应当向劳动者每月支付二倍的工资。"

（3）《劳动合同法》第十四条规定"用人单位自用工之日起满一年不与劳动者订立书面劳动合同的，视为用人单位与劳动者已订立无固定期限劳动合同。"而一旦订立无固定期限的劳动合同，没有法律规定的情形，用人单位将无法辞退劳动者，并且即使劳动者同意辞退用工单位也要从应当订立无固定期限劳动合同之日起向劳动者支付二倍的工资。

面对上述三方面的严厉约束，可以预见，没有一个用工单位会不愿意签订书面劳动合同。相反，用工单位还必须采取相应措施防范与劳动者产生事实的劳动关系。

（二）订立无固定期限劳动合同的条件大大降低

《劳动合同法》第十四条规定，有以下三种情形之一，劳动者提出或者同意续订、订立劳动合同的，除劳动者提出订立固定期限劳动合同外，应当订立无固定期限劳动合同。

（1）劳动者在该用人单位连续工作满十年的。

（2）用人单位初次实行劳动合同制度或者国有企业改制重新订立劳动合同时，劳动者在该用人单位连续工作满十年且距法定退休年龄不足十年的。

（3）连续订立二次固定期限劳动，且劳动者没有本法第三十九和第四十条第一项、第二项规定的情形，续订劳动合同的。

上述规定和《劳动法》的相关规定相比，大大降低了订立无固定期限劳动合同的条件。

以《劳动合同法》第十四条第一款规定为例，《劳动法》第二十条也作了类似的规定。《劳动法》第二十条规定："劳动者在同一用人单位连续工作满十年以上，当事人双方同意延续劳动合同的，如果劳动者提出订立无固定期限的劳动合同，应当订立无固定期限的劳动合同。"但根据该规定，如果劳动者要求签订无固定期限的劳动合同，显然需要取得用人单位的同意。而根据《劳动合同法》的规定，只要劳动者提出，用工单位即应当与劳动者订立无固定期限的劳动合同。

《劳动合同法》第十四条第三款则要求连续两次签订固定期限劳动合同后，如果劳动者没有严重违法违纪的情形就必须签订无固定期限劳动合同。这一条更是降低了订立无固

定期限劳动合同的条件。可以预见，现在用工单位广泛采用的一年一签的用工方式显然已经行不通。

此外，和以往不同，《劳动合同法》明确规定了用工单位不签订无固定期限劳动合同的严重后果。《劳动合同法》第八十二条规定："用人单位违反本法规定不与劳动者签订无固定期限劳动合同的，自应当订立无固定期限劳动合同之日起向劳动者支付二倍的工资。"

（三）用工单位制定规章制度的程序更加严格

《劳动合同法》第四条规定："用人单位应当依法建立和完善劳动规章制度，保障劳动者享有劳动权利、履行劳动义务。

用人单位在制定、修改或者决定有关劳动报酬、工作时间、休息休假、劳动安全卫生、保险福利、职工培训、劳动纪律以及劳动定额管理等直接涉及劳动者切身利益的规章制度或者重大事项时，应当经职工代表大会或者全体职工讨论，提出方案和意见，与工会或者职工代表平等协商确定。

在规章制度和重大事项决定实施过程中，工会或者职工认为不适当的，有权向用人单位提出，通过协商予以修改完善。

用人单位应当将直接涉及劳动者切身利益的规章制度和重大事项决定公示，或者告知劳动者。

该条规定明确了用人单位规章制度的制定程序和公示、告知程序，相较于原来的法律规定更严格。

例如，根据《最高人民法院关于审理劳动争议案件适用法律若干问题的解释》的规定，只要通过民主程序制定的规章制度，不违反国家法律、行政法规及政策规定，并已向劳动者公示的，就可以作为人民法院审理劳动争议案件的依据。该规定重点在于是否公示。

（四）用工单位不能随意设立违约金

《劳动合同法》第二十二条规定："用人单位为劳动者提供专项培训费用，双方约定服务期限，劳动者违反约定期限的，劳动者应当向用人单位支付违约金。但违约金不得超过用人单位提供的培训费用。"

《劳动合同法》第二十三条约定："劳动者违反竞业限制期限约定的，也应当向用人单位支付方约定的违约金。"

《劳动合同法》第二十五条明确规定除上述两种情况外，禁止用人单位与劳动者约定由劳动者承担违约金。

《劳动合同法》之前颁布的法律法规对违约金的约定并没有严格的限制，而《劳动合同法》严格约束了违约金的设立。并且从《劳动合同法》第二十三条来看，违约金的约定的功能也只能限于补偿，而不能带有惩罚的性质。

（五）劳动者解除劳动关系更自由

《劳动合同法》第三十七条规定："劳动者提前三十日以书面形式通知用人单位，可以解除劳动合同。在劳动者在试用期内提前三日通知用人单位，可以解除劳动合同。"

虽然《劳动法》第三十一条也规定劳动者提前三十日通知用人单位后，也可以解除劳动合同，但根据《劳动法》及相关的规定，如果双方约定了违约金，或劳动者给用人单位造成了损失时，劳动者应当支付违约金或赔偿损失，即劳动者解除合同可能是附有条件的。

此外，根据《劳动法》第三十二条的规定，只有以下三种情形，劳动者才可以随时通知用人单位解除劳动合同。

（1）在试用期内的；

（2）用人单位以暴力、威胁或者非法限制人身自由的手段强迫劳动的；

（3）用人单位未按照劳动合同约定支付劳动报酬或者提供劳动条件的。

而根据《劳动合同法》第三十八条规定，有下列六种情形之一的，劳动者可以随时通知用人单位解除劳动合同。

（1）用人单位未按照劳动合同约定提供劳动保护或者劳动条件的。

（2）用人单位未及时足额支付劳动报酬的。

（3）用人单位未依法为劳动者缴纳社会保险费的。

（4）用人单位的规章制度违反法律、法规的规定，损害劳动者权益的。

（5）用人单位以欺诈、胁迫的手段或者乘人之危，使对方在违背真实意思的情况下订立或者变更劳动合同的；

（6）法律、行政法规规定劳动者可以解除劳动合同的其他情形。

《劳动合同法》扩大了劳动者可以随时通知用人单位解除劳动的范围。

此外，《劳动合同法》还规定，有以下两种情形之一时，劳动者无须通知用人单位，即时解除劳动合同。

（1）用人单位以暴力、威胁或者非法限制人身自由的手段强迫劳动者劳动的；

（2）用人单位违章指挥、强令冒险作业危及劳动者人身安全的。

从上述规定可以看出，《劳动合同法》赋予了劳动者更自由的劳动合同解除权。

（六）用工单位经济补偿金支付范围扩大

和《劳动法》相比，《劳动合同法》要求用工单位对劳动进行补偿的范围更大。以下是新增加的补偿范围。

（1）合同届满，用人单位也要支付补偿金。

根据《劳动合同法》第四十六条的规定，劳动合同到期以后不再订立劳动合同时，用人单位也要向劳动者支付经济补偿金。只有用人单位维持或者提高劳动合同约定条件，但劳动者不同意续订劳动合同的，用人单位不需要支付经济补偿金。

（2）用人单位有违约、违法行为，劳动者解除劳动合同的，用人单位也要向劳动者支付经济补偿金。

根据《劳动合同法》第三十八条和第四十六条的规定，用人单位有未合法提供劳动条件、未及时支付劳动报酬、未依法缴纳社会保险、用人单位的规章制度违反法律、法规，损害劳动者权益等情况下时，劳动者解除合同的，用人单位要支付经济补偿金。

（3）用人单位破产、破产重组、吊销执照等，也要向劳动者支付经济补偿金。

根据《劳动合同法》第四十四条和第四十六条的规定，用人单位被依法宣告破产、被吊销营业执照责令关闭等情况导致劳动合同终止的，用人单位也要向劳动者支付经济补偿金。

（七）用人单位单方解除劳动合同有了更多限制

在《劳动法》第二十五条的基础上，《劳动合同法》增加了用人单位可以单方解除合同的两种情形。

（1）劳动者同时与其他用人单位建立劳动关系，对完成本单位的工作任务造成严重影响，或者经用人单位提出，拒不改正的。

（2）用欺诈、胁迫的手段或者乘人之危，使对方在违背真实意思的情况下订立或者变更劳动合同的。

在《劳动法》第二十九条的基础上，《劳动合同法》也增加了两种情形，用人单位不得单方解除劳动合同。

（1）从事接触职业病危害作业的劳动者未进行离岗前职业健康检查，或者疑似职业病病人在诊断或者医学观察期间的。

（2）在本单位连续工作满十五年，且距退休年龄不足五年的。

两相比较，《劳动合同法》增加了限制用人单位单方解除合同的条件。《劳动合同法》还增加了解除劳动合同的程序。根据《劳动合同法》第四十三条的规定，用人单位单方解除劳动合同，应当事先将理由通知工会。用人单位违反法律、行政法规规定或者合同约定的，工会有权要求用人单位纠正。用人单位应当研究工会的意见，并将处理结果书面通知工会。

（八）用人单位违法解聘将承担严重后果

《劳动合同法》第四十八条规定："用人单位违反本法规定解除或者终止劳动合同，劳动者要求继续履行劳动合同的，用人单位应当继续履行；劳动者不要求继续履行劳动合同或者劳动合同已经不能继续履行的，用人单位应当依照本法第八十七条规定支付赔偿金。"

《劳动合同法》第八十七条规定："用人单位违反本法规定解除或者终止劳动合同的，应当依照本法第四十七条规定的经济补偿标准的二倍向劳动者支付赔偿金。"

由此可见，用工单位违法辞退员工的，有两种选择：一是要求用人单位继续履行劳动合同；二是劳动合同已经无法履行或者劳动者不想要求企业继续履行的，可以选择要求企业支付赔偿金，赔偿金的标准为法律规定的解除劳动合同的经济补偿金标准的二倍。因此，用工单位违法解聘劳动者将承担严重的后果。

（九）试用期规定更加保障劳动者的权利

《劳动合同法》颁布以前，由于许多用工单位滥用试用期，劳动者在试用期的权利无法得到有效保障。《劳动合同法》加大了对劳动者的保护力度。主要保护内容如下。

（1）试用期包含在合同之内，只签订《试用合同》的无效。

（2）试用期工资不低于本单位相同岗位最低档工资或者劳动合同约定工资的80%。

（3）劳动合同期限不满三个月的，无试用期；劳动合同期限三个月以上不满一年的，试用期不超过一个月；劳动合同期限一年以上不满三年的，试用期不得超过二个月；三年以上固定期限和无固定期限的劳动合同，试用期不超过六个月。

（4）试用期中，除非有法定理由，用人单位不得解除劳动合同。用人单位至少要证明劳动者不符合录用条件，或者经历培训和换岗还是不能胜任的，有这些理由才能解除劳动合同。

（十）劳务派遣受到严格规范

近年来，劳务派遣在我国发展迅速，虽然在一定程度上解决了就业问题，但也带来了许多其他的问题。特别是劳动者权益保护的问题尤为突出，如劳务派遣公司随意克扣劳务派遣工的工资问题；劳务派遣工同工不同酬的问题；为降低成本，滥用派遣工的问题等。而在原有的法律法规中没有劳务派遣方面的规范。《劳动合同法》则对劳务派遣作了特别规定。

《劳动合同法》对派遣工的保护具体在如下几个方面。

（1）《劳动合同法》第五十八条规定，劳务派遣单位应当与被派遣劳动者订立二年以上的固定期限劳动合同，按月支付劳动报酬；被派遣劳动者在无工作期间，劳务派遣单位应当按照所在地人民政府规定的最低工作标准，向其按月支付报酬。

（2）《劳动合同法》第六十条规定，劳务派遣单位和用工单位不得向被派遣劳动者收取费用。

（3）《劳动合同法》第六十一条规定，劳务派遣单位跨地区派遣劳动者的，被派遣劳动者享有的劳动报酬和劳动条件，按照用工单位所在地的标准执行。

（4）《劳动合同法》第六十三条规定，被派遣劳动者享有与用工单位的劳动者同工同酬的权利。

（5）《劳动合同法》第六十六条规定，劳务派遣用工是补充形式，只能在临时性、辅助性或者替代性的工作岗位上实施。

第三节　医学生就业心理及调适

对即将步入社会的医学生而言，心理发展正经历复杂且充满矛盾的变化。他们对待就业，一方面，存在渴望就业以尽快实现自身价值的心理意愿；另一方面，面对严峻的就业形势和就业难等现实问题，有较大的心理压力，产生了不良情绪。同时，受专业特点、就业方向、就业制度及相关医药卫生体制等因素的影响，医学生就业有自身的特点和困难，也对其就业心理产生了影响。

一、医学生就业心理现状和问题

（一）医学生就业心理现状

1. 就业目标的单一性

大部分医学生从进入校门起，甚至在报考大学志愿时，就对未来的就业目标十分明确，即从事医疗卫生行业。这也是大多数医学生毕业的选择。

2. 就业观念的传统性

在单一的就业目标下，医学生将就业出路限定在考研和考公立医院两种，对于与医学有关的保险行业、医药公司、第三方检验公司等就业单位很少考虑，甚至不予考虑。就业观念过于传统。

3. 就业定位的盲目性

大多数医学生不能准确定位自身的就业期望，就业定位具有盲目性，不能作出适合自己的就业选择，造成其就业心理矛盾或压力增大。

4. 就业选择的矛盾性

在进行就业选择时，父母家人的意见对于医学生而言很重要。而家长往往根据自己的期望和体验，表达出希望子女从事的职业方向或意向单位，忽视了他们自己的意愿。加之，不能很好地定位自己的就业期望，他们往往会产生何去何从的矛盾、焦躁的心理。

5. 就业不顺的落差感

大学生较少接触职场，进入就业市场，会经常遇到用人单位或报考院校的拒绝，这时的挫败感和作为大学生的优越感相互冲撞，而他们自身往往难以正视这种理想和现实的落差，心理负担逐步加重。

（二）医学生就业心理问题

1. 功利思想

随着人力资源市场需求的不断变化，大学生作为重要的储备性人力资源，其职业价值观表现出一定的现实主义和功利主义倾向。在就业时，他们可能会看重用人单位的地理位置、工资待遇等，功利思想较为明显；过分强调自我价值的实现，淡漠社会责任；过分追求眼前经济利益，忽视远大理想；过多考虑竞争手段，忽视完善人格。突出表现有来自城市的学生不愿意离开城市，而来自农村的学生又不愿意回家乡。据调查，在大学生的职业选择中，约有80%的大学生将职业发展前景、薪资福利待遇两项因素作为择业的首要标准。此外，约有70%的大学生为了获得进入国企、外资企业就业的机会，在课程选择上会优先选择与职业规划相关度较高的专业课程和辅助课程，这些都在一定程度上体现了其就业的现实主义和功利主义倾向。

2. 自负心理

自负心理，即盲目自大，过高地估计个人的能力。部分大学生在校受教育期间学习成绩良好，工作能力和社交能力强，但在无形中错误地估计了自己的知识、能力，对自己的评价过高，形成自负心理，造成就业不顺利的现象产生。对大学生来说，在适当的范围内，自负心理可以激发他们的斗志，树立必胜的信心，坚定战胜困难的信念，使他们能够勇往直前。但是，自负又必须建立在客观现实的基础上，脱离实际的自负不但不能帮助其事业成功，反而会影响其生活、学习、工作和人际交往，严重时还会影响心理健康。作为医学生，由于对医生的职业特点缺乏深入透彻的理解，加之学医耗时长、成本高，以及家庭和社会对医学生有很高的期望，部分大学生在择业时可能会好高骛远，给用人单位留下"眼高手低"的不良印象。

3. 自卑心理

自卑心理是一种缺乏自信和软弱的复杂情感。有自卑感的人容易轻视自己。阿尔弗雷德·阿德勒（Alfred Adler）称其为自卑情结。首先，自卑情结是以一个人认为自己或自己的环境不如别人的自卑观念为核心的潜意识欲望、情感所组成的一种复杂心理。其次，自卑情结指一个人由于不能或不愿进行奋斗而形成的文饰作用。自卑情结是由婴幼儿时期的无能状态和对别人的依赖而引起的。自卑心理，是可以通过调整认识和增强自信心，并给予支持而被消除的。

由于医学专业的限制，医学生的出口面较窄，社会学历需求层次较高，其就业相对于其他专业更为困难。大学生几乎都属于初次就业，对待就业缺乏足够的心理准备，心理承受能力较差，不能正确对待就业过程中出现的问题，一旦遇到困难和挫折，就会产生自卑心理，主要表现为对自身的素质和就业竞争能力评价过低，不敢主动向用人单位推荐自己，不敢主动参与就业竞争，而陷入不战自败的困境之中。

4. 依赖心理

依赖心理是指个体长期受人呵护、支配而形成的一种习惯依靠别人、安于被支配的心理状态。20世纪80—90年代，医学专业炙手可热，医学类毕业生供不应求。随着近年来各高校连续扩招，医学教育不断发展，医学类毕业生增长迅速，社会对医学类毕业生的需求明显下降。医学生若不积极主动地推销自己，不能主动地参与就业市场的竞争，而是寄希望于学校、家庭，缺乏择业的主动性，往往会错失良机。然而，部分医学生自立意识不强，在很多事情上缺乏应有的独立自主分析问题和解决问题的能力，遇事没有主见，关键抉择时摇摆不定，总是急于求助他人，在求职问题上对于一个单位或者职位是否适合自己、应该如何选择发展道路等重大问题，往往不是凭自己的思考权衡判断的，而是全然依靠父母之意、师长之言进行取舍，逃避意识严重，表现出较强的依赖心理。

5. 虚荣心理

虚荣心理是一种扭曲的自尊心，它是自尊心的过分表现，是一种追求虚表的性格缺陷，也是人们为了取得荣誉和引起普遍的注意而表现出来的一种不正常的社会情感和心理状态。虚荣心表现在行为上，主要为盲目攀比，好大喜功，过分看重别人的评价，自我表现欲强，有强烈的嫉妒心等。部分医学生求职心切，往往会产生一种虚荣心理。在这种心理的支配下，他们往往会过分夸大自己的学业成绩和工作能力，这种心理行为，不仅损害了学校的声誉，也无助于自身实现顺利就业。因此，用人单位引进毕业生是非常慎重的，对于弄虚作假的大学生，用人单位自然会拒之门外。

6. 焦虑心理

焦虑心理是由心理冲突或挫折而引起的一种复杂的情绪反应。其主要表现有恐惧、不安、忧虑及其他生理反应。目前越来越严峻的就业环境给大学生带来了较大的心理压力和就业焦虑。这种压力在各年级学生都普遍存在，而且呈现出随着年级升高而上升的趋势。部分医学生在择业过程中，不知如何去面对就业竞争，对现实中遇到的各种实际问题手足无措，对复杂的医疗环境和医患纠纷过度恐慌等，都会或多或少地使他们出现焦虑心理，如为没有好单位选中自己而焦虑。这些焦虑使医学生背上了沉重的精神负担，萎靡不振，意志消沉，特别是一些来自偏远落后地区、家庭贫困的学生，表现得更为焦虑。上述焦虑状态一般并不会对其生活构成障碍，因为适度的焦虑可以产生压力感，压力激发出动力，催人积极努力。但如果焦虑过度，且不能得到及时的缓解，就有可能向病态发展，不但干扰了其正常的生活、学习和娱乐，还成为其择业的绊脚石。

7. 回避心理

相当一部分大学生认为，既然医学生工作难找，就把考取研究生作为逃避就业的一个重要途径。更有部分大学生把考研当作唯一的就业途径，放弃了就业、实习和部分课程的学习，严重影响了其正常的学习进程，也使其失去了就业机会。

8. 从众心理

从众心理一般指个人的观念与个人的行为由于群体的压力或者引导，逐渐放弃自己的主观意志和独立思维，而向与多数人一致的方向变化的心理现象。它产生的主要原因有寻求行为参照，对偏离群体的恐惧以及忠于集体的心理。医学生在群体压力背景下，个人对就业、择业、升学的态度、行为和判断等方面可能表现出与多数大学生保持一致和趋同的从众心理，造成他们对就业形势认识不足，缺乏客观的自我评价和自我认知，不能从自我实际出发，构建合理的就业思维。在就业、择业和升学问题上，这类大学生存在很大的从众性和盲目性，不仅会错过就业机会，还会加重他们的心理负担。

大学生对社会的认识并不完整，尤其是对社会中各行各业的情况不能有效全面地掌握，所以对就业环境和就业形势容易产生误判。加上家庭成员无形中给予的压力，以及自我意识中想要迅速独立自主、自力更生的主观意志，这种误判被无限放大，最终形成了就业心理障碍。而大多数大学生在自己没有主意的情况下，往往会寻求外界事物或人的帮助，同样会将其他大学生的选择当作自己重要的行为参考依据。就业心理障碍长期不排除，这种选择依赖心理就会被放大，最终形成一种极端的从众心理。例如，某一领域或行业的"考研热"，或某一地区高校内出现的大规模"国考热"，几乎都是从众心理的结果。这种极端的从众心理是大学生对于就业的一种妥协，他们并没有切实有效地分析自己的优点与缺点，盲目地跟从大众的选择，在很大程度上非但不能达到自己寻求良好就业机会的诉求，还容易误导自己，走入就业盲区。

二、医学生就业心理的影响因素

1. 就业结构性矛盾

长期以来，我国区域经济发展、城乡医疗卫生发展及医药卫生资源和人才资源分配不平衡，使医疗行业就业存在结构性矛盾，即在面对医疗就业市场供给总量相当大的情况下，人力资源供给与岗位需求产生不匹配，造成医疗行业就业市场供求矛盾突出的问题。

这主要表现在：一方面，我国不断加强基层医疗卫生服务体系建设，为医学生提供了大量就业岗位，但对医学生缺乏吸引力；另一方面，对医学生吸引力强的发达地区和高等级医疗单位吸纳能力有限，在"择优录取"的原则下，它们对学历层次、个人素质、职业资格、专业能力等方面要求较高，抬高了应聘门槛，增大了医学生就业难度。

就业市场的结构性矛盾导致就业岗位与医学生就业期望不一致，加重医学生就业心理冲突，对他们的心理产生消极影响。

2. 医学人才培养制度

当前我国为提高医疗队伍整体素质，保证医疗质量，将学校教育、毕业后教育和继续教育贯穿于医学教育的全过程，不断完善医疗人才培养模式，推进住院医师规范化培训制度（简称规培），即5年医学类专业本科教育和3年住院医师规范化培训的"5+3"医学教育体系。也就是说，医学生如果想成为一名合格的医生，需要8年的在校教育和规培教育，规培期间没有工资只有基本生活补助，虽然规培期间计算工龄，但规培结束后，他们还是要面临就业，学习、时间成本相应提高，加重医学生就业压力。

面对未来的不确定性，医学生就业态度也在发生变化，加之医学高校住院医师规范化培训逐步与研究生培养双向接轨，很多医学生希望通过"先升学，再就业"来延长承担社会义务的责任。这不仅能暂时缓解就业压力，还能通过学历的提升，使自身的就业竞争力得到提高，满足自我实现的发展性心理需要。

3. 医学院校就业指导与教育

一些医学院校就业指导与教育还停留在就业政策宣讲、就业信息发布、举行招聘会、毕业生推荐和派遣等常规工作上，缺少全程化、系统化、有针对性的就业指导和职业生涯规划教育，不能有效帮助医学生正确评价自我，调整就业期望，找准就业定位，培养正确的就业观念，使医学生不能科学规划自己的职业生涯，从而在先就业还是先升学的问题上，不知不觉中与多数人保持一致，产生盲目从众心理。

此外，医学生的就业心理健康教育滞后于医学生就业、择业心理变化，对存在就业心理障碍的医学生缺乏及时的心理指导与干预，难以帮助医学生提高心理调适能力。

4. 医务岗位职责

医务工作者的工作职责涉及患者生命，责任重大，要求细致入微，工作时间长，工作量大。但医生并不是无所不能的，他们也需要让自己从紧张的工作环境暂时脱离。医学生在临床见习和实习期间，一步步从课本走向现实，在逐渐成长为一名医务工作者的过程中，越来越深刻地认识到医务工作者肩负的职责，这些压力会慢慢影响其就业心理。

5. 医疗纠纷

没有任何一名医务工作者可以保证在自己的职业生涯期间不会发生医疗纠纷。当发生医疗纠纷时，烦琐的处理流程、无法沟通的投诉者，往往会给医务工作者造成沉重的精神负担，留下严重的心理阴影甚至发生精神崩溃。医学生如果在临床见习和实习期间遇到此类情况，有利的是可以增长其防范医疗纠纷的能力，不利的是会使部分医学生产生职业压力危机，严重的还会引发职业厌烦。

6. 职业暴露风险

在临床见习和实习期间，医学生正处于学习阶段，加之防护意识淡薄、操作行为不规范等，如果防护不当，很容易发生职业暴露，从而引发危害。一旦有了相关的经历，在将来的临床工作中遇到类似的情况容易产生恐慌心理，严重的还会引起心理问题。然而，医务工作者由于工作的特殊性，在从事诊疗、护理等过程中必定会面临职业暴露风险，心理上的恐慌有可能动摇其职业信念。

7. 突发公共卫生事件

当突发公共卫生事件到来时，医务工作者不仅要救治病患，还要面临自我牺牲，更需要他们维护好自身的心理健康。但是，这些对于还未正式步入职场的医学生而言，病痛、死亡、焦虑让其一次次对自己产生怀疑，从而形成心理危机。

三、医学生就业心理的调适

外因通过内因起作用，要想有效解决医学毕业生就业心理问题，必须从内因着手，也就是从医学生个人角度出发，通过多种方式来调节自己的不良就业心理，帮助医学生控制和调节自己的情绪，维护自己的身心健康。

1. 树立正确的职业价值观

价值观是一个含义十分复杂的范畴，人们的认识和实践与价值判断密切相关。树立正确的职业价值观对提升大学生的就业观十分重要。当人们稳定地从事交往、学习、工作、娱乐、休闲活动时，头脑中就包含着关于这些活动的功用乃至善恶、美丑的某种价值判断。传统观念认为人们找工作就是单纯地为了满足生存的需要，随着社会的发展，职业对于现代社会的每个人来说，不仅仅是满足生存的需要。根据马斯洛的需要层次理论，职业可以满足人们从低层次到高层次的多方面需要。因此，医学生在就业时考虑个人的利益无可厚非，但不能只考虑薪金、环境，以及工作地点，更要考虑职业对于个人未来事业发展的重要影响和积极作用，看重目前的职业能否最大限度地发挥自己的才能。

积极正面的价值观是帮助医学生更好地求职发展的关键所在，但是结合当前的社会发展实际来看，诸多医学生仍存在价值观错位、自我认知偏差的问题。首先，医学生长期生活在校园中，社会实践相对较少，对于社会上的各类事物了解和认识并不多，因此对于就业形势的严峻程度也不十分了解。直到他们真正踏上求职之路时屡次受挫，他们才对求职的艰辛有所认知。其次，医护工作一个付出和奉献的工作，在疾病面前，救死扶伤是每一个医学生的天职，然而实际上，当前一些错误的思想和认识对他们的价值观产生了诸多负面的影响。例如，有的医学生在求职时首先考虑的是薪资，有的医学生缺乏吃苦耐劳的精神，工作中出现了一点小困难就想临阵退缩，这些也对他们的就业发展产生了极为不利的影响。

医学生可以从以下两方面树立正确的职业价值观。一方面，医学生可以把眼光放到那些目前经济欠发达，但发展后劲足的城市，还可以走向基层、走向农村、走向山区，去服务更多的人民群众，这既能有效改变农村地区严重缺乏医疗卫生工作者的局面，有利于国家医疗事业的全面发展，又可以使他们得到锻炼，积累丰富经验，为以后的工作打下牢固的基础。另一方面，受传统观念的影响，大多数医学生只盯着临床医疗工作，而不愿从事其他医疗分支行业，导致就业面窄，就业形式单一。实际上，医学毕业生应该转变就业思路，拓展就业领域，敢于到那些与医学专业相关的新兴行业工作，如美容、保健、康复、医药、家庭护理、临终关怀等，为自己提供更多的就业空间。

2. 科学规划职业生涯

医学生就业难，是职业规划缺失的必然结果。很多大学生在进入大学之后才了解自己所学的专业，高考填报志愿时基本是按照家长的意愿和社会对于职业的期待进行的选择。因此，在大学期间，医学生要做好职业规划，在了解自己和周围环境的基础上确定目标，设计并找到适合自己的职业。目前几乎所有高等学校都开设大学生职业生涯规划课程，医学生也可以根据需要选修这样的课程，增强对自己的认知，在充分对自己有所了解的基础上全方位地规划自己未来生活、工作的轨迹。

医学生可以根据不同年级的特点制定不同的职业生涯规划指导。例如，大一时加强自我认识，大二时考虑个人的职业发展方向，大三时加强自身能力和综合素质的培养，大四时作出合理的职业选择，顺利实现职业者的角色转换。注重职业生涯规划，客观地了解自身，分析行业发展方向，可以使医学生清醒地了解自己在求职和就业过程中的心理和想法，有利于做好就业准备，防止不良心理的产生。同时，医学生还应注意了解国家就业方面的政策和法规，熟悉医学行业的发展动态和走向，关注国家出台的相关就业优惠政策，结合自身实际情况和就业意向，在求职的时候做到目标明确，提高效率，少走弯路。

3. 调整就业期望值

就业市场化、双向选择、自主择业给医学生带来了机遇与挑战，但是也有部分医学生对就业市场认识不全面，对真正的实际情况不了解。因此，出现了"医学生难就业、用人单位用人难"的现象。医学生要适当调整就业期望值，树立"先就业后择业"的观念，树立面向基层就业的职业意识，敢于面向基层医院，树立长期的职业生涯规划的观念，放弃一步到位，一劳永逸的观念。医学生毕业年龄普遍超过其他学科同学历学生，接触社会较晚，对就业环境的认知相对不足。调查显示，91.3%的学生希望能进入到省市医院工作，而想要进入县级及以下医院的仅占极少数。选地域、挑单位、重薪酬，医学生就业期望值普遍过高，导致找不到适合自己的岗位，就业认同感不高。因此，医学毕业生要尽早认清就业实况，适当调整或降低就业期望，从而找到适合的岗位。医学专业是一个能够救死扶伤的专业，医学生在就业时要了解社会上对自己所学专业的需求情况，要根据自身的兴趣、性格、特长、能力、价值观、气质、家庭情况等确定职业期望值。

4. 正确对待挫折，增强心理承受能力

在当前竞争日益激烈的就业形势背景下，医学院校毕业生的就业并不是一帆风顺的。面对挫折和遇到意想不到的困难，在思想上有压力，在情绪上有变化，在心理上有矛盾，这是大部分医学生都会碰到的事情。在求职的过程中，如果遇到问题，医学生要用理性和客观的态度去处理，全方位、多角度地分析失败的原因，这样才能更好地进行正确的归因判断。人生面临挫折，这是不可避免的事情，因此医学生要学会自我心理调适，养成良好心态，锻炼自己承受挫折的能力，在受挫后把注意力转移到其他有益于身心健康的活动中，才能有效应对以后工作中遇到的挫折。

5. 正确对待性别问题，发挥优势

在择业过程中，女医学生比男医学生遇到的困难更多。由性别差异而造成的女医学生在就业方面遇到困难，短期内在市场需求上无法得到解决。因此对于大多数女医学生来说，要想顺利就业，就要摒弃传统的性别观念，正确地看待和评价自己，充分认识并发掘和发挥自身的优势。她们要对自己保持坚定的自信心，遇到问题保持良好的心态，能够注意到自己的长处，可以在女性具有特有优势的专业领域里择业，如妇产科、儿科、护士等，增强自身的综合素质，从而在社会中找到适合自己的位置。

6. 及时了解国家政策

国家对医疗越来越重视，市场对医学人才的需求不断提升，医学生在就业前要对国家、各级地方政府出台的政策和服务体系有所了解，可以选择到基层、边远地区的社区医院就业。在求职就业前，医学生应了解当前的就业形势，对国家政策、社会环境有全面的认识，了解社会需求及职业的要求。了解的政策越多，他们在找工作时的心理越健康，选择面也就越宽，越有方向和目标。如国家选调生政策、大学生村官等政策，医学生都可以去尝试。

7. 要有团队合作精神

用人单位都强调员工应具有团队合作能力，因为一个人的力量是有限的。医学工作也需要团队合作的力量。遇到阻碍和压力时，医学生应加强团队合作，实现资源的最大化利用。有些医学生在接受面试的时候，表现出不能与他人有良好团队合作的意识，从而错失了就业的机会。如果一个医学生只掌握了某些文化知识和技能，而不懂得如何与他人在更广范围内进行多种多样的合作，那么他掌握的知识和技能再多，也无法在工作中充分

施展。

8. 练就良好的人际沟通能力

良好的人际沟通能力是解决人际问题的基础，良好人际关系的建立对医学生适应社会有重要影响。医学生从事的是与人打交道的工作，面对各种特质的患者人群。因此，医学生要练就良好的人际沟通能力，才能更好地适应未来的工作，而这也恰恰是医学专业用人单位特别在意的求职者的一个基本素质。在应聘的时候，与人沟通的能力对于能否顺利就业非常重要。医学生可以通过选修语言口才类、心理类、礼仪类等相关的课程，参加各种集体实践类的活动，锻炼自信心，主动与人交往，增加对他人的了解，增长见识，寻找机会展示自己的口才、语言组织能力，让自己得到全方位的发展。

9. 主动寻求就业心理咨询

部分医学生的就业心理压力较大，甚至一部分学生有就业心理障碍。因此，积极开展就业心理咨询很有必要。职业心理咨询师会从专业的角度引导医学生克服心理障碍，走出失败的阴影。同时，医学生可以做一些与就业有关的心理测试，对自己各方面与就业相关的能力等进行测验分析，更客观地认识自己、分析自己的优势及不足，确定适当的择业目标，找出最适合自己的就业岗位，从而相对减少就业过程中的盲目性。医学生要使用适合自己的心理调节方法，如合理理性情绪疗法、合理宣泄法、情绪转移法、自我暗示法、绘画疗法、心理沙盘游戏疗法、团体训练等，作为缓解心理问题的有效手段。医学生的就业心理正处于多重矛盾的交织中，受到多方面因素的影响，医学生应该多从自身寻找突破口，实现顺利就业。

10. 培养积极人格，提升自我就业竞争能力

拥有积极人格的人在看待事物时往往更加乐观，其在面对生活中的困难以及不如意的事物时，往往更加有信心和勇气。对于大学生来说，他们的思想认识和价值观念等逐渐固定，其对于学习以及发展也有了相对比较清晰的认知，但是个人的思维认知并非一成不变的。进入职场后，其所面临的环境将会发生翻天覆地的变化。他们在走向社会之后渴望能够独立自主，完成自我实现。但是在此过程中，他们必然会四处碰壁，对于医学生来说也是如此，部分医学生在碰壁时可能会总结经验、反思，使自我得到更好的发展，但是也有一些医学生在碰壁之后，会止步不前，产生自我怀疑，这对于他们就业显然是极为不利的。针对这种情况，他们应想办法运用积极心理学的知识，将内心深处的积极元素调动起来，为自己未来的就业增添筹码。

11. 加强就业指导与服务

医学院校应加强就业指导与服务工作，建立全覆盖、全程化的就业指导与服务体系，通过科学化、系统化、专业化的就业指导与服务，提高医学生的综合素质，进而提升就业能力。

首先，建立一支专业化就业指导教师队伍，针对医学生个性、能力、爱好等开展个性化就业指导，使医学生能全面深入了解所从事职业的内容、性质、特点和发展前景，并使其结合自身优势进行科学就业规划，避免盲目就业，提高就业主动性和针对性。

其次，建立多层次、分阶段的就业指导课程体系，将就业指导课程贯穿于医学生在校期间各个时期，使他们对就业有一个清醒的认识和判断，帮助他们形成良好的就业思维；

邀请招聘单位、成功就业校友来校做就业咨询和交流，发挥典型就业案例的示范作用，帮助他们树立就业信心。

最后，加强与实习单位的合作，完善就业实习和见习制度，有条件的学校还可以建立校内就业创业培训基地，让医学生深入到实际工作环境中。职业实践和职业体验，不仅培养了他们的实践能力和职业能力，还能帮助他们对所从事的职业形成更直观和感性的认识，进行合理的就业定位。

下篇　创新与创业

第九章 创新人才培养

导入案例

从校园到社会——创业的抉择

小王是某高校一名医学信息工程专业大四学生，在校期间参与了多款校园应用的开发，积累了丰富的编程经验。临近毕业，他面临两个选择：一是进入一家知名医药互联网公司工作，二是与同学合伙创业，开发一款面向社会医疗服务的 App。

小王分析了自身优势和市场需求：医疗知识丰富，互联网技术能力强，有创业团队，对市场有一定了解。当前互联网服务医疗的社会需求强，现有产品功能不全面，可靠度低，用户体验不佳。

小王决定创业，并制订了计划：打造一款集专家在线诊疗、医院挂号预约、日常医嘱跟进服务的互联网软件。

团队建设：招募产品经理、UI 设计师、医学相关专业人员、市场推广等人才，组建完整团队。

资金筹措：申请大学生创业基金，参加创业比赛赢取奖金，寻求天使投资。

市场推广：与社区、企事业单位、学校合作，针对不同人群开展线下推广活动，利用社交媒体进行线上宣传。

小王初步完成自己的创业计划书设计。

思考：

(1) 小王创业优势、劣势是什么？

(2) 小王创业的风险、机遇是什么？

(3) 小王是否具备创业所需的素质和能力？

(4) 小王能否承受创业带来的风险和压力？

(5) 小王是否有清晰的创业目标和计划？

如果你是小王，以上内容你是否明确？

第一节 大学生的创新意识培养

创新，即以现有的思维模式提出有别于常规或常人思路的见解为导向，利用现有的知识和物质，在特定的环境中，本着理想化需要或为满足社会需求，而改进或创造新事物，包括但不限于各种产品、方法、元素、路径、环境等，并能获得一定有益效果的行为。

创业是就业之源，创新带动创业，创业加速创新。大学生有着专业的学习过程和培训，属于知识分子创业，大学生刚出校园，做事有热情，有闯劲，"00后"大学生更有着无法比拟的想象力和创造力，他们通过创业把自己的理论知识与实践紧密结合在一起，较容易形成新理论、新知识、新技能，并把这些创新成果再次转化为生产力，促进企业的二次创业，是一个良性的创业循环过程。

一、大学生的创新意识培养的意义

首先，创新有助于解决大学生的就业问题。随着高等教育的发展，大学生数量逐年增加，就业形势日益严峻。培养创新意识可以改变大学生的择业观念，使他们更契合实际需求，找到合适的工作。此外，创新创业还能为大学生提供新的就业途径，如创办企业、开发新产品或提供新服务，不仅能实现自我雇佣，还能带动相关就业，缓解就业压力。

其次，创新有助于提升大学生的综合素质和能力。创新意识是大学生综合素质的重要组成部分，涉及文化底蕴、知识整合、个性思想等多个方面。通过创新活动，大学生可以锻炼自己的问题解决能力、团队协作能力和市场分析能力，为未来的职业发展打下坚实的基础。

再次，创新对社会发展具有重要意义。大学生是未来社会发展的主要力量，他们的创新活动能够推动社会进步和经济发展。创新创业不仅要求大学生打破传统束缚，探索未知领域，还鼓励跨界合作，促进学科交叉融合，培养复合型、创新型人才。此外，创新创业项目往往聚焦市场需求，通过技术创新和商业模式创新，催生新的经济增长点，推动产业升级和经济结构优化。

最后，创新有助于实现个人价值。在创新创业的过程中，大学生可以将个人梦想与社会需求结合，创造出属于自己的事业。这种由内而外的驱动力让大学生在面对困难和挑战时充满激情与动力，实现自我价值并获得成就感。

二、大学期间的创业意识培养的方式

只有具备了超强的创新意识，大学生才有可能实现高质量就业。培养大学生创新创业能力，需要他们提升目标确定能力、完善行动筹划能力、训练果断抉择能力、提高沟通合作能力、磨砺机遇把握能力、培养风险防范能力和养成逆境奋起能力。这七项主体能力是一个动态的循环体，需要通过课堂教学改革、课外活动探索、社会实践强化和日常生活规划等加以完善。创新意识的发展是一个生命力不断展现的整体。没有个体主体性的生成，大学生创新创业能力就难以提升，高质量就业就会因此缺乏根基而无法实现。

目前医学生在校园期间，可以参加生命科学大赛、"互联网+"创新创业大赛，挑战杯创业大赛等各类比赛，同时开展各种社会实践活动，以及各类不同的校园文化活动。这些比赛和活动依托专业教师指导，结合学生现有知识，利用创新意识，立足课堂学习与课外实践的结合，进行实践历练、产品开发、商业模式设计、创新成果的转化等，为医学生未来的创新、创业做好铺垫。

第二节 创业概述

一、创业的概念

关于创业的概念，不同的学者有着不同的观点。因此，创业并没有一个统一的定义。由美国巴布森学院、英国伦敦商学院学者联合发起的"全球创业观察"研究项目，将创业定义为：依靠个人、团队或一个现有企业，来建立一个新企业的过程，如自我创业、一个新的业务组织或一个现有企业的扩张。

霍华德·H. 斯蒂芬（Howard H. Steven）认为，创业是一种管理方式，即对机会的追踪和捕获的过程，这一过程与其当时控制的资源无关。他进一步强调：创业可根据以下七个方面的企业经营活动来理解：发现机会、战略导向、致力于机会、资源配置过程、资源控制的概念、管理的概念和回报政策。

创业在我国并不是近代新出现的词汇。春秋时期，《孟子·梁惠王下》中有："君子创业垂统，为可继也。"诸葛亮在《出师表》中写道"先帝创业未半，而中道崩殂。"这两处的创业均指创立功业和基业。《辞海》对创业的解释为：创业，创立基业，即开拓、开创成绩和成就，包括个人、集体、国家和社会的各项事业。

综上所述，创业可理解为"创办新事业的过程"，即在承担风险的前提下，创业者通过发现和把握创业机会，以及对社会资源的合理配置，创建新企业的主体活动，而这种活动可以创造商业价值，实现自己的某种追求或者目标。

二、创业的过程

对于大多数创业者，特别是大学生创业者而言，创业是一个阶段性的过程，有学者把创业分为五个阶段。

1. 创业动机的产生

创业动机的产生是创业的前提条件，推动创业者去分析和发现创业机会，它是创业者实现创业的原动力。创业并不是创业者一时的头脑发热，而要经过理性的市场分析，预算所取得的收益。创业动机的产生使创业者能够乐此不疲地从事创业这项事业。

2. 创业机会的识别

创业机会的识别是创业成功的关键步骤。大学生作为创业热情较高的群体，对创业机会的识别往往会失去理性的判断，不能准确把握创业机会。大学生创业者一定要认真分析和筛选创业机会，识别创业机会也是一个优秀创业者应具备的能力。

3. 整合可利用资源

创业者应将创业过程中所要投入的人力、物力和财力进行合理充分的利用和配置，以达到最大限度的使用，发挥最大的效力。对可利用资源的整合考验了一个创业者的智慧和能力。资源整合得越合理，创业成功的概率就越大，企业也会在未来的发展过程中更加顺利。

4. 开创新企业

开创新企业是一个里程碑，标志着创业者在确定创业方向、整合创业资源后新的起点。在这个过程中，创业者需要付出艰苦的努力，如确定公司地点，注册登记，形成制度，明确进入市场的途径、宣传方式、营销策略等。这些前期准备虽然繁杂，但它们是创办新企业必不可少的步骤，创业者要配合政府和相关部门，办理企业手续，同时应符合法律法规的要求。

5. 新企业的生存和发展

创业者在开创新企业后，还要考虑企业的生存和发展，"创业易，守业难"正是这个道理。创业者需要具备相关的企业管理能力，了解企业成长的规律。市场的变幻莫测往往会给创业者带来始料未及的危机，甚至会面临倒闭的风险。因此，企业要想在竞争如此激烈的社会中生存和发展，创业者应对企业的不同成长阶段有相对的预期判断，对市场可能出现的风险和危机采取有效的措施予以防范和应对，同时要寻找新的发展机会，把企业做大、做强。

三、创业的特点

1. 创业具有自主性的特点

创业是一份自主性很强的工作，创业者可以选择自己喜欢的行业进行创业，也可以与他人合作或者在自己认为相对成熟的时期进行创业，体现出较强的自主性的特点。

2. 创业具有风险性的特点

与传统就业的稳定性不同，一旦创业失败，创业者会失去金钱、时间，创业的过程要付出代价，具有一定的风险性。

3. 创业具有以追求回报为目的的特点

创业者不管出于何种创业动机，其成功创业都可以体现个人的人生价值，也可以实现财富和资源的积累。

四、创业的关键要素及相互作用

(一) 创业的关键要素

"创业教育之父"杰弗里·蒂蒙斯（Jeffry A. Timmons）在 1999 年《新企业的创建》一书中提到企业管理模型，也称蒂蒙斯模型。他把创业分为三个关键要素：商机、创业团队和创业资源。

1. 商机

商机是指能够创造价值的商业机会。从创业者角度来讲，商机是整个创业过程的起点，创业者要善于抓住每个稍纵即逝的创业机会，抓住商机，创业才有方向，创业团队才能够围绕商机对资源进行开发利用和重新配置，达到创造商业价值的目的。

创业者可以通过社会环境的不断变化寻找商机，社会环境的变化包括国家政策导向的变化、科技日新月异的变化、产业结构的调整、经济形势的变化等。创业者可以在这些不断变化的信息中寻找创业机会。以我国女性近年来的变化为例，近年来女性越来越独立，她们参与社会工作，投入自己喜欢的事业，针对此现象，创业者可以为繁忙的家庭提供私人订制家庭餐，满足上班女性的餐食需求，也可以成立专门的家庭卫生清扫团队。创业者可以根据时代的变化不断调整创新点。

2. 创业团队

创业团队是指在创业初期（包括企业成立前和成立早期），由一群才能互补、责任共担、愿为共同的创业目标而奋斗的人组成的特殊群体。

3. 创业资源

创业资源是指新创企业在创造价值的过程中需要的特定的资产，包括有形与无形的资产，它是新创企业创立和运营的必要条件，主要表现形式为创业人才、创业资本、创业机会、创业技术和创业管理等。

（二）创业各要素之间的相互作用

1. 商机是前提

商机是创业者开创事业的重要驱动力，创业过程是围绕创业机会展开的，进行人员角色的分配，各种资源的调动，从而达成把握住创业机会的目的。

2. 创业团队是核心

创业团队是实施者，好的创业机会固然重要，除此之外，创业还需要一个好的创业团队，一个创业团队的好坏决定着企业能够存活多久。

3. 创业资源是保障

创业团队需要利用手中的创业资源对创业项目进行具体的落地实施，没有创业资源的一切创业过程都将是"纸上谈兵""空中楼阁"。

商机、创业团队、创业资源三个关键要素在创业过程中要达到相对平衡的状态。创业团队要对商机进行分析比较，认识创业过程中潜在的风险并寻找规避的办法，对现有的创业资源和潜在的创业资源进行合理的配置和调动，对创业团队工作的成员要有明确的分工和薪酬分配，并树立共同的创业目标。

五、创业项目的分类

创业项目可以分为传统技能型创业项目、高新技术型创业项目和知识服务型创业项目。

（一）传统技能型创业项目

选择传统技能型创业项目将使创业具有永恒的生命力，因为使用传统技术、工艺的创业项目，如独特的技艺或配方都会使创业者拥有市场优势。尤其是在酿酒业、饮料业、中药业、工艺美术品业、服装与食品加工业、修理业等与人们日常生活紧密相关的行业中，独特的传统技能型创业项目能表现出经久不衰的竞争力。

2. 高新技术型创业项目

高新技术型创业项目就是人们常说的知识经济项目、高科技项目，这些项目知识密集度高，带有前沿性研究开发性质。2018 年发布的《火炬统计高新技术产业技术分类指导目录》将高新技术产业划分为 6 个主要领域，每个领域下设若干具体行业类别。具体分类如下：电子信息、生物、航空航天、新材料、高技术服务、新能源与节能。高新技术企业的标准有四条：一是知识密集、技术密集；二是大专学历人员占职工总数的 30% 以上，且研究开发人员占 10%；三是高新技术产品研究开发费用占总收入 3% 以上；四是技术性收入与高科技产品产值总和占企业总收入 50% 以上。

3. 知识服务型创业项目

当今社会，信息量越来越大，知识更新越来越快。为了满足人们节省精力、提高效率的需求，各类知识性咨询服务的机构不断细化和增加，如律师事务所、会计师事务所、管理咨询公司、广告公司等。知识服务型创业项目是一种投资少、见效快的创业选择。

六、大学生创业的意义

大学生是一个充满抱负、活力、激情的群体，随着全球创新型经济的迅速发展，以及我国提倡和鼓励大学生自主创业相关优惠政策的出台，很多大学生不再抱着"学而优则仕"的想法，他们中的很多人投身于创业并取得了一定的成绩。大学生创业对于社会和个人都有着非常重要的意义。

1. 缓解高校就业压力

就业是民生之本，创业可以促进就业，这对整个社会的生产和发展有着重要的意义。联合国教育、科学及文化组织在《21 世纪的高等教育：展望与行动》中提出："高等学校，必须将创业技能和创业精神作为高等教育的基本目标。"当前，"以创业促就业"已经成为各国政府促进大学生就业的一个重要举措。我国高校的就业压力逐年攀升，很多大学生面临着毕业即失业的危机。然而，近几年，创业的热潮在大学生中悄然升起，很多大学生主动为自己和身边的同学创造就业机会。他们脚踏实地，选择自己喜欢且容易实现的项目创业，创业的成功率也大幅提高，大学生创业的成功不仅解决了自己的就业问题，随着企业规模的不断扩大，很多大学生还为社会提供了大量的就业岗位，真正达到以创业促就业的目的。

2. 实现自我价值

"创业是一种突破自我的革命，创新是一种破茧成蝶的飞跃"，白手起家的成功企业家成为大学生的榜样。大学生通过创业，可以将自己的理想与兴趣结合在一起，做适合自己爱好和感兴趣的事情，实现自己的理想。创业，从传统意义上讲，就是创造财富。但对于个人而言，创业还可以实现自己的人生价值，个人可以通过创业满足社会、他人的需求，为社会和他人创造更多的财富，把看不见的自我价值转化为可见的财富。

"时势造英雄"，每一个时代的人都有属于这个时代独特的烙印。当今社会，经济迅猛发展，科技日新月异，能够把握时代脉搏，勇于创业、善于创业的大学生才可能顺应时代的发展。自主创业为大学生提供了提升自我的机会，帮助他们实现自身的梦想，实现人生价值的最大化，充分发挥和展现自我价值。

第三节　创业者与创业精神

一、创业者的概念

创业者的概念经历了一个漫长的演变过程。1755 年，法国经济学家理查德·坎蒂隆（Richard Cantillon）第一次将"创业者"的概念引入经济学，他指出，创业者是指承担风险以及可能正当地分配利润的人。1803 年，法国经济学家巴蒂斯特·萨伊（Baptiste Say）在《政治经济学概论》第一次定义创业者，指出创业者是将劳动、资本、土地这三项生产要素结合起来进行生产的第四项要素，是把经济资源从生产率低、产量较少的领域转移到生产率较高、产量更大的领域的人。

这里，我们将创业者分为狭义和广义两个方面。狭义的创业者是指参与创业活动的核心人员；广义的创业者是指参与创业活动的全部人员。一般情况下，创业的核心人员承担的风险更大，收获的利益也更多。

二、创业者应储备的知识

（一）管理知识

企业创办的过程中，创业者若想取得创业的成功，必须具备一定的管理知识。管理可以分为人力资源管理、财务管理、生产营销管理等，每个环节的管理都决定了创业能否成功。

（二）市场营销知识

任何创业形式都离不开市场，要想实现经济利益，取得现金价值要借助市场才能实现。创业者需要熟悉商品的生产、流通、销售等环节，了解市场运行规律，预测市场未来发展趋势，对可能预见的风险与危机进行有效的规避。

（三）法律知识

民营企业存活率低，除了管理、决策上存在的问题，很多都是因为企业在生存和发展过程中，触碰了法律的"高压线"。法律知识是企业存在和合法发展的保证，创业者可以通过所具备的法律知识来指导自己的经营行为，避免盲目经营，也可以保护自己和公司免受法律纠纷，更好地维护企业的合法权益。

三、创业者应具备的能力

创业者的能力直接决定了其创业能否成功。创业者要不断提高自身能力，适应企业和社会的不断发展和变化。创业者应具备的能力包括以下几个方面。

（一）发现商机的敏感性及捕捉能力

马克·吐温曾说过："我极少能看到机会，往往在我看见机会的时候，它已经不再是机会了。"机会难得，当创业者对一个机会比较有把握时，应及时抓住它。一切创业活动都围绕创业机会展开并实施，一个好的创业机会是创业成功的关键因素。综观创业成功的企业家，可以发现，大多数创业者都具有非常强的机会捕捉能力，这些企业家在日常生活中能发现被常人忽略的商机，并且能在常人看似反常的社会现象中抓住关键问题，善于抓住商业发展规律。

（二）创新能力

这是一个创业者最基本也是最重要的能力。从某种意义上说，抓住商机本身就是一个创新的过程，创新能力贯穿了整个创业过程，创业者的创新能力不仅是从无到有地提供产品或者服务，还是对现有产品、技术以及理念的革新。每一个企业家创业的过程都是不可复制的，企业在发展过程中是多个创新能力结果的汇总，就算创业者有幸把握住了一个好的创业机会，但是没有创新能力，他的创业只能停滞。

（三）经营管理能力

企业若想长足发展，创业者一定要具备相应的经营管理能力。经营管理能力主要是针对企业的人员、资金的管理，包括人员的选择、使用、组合和优化，也包括资金的聚集、核算、分配、使用、流动。经营管理能力在较高层次上决定了创业实践活动的效率和成败。创业者培养经营管理能力要从学会经营、学会管理、学会用人、学会理财等方面入手。

（四）与人合作的能力

洛克菲勒说过："坚强有力的合作伙伴是事业成功的基石。"创业者在创业过程中一定会与各类人和组织产生合作关系，一是创业合伙人、同事、员工；二是生意往来的合作者；三是政府机关等。创业者要想与别人建立融洽的合作关系，应了解自己的性格特点、能力特长，避免在合作的过程中产生冲突。

与人合作，态度是根本，人品是原则。创业者要遵循以下几个方面：一是平等合作，与合作伙伴在人格和尊严上完全平等，双方应为一个共同的目标奋斗；二是诚信合作，诚信是合作的基础，在很多商业合作中，在合作之前，对方都会先考查创业者的诚信度，得到对方的认可，才有机会建立合作关系，企业才会有更长远的发展。

（五）终身学习的能力

社会的日新月异，经济政策的不断调整，以及科学技术的不断进步，都要求创业者要培养终身学习的能力，要不断地充实自己，学习新知识，以应对时代的变化，使企业立于不败之地。

四、创业者应具备的创业精神

（一）获取成功的强烈愿望

强烈愿望是成功的第一素质，愿望是一个人对生活目标的追求。创业者的愿望往往高于现实，他们立足于现实，却不满足于现实，有打破现实生活状态的强烈欲望。创业者获取成功的愿望往往会伴随着较强的行动力和牺牲精神，一个人的梦想有多大，他的舞台就有多大。

（二）以诚信为本

"人无诚信不立，家无诚信不和，业无诚信不兴，国无诚信不盛"。诚信不仅是为人的基本，也是经商之魂。诚信是一个人品质的核心，诚信做人，诚信立业，创业者首先要学会做人。人不守诚信，或许可"赢一时之利"，但一定会"失长久之利"。对企业来说，诚信与企业的发展息息相关，甚至可以说，诚信就是创业者的生命线。大学生创业更要把诚信作为自己的"名片"，以诚信打动人、感染人。

（三）乐观自信、坚韧不拔的精神

创业过程中，创业者会遇到很多艰难险阻，任何一个企业的成功都不是一蹴而就的，创业的成功是大浪淘沙的结果。新东方的创始人之一徐小平说："创业的过程，漫长而艰苦，充满了风险和各种各样的'地雷'，所以你要趟过去，靠的不是对财富的渴望，靠的是对自己心中梦想的执着。"坚韧不拔的品质是当今大多数大学生创业者比较缺乏的，而创业过程充满了各种困难，这就需要大学生创业者应具备顽强的毅力，不怕失败和勇于面对挫折的精神。

第四节　创业团队

一、创业团队的组成要素

一般而言，创业团队由四个要素组成，目标、人员、团队成员的角色分配、创业计划。

（一）目标

目标是将创业团队的努力凝聚起来的重要因素，从本质上来说，创业团队的根本目标在于创造新价值。

（二）人员

任何计划的实施最终要落实到具体人员的身上。人作为知识的载体，所拥有的知识对创业团队的贡献程度将决定企业在市场中的命运。

（三）团队成员的角色分配

团队成员的角色分配，即明确团队成员在新创企业中所处的部门、岗位，担任的职务和承担的责任。

（四）创业计划

创业计划，即制订成员在不同阶段分别要完成的工作以及具体的指导计划。

二、优秀创业团队的特征

当今市场竞争的激烈和国内外形势的瞬息变化，仅凭一个人在商场上单打独斗是很难实现创业成功的。许多创业者创业的成功，都是因为有一个好的创业团队，俗话说："一个好汉三个帮，一个篱笆三个桩。"创业需要有一个良好的创业团队，创业团队人员的素质在创业过程中起着举足轻重的作用。一个好的创业团队的作用可以体现在以下几个方面。

（一）优势互补

互补性是指团队成员在思维方式、成员风格、专业技能、创业角色等方面的互补。团队成员之间可以有一定的交叉，但要尽量避免过多的重叠。团队成员可能是某一方面的专家，但不可能样样精通，这样就要利用其他团队成员或外部资源来弥补。

（二）共同的创业目标

创业团队拥有共同的创业目标才能使创业团队更加团结一致。共同目标是方向，共同创业是基础，共同利益是纽带，共同发展是目的。目标在团队组建的过程中具有特殊的价值。首先，目标是一种有效的激励因素，既能帮助团队成员看清未来的发展方向，又能激励创业团队勇于克服困难，敢于取得胜利。其次，共同的创业目标是一种有效的协调因素。团队中各种角色的个性、能力有所差异，只有真正目标一致、齐心协力的创业团队才会赢得最终的胜利。对于大学生创业团队而言，虽然团队成员较容易接受团队的共同意愿，但团队成员加入的目的却不尽相同，这就需要团队的组织者尽量统一成员的目标。

（三）团队利益高于一切

团队成员能够同甘共苦，每一位成员都应将团队利益置于个人利益之上。他们应认识到，个人利益是建立在团队利益的基础上，因此团队没有个人英雄主义，每一位成员的价值都体现在其对于团队的贡献。此外，团队成员愿意牺牲短期利益来换取长期利益，如团队成员不计较短期薪资、福利、津贴，而将创业目标放在成功后的利益分享。

（四）对公司的长期承诺

一个好的创业团队会对企业经营成功给予长期的承诺，每一位成员均了解企业在成功之前将会面临严峻的挑战，因此承诺不会因一时利益或困难而退缩，如有特殊原因而提前退出团队者，必须以票面价值将股权出售给原企业创业团队。

（五）良好的团队沟通

团队的形成可能基于地缘、血缘、学缘、业缘或共同的兴趣，组成团队的成员之间可能带有同乡、亲属、同学、同事关系等。因此，团队成员在创业初期，大多能够齐心协力，精诚团结，为企业的发展贡献自己的力量。但随着企业的发展，各种矛盾、难题不断出现，在处理这些问题时，团队成员会持有不同的观点。如果成员之间不能很好地沟通，以形成统一的意见，那么事后难免会相互埋怨。相互间的矛盾会随着时间的推移越来越大，最后可能导致团队的分裂。而一个优秀的团队并不回避不同的意见，而是进行充分的沟通和交流，最后形成一致意见。因为团队成员是基于共同的利益，而不是谋取个人利益，所以能够畅所欲言，坦诚相待。

（六）合理的利益分配

平均主义并非合理，团队成员的股权分配不一定要均等，但需要合理、透明与公平。通常核心创业者拥有较多的股权，只要股权与他们所创造的价值、贡献相匹配，就是一种合理的股权分配。创业初期的股权分配与以后创业过程中的贡献往往并不一致，可能某些具有突出贡献的团队成员，拥有股权数较少，贡献与报酬不一致。因此，一个优秀的创业团队需要打造一套公平、弹性的利益分配机制，弥补上述不公平的现象。例如，新企业可以保留一定百分比的盈余或股权，用于奖赏以后有显著贡献的创业成员。

三、创业团队的组建原则

（一）目标明确合理原则

目标明确，才能使团队成员清楚地认识到共同的奋斗方向是什么。与此同时，目标也必须是合理的、切实可行的，这样才能真正达到激励的目的。

（二）互补原则

创业者寻求团队合作，其目的就在于弥补创业目标与自身能力之间的差距。只有当团队成员相互间在知识、技能、经验等方面实现互补时，团队整体才有可能通过相互协作发挥出"1+1>2"的协同效应。

（三）精简高效原则

为了减少创业期的运作成本，最大比例的分享成果，创业团队成员构成应在保证企业能高效运作的前提下尽量精简。

（四）动态开放原则

创业过程是一个充满不确定性的过程，团队中可能因能力、观念等多种因素出现成员不断离开，以及其他成员要求加入的现象。因此，在组建创业团队时，应注意保持团队的动态性和开放性，使真正匹配的人员能被吸纳到创业团队中。

第五节　创业机会识别与评估

一、创业机会概述

（一）创业机会的概念

创业机会主要是指具有较强吸引力的、较为持久的、有利于创业的商业机会。创业者据此可以为客户提供有价值的产品或服务，并同时使创业者获益。选择一个好的创业机会几乎等于成功了一半，创业者要善于抓住好机会，把握住每个稍纵即逝的投资创业机会。

（二）创业机会的特征

有的创业者认为自己有很好的想法和创意点，对创业充满信心。这固然重要，但并不是每个大胆的想法和创意点都能转化为创业机会。许多创业者因仅仅凭想法去创业而失败了。那么，如何判断一个商业机会的好坏？《21世纪创业》的作者杰弗里·蒂蒙斯教授提出，一个好的商业机会有以下四个特征。

（1）它很能吸引客户。

（2）它在创业者的商业环境中行得通。

（3）它必须在机会之窗存在期间被实施。机会之窗是指商业想法被推广到市场上所花费的时间，若竞争者已经有了同样的思想，并将产品已推向市场，那么机会之窗也就关闭了。

（4）创业者必须有资源（人力、财力、物力、信息、时间）和技能、才能创立业务。

(三) 创业机会的主要来源

1. 问题

创业的根本目的是满足客户需求，而客户需求在没有被满足前就存在问题。寻找创业机会的一个重要途径是善于去发现和体会自己和他人在需求方面的问题或生活中的难处。例如，上海一位大学毕业生发现远在郊区的本校师生往返市区的交通十分不便，他就创办了一家客运公司，这就是把问题转化为创业机会的成功案例。

2. 变化

创业的机会大都产生于不断变化的市场环境中，环境变化，市场需求、市场结构也必然发生变化。著名管理大师彼得·德鲁克（Peter Drucker）将创业者定义为那些能寻找变化，并积极反应，把它当作机会充分利用起来的人。这种变化主要来自产业结构变动、消费结构升级、城市化加速、人口思想观念变化、政府政策变化、人口结构变化、居民收入水平提高、全球化趋势等。

例如，居民收入水平提高，私人轿车的拥有量将不断增加，就会派生出汽车销售、修理、配件、清洁、装潢、二手车交易、陪驾等诸多创业机会。

3. 创造发明

创造发明提供了新产品、新服务，更好地满足用户需求，也带来了创业机会。例如，随着电脑的诞生，电脑维修、软件开发、电脑操作的培训、图文制作、信息服务、网上开店等创业机会随之而来，即使创业者不发明新的东西，他们也能成为销售和推广新产品的人，从而带来商机。

4. 竞争

如果创业者能弥补竞争对手的缺陷和不足，这也将成为其创业机会。如果创业者能比他们更快、更可靠、更便宜地提供产品或服务，并且比竞争对手做得更好，他们也许就找到了创业机会。

5. 新知识、新技术的产生

新技术不断发展与应用，在各个领域影响着人们的生活，如 AI 技术在医学领域应用于医疗智能化中，进行医学影像分析、电子病历的处理等。

二、创业机会识别概述

(一) 创业机会识别的内容

创业机会识别是指创业者识别机会的过程。创业机会识别是创业领域的关键问题之一。从创业过程的角度来说，它是创业的起点。创业过程就是创业者围绕机会进行识别、开发、利用的过程。识别正确的创业机会是创业者应当具备的重要技能。一方面，创业机会是客观存在于外部环境之中的，需要创业者去发现，另一方面，机会识别事实上是主观的，是创造过程而非发现过程，甚至创业机会识别本身就是创造性的过程。所以，创业机会既可以被发现，也可以被创造，创业机会识别中主客观因素的作用是同等重要的。

对创业者来说，在现有的市场中发现创业机会，是较经济的选择。一方面，它与人们的生活息息相关，能真实地感觉到市场机会的存在；另一方面，由于总有尚未全部满足的需求，在现有市场中创业，能减少机会的搜寻成本，降低创业风险，有利于创业者成功创业。

（二）创业机会识别的方法

1. 现有市场机会和潜在市场机会

市场机会中那些明显未被满足的市场需求被称为现有市场机会，而那些隐藏在现有需求背后的、未被满足的市场需求被称为潜在市场机会。现有市场机会表现明显，往往发现者多，进入者也多，竞争势必激烈；潜在市场机会则不易被发现，识别难度大，往往蕴藏着极大的商机。

2. 行业市场机会与边缘市场机会

行业市场机会是指某一个行业内的市场机会，而在不同行业之间的交叉结合部分出现的市场机会被称为边缘市场机会。一般而言，人们对行业市场机会比较重视，因为发现、寻找和识别的难度系数较低，但往往竞争激烈，成功的概率也低；而在行业与行业之间出现"夹缝"的真空地带，往往无人涉足或难以发现，需要创业者具有丰富的想象力和大胆的开拓精神，一旦被开发，其成功的概率也较高。

3. 目前市场机会与未来市场机会

那些在目前环境变化中出现的市场机会被称为目前市场机会，而那些通过市场研究和预测分析将在未来某一时期内实现的市场机会被称为未来市场机会。如果创业者提前预测某种未来市场机会的出现，他们就可以在这种市场机会到来前早做准备，从而获得领先优势。

4. 全面市场机会与局部市场机会

全面市场机会是指在大范围市场中出现的未满足的需求，如在国际市场或全国市场中出现的市场机会，着重于拓展市场的宽度和广度；而局部市场机会则是在一个局部范围内或细分市场中出现的未满足的需求。在大市场中寻找和发掘局部或细分市场机会，见缝插针，拾遗补缺，创业者就可以集中优势资源投入目标市场，有利于增强其创业的主动性，减少盲目性，增加成功的可能性。

三、创业机会评估

所有的创业行为都来自绝佳的创业机会，创业团队与投资者均对创业前景寄予极高的期待，创业者更是对创业机会在未来所能带来的丰厚利润满怀信心。不过我们都知道，几乎九成以上的创业梦想最后都会落空。事实上，创业获得高度成功的概率不到1%。成功与失败之间，除了不可控制的机运因素之外，显然还存在许多创业机会在开始时，就已经注定未来可能失败的命运。创业本身是一种高风险行为，而且失败也可能是奠定下一次创业成功的基础。

然而，这些先天体质不良，市场进入时机不合时宜，或者具有致命瑕疵的创业构想，如果创业者能先以比较客观的方式进行评估，那么许多悲剧就不至于发生，创业成功的概率也可以因此得到大幅提升。针对创业机会的市场与效益面，提出一套评估准则，并说明各准则因素的内涵，为创业者提供了评估是否投入创业开发的决策参考。

第六节　商业模式开发

一、商业模式概述

(一) 商业模式的概念

商业模式主要是指一个企业满足消费者需求的系统，这个系统组织管理企业的各种资源，如资金、原材料、人力资源、作业方式、销售方式、信息、品牌和知识产权、企业所处的环境、创新力，这些资源被称为输入变量，形成能够提供消费者无法自理而必须购买的产品和服务（输出变量），因而具有自己能复制但别人不能复制，或者自己在复制中占据市场优势地位的特性。简单地说，商业模式就是企业通过什么方式来获利。

(二) 商业模式的特征

商业模式必须具有以下两个特征。

(1) 商业模式是一个整体的、系统的概念，而不仅仅是一个单一的组成因素。如收入模式（广告收入、注册费、服务费），向消费者提供的价值（在价格上竞争、在质量上竞争），组织架构（自成体系的业务单元、整合的网络能力）等，这些都是商业模式的重要组成部分，但并非全部。

(2) 商业模式的组成部分之间必须有内在联系，这种内在联系把各组成部分有机地关联起来，使它们互相支持，共同作用，形成一个良性的循环。

(三) 商业模式的类型

根据上述理解，可以把商业模式分为以下两大类。

1. 运营性商业模式

运营性商业模式重点解决企业与环境的互动关系，包括与产业价值链环的互动关系。运营性商业模式创造企业的核心优势、能力、关系和知识，主要包含以下几个方面的主要内容。

(1) 产业价值链定位：企业处于一个什么样的产业链条中，在这个链条中处于何种地位，企业结合自身的资源条件和发展战略应如何定位。

(2) 盈利模式设计：企业从哪里获得收入，获得收入的形式有哪几种，这些收入以何种形式和比例在产业链中分配，企业是否对这种分配有话语权。

2. 策略性商业模式

策略性商业模式对运营性商业模式加以扩展和利用。策略性商业模式涉及企业生产经营的各个方面。

(1) 业务模式：企业向消费者提供什么样的价值和利益，包括品牌、产品等。

(2) 渠道模式：企业如何向消费者传递业务和价值，包括渠道倍增、渠道集中/压缩等。

（3）组织模式；企业如何建立先进的管理控制模型，如建立面向消费者的组织结构，通过企业信息系统构建数字化组织等。

每一种新的商业模式的出现，都意味着一个新的商业机会的产生，谁能率先把握住这种商业机遇，谁就能在商业竞争中先拔头筹。

二、商业模式要素

商业模式画布是一种关于企业商业模式的思想，具有直观、简单、可操作性强的特点。在创业项目和大公司中，商业模式画布都起到了健全商业模式，将商业模式可视化以及寻找已有商业模式漏洞的作用。在项目运作前，创业者常通过头脑风暴避免错误，减少失败决策带来的损失。

商业模式画布按照一定的顺序被分成九个方格，商业模式画布九方格如图9-1所示。

（1）客户细分——目标客户群。

（2）价值主张——客户需要的产品或服务。

（3）渠道通路——企业和客户如何产生联系。

（4）客户关系——客户接触到企业的产品后，两者之间的关系。

（5）收入来源——企业怎样从提供的产品服务中取得收益。

（6）核心资源——为了提供并销售这些价值，企业必须拥有的资源。

（7）关键业务——商业运作中企业必须从事的具体业务。

（8）重要伙伴——哪些人或机构可以给予战略支持。

（9）成本结构——企业需要在哪些方面付出成本。

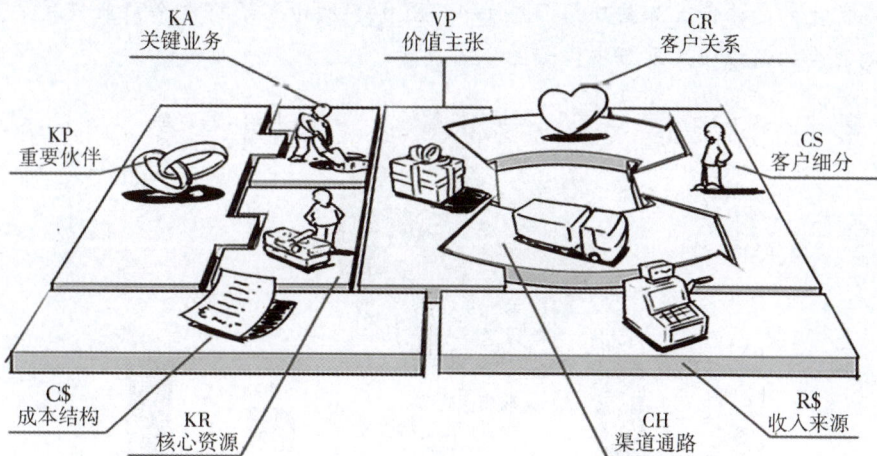

图9-1 商业模式画布九方格

在进行商业模式画布设计时，创业者可以按照以上的顺序依次在九个板块里填写内容——最好是以便笺纸的形式，每张纸上只写一个点，直到每个板块拥有大量可选答案。然后摘掉不好的便笺纸，留下最好的，最后按照顺序使这些便笺纸上的内容相互产生联系，就能形成一套或多套商业模式，便笺纸设计商业模式画布示例如图9-2所示。

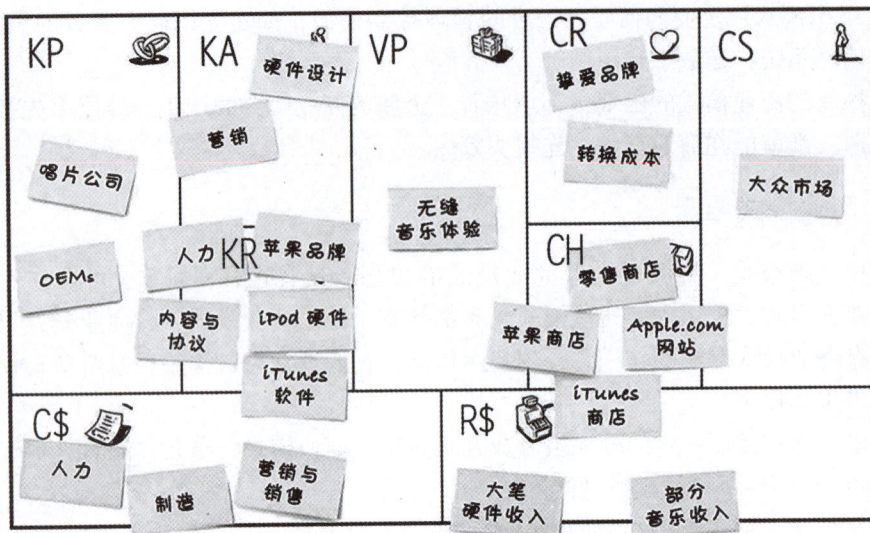

图 9-2　便笺纸设计商业模式画布示例

【活动】

请根据以下信息，尝试绘制"春雨医生"的商业模式画布。

春雨医生是专业的移动疾病数据库，所有数据均来自权威医典。同时，春雨医生也可以根据地理位置帮助用户寻找符合自身需求的医生、医院、药房。当用户通过自查无法确认自己的疾病信息时，还可以通过春雨医生免费咨询拥有医师资格证书的专业医生。春雨医生的具体情况如图 9-3、图 9-4、图 9-5 所示，请将九个商业模式要素内容填入春雨医生的商业模式画布中，如图 9-6 所示。

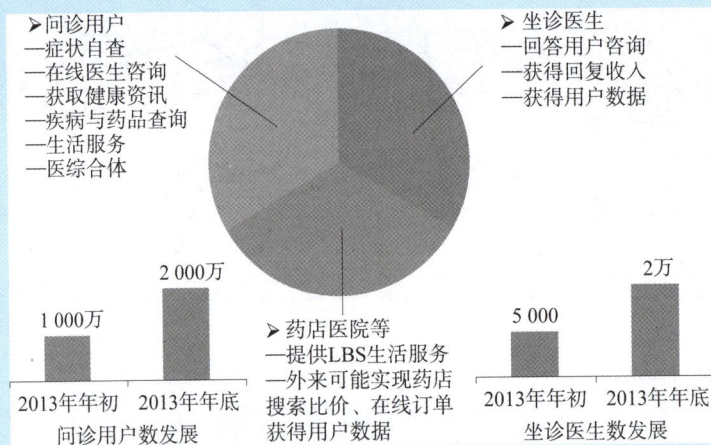

图 9-3　春雨医生用户群划分

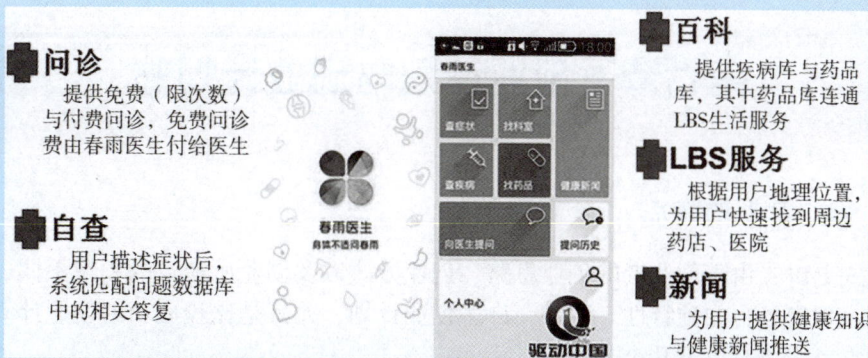

图 9-4　春雨掌上医生功能构成

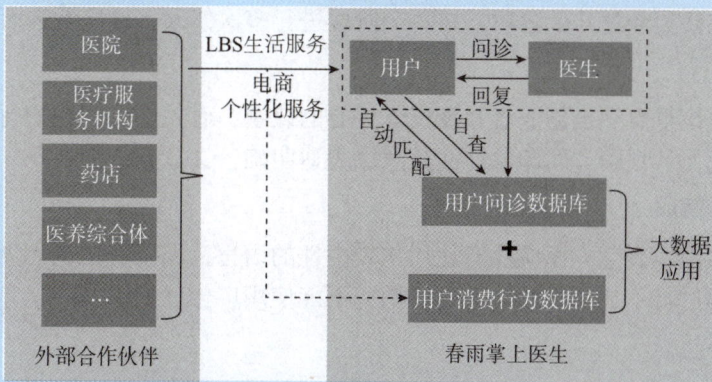

图 9-5　春雨医生未来可能的商业模型

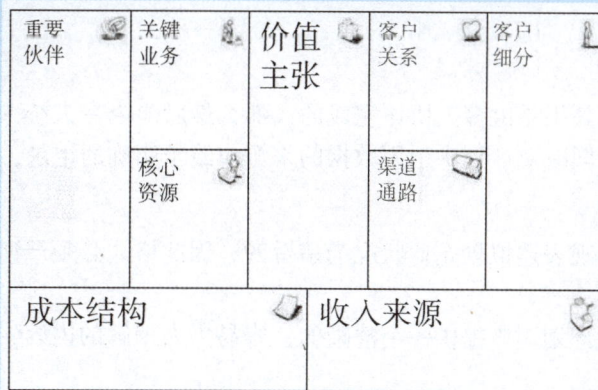

图 9-6　春雨医生的商业模式画布

第七节　创业计划与创业计划书

一、创业计划的特点

从形式上讲，由于创业者的创业思路、创业方式以及创业所涉的领域不同，创业计划本身也表现出各自的独特性。但是，许多创业计划，尤其是比较成功的创业计划仍具有很多共同点，主要有以下几个方面。

（一）循序渐进

创业计划往往要经过几个阶段并在每个阶段进行多次修改，循序渐进而成。

（二）一目了然

创业计划应该重点突出创业者和投资者关心的议题，对关键的问题进行直接明确的阐述，一个好的创业计划给人的印象往往是意思表达明确，文章脉络清晰。

（三）令人信服

创业计划在内容表达方面应注意使用比较中性的语言，保持客观的态度，力求对计划中所涉及的内容进行不加主观倾向性的评论，不能使用广告性的语言。

（四）通俗易懂

在创业计划的编写过程中，不应该对技术或工艺进行过于专业化的描述或过于复杂的分析，而应力求简单明了、深入浅出，对必须引用的专业术语及特殊概念在附录中给予必要的解释说明。

（五）风格统一

创业计划的编写如果是由多人协作完成的，那么最后应由一人统一修订成文，力求创业计划的风格统一，同时对计划中引用数据的来源应给予明确的记录，并统一标明出处。

（六）严谨周密

创业计划是以客观表述拟创企业状况为宗旨的，因此格式必须严谨周密，必须有自己完整的格式。

简而言之，创业计划应该提供一个清晰的、容易为人理解的内容，显示商业投资的机会和风险。

二、创业计划的作用

（一）创业计划指明了创业的目标和方向

创业目标的不同决定了创业企业的未来发展与走向的不同。对于希望建立可持续机构，并将其创办的企业看成是自己毕生追求的事业型创业者，不管他人出价多少他们可能都会拒绝企业被收购；对于追求迅速赢利的投资型创业者，则不会潜心于构建一家持久经营才能长远获利的公司；对于那些谋生型创业者，他们可能只管赚取足够的现金来维持自己的某种生活方式，谋划不断扩大自己的公司。因此，不同的创业目标决定了企业的不同走向，也决定了创业者不同的生存方式。

（二）创业计划为创业者提供了创业指南

这具体包括认识并关注客户、认清企业在产业价值链中的位置、熟悉企业所在的行业、善于利用外部资源、加强管理团队建设和企业文化建设、关注财务管理和企业的现金流、正确对待技术等。其中，值得特别提醒的一个是关注现金流，这是以前被创业者经常忽略的；另一个是不要过分注重技术。技术人员占主导地位的创业企业，往往会"陶醉"于自己技术的先进性，而不对客户需求和消费习惯进行研究。刚起步的创业者应把50%的精力放在营销上，把30%的精力放在团队建设上，而把20%的精力放在技术和其他方面上。

（三）创业计划使创业活动有序发展、持续进行

面对纷繁复杂、瞬息万变的市场经济，创业者不能仅依靠自己的想象任意而为，也不能只凭兴趣大胆妄为，或凭自己的感觉摸着石头过河，这样的成功概率很低。要想取得创业的成功，创业者既要讲究艺术，也要讲究科学。根据创业的需要，制订适合自己的创业计划就是讲究科学的体现。只有这样，才能保证自己的创业活动不受外界变化的干扰，更有把握使创业获得成功。

（四）创业计划使创业活动落到实处

创业计划不仅包括创业的战略计划，还包括策略计划、竞争计划和职能计划，如组织计划、营销计划、生产计划、开发计划等。因此，创业计划不仅告诉了创业者应该做什么，也告诉了创业者怎么做，即分几个部分、几个步骤、采取哪些措施方法去创业。所以，一个好的创业计划可以使创业的各项活动和事务落到实处，具有可行性和可操作性，最终物化为人的具体活动，取得预期的结果。否则，创业项目可能只是镜中花、水中月，可望而不可即。

（五）创业计划是有效的沟通工具

创业计划以一种明确的、有效的方式来讲解企业的发展潜力、所面临的机会，使其清晰地被展现出来，发挥着强大的与人沟通的作用。沟通的对象包括内外部的利益相关者。创业计划可以将创业者与内部员工凝聚起来并指导他们的行动；也可以引起外部投资者的兴趣，吸引他们投资。创业计划不具备可信度和吸引力，不能吸引优秀的员工和谨慎、精明的投资者。因此，创业计划是获取人力资源、资本和运作资金的有效工具。

三、创业计划书的基本要求

在制作创业计划书之前，大学生一定要了解创业计划书写作的基本要求，并在此基础上把创业计划书完成得更加出色。

1. 内容准确

大学生在制作创业计划书时，要向投资者全面介绍创业公司的详细情况，无论是优势还是劣势，都要介绍到位，体现出与投资者合作的诚意，隐瞒实情、过分乐观甚至夸大其词往往会适得其反。

2. 简明扼要

大学生在制作创业计划书时，要注重语言简洁，最好开门见山，直奔主题，让投资者

觉得每一句都不是废话。许多大学生创业者有一个通病，即把创业计划书写得像一部企业管理大全或者一篇文字优美的散文，重点不突出。创业计划书过长，会显得冗杂；太短，则显得空洞，以 30~50 页为宜。

3. 条理清晰

实际上，投资者真正关注的是卖什么产品、如何营利、能赚多少利润、怎么保证营利等。在制作创业计划书之前，大学生要能够清晰地将这几个问题解释清楚：商业机会、所需要的资源、把握这一机会的进程、风险和预期回报。

4. 言简意赅、通俗易懂

良好的语言水平永远是打动投资者的重要手段之一，当然这不是要把创业计划书写成学术论文。良好的语言水平并不能够挽救创业企业不成熟的创业理念，但是一个好的创业理念却可能因为语言水平不高而导致融资失败。因此，大学生需要对创业计划书的语言进行锤炼，一方面，创业计划书应力求语言生动，能说服投资者；另一方面，要让投资者容易理解里面的内容，尽量避免使用过多的专业词汇。

5. 强调可信性

创业计划书描述的前景可能很动人，但要真正打动投资者，还要使其确信这个计划是可以实现的。要做到这一点，大学生需要在撰写创业计划书之前进行充分的市场调研，了解顾客、竞争对手、市场前景等问题，并在调研数据的基础上进行财务分析，说明企业获得的收益是符合实际的。在创业计划书中，数据越充分、越翔实，就越容易让投资者相信预测是可信的。

四、创业计划书核心内容概览

创业计划书是创业项目的行动蓝图，需清晰表达未来的发展目标及实现路径。随着项目推进，创业计划书应实时调整和完善。创业计划核心内容通常包含以下六个部分。

(一) 创业设想

核心要点：描述项目本身、目标客户、产品或服务的主要功能，以及解决的用户或市场痛点。

四个切入视角：是否为高频消费、是否有真实使用场景、用户是否愿意付费（验证真需求）、是否具备强社交关系的产品或服务。

团队契合：项目是否与创始团队的资源、经验、能力匹配（"配基因"）。

关键任务识别：明确当前阶段最核心要解决的问题，以提高创业执行效率。

(二) 市场分析

主要内容：市场容量和增长空间分析（选择"大市场"更具潜力）、客户细分和消费习惯分析（高频次购买更利于资金流动）、行业发展趋势及机会点分析、竞争现状分析与潜在风险分析（利润率是否具备支撑，是否面临被替代风险）。

补充建议：关注现金流周转效率与用户复购率，是投资人关注的重点指标。

(三) 商业模式设计

构建路径建议（九步法）：识别问题→提出解决方案→设置关键指标→明确独特卖点→构建竞争壁垒→拓展营销渠道→确定客户分类→评估成本结构→预测收入路径。

核心三问：

（1）用户是谁？他们的需求是什么？

（2）企业如何创造并传递价值？如何实现盈利？

（3）创始团队凭什么能做好这个项目？

趋势建议：避免照搬他人模式，结合"互联网+"与产业资源，向 C2M（客户直连制造）等定制化方向发展，实现差异化。

（四）财务与融资计划

简要展示：启动资金预算与资金用途、融资需求及使用规划（半年或一年内）、股权结构初步设想。

若已有融资经历，也可简述过往情况。

（五）营销策略规划

主要内容：产品定位与目标用户画像、定价逻辑与销售路径，以及推广方式如广告策略与股权激励机制、线上线下相结合的整合营销思路（视项目类型而定）。

（六）经营目标

总结项目整体思路与关键发展目标，突出阶段性成果与未来布局。建议控制在一页内，简洁明了、逻辑清晰，便于投资人快速理解。

五、创业计划书的撰写步骤

创业计划书的撰写需要耗费巨大的精力，对于即将要进入或者刚刚进入社会的大学生来讲，他们缺少工作经验，想要撰写一份好的创业计划书显然不是一件容易的事，这就需要科学的指导。但是既然准备创业，大学生就应做好克服各种困难的思想准备，可以从写一份好的创业计划书开始。创业计划书的撰写包括以下步骤。

（一）商业构想

大学生头脑灵活、创意点多，会产生许多具有创造性的想法，而这些想法很有可能成为重要的商机。大学生创业初期就是在创意的万花筒中寻找一个可实现、有前途的商业构想。

（二）将构想细化

仅有初步的商业构想是不够的，创业团队需要集中思考、讨论，头脑风暴之后对创业思想作出系统规划，明确指出产品或服务、目标客户、融资计划以及盈利模式等，形成基本的创业思想。

（三）市场调研，获取信息

由大学生组成的创业团队大多没有社会经验，想法容易脱离实际情况。所以，大学生创业者们要进行实地调研，对所处的行业、环境和政策背景进行调查，同时需要就市场展开研究，分析消费者人群的特点，寻找目标市场，进行可行性分析，为下一步撰写创业计划书提供数据支撑。

（四）撰写创业计划书

大学生创业者根据商业构想以及实际调查的数据制定明确的目标，拟定实施战略的具体措施，并对产品或服务、市场分析、管理能力、营销、财务等内容进行详细、准确的分析和阐述。

（五）创业计划书的后期制作

在完成创业计划书的撰写之后，大学生创业者还要对其进行包装。良好的包装会使创业计划书易于保存和使用，也将给投资者留下良好的印象。首先是装订和封面，使用活页夹将其进行装订，便于使用，然后配备一个精美的封面，使潜在投资人眼前一亮。其次是外观，大学生创业者要尽量使创业计划书的外观整洁、精美。如果外观做得粗糙，会给投资者留下不好的第一印象，但是如果外部过于精美，投资者会觉得过于浮夸，甚至怀疑创业者使用资金的合理性。再次是目录，目录应足够详细，方便潜在投资人查阅。最后是对计划书的文本编码，大学生创业者一定要保护好自己的创业计划书，若是申请投资被拒绝，一定要将创业计划书取回；确认未来不能取回的，递交时要与阅读者签订保密协议，这是对自己创业思想的保护。

六、创业计划书的写作技巧

（一）第一印象很重要

创业计划书要给投资者一个好的第一印象，其关键在于开头。整个创业计划书要有一个精彩的概要，每个章节都要有一个精彩的开头。对于整个创业计划书，最重要的是摘要部分；具体到每一章，最重要的是每一章开头的引言。这些内容要用简洁的语言，概括出整个创业计划书或章节的核心思想。

（二）引起投资者的兴趣

撰写创业计划书最重要的目的是吸引投资者对创业项目的兴趣，说服投资者，从而使其投资自己的项目。因此，在撰写时，大学生创业者必须事先搞清楚投资者对什么感兴趣，又对什么不感兴趣；此外，在寻找投资者之前一定要进行市场调查，还要清楚地了解投资者的情况，有针对性地进行准备。

（三）注重投资者感兴趣的方面

对于投资者，他们对拟创企业的利润大小、风险程度以及成本回收时间等最感兴趣。有收益就有风险，一般情况下，投资回报与风险成正比，但是在大量可选择的项目中，大多数投资者首先会把注意力集中在那些风险相对较小、回报相对较大的项目。不同的投资者会有不同的侧重点，这取决于投资者的风险偏好程度。有些投资者偏好风险小的项目，而有些投资者则偏好投资收益大的项目。但是总的来说，创业者要告诉投资者在多长时间内以多大的概率获得多少回报。所以，任何一个有经验的投资者一般都会对创业计划书的以下内容感兴趣。

1. 产品或服务的市场前景

投资者首先感兴趣的是拟创企业所生产的产品或服务是否能够进入市场、占领市场份额。即使产品或服务质量很好，但是如果不能被市场接受，是不会产生经济效益的。所以大学生创业者一定要在创业计划书中提供足够的证据来证明市场对其产品或服务的需求情况，包括对消费者心理的分析、产品的市场调查等。

2. 拟创项目的利润率

并不是占据了市场份额，该项目就能获得高利润，如果拟创企业的产品或服务能够被市场接受，但是需要的投入巨大，也就是说，投资收益率很低，投资者也很难接受这样的项目。

3. 投资回报时间

大多数投资者都希望他们的投资能在 3~7 年的时间收回，即他们所持的企业股份能在 3~7 年兑现。投资者要求知道他们的投资在什么时间、以什么样的方式可以得到偿付。例如，企业是公开上市还是出售，他们需要创业者在创业计划书中对他们有一个明确的交代。他们要知道投资回报率与风险的关系。在此基础上，更重要的是，他们还要知道在创业者提供的投资回报率中是否考虑了通货膨胀的因素。一般来说，投资者希望在将通货膨胀因素考虑进去的情况下，年回报率在 35%~60%。

4. 拟创企业的优势

大学生创业者应该告诉投资者拟创企业的优势是什么，以及如何把资源集中到这些优势上使其转化为企业的核心竞争力。如果大学生创业者不能在创业计划书中突出自己的优势或者优势太少，会让投资者产生怀疑，即怀疑企业的管理能力和经营方式能否使企业获得利益。如果没有独特的产品或服务，投资者一定会怀疑拟创企业能否在市场中站得住脚。如果提到的优势太多，他们又会觉得资源过于分散，反而不容易创业成功。因此，创业者应该将精力集中在突出的优势上，不能太多也不能太少。

5. 拟创企业的优势持续能力

如果新创企业的优势很容易被模仿，那么这种优势是不能持续的。因此，大学生创业者不仅要告诉投资者拟创企业的优势，还要告诉投资者如何维持自己的优势，如专利、商标保护以及版权等。如果企业没有自己独特的技术，或者虽有某些技术，但是得不到可靠的保护，投资者可能会对拟创企业的盈利能力产生怀疑。

6. 拟创企业管理团队的能力

人是最重要的资源，是决定事情成败最重要的因素。创业团队在很大程度上决定了创业的成功率，所以投资者会对创业者感兴趣。而大学生创业者几乎没有工作经验，缺乏实战，对工作中遇到的各种情况没有处理经验，但是他们充满活力、思维活跃，如何向投资者展现自己的优势，是大学生创业者需要认真考虑的问题。

这六个方面决定了新创企业能否成功、能否赢得足够多的利益，因此投资者比较关注这些方面。当然，大学生创业者还要实事求是，注重计划书的客观性，不能因为投资者对这些方面感兴趣就夸夸其谈。

七、项目计划书的展示

大学生创业者在进行陈述前要做好准备，最好准备 PPT，可以提高效率，使创业计划书的主要内容看起来更加清晰。

（一）封面

（1）项目名称+一句话简介：例如，"小米电视：打造年轻人首选的智能电视"。
（2）团队基本信息：核心团队成员可酌情填写学历和单位背景，也可以展示已有专利或核心技术项目荣誉。

（3）命名注意事项：项目名称应突出产品或服务本身，避免直接使用尚未注册的公司名称。

（二）行业背景与市场现状

（1）行业概况与趋势：结合项目所属领域，简要阐述行业发展背景、趋势和市场空间，务求贴合实际、避免空洞表述。

（2）市场痛点与差异化机会：基于当前市场环境，指出未被满足的需求或潜在机会。如有同类产品或服务，简要比较以突出本项目的差异化优势。

（3）进入时机与数据支撑：阐明当前开展该项目的合理性与紧迫性，建议辅以权威数据或典型案例增强说服力。

（三）项目概述：我们要做什么？

（1）一句话描述核心业务：简洁阐明项目核心，并通过产业链图、产品功能示意图或流程图等可视化方式，提升理解效率。

（2）专注与创新导向：强调聚焦核心问题、发挥专业优势，体现创新性，避免盲目追逐热点或"大而全"式的泛化方向。

（四）解决方案与项目进展

（1）核心产品或服务说明：介绍产品或方案如何回应市场痛点，具备哪些核心功能或特色。

（2）用户定位清晰：明确目标用户群体，突出用户画像的精准度。

（3）核心竞争力分析：阐述项目的独特优势，如技术壁垒、知识产权、资源整合能力或团队优势，说明为何"我们更适合做这件事"。

（4）商业模式与价值体现：若已有成熟商业模式，可说明盈利路径；若尚在早期，可聚焦于用户价值和可扩展性。

（5）竞品对比分析：挑选关键维度进行横向对比，力求客观真实，展现项目相对优势。

（6）运营策略概览：简述研发、生产、市场推广等环节的基本策略。若处于创意阶段，侧重产品或研发设想即可。

（7）阶段性成果展示：汇报当前已取得的核心成果，如产品样机、用户测试、初步销售等，建议以数据的形式呈现。

（五）团队构成与能力优势

（1）团队结构与规模：简要介绍团队人数与岗位分布。

（2）成员背景与职责匹配：说明核心成员的专业背景与项目中分工的匹配度，突出团队能力与项目需求的契合。

（3）团队独特优势：强调技术积累、行业经验或资源整合能力。如果项目为科技成果转化项目，需说明专利权人和团队之间的关系。

（六）财务预估与融资计划

（1）短期财务预测：展示未来一年内的收入、成本及利润预估，体现项目潜在盈利能力。

（2）融资需求与用途：明确半年至一年内的融资金额及资金用途。

（3）估值基础与逻辑：阐明当前估值的计算依据（如市盈率、市销率、对标分析等）。

（4）历史融资情况：若已有融资经历，简要说明融资时间、金额与投资方。

【拓展阅读】

激情

乔布斯在斯坦福大学 2005 年毕业典礼上有一段关于激情的演讲："我很清楚唯一使我一直走下去的，就是我做的事情令我无比热爱。你需要去找到你所爱的东西。对于工作是如此，对于你的爱人也是如此。你的工作将占据生活中很大的一部分。你只有相信自己所做的是伟大的工作，你才能怡然自得。如果你现在还没有找到，那么继续找，不要停下来，只要全心全意地去找，在你找到的时候，你的心会告诉你的。"

激情的英文原词"Passion"能更全面、更准确地表述这种状态。激情是指一种强烈的内驱力，一种极度的喜爱，一种偏执的信念。人在激情的支配下，常能调动身心的巨大潜力，完成看起来不可能完成的事情。很多投资家和基金都很看重创业者的激情，因此在你的字里行间、你的 PPT 展示中，要充满发自内心的激情。

【拓展阅读】

一分钟电梯演讲

这是英国剑桥大学驻校企业家、创业讲师道森来中国时带领中国学生进行的一次实践训练，据说在剑桥创业学习中心经常有这样的训练。

道森说，通常银行家和基金管理人都很忙，而大学生的创业计划一般都要去融资，这时最好的办法也许就是在他的办公楼下等他。也许他的办公室就在这所 CBD 的 30 层，那你恰好也只有在电梯上楼的 1 分钟内有机会跟他说明你的创业计划。

附录 1　生涯人物访谈报告

生涯人物访谈报告如附表 1 所示。

附表 1　生涯人物访谈报告

访谈人物		从事职业	
访谈地点		访谈时间	
生涯人物来源			
访谈内容			
工作环境、性质、工作时间、地点、内容			
工作岗位所需的资历、技能			
此职业获得成功的标准			
此职业的成就和挑战			
岗位薪酬、福利			

续表

未来发展前景（晋升通道）	
获得此职位的途径和方法（学历、能力要求等）	
近年来工作心得	
对新人的建议	

总结与反思

下面有四十道问题，根据你的实际情况回答，从"1~6"中选择一个数字给每道题打分，数字越大，表示这种描述符合你的实际情况。例如："我梦想成为公司的总裁"，你可以做出以下选择：

选"1"代表这种描述完全不符合你的想法；

选"2"代表你偶尔这么想；

选"3"代表你有时这么想；

选"4"代表你经常这么想；

选"5"代表你频繁这么想；

选"6"代表这种描述完全符合你的想法。

1. 我希望做我擅长的工作，这样我的建议可以不断被采纳。

2. 当我整合并管理其他人的工作时，我非常有成就感。

3. 我希望我的工作能让我用自己的方式，按自己的计划去开展。

4. 对我而言，安定与稳定比自由和自主更重要。

5. 我一直在寻找可以让我创立自己事业（公司）的创意（点子）。

6. 我认为只有对社会做出真正贡献的职业才算是成功的职业。

7. 在工作中，我希望去解决那些有挑战性的问题，并且胜出。

8. 我宁愿离开公司，也不愿从事需要个人和家庭做出一定牺牲的工作。

9. 将我的技术和专业水平发展到一个更具有竞争力的层次是成功职业的必要条件。

10. 我希望能够管理一个大的公司（组织），我的决策将会影响许多人。

11. 如果职业允许我自由地决定自己的工作内容、计划、过程，我会非常满意。

12. 如果工作的结果使我丧失了自己在组织中的安全稳定感，我宁愿离开这个工作岗位。

13. 对我而言，创办自己的公司比在其他公司中争取一个高的管理位置更有意义。

14. 我的职业满足来自我可以用自己的才能去为他人提供服务。

15. 我认为职业的成就感来自克服自己面临的非常有挑战性的困难。

16. 我希望我的职业能够兼顾个人、家庭和工作的需要。

17. 对我而言，在我喜欢的专业领域内做资深专家比总经理更具有吸引力。

18. 只有在我成为公司的总经理后，我才认为我的职业人生是成功的。

19. 成功的职业应该允许我有完全的自主与自由。

20. 我愿意在能给我安全感、稳定感的公司中工作。

21. 当通过自己的努力或想法完成工作时，我的工作成就感最强。

22. 对我而言，利用自己的才能使这个世界变得更适合生活或居住，比争取一个高的管理职位更重要。

23. 当我解决了看上去不可能解决的问题，或者在必输无疑的竞赛中胜出时，我会非常有成就感。

24. 我认为只有很好地平衡了个人、家庭、职业三者的关系，生活才能算是成功的。

25. 我宁愿离开公司，也不愿频繁接受那些不属于我专业领域的工作。

26. 对我而言，做一个全面管理者比在我喜欢的专业领域内做资深专家更有吸引力。

27. 对我而言，用我自己的方式不受约束地完成工作，比安全、稳定更加重要。

28. 只有当我的收入和工作有保障时，我才会对工作感到满意。

29. 在我职业生涯中，如果我能成功地创造或实现完全属于自己的产品或点子，我会感到非常成功。

30. 我希望从事对人类和社会真正有贡献的工作。

31. 我希望工作中有很多的机会，可以不断挑战我解决问题的能力（或竞争力）。

32. 能很好地平衡个人生活与工作，比达到一个高的管理职位更重要。

33. 如果在工作中能经常用到我特别的技巧和才能，我会感到特别满意。

34. 我宁愿离开公司，也不愿意接受让我离开全面管理的工作。

35. 我宁愿离开公司，也不愿意接受约束我自由和自主控制权的工作。

36. 我希望有一份让我有安全感和稳定感的工作。

37. 我梦想着创建属于自己的事业。

38. 如果工作限制了我为他人提供帮助或服务，我宁愿离开公司。

39. 让我去解决那些几乎无法解决的难题，比获得一个高的管理职位更有意义。

40. 我一直在寻找一份能最小化个人和家庭之间冲突的工作。

计算方法：

在40题中挑出三个得分最高的项目（如果得分相同，挑出最感兴趣的项目），在这三个项目得分的后面，再加4分（例如，第40题，得了6分，则该题应当加4分，变为10分）。将每一题的分数填入如附表2所示的计分表中，然后按照"列"进行分数累加得到一个"列"的总分，将每列总分除以5得到每列的平均分，填入表格。注意：在计算平均分和总分前，不要忘记将最符合自己日常想法的三项，额外加上4分。

附表 2　计分表

类型	TF		GM		AU		SE		EC		SV		CH		LS	
加分项	1		2		3		4		5		6		7		8	
	9		10		11		12		13		14		15		16	
	17		18		19		20		21		22		23		24	
	25		26		27		28		29		30		31		32	
	35		34		35		36		37		38		39		40	
总分																
平均分																

职业锚可分为以下八大类。

技术功能型（TF）：对工作有专长和强烈兴趣，注重工作的专业化，对总经理工作缺乏热情，典型工作为技术主管和职能部门经理。

管理能力型（GM）：精力充沛，喜欢挑战、有压力的工作，适合公司高管。

自主独立型（AU）：喜欢能发挥所长、自主性高的工作，适合教师、咨询顾问、研发人员。

安全稳定型（SE）：喜欢稳定、可测的工作，适合银行职员、公务员。

创业创造型（EC）：喜欢不断有新的挑战目标，渴望变化，适合创新型的工作，如企业家等。

服务奉献型（SV）：喜欢从事有明显社会意义的工作，得到他人的承认或认可，适合医护、社工。

挑战型（CH）：喜欢有难度的工作，能不断挑战自我，适合特种兵、专家等。

生活型（LS）：强调工作和家庭的和谐，适合时间灵活的工作人士。

人际沟通团体练习——
我的人际百宝箱

1. 目的

让成员盘点自己的社会资源，唤起他们对身边重要他人的感恩。

2. 时间

约 35 分钟。

3. 操作步骤

发给学生练习纸，引导学生在填写过程中盘点自己的社会支持资源，体验对人际关系中各种重要他人的感恩，提升成员的幸福感。

4. 我的人际百宝箱

当我有好消息时，最想跟谁分享？（　　　　　　）

当我要搬很重的东西时，我会找谁帮忙？（　　　　　　）

当我生病的时候，最希望谁陪我去医院？（　　　　　　）

当我有烦恼困惑时，最想找谁倾诉？（　　　　　　）

当我孤独时，最想找谁陪伴？（　　　　　　）

当我经济出现问题时，最有可能找谁帮忙？（　　　　　　）

当我要去旅行时，最想让谁和我同行？（　　　　　　）

当我遇到不懂的题目，最想找谁解答疑惑？（　　　　　　）

当我事业有成就时，最想跟谁分享喜悦？（　　　　　　）

讨论：

（1）看着自己的百宝箱，有什么感受？

（2）听了同组成员的百宝箱，有什么新的启发？

参 考 文 献

[1] 苏文平. 职业生涯规划与就业创业指导[M]. 3版. 北京：中国人民大学出版社，2023.

[2] 乔志宏，刘锐. 大学生职业生涯与发展规划教程[M]. 北京：清华大学出版社，2023.

[3] 张蔚. 对高职生职业核心能力培养模式的实证研究[J]. 职教论坛，2012（8）：72-74.

[4] 崔景茂. 澳大利亚与中国职业关键能力培养比较研究[J]. 职业技术教育，2013，34（7）：88-93.

[5] 陈美芳，陈俊福，陈宇峰. 试论高校学生就业能力的培养[J]. 就业与保障，2023（12）：178-180.

[6] Krumboltz J D, Levin A S. Luck is no accident：Making the most of happenstance in your life and career[M]. Menlo Park，CA：Impact Publishers，2004.